The Grandmaster of Demonic Cultivation

Mo Dao Zu Shi

Zeichnungen: **Luo Di Cheng Qiu**

Original: **Mo Xiang Tong Xiu**

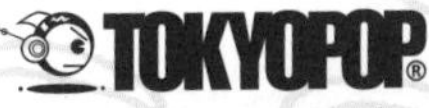

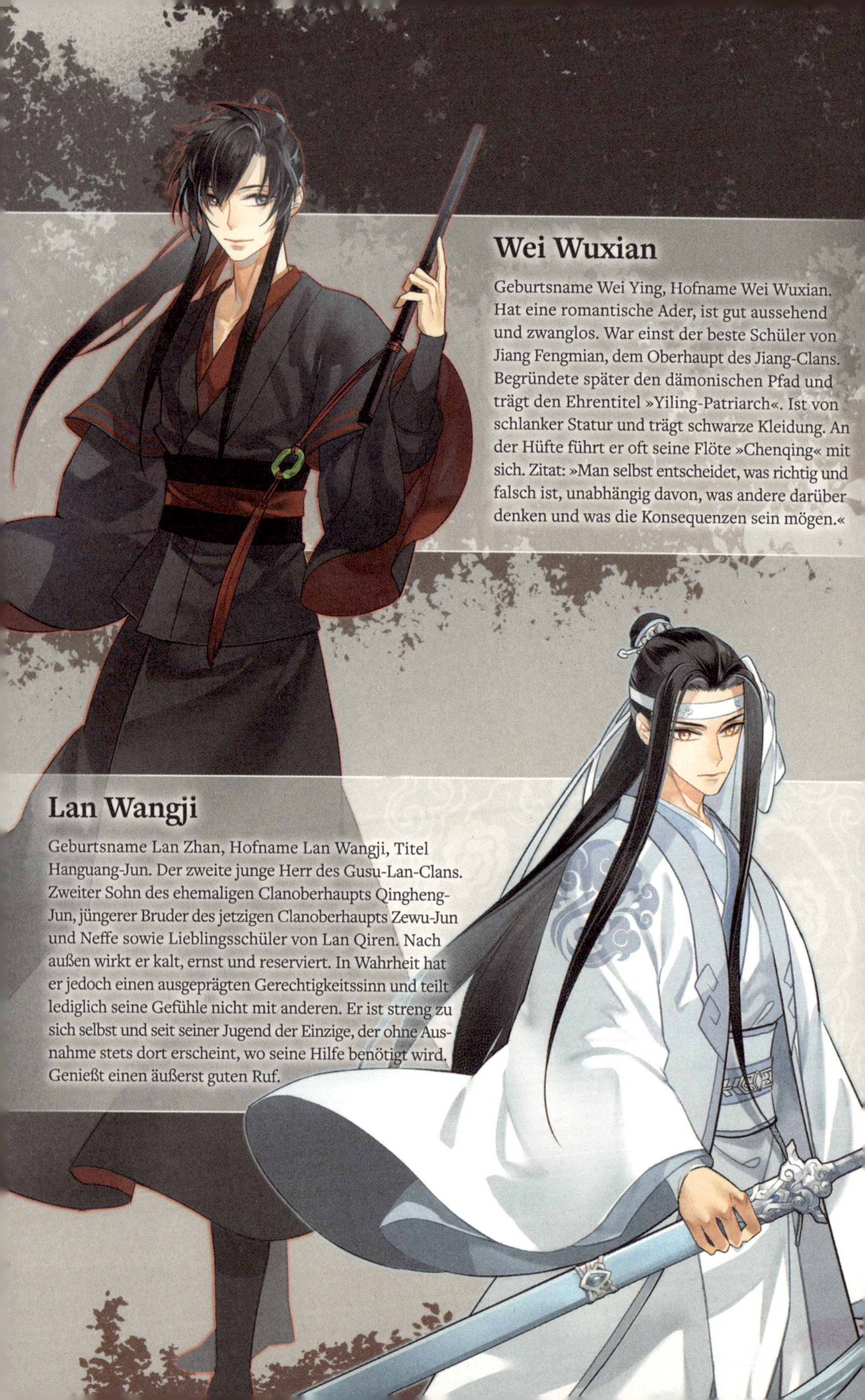

Wei Wuxian

Geburtsname Wei Ying, Hofname Wei Wuxian. Hat eine romantische Ader, ist gut aussehend und zwanglos. War einst der beste Schüler von Jiang Fengmian, dem Oberhaupt des Jiang-Clans. Begründete später den dämonischen Pfad und trägt den Ehrentitel »Yiling-Patriarch«. Ist von schlanker Statur und trägt schwarze Kleidung. An der Hüfte führt er oft seine Flöte »Chenqing« mit sich. Zitat: »Man selbst entscheidet, was richtig und falsch ist, unabhängig davon, was andere darüber denken und was die Konsequenzen sein mögen.«

Lan Wangji

Geburtsname Lan Zhan, Hofname Lan Wangji, Titel Hanguang-Jun. Der zweite junge Herr des Gusu-Lan-Clans. Zweiter Sohn des ehemaligen Clanoberhaupts Qingheng-Jun, jüngerer Bruder des jetzigen Clanoberhaupts Zewu-Jun und Neffe sowie Lieblingsschüler von Lan Qiren. Nach außen wirkt er kalt, ernst und reserviert. In Wahrheit hat er jedoch einen ausgeprägten Gerechtigkeitssinn und teilt lediglich seine Gefühle nicht mit anderen. Er ist streng zu sich selbst und seit seiner Jugend der Einzige, der ohne Ausnahme stets dort erscheint, wo seine Hilfe benötigt wird. Genießt einen äußerst guten Ruf.

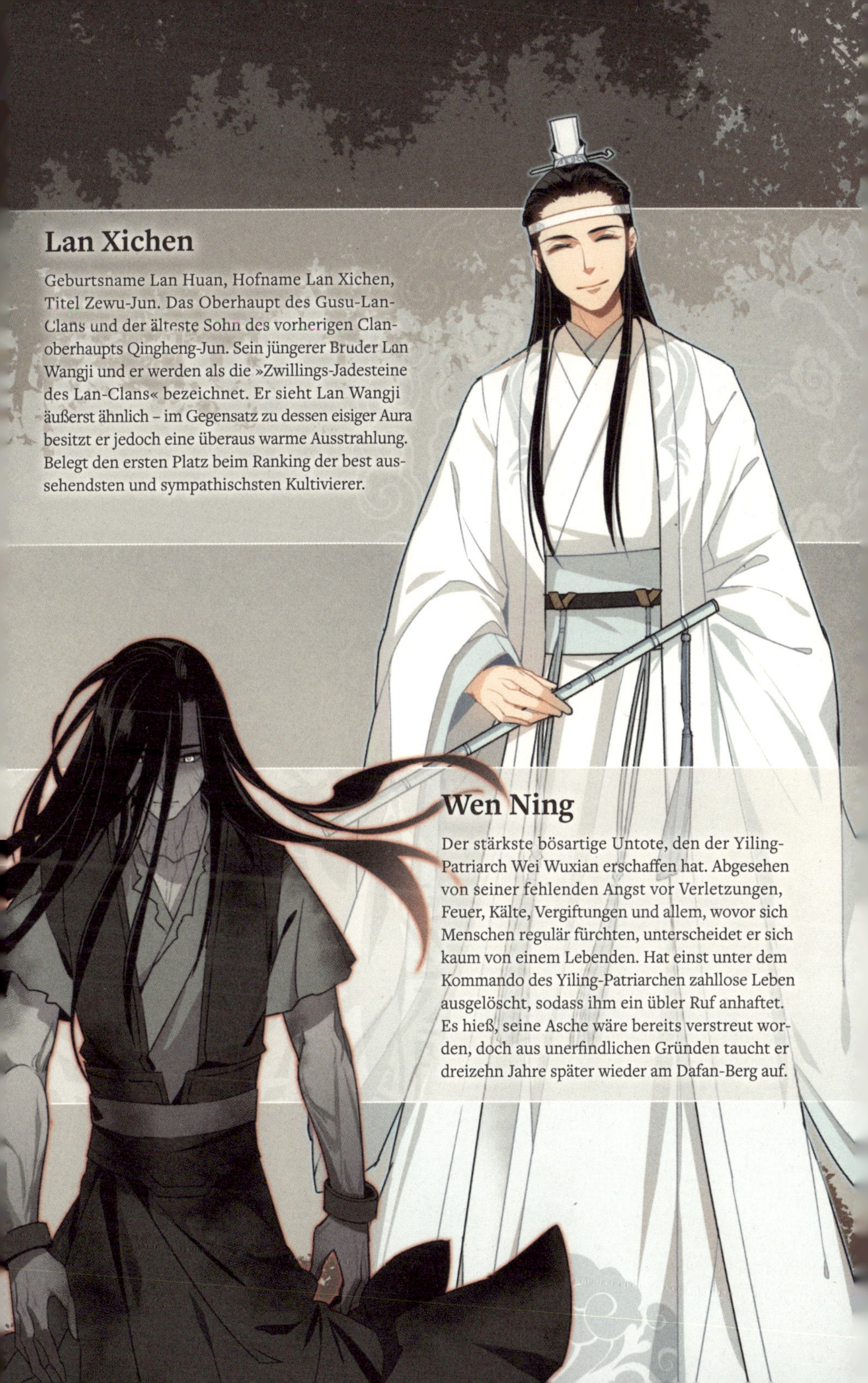

Lan Xichen

Geburtsname Lan Huan, Hofname Lan Xichen, Titel Zewu-Jun. Das Oberhaupt des Gusu-Lan-Clans und der älteste Sohn des vorherigen Clanoberhaupts Qingheng-Jun. Sein jüngerer Bruder Lan Wangji und er werden als die »Zwillings-Jadesteine des Lan-Clans« bezeichnet. Er sieht Lan Wangji äußerst ähnlich – im Gegensatz zu dessen eisiger Aura besitzt er jedoch eine überaus warme Ausstrahlung. Belegt den ersten Platz beim Ranking der best aussehendsten und sympathischsten Kultivierer.

Wen Ning

Der stärkste bösartige Untote, den der Yiling-Patriarch Wei Wuxian erschaffen hat. Abgesehen von seiner fehlenden Angst vor Verletzungen, Feuer, Kälte, Vergiftungen und allem, wovor sich Menschen regulär fürchten, unterscheidet er sich kaum von einem Lebenden. Hat einst unter dem Kommando des Yiling-Patriarchen zahllose Leben ausgelöscht, sodass ihm ein übler Ruf anhaftet. Es hieß, seine Asche wäre bereits verstreut worden, doch aus unerfindlichen Gründen taucht er dreizehn Jahre später wieder am Dafan-Berg auf.

Inhaltsverzeichnis

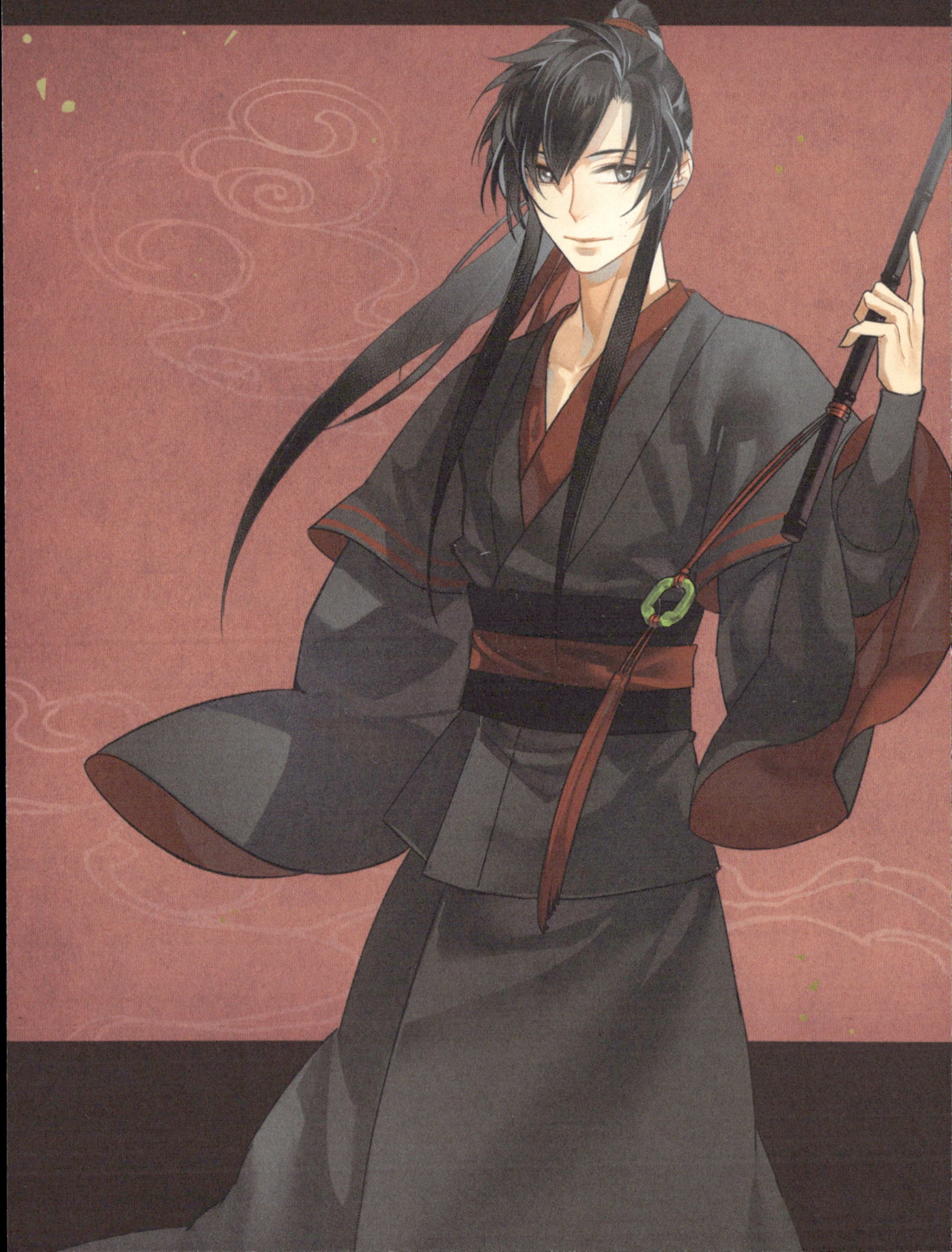

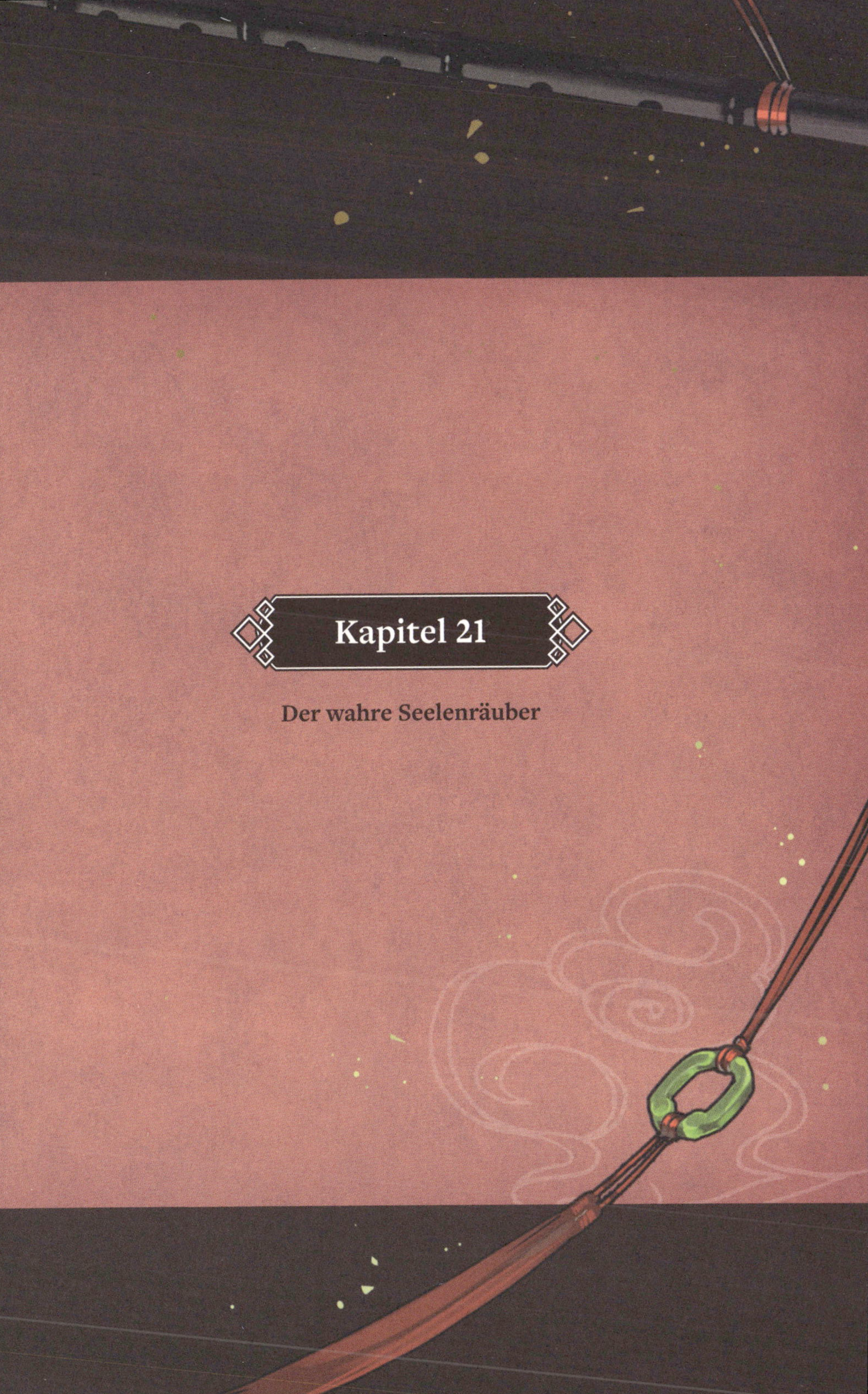

Kapitel 21

Der wahre Seelenräuber

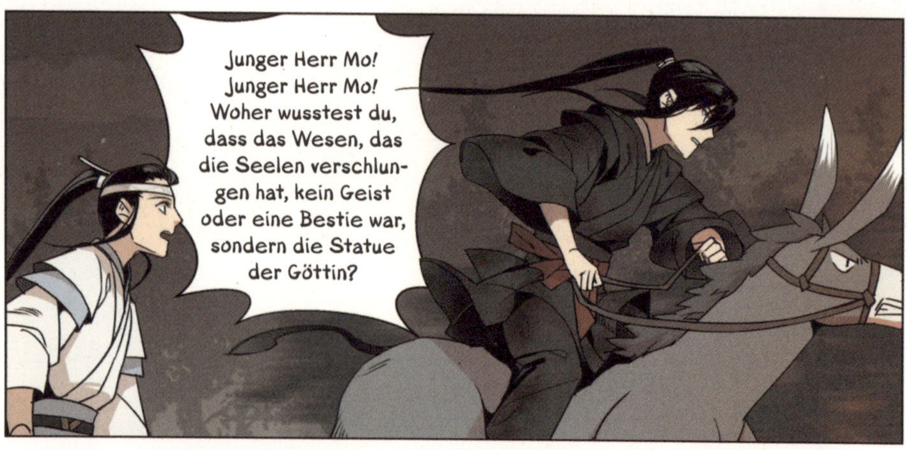
Junger Herr Mo! Junger Herr Mo! Woher wusstest du, dass das Wesen, das die Seelen verschlungen hat, kein Geist oder eine Bestie war, sondern die Statue der Göttin?

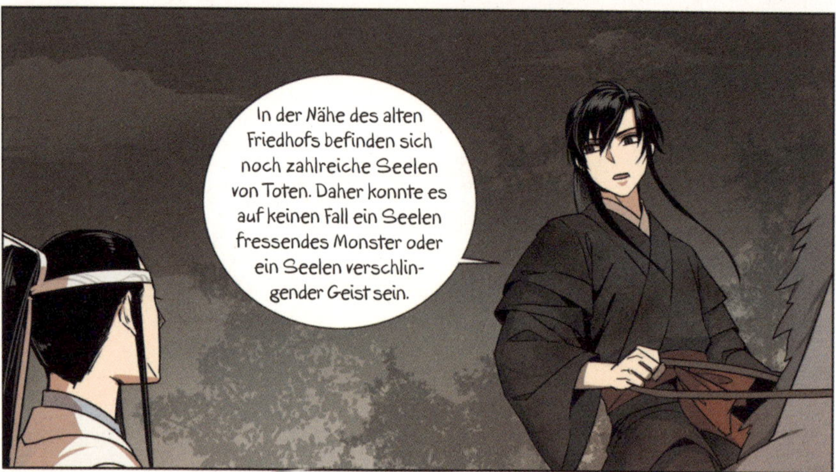
In der Nähe des alten Friedhofs befinden sich noch zahlreiche Seelen von Toten. Daher konnte es auf keinen Fall ein Seelen fressendes Monster oder ein Seelen verschlingender Geist sein.

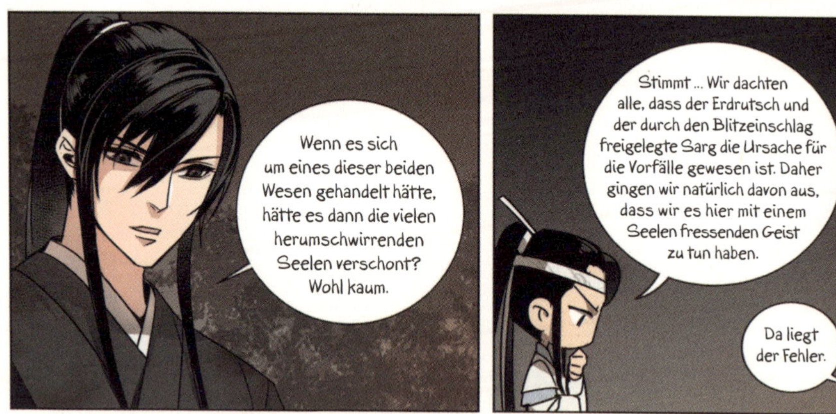
Wenn es sich um eines dieser beiden Wesen gehandelt hätte, hätte es dann die vielen herumschwirrenden Seelen verschont? Wohl kaum.
Stimmt ... Wir dachten alle, dass der Erdrutsch und der durch den Blitzeinschlag freigelegte Sarg die Ursache für die Vorfälle gewesen ist. Daher gingen wir natürlich davon aus, dass wir es hier mit einem Seelen fressenden Geist zu tun haben.
Da liegt der Fehler.

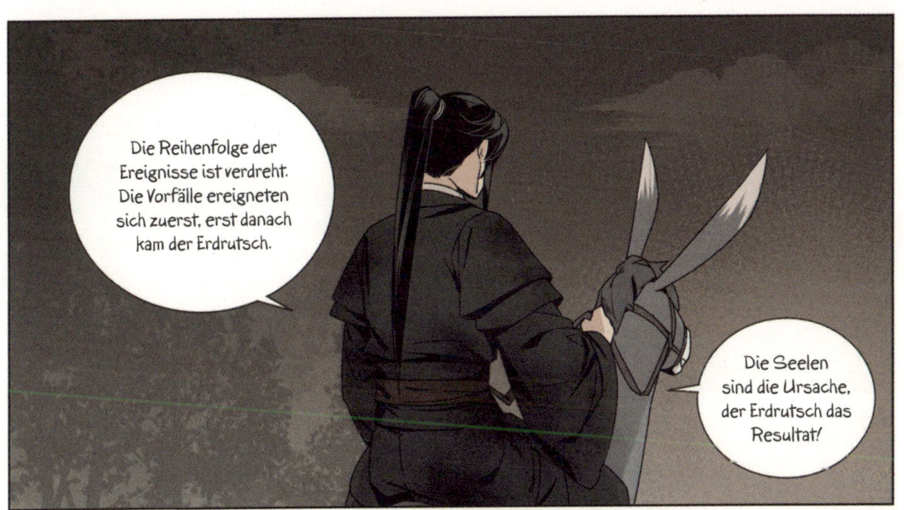
Die Reihenfolge der Ereignisse ist verdreht. Die Vorfälle ereigneten sich zuerst, erst danach kam der Erdrutsch.
Die Seelen sind die Ursache, der Erdrutsch das Resultat!
Denkt an die erste Person, der die Seele geraubt wurde - den Vagabunden.
Er war für eine Nacht in den Bergen gefangen und hat wenige Tage später geheiratet.
Und was stimmt daran nicht?

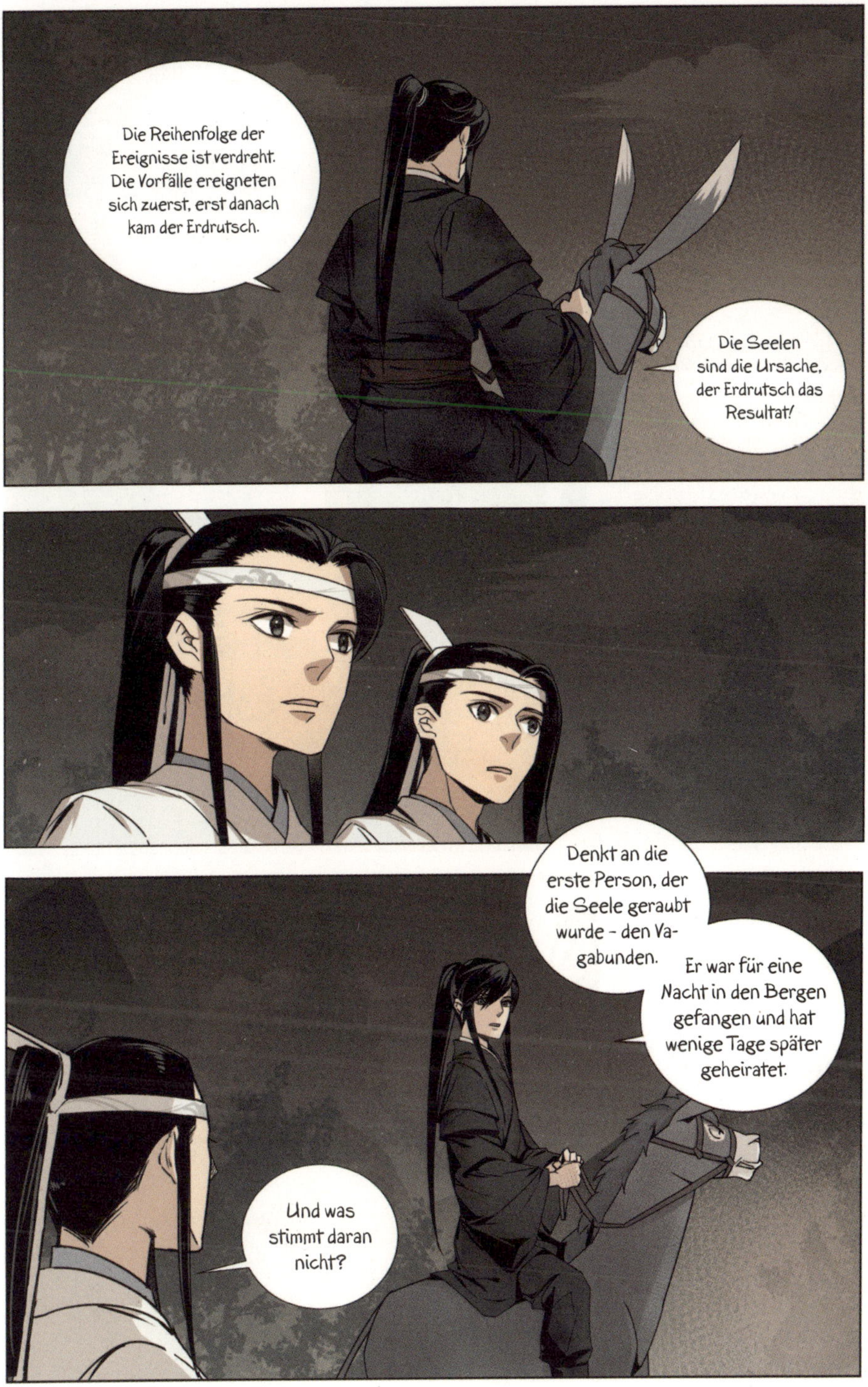

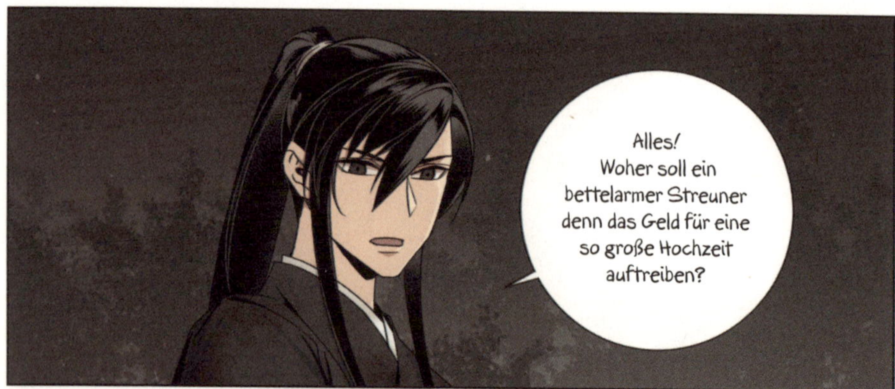
Alles!
Woher soll ein bettelarmer Streuner denn das Geld für eine so große Hochzeit auftreiben?

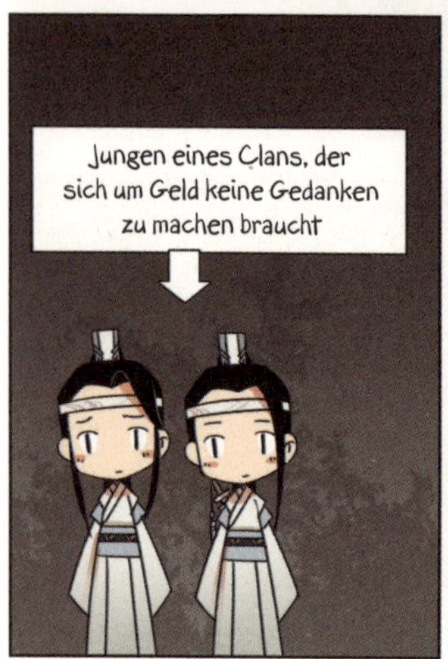
Jungen eines Clans, der sich um Geld keine Gedanken zu machen braucht

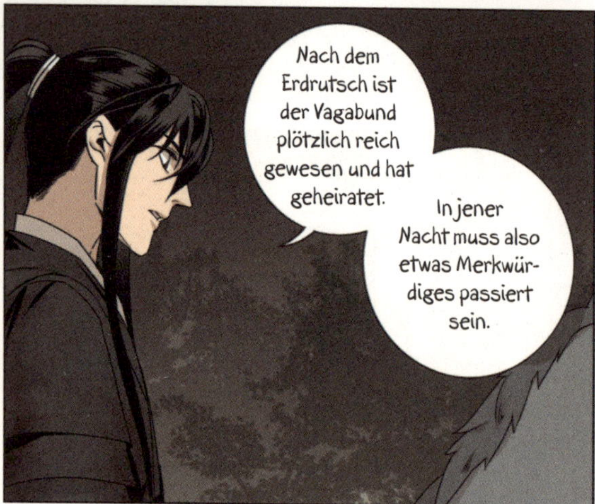
Nach dem Erdrutsch ist der Vagabund plötzlich reich gewesen und hat geheiratet.
In jener Nacht muss also etwas Merkwürdiges passiert sein.

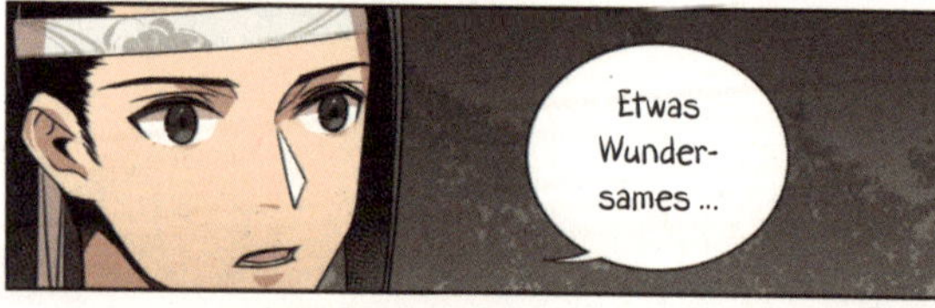
Etwas Wundersames ...

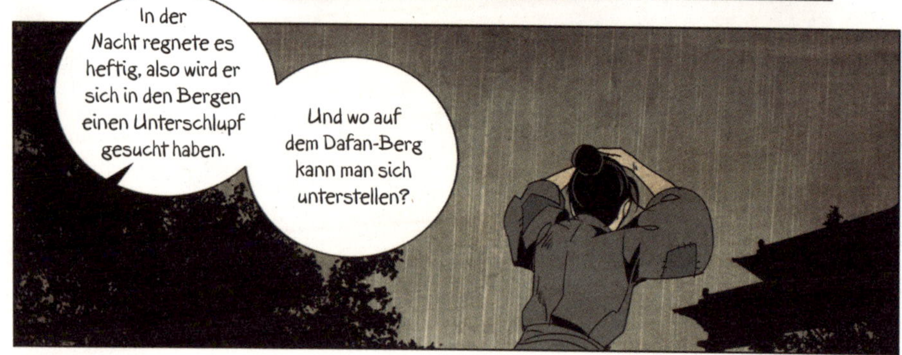
In der Nacht regnete es heftig, also wird er sich in den Bergen einen Unterschlupf gesucht haben.
Und wo auf dem Dafan-Berg kann man sich unterstellen?

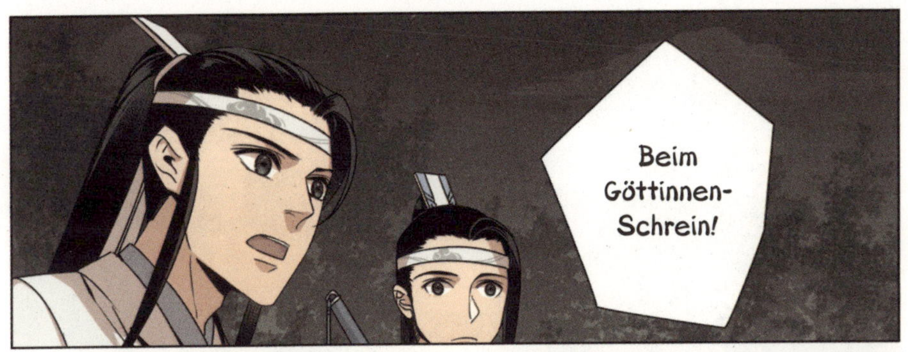
Beim Göttinnen-Schrein!

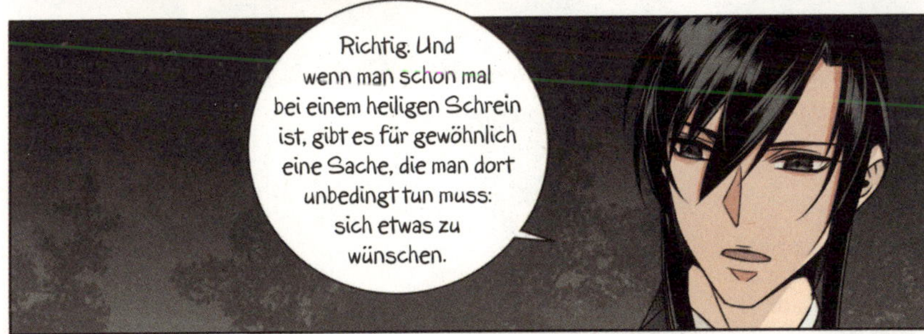
Richtig. Und wenn man schon mal bei einem heiligen Schrein ist, gibt es für gewöhnlich eine Sache, die man dort unbedingt tun muss: sich etwas zu wünschen.

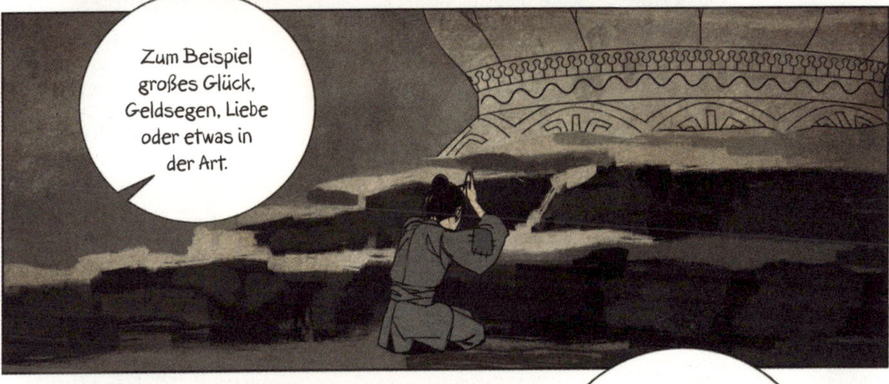
Zum Beispiel großes Glück, Geldsegen, Liebe oder etwas in der Art.

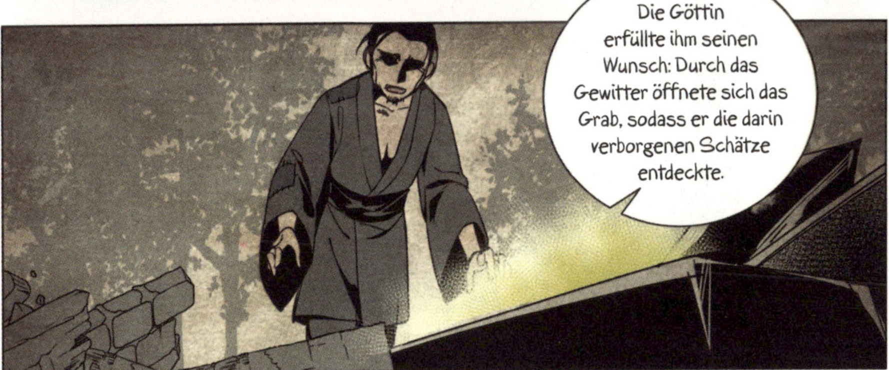
Die Göttin erfüllte ihm seinen Wunsch: Durch das Gewitter öffnete sich das Grab, sodass er die darin verborgenen Schätze entdeckte.

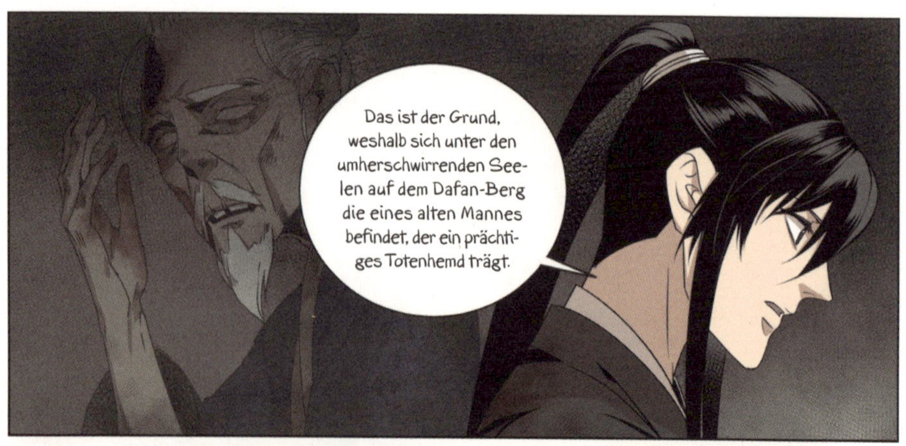
Das ist der Grund, weshalb sich unter den umherschwirrenden Seelen auf dem Dafan-Berg die eines alten Mannes befindet, der ein prächtiges Totenhemd trägt.

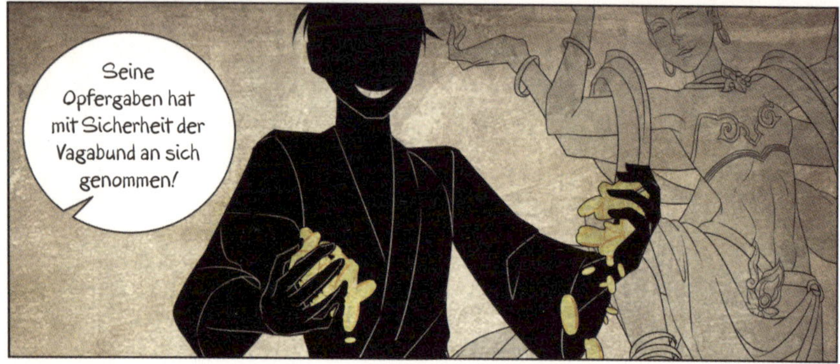
Seine Opfergaben hat mit Sicherheit der Vagabund an sich genommen!

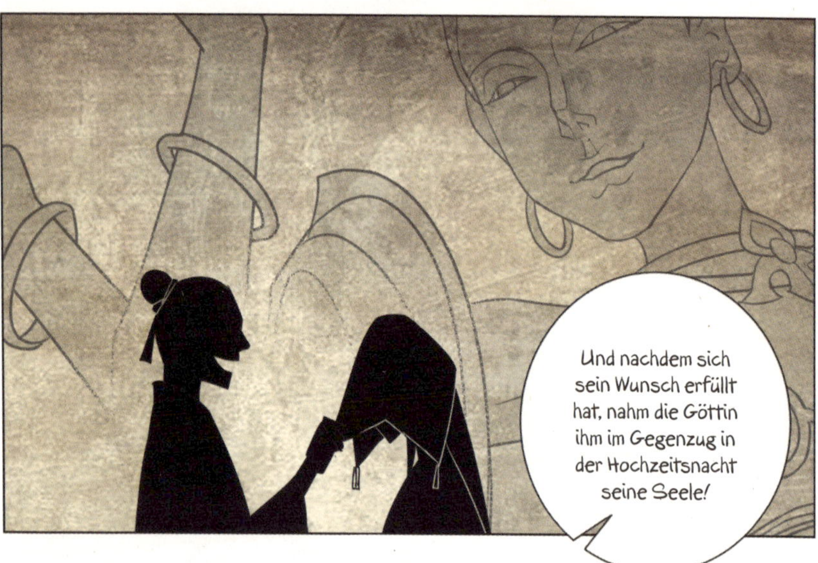
Und nachdem sich sein Wunsch erfüllt hat, nahm die Göttin ihm im Gegenzug in der Hochzeitsnacht seine Seele!

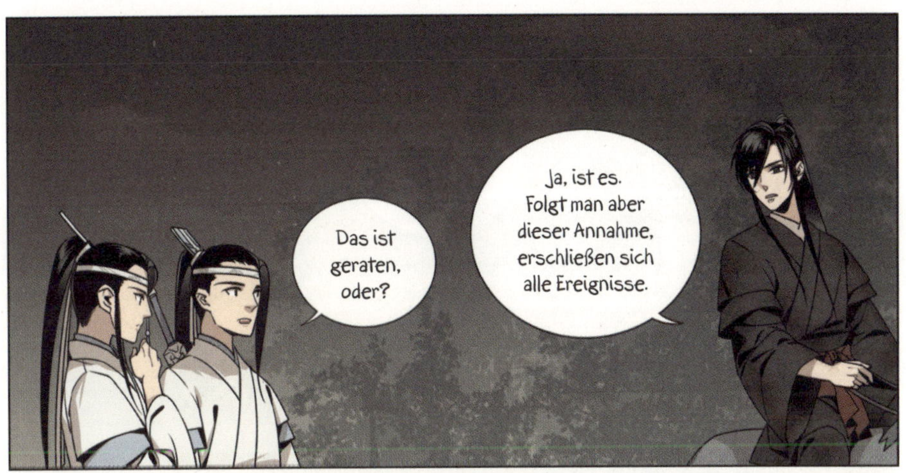
Das ist geraten, oder?
Ja, ist es. Folgt man aber dieser Annahme, erschließen sich alle Ereignisse.

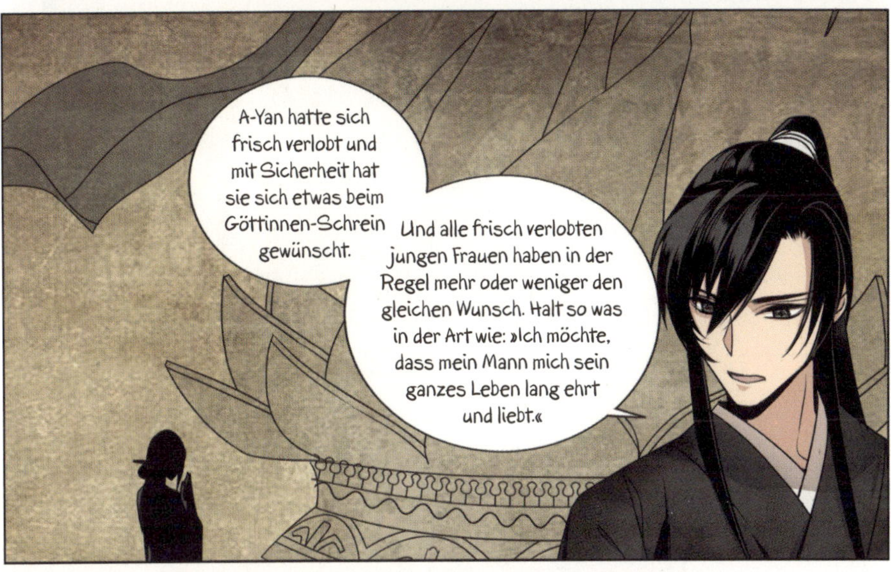
A-Yan hatte sich frisch verlobt und mit Sicherheit hat sie sich etwas beim Göttinnen-Schrein gewünscht.
Und alle frisch verlobten jungen Frauen haben in der Regel mehr oder weniger den gleichen Wunsch. Halt so was in der Art wie: »Ich möchte, dass mein Mann mich sein ganzes Leben lang ehrt und liebt.«

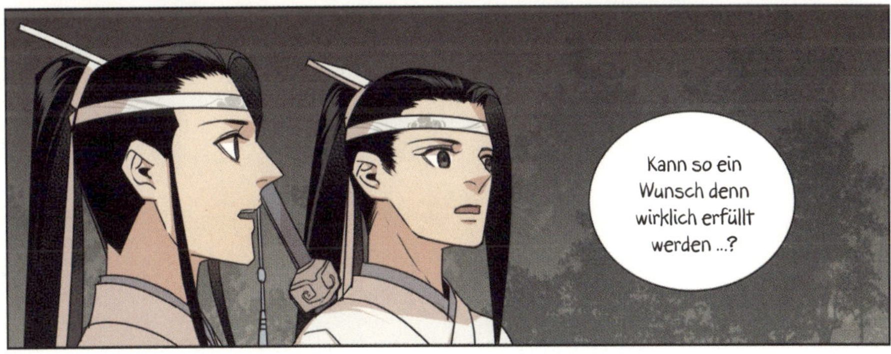
Kann so ein Wunsch denn wirklich erfüllt werden …?

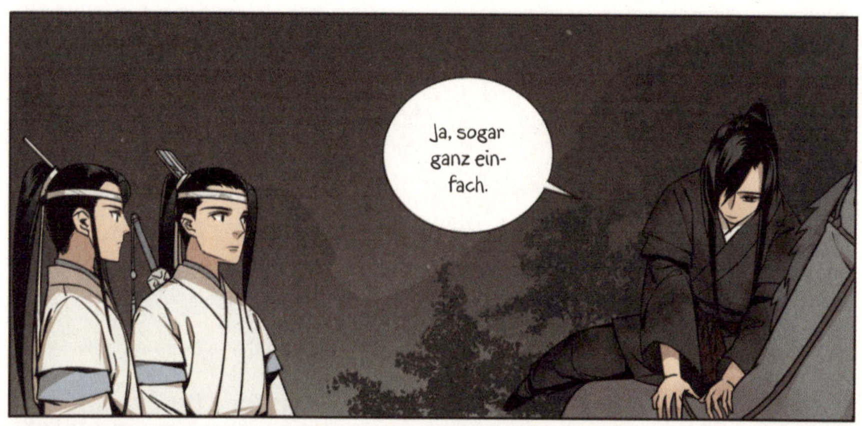
Ja, sogar
ganz ein-
fach.

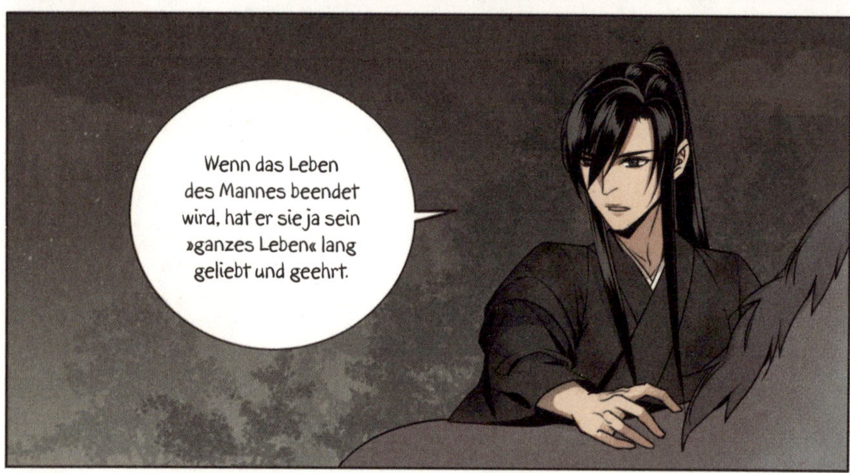
Wenn das Leben des Mannes beendet wird, hat er sie ja sein »ganzes Leben« lang geliebt und geehrt.

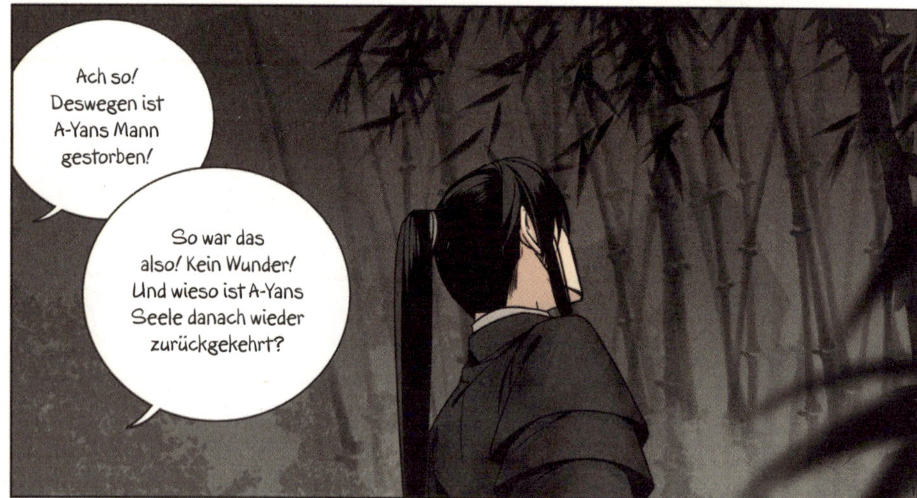
Ach so! Deswegen ist A-Yans Mann gestorben!
So war das also! Kein Wunder! Und wieso ist A-Yans Seele danach wieder zurückgekehrt?

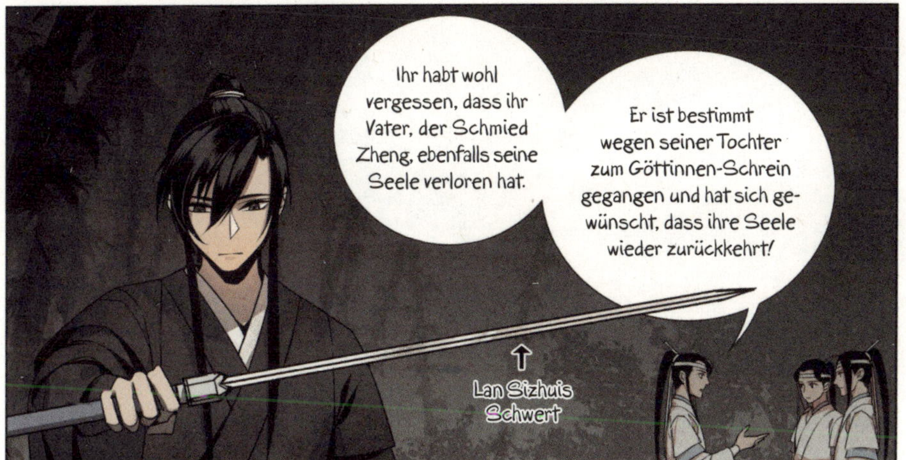
Ihr habt wohl vergessen, dass ihr Vater, der Schmied Zheng, ebenfalls seine Seele verloren hat.
Er ist bestimmt wegen seiner Tochter zum Göttinnen-Schrein gegangen und hat sich gewünscht, dass ihre Seele wieder zurückkehrt!
Lan Sizhuis Schwert

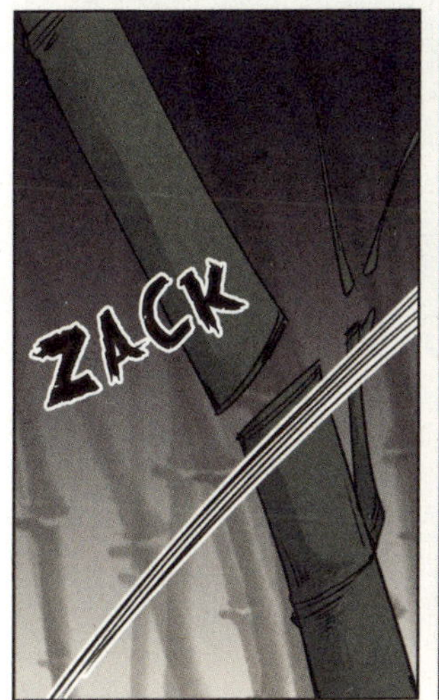
ZACK

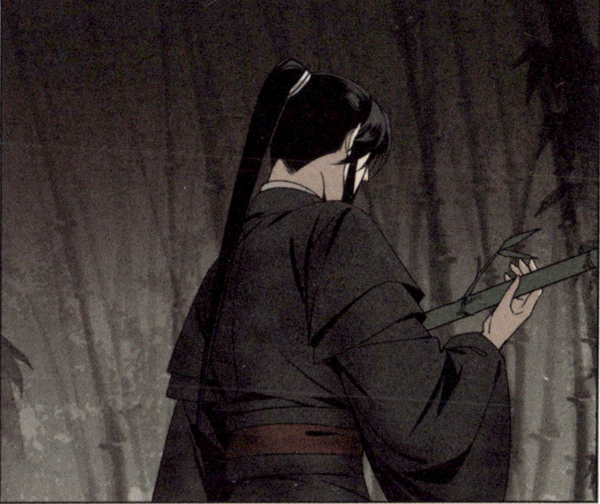

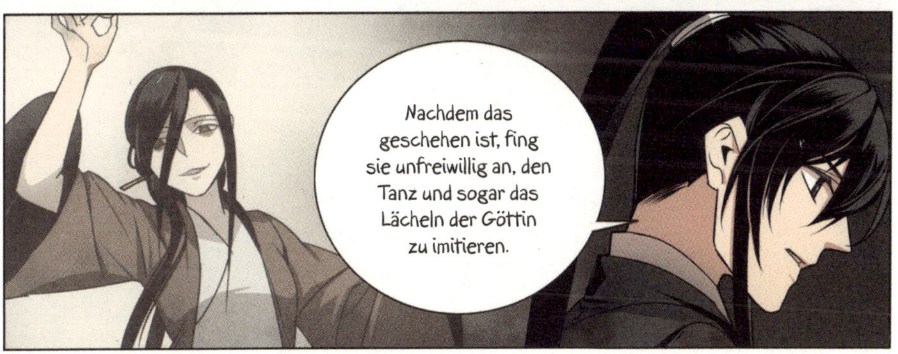
Nachdem das geschehen ist, fing sie unfreiwillig an, den Tanz und sogar das Lächeln der Göttin zu imitieren.

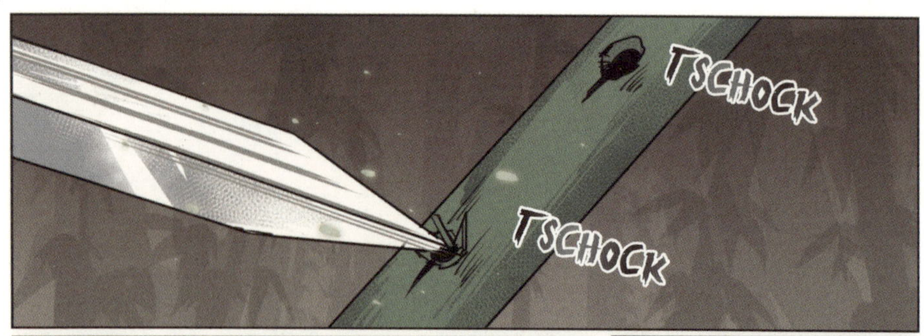
TSCHOCK
TSCHOCK

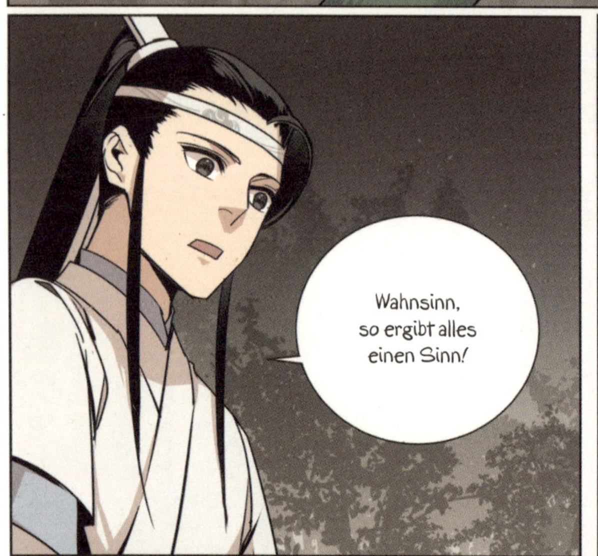
Wahnsinn, so ergibt alles einen Sinn!

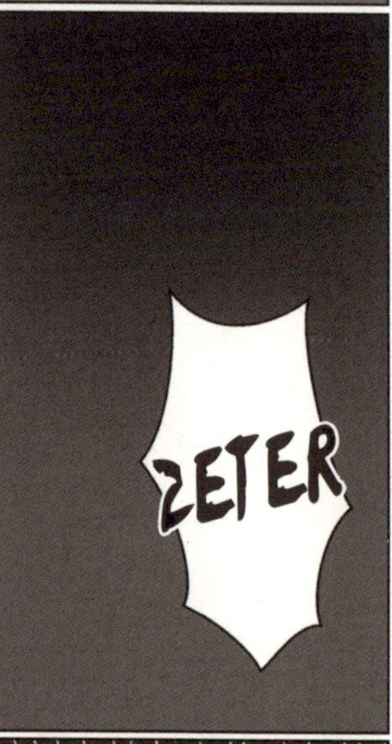
ZETER

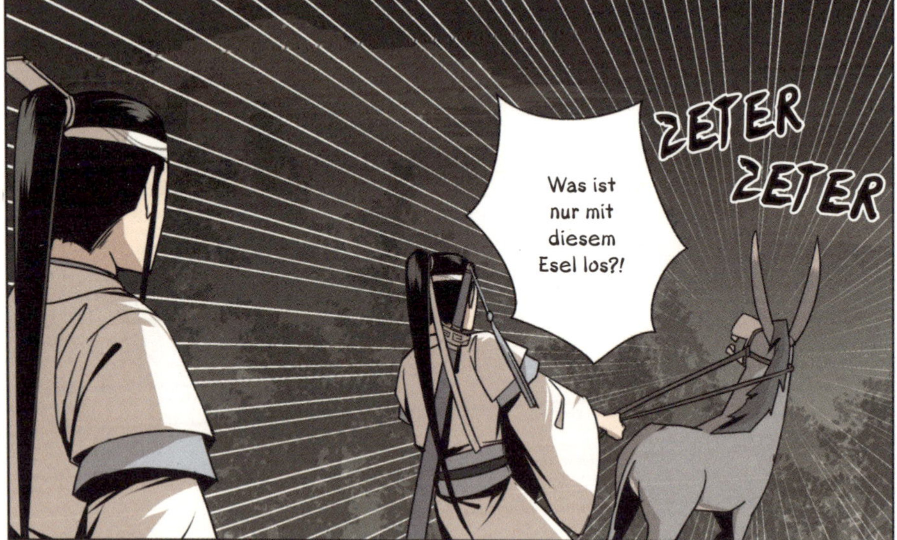
Was ist nur mit diesem Esel los?!
ZETER
ZETER

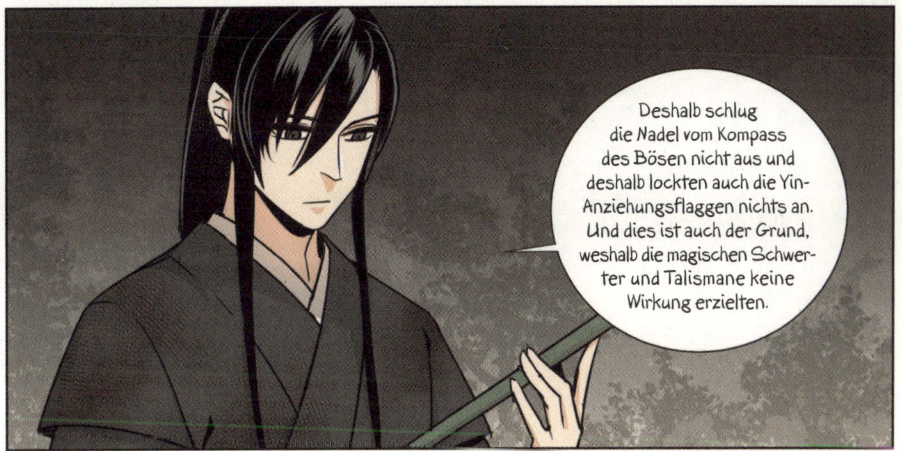

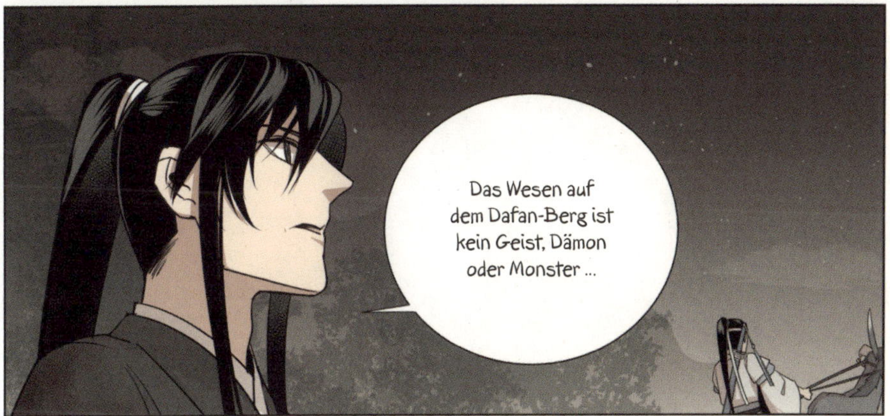

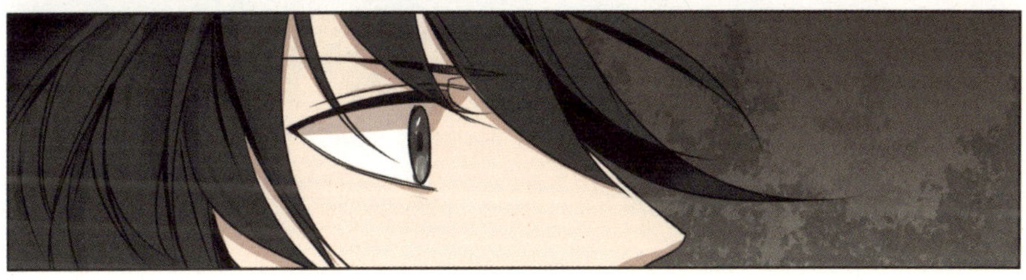

... sondern eine Gottheit!

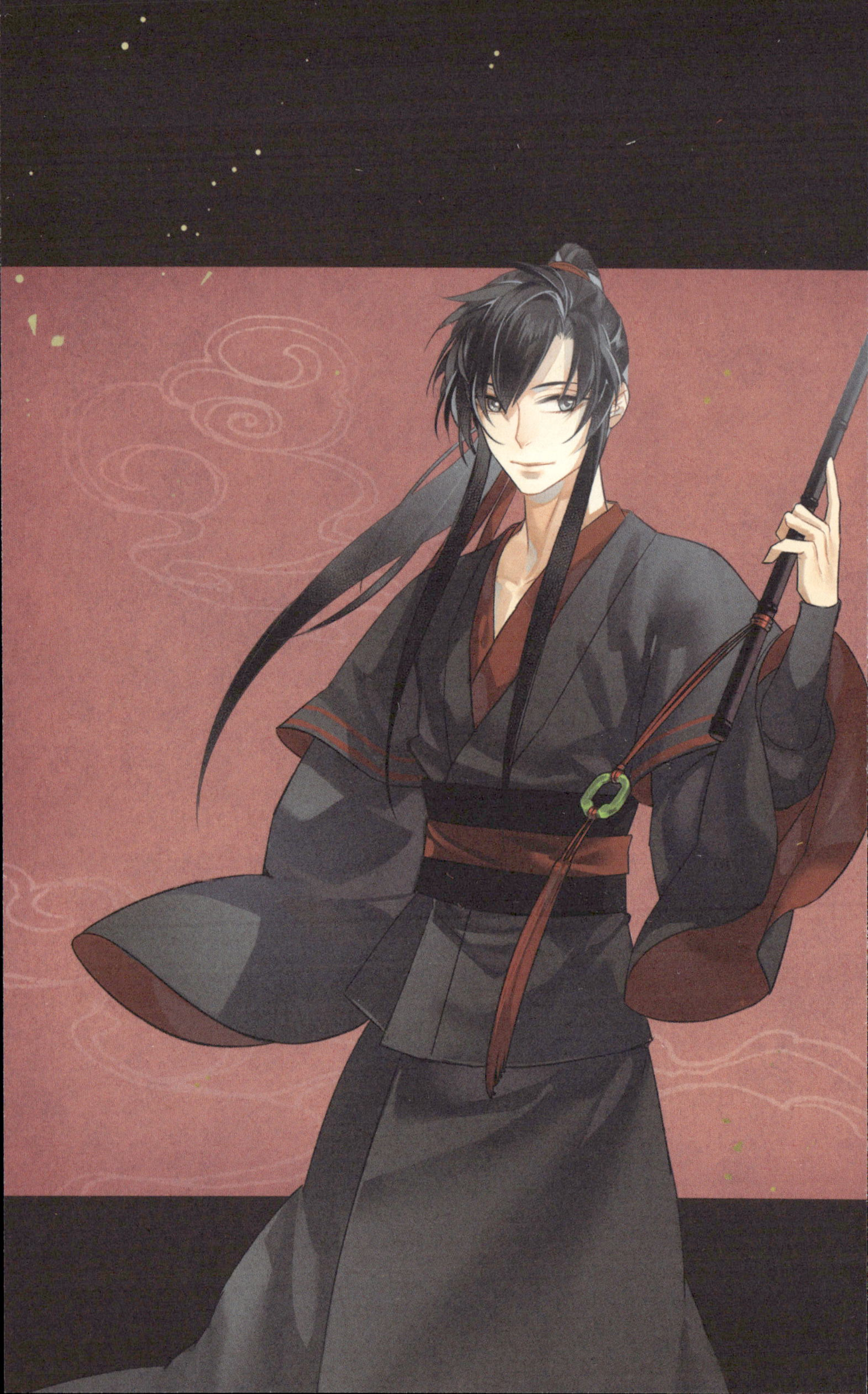

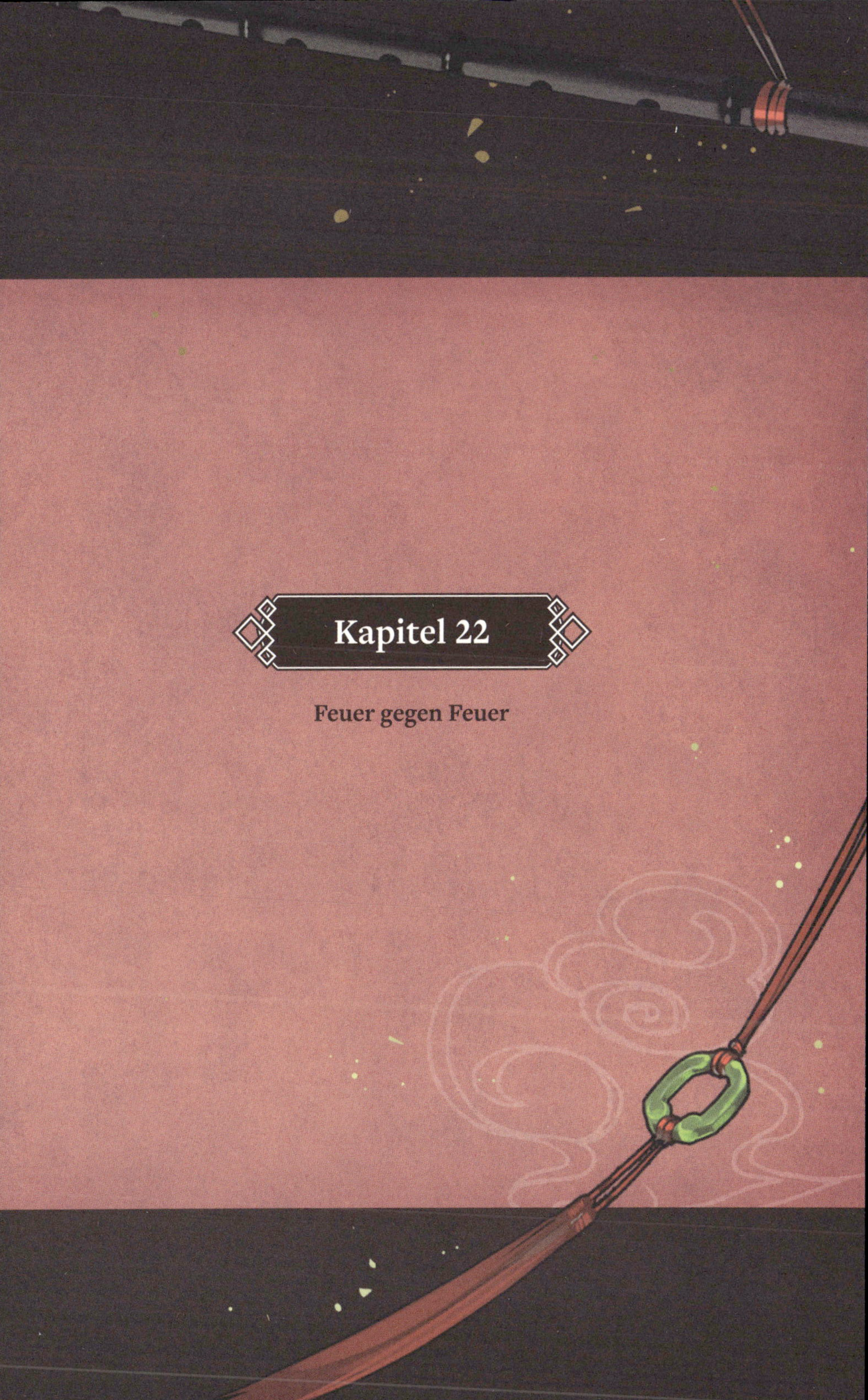

Kapitel 22

Feuer gegen Feuer

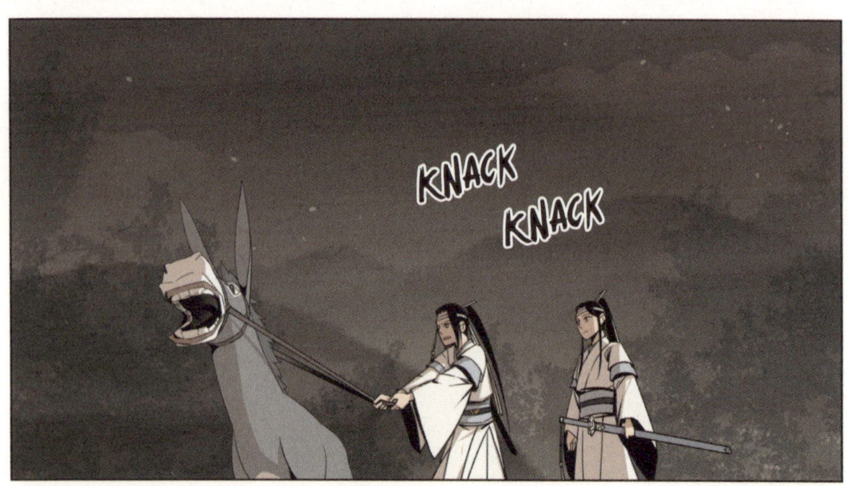
KNACK
KNACK

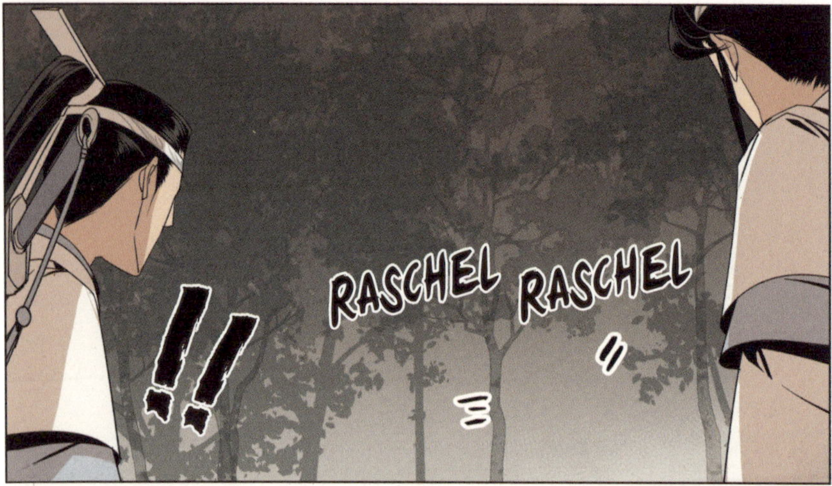
!!
RASCHEL RASCHEL

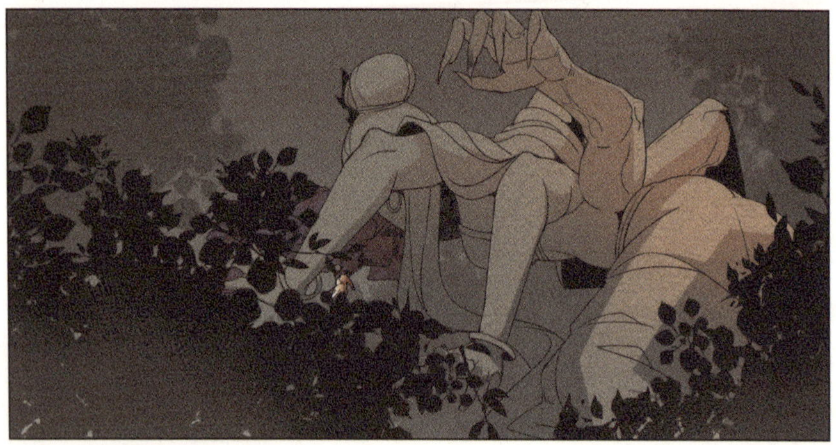

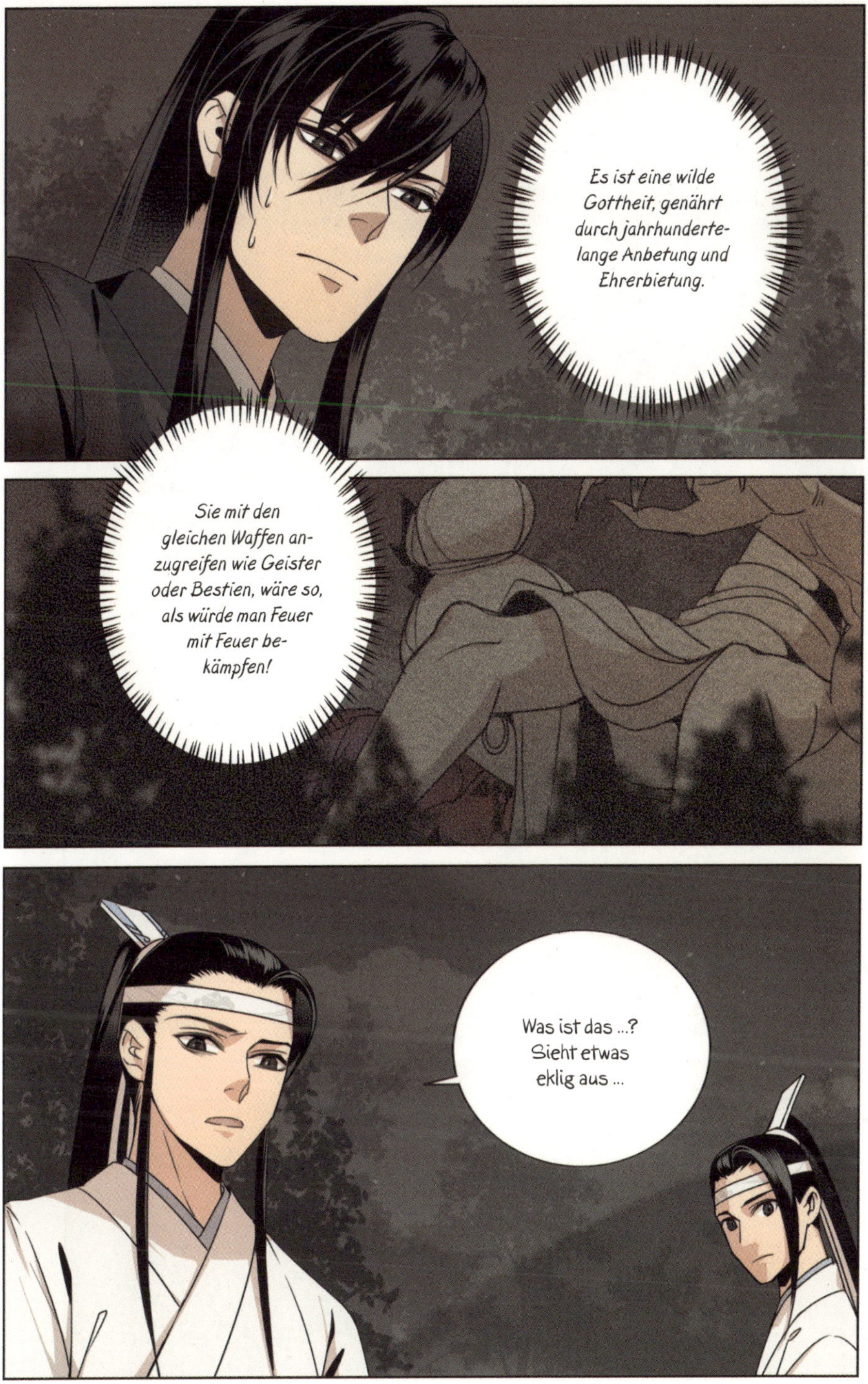

Es ist eine wilde Gottheit, genährt durch jahrhunderte-lange Anbetung und Ehrerbietung.

Sie mit den gleichen Waffen an-zugreifen wie Geister oder Bestien, wäre so, als würde man Feuer mit Feuer be-kämpfen!

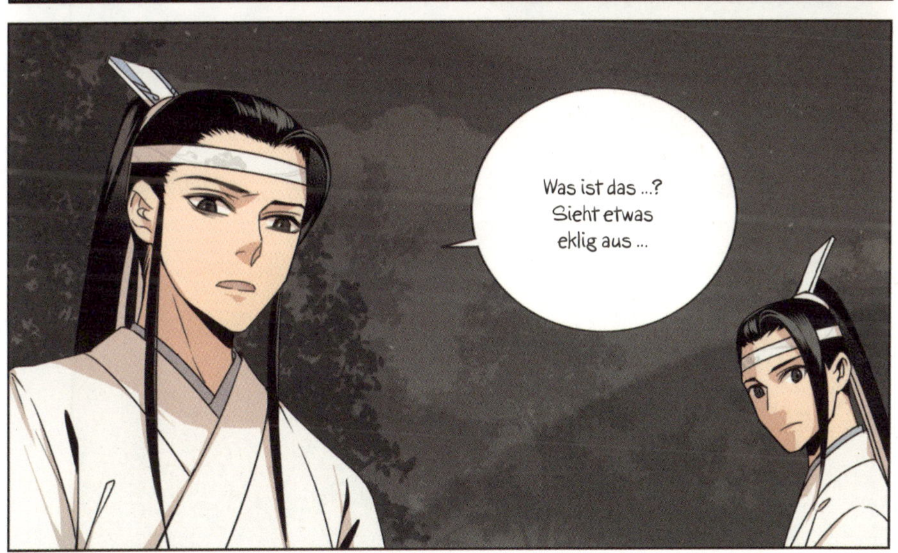

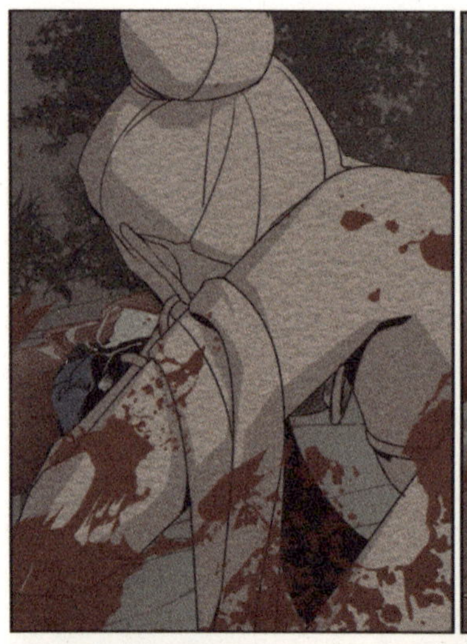

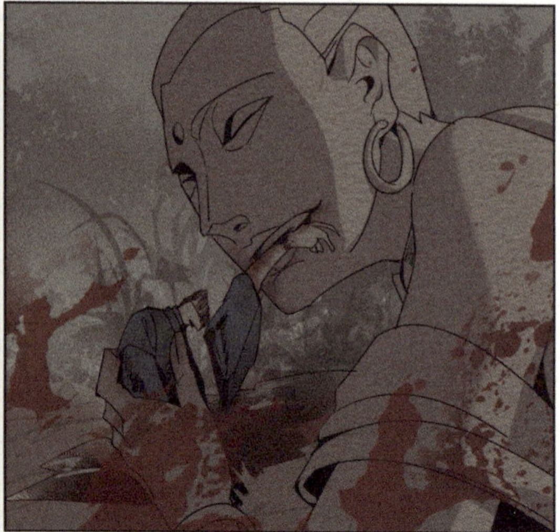

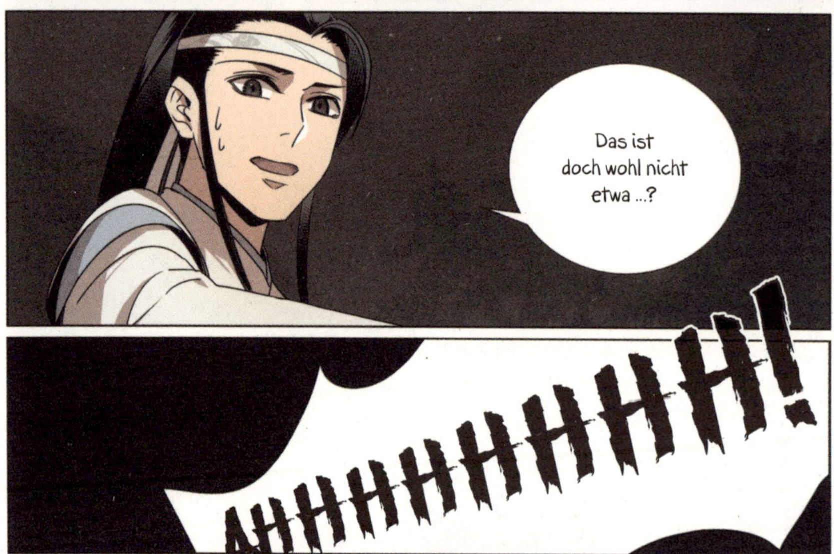

Das ist
doch wohl nicht
etwa ...?

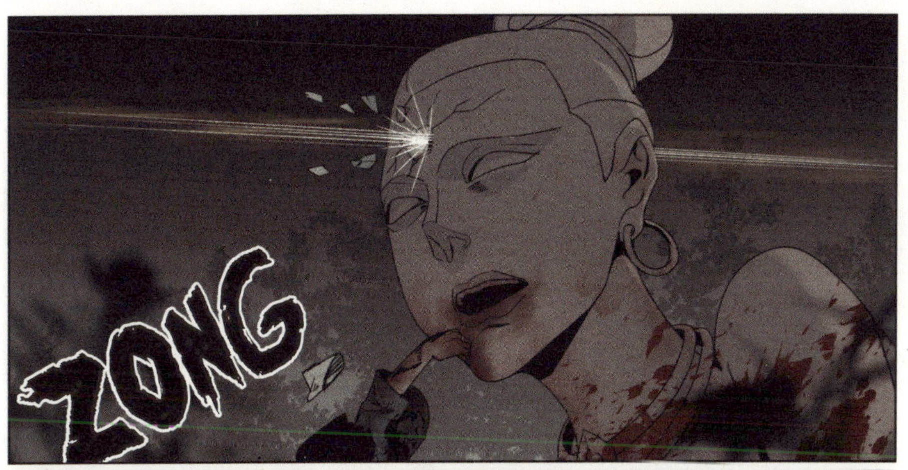
ZONG

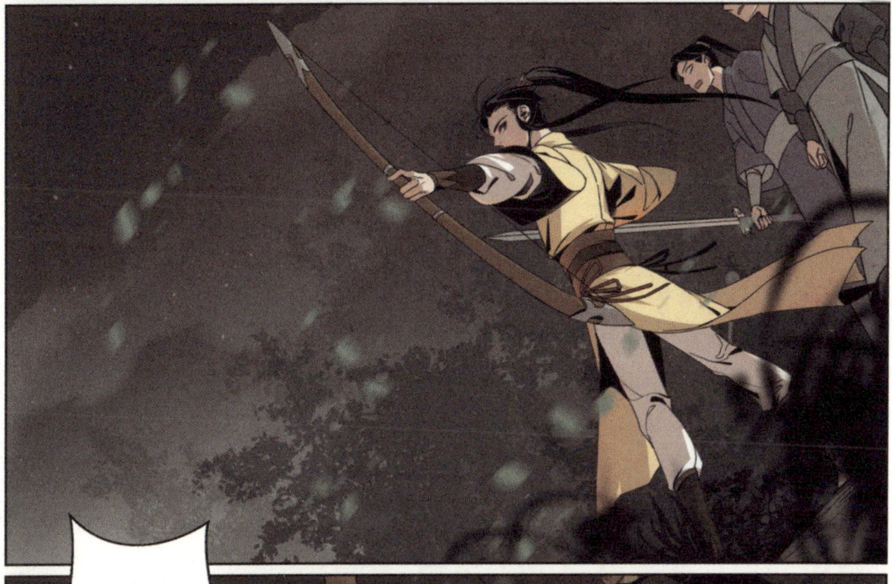

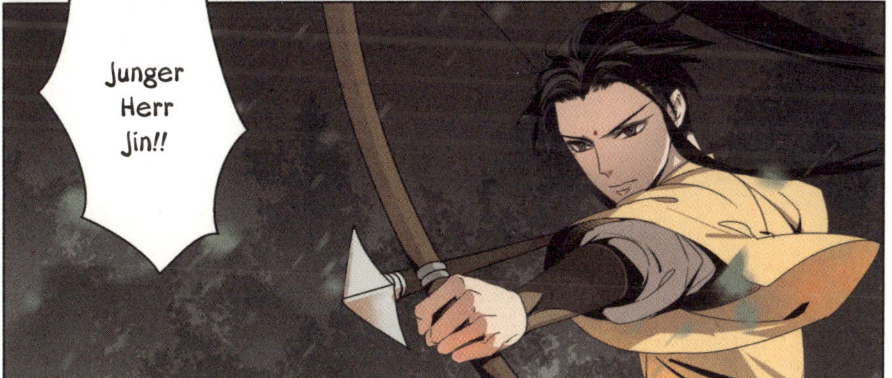
Junger Herr Jin!!

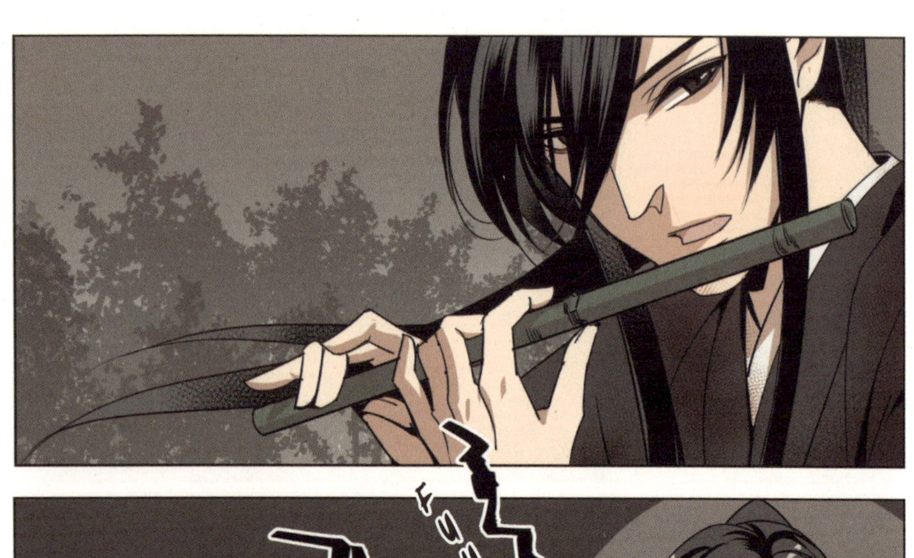

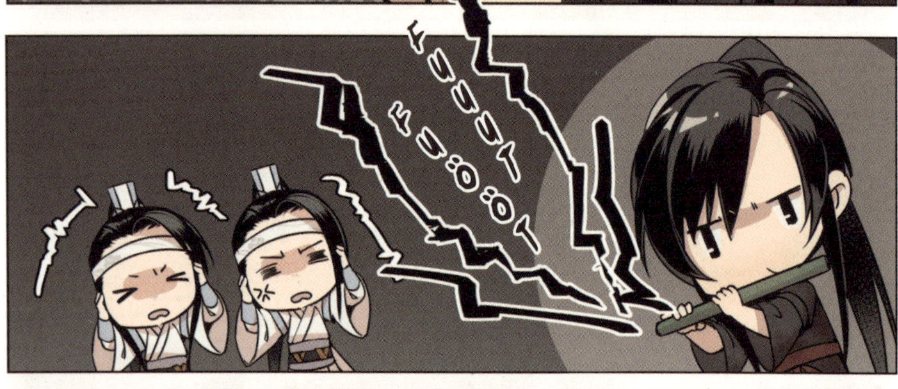

FUUUT
FUÖÖT

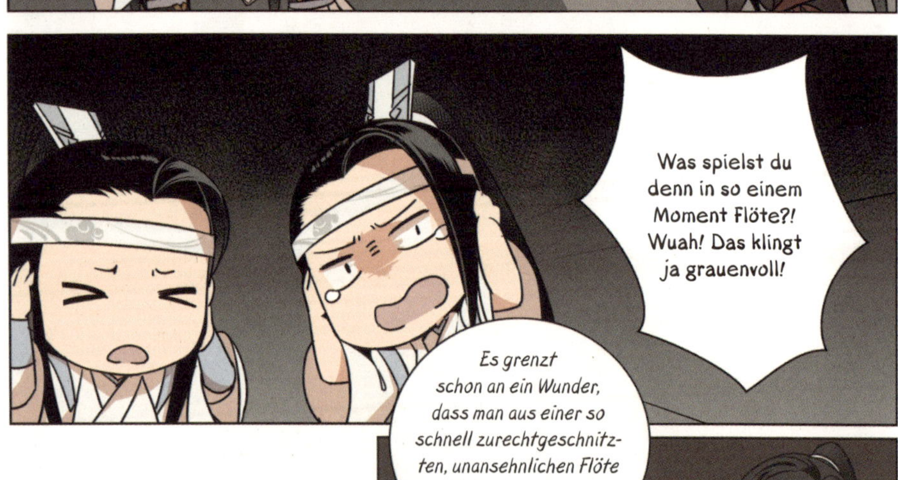

Was spielst du denn in so einem Moment Flöte?! Wuah! Das klingt ja grauenvoll!
Es grenzt schon an ein Wunder, dass man aus einer so schnell zurechtgeschnitzten, unansehnlichen Flöte überhaupt einen Ton herausbekommt!

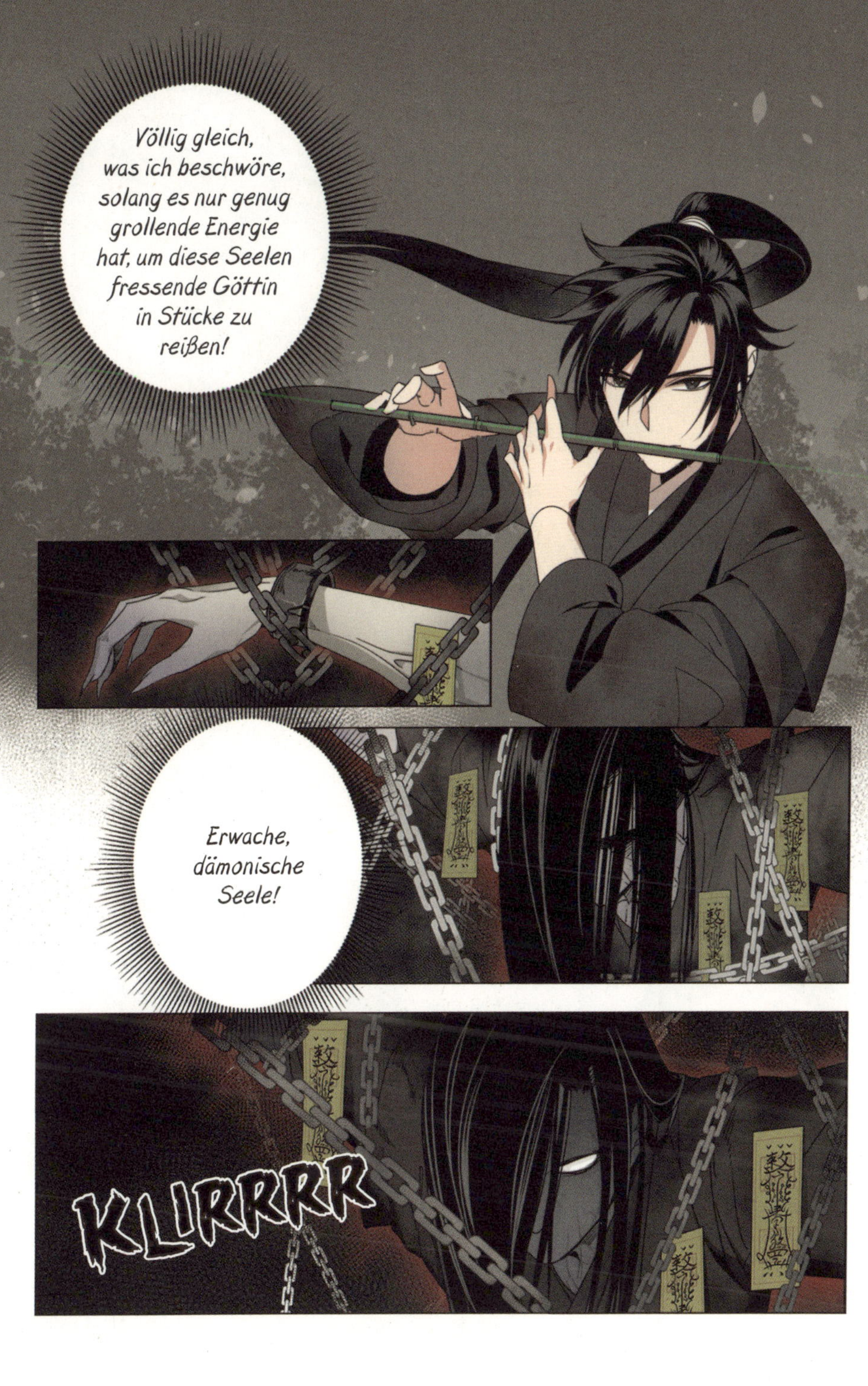
Völlig gleich, was ich beschwöre, solang es nur genug grollende Energie hat, um diese Seelen fressende Göttin in Stücke zu reißen!
Erwache, dämonische Seele!
KLIRRRR

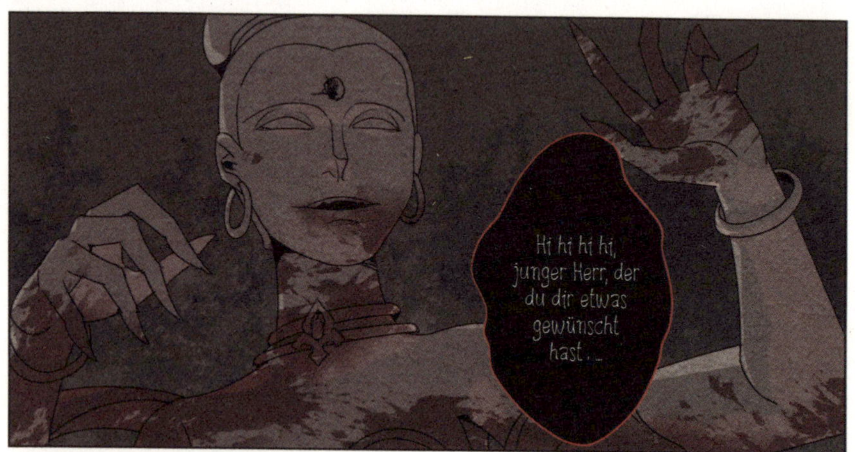
Hi hi hi hi,
junger Herr, der
du dir etwas
gewünscht
hast ...

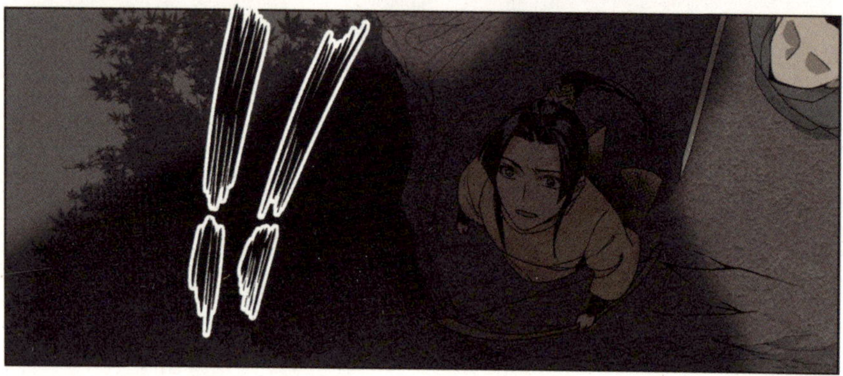

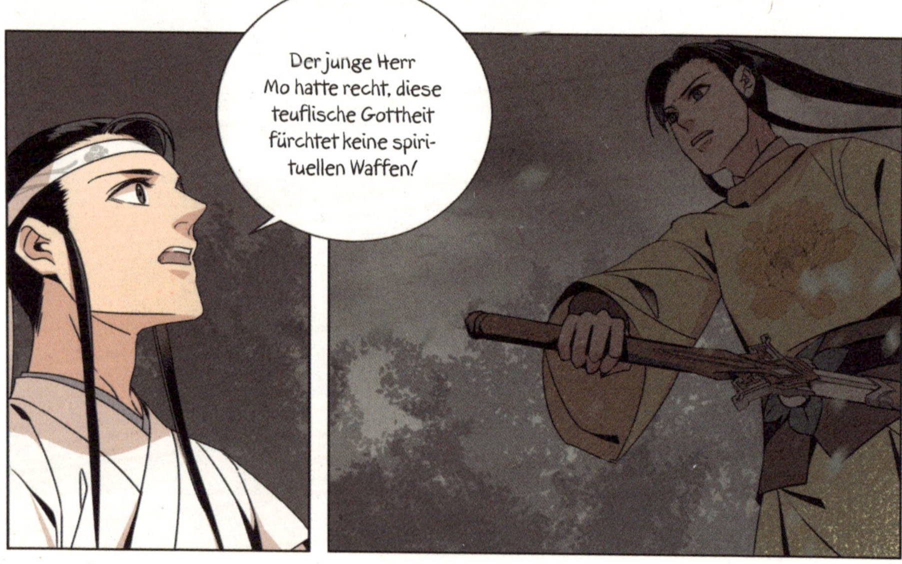
Der junge Herr
Mo hatte recht, diese
teuflische Gottheit
fürchtet keine spiri-
tuellen Waffen!

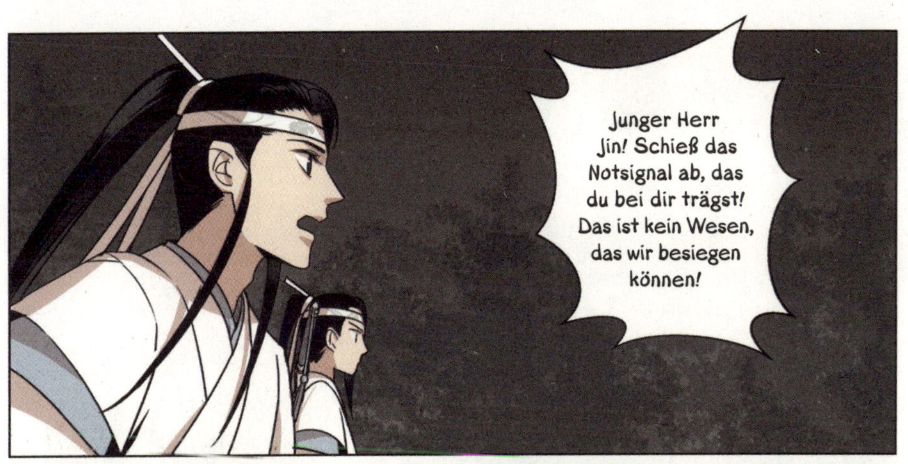

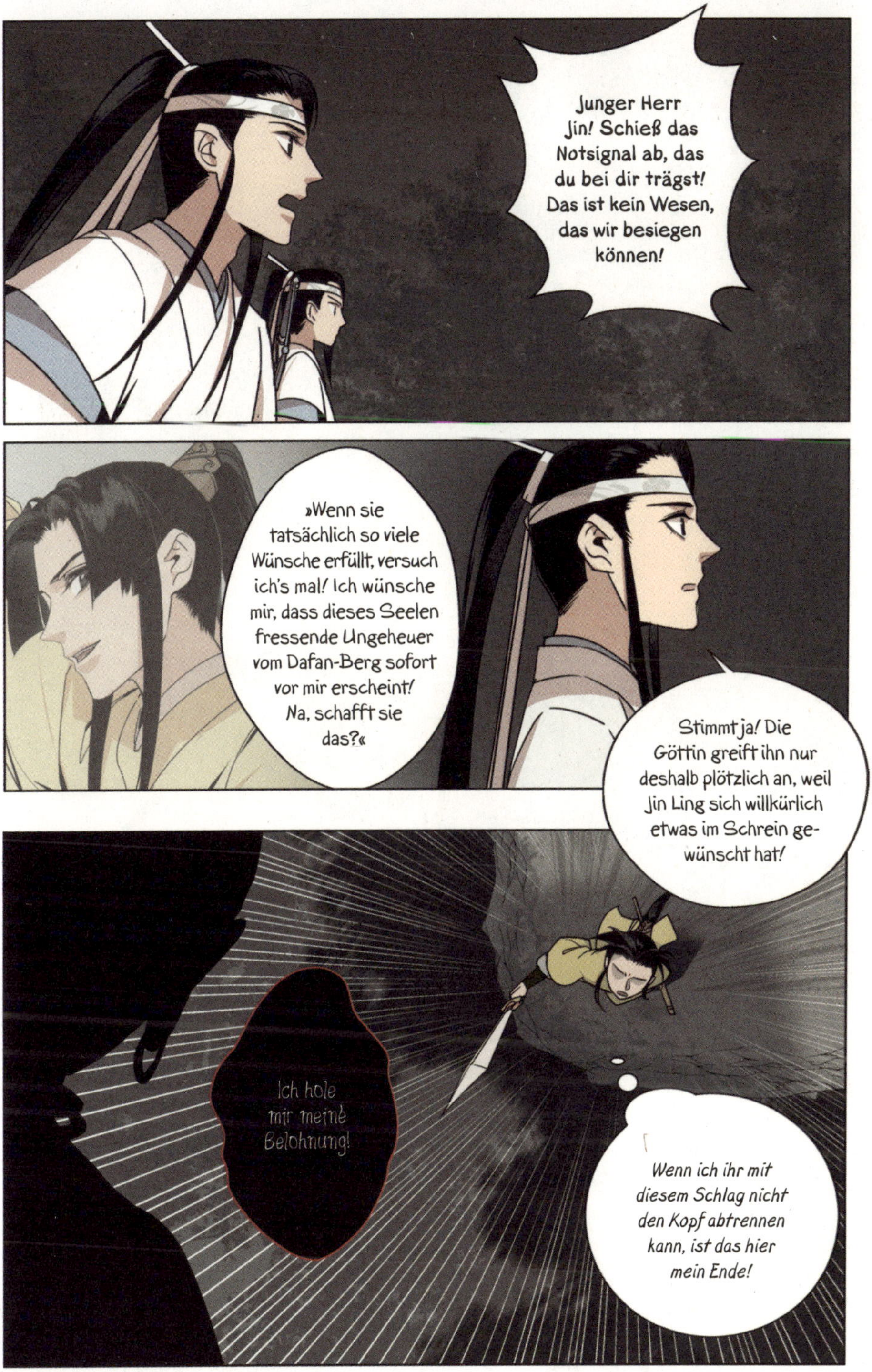

»Wenn sie tatsächlich so viele Wünsche erfüllt, versuch ich's mal! Ich wünsche mir, dass dieses Seelen fressende Ungeheuer vom Dafan-Berg sofort vor mir erscheint! Na, schafft sie das?«

Stimmt ja! Die Göttin greift ihn nur deshalb plötzlich an, weil Jin Ling sich willkürlich etwas im Schrein gewünscht hat!

Ich hole mir meine Belohnung!

Wenn ich ihr mit diesem Schlag nicht den Kopf abtrennen kann, ist das hier mein Ende!

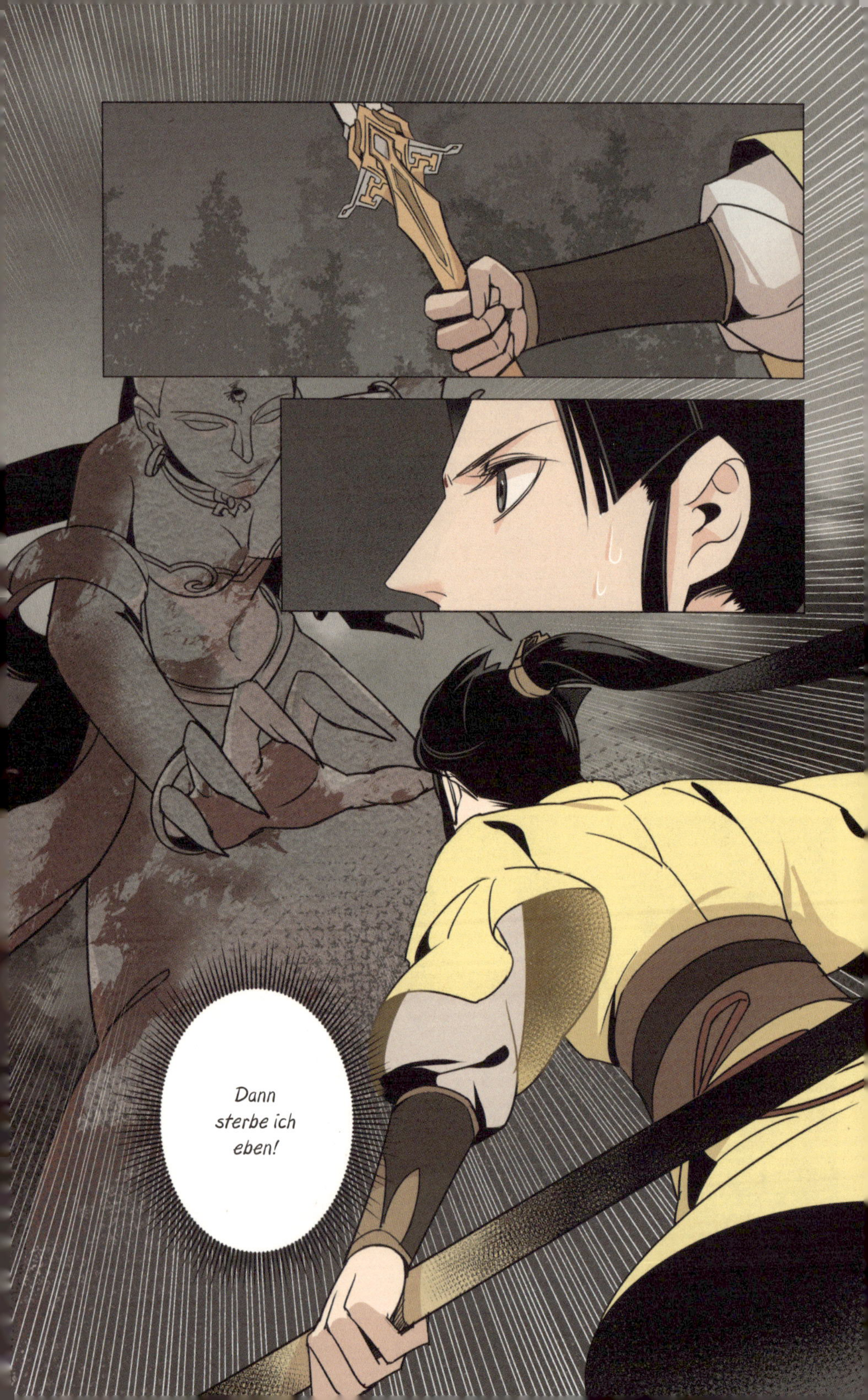
Dann sterbe ich eben!

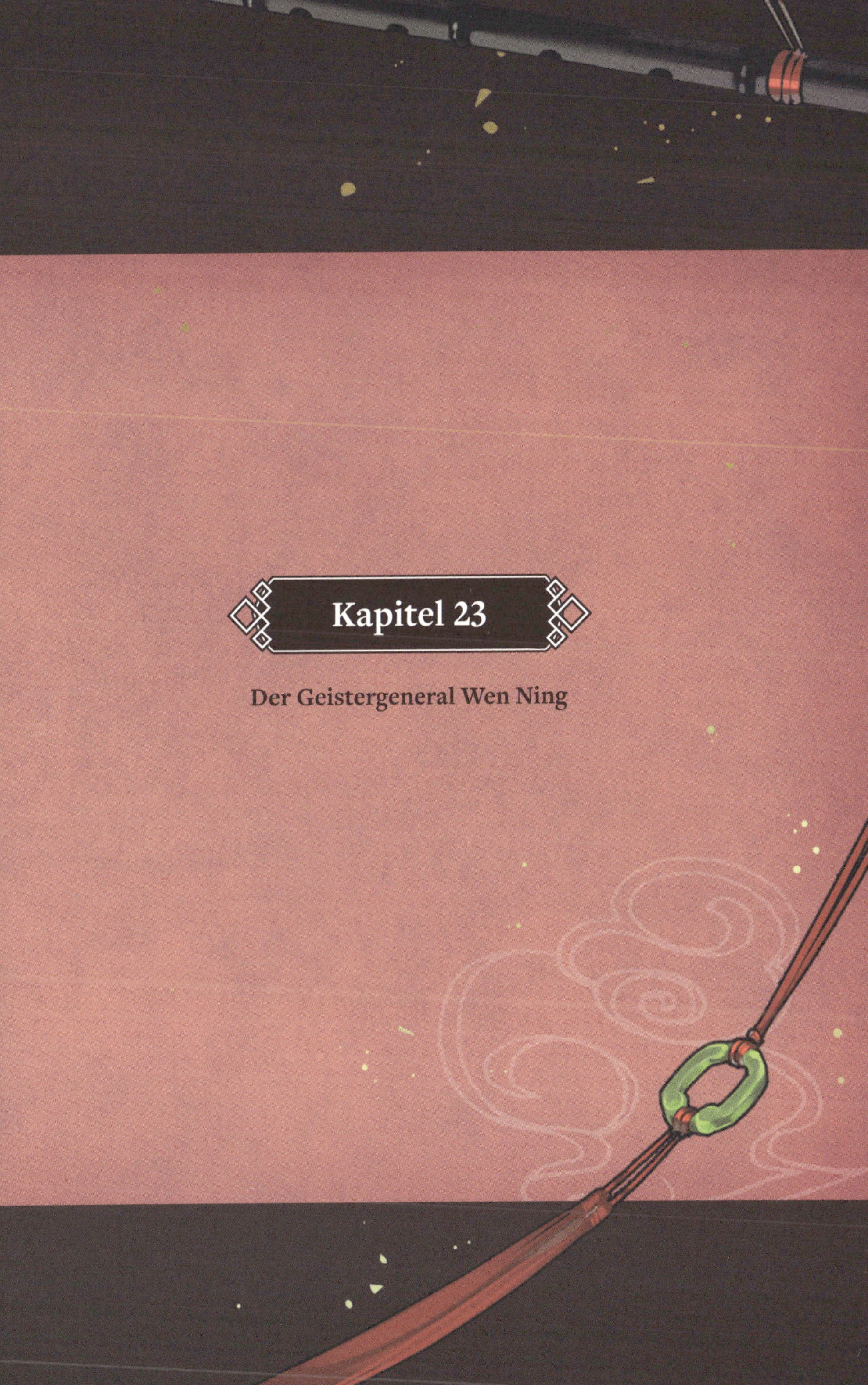

Kapitel 23

Der Geistergeneral Wen Ning

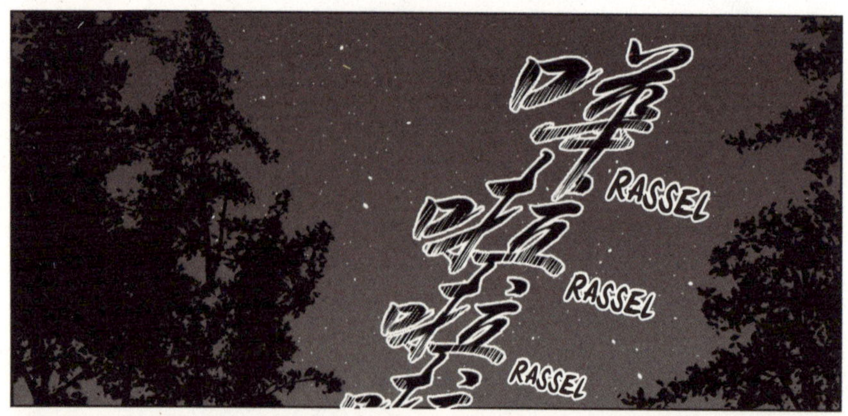
RASSEL
RASSEL
RASSEL

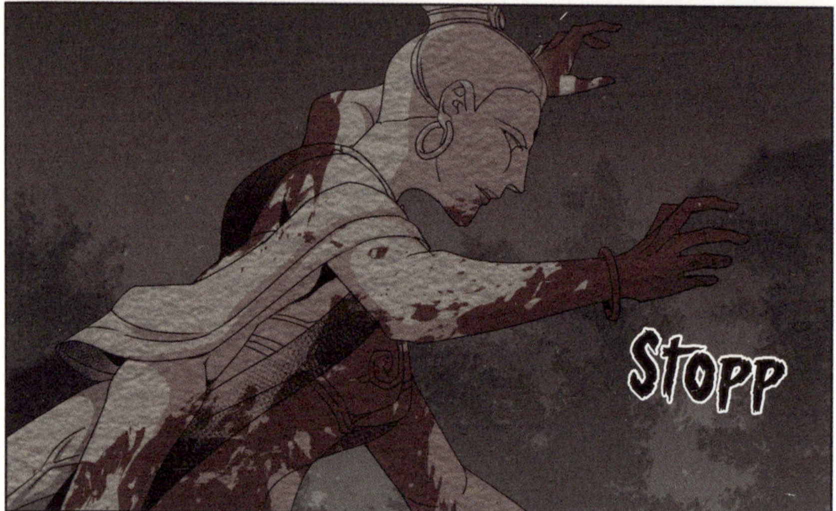
STOPP

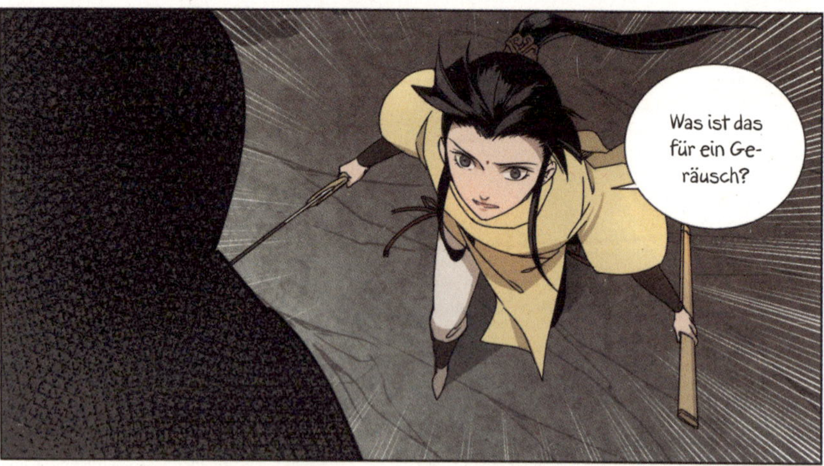
Was ist das für ein Geräusch?

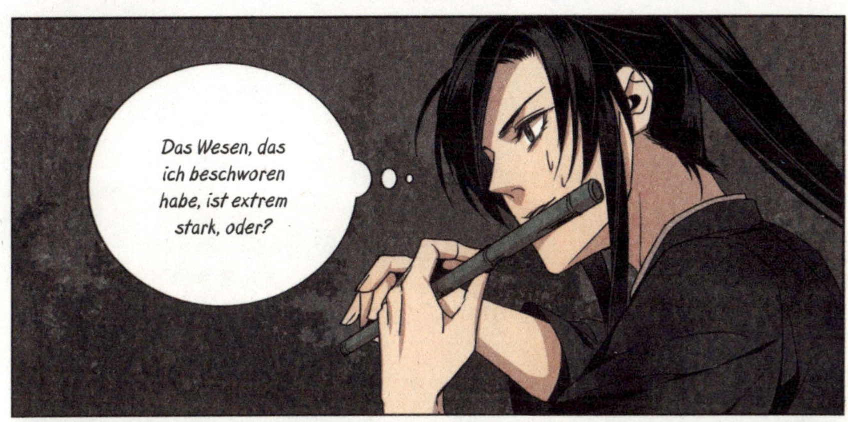
Das Wesen, das ich beschworen habe, ist extrem stark, oder?

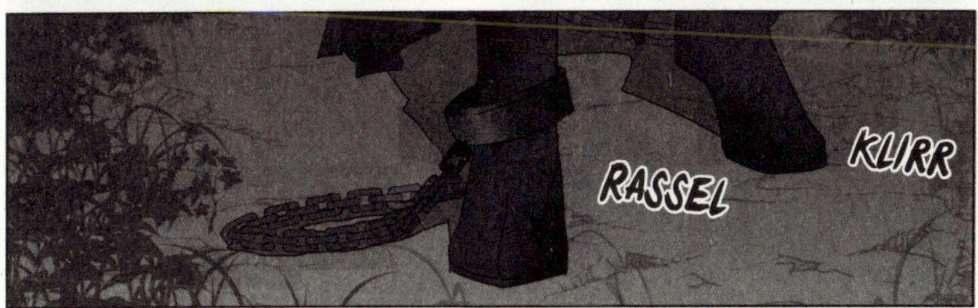
RASSEL
KLIRR

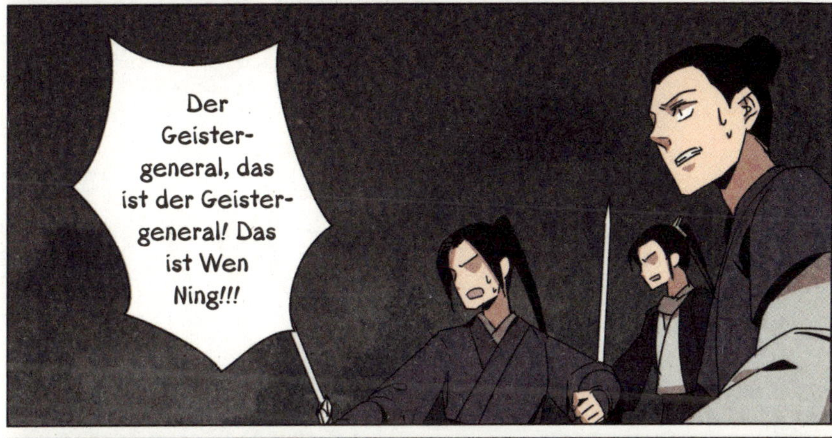
Der Geister-general, das ist der Geister-general! Das ist Wen Ning!!!

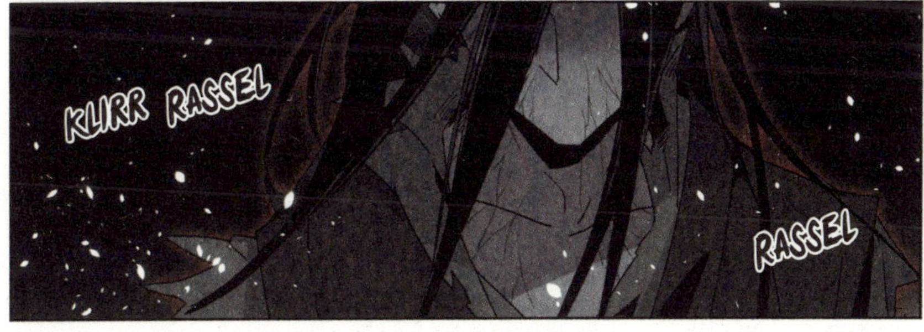
KLIRR RASSEL
RASSEL

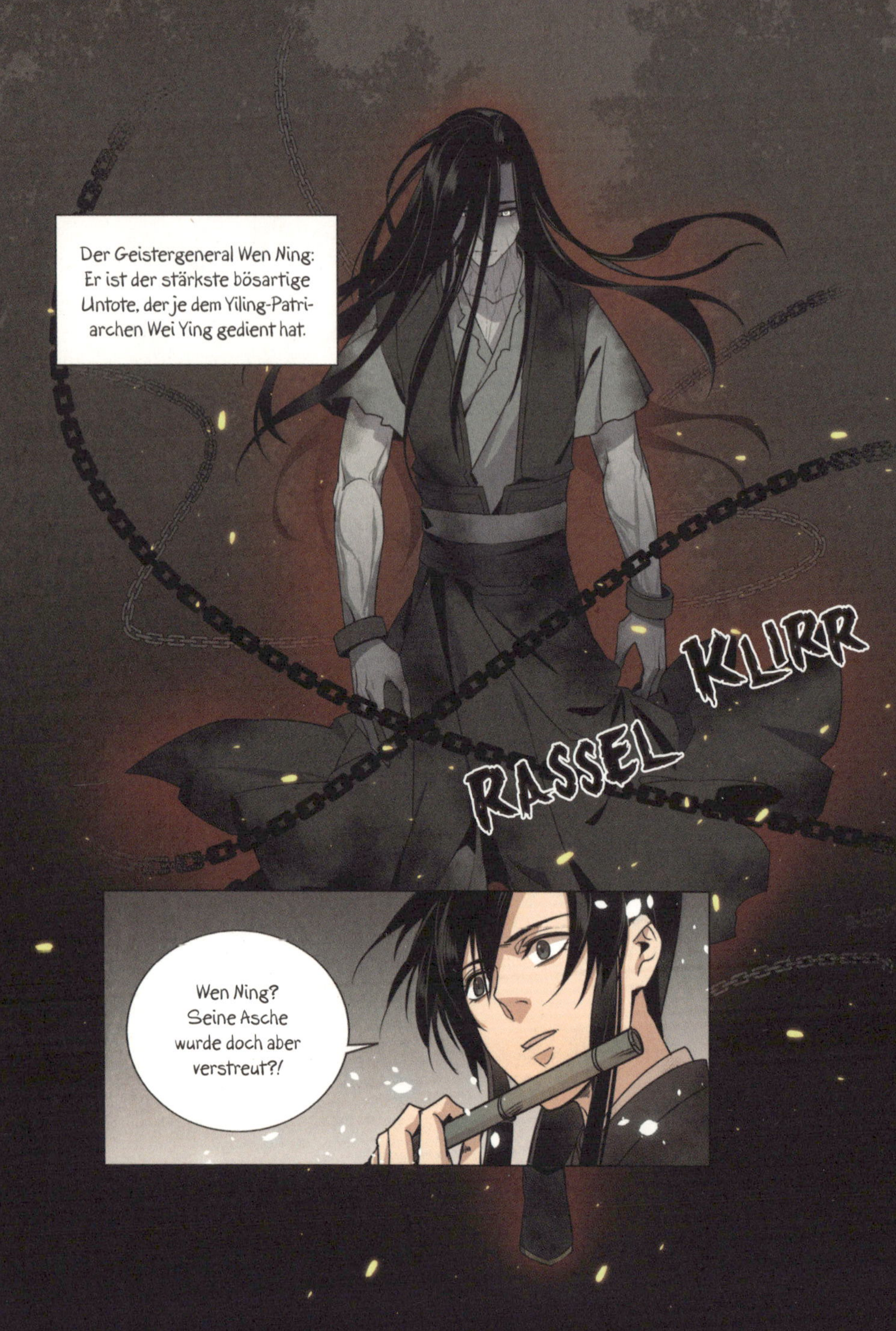
Der Geistergeneral Wen Ning: Er ist der stärkste bösartige Untote, der je dem Yiling-Patriarchen Wei Ying gedient hat.
KLIRR
RASSEL
Wen Ning? Seine Asche wurde doch aber verstreut?!

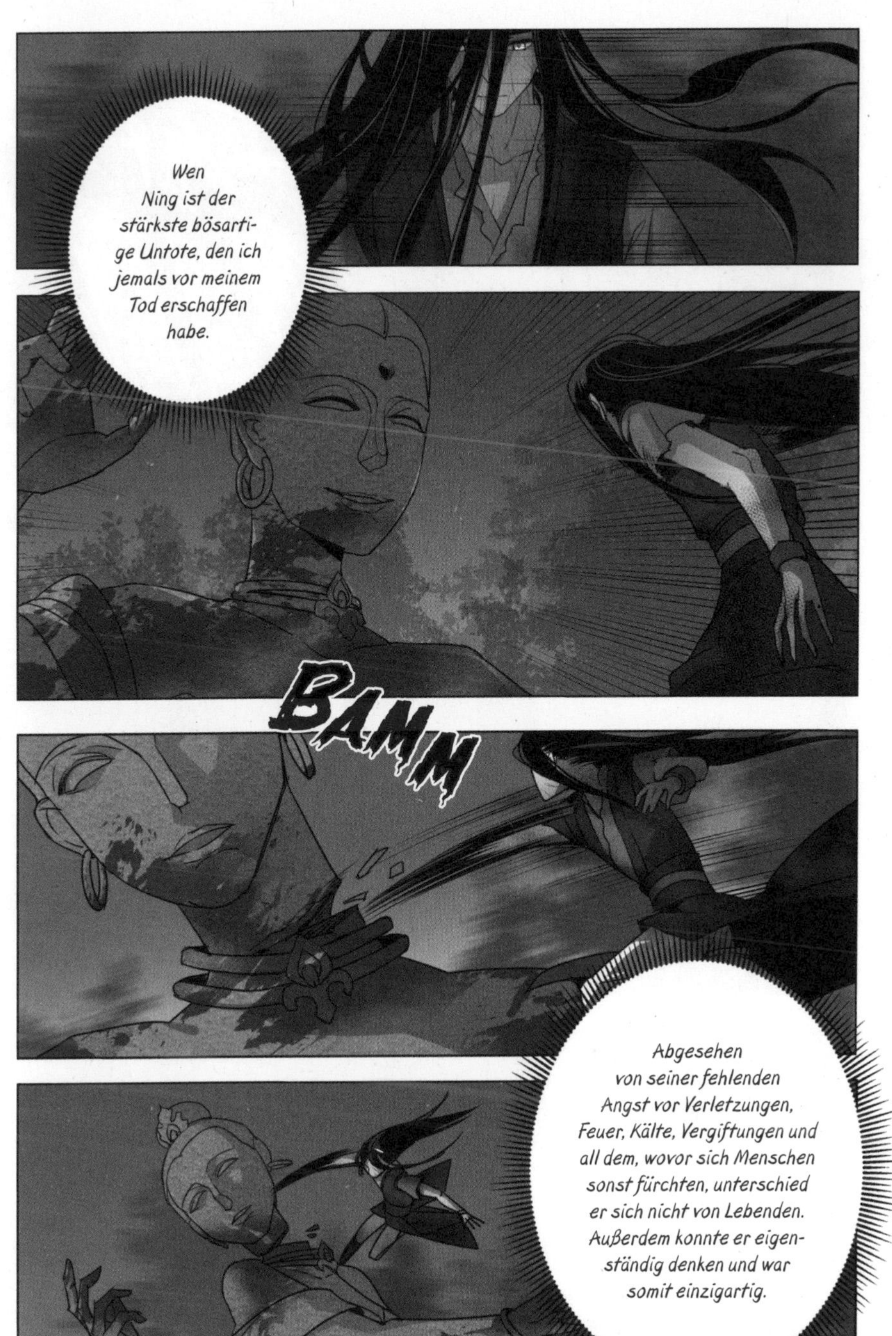
Wen Ning ist der stärkste bösartige Untote, den ich jemals vor meinem Tod erschaffen habe.
BAMM
Abgesehen von seiner fehlenden Angst vor Verletzungen, Feuer, Kälte, Vergiftungen und all dem, wovor sich Menschen sonst fürchten, unterschied er sich nicht von Lebenden. Außerdem konnte er eigenständig denken und war somit einzigartig.

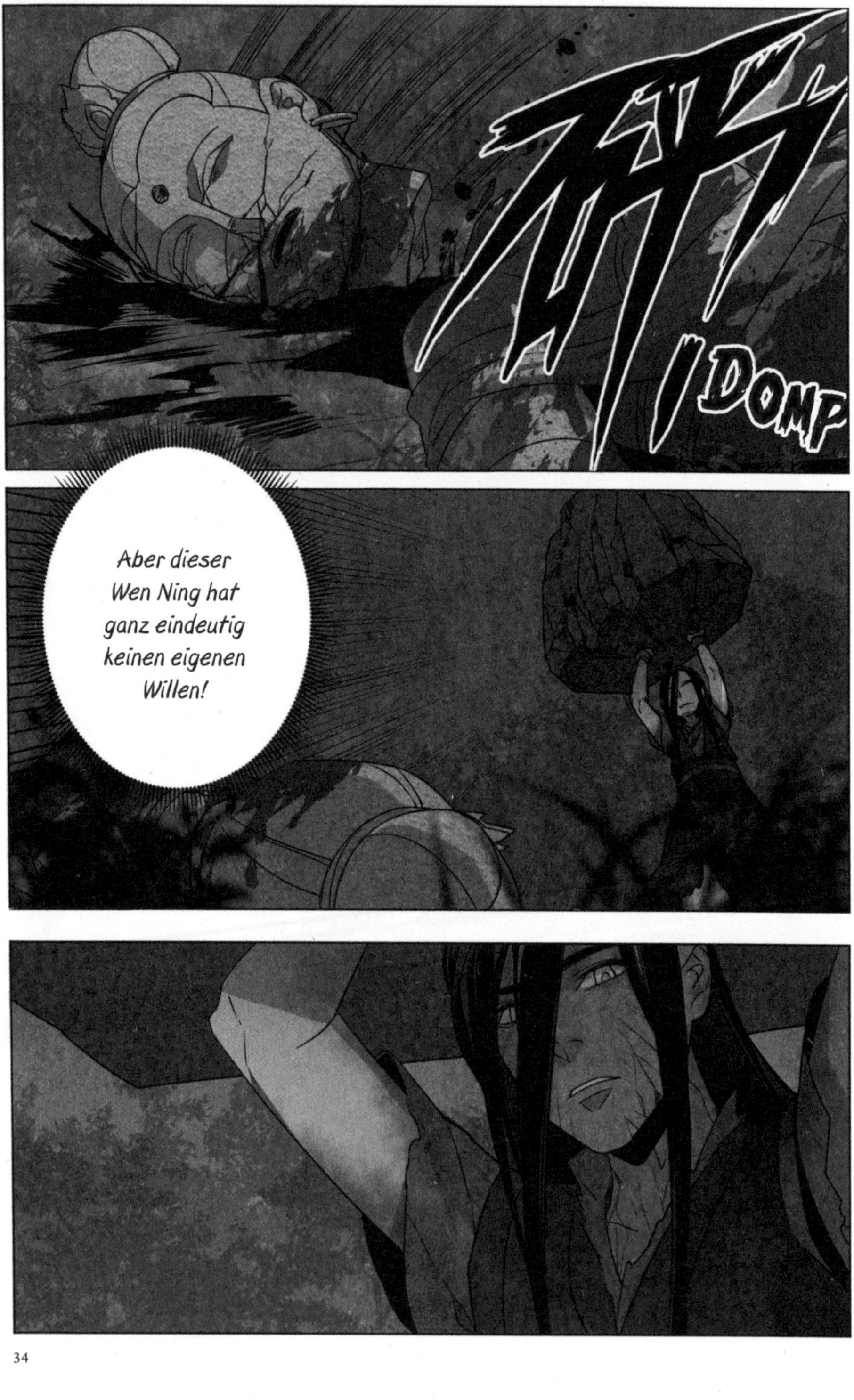

DOMP

Aber dieser Wen Ning hat ganz eindeutig keinen eigenen Willen!

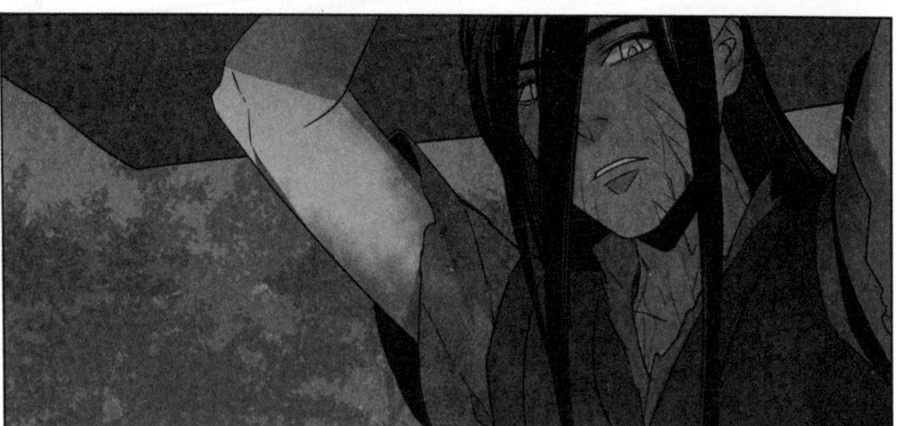

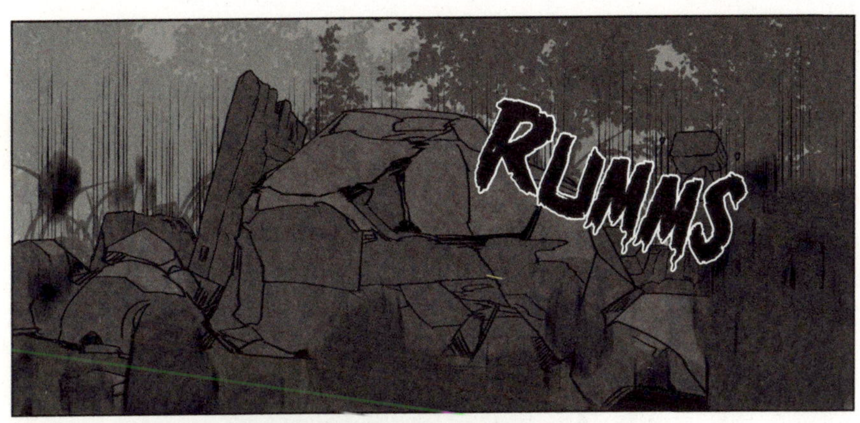
RUMMS

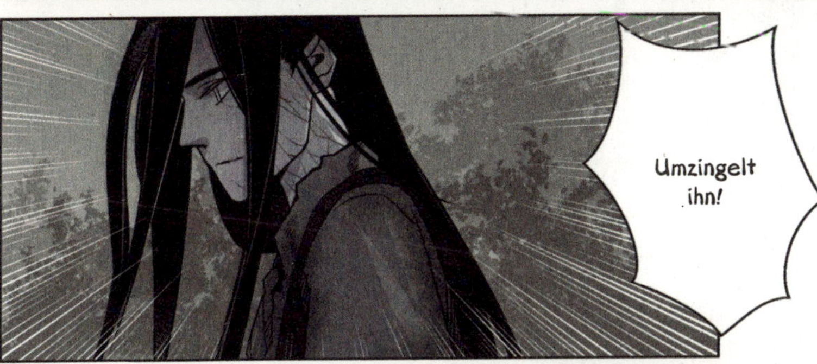
Umzingelt ihn!

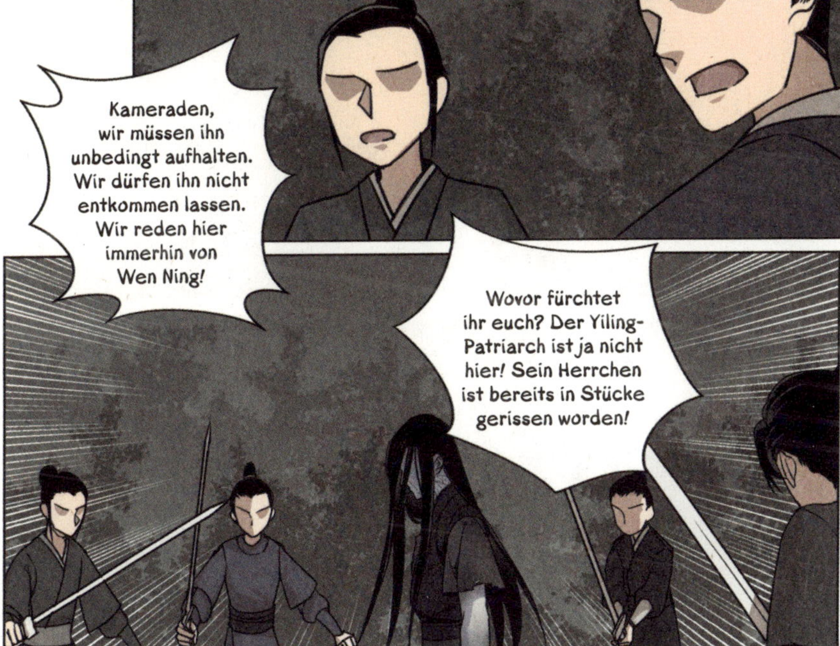
Kameraden, wir müssen ihn unbedingt aufhalten. Wir dürfen ihn nicht entkommen lassen. Wir reden hier immerhin von Wen Ning!
Wovor fürchtet ihr euch? Der Yiling-Patriarch ist ja nicht hier! Sein Herrchen ist bereits in Stücke gerissen worden!

Wenn wir ihn erledigen, werden wir berühmt!

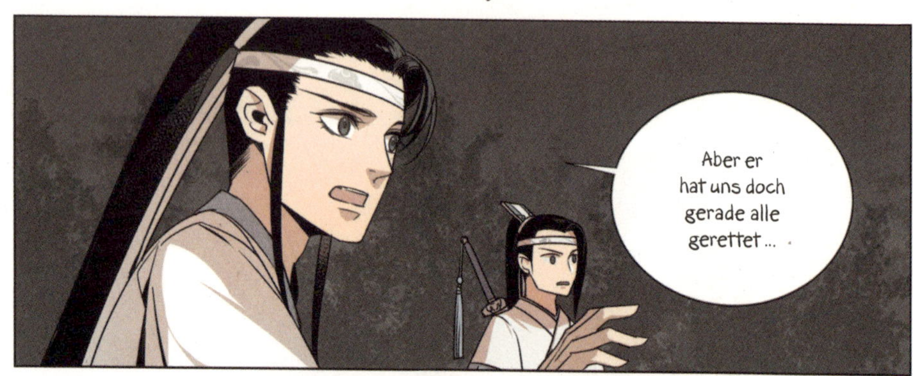

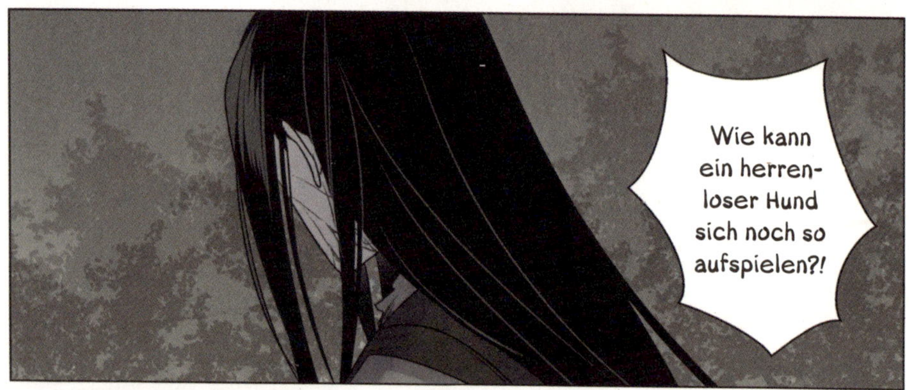

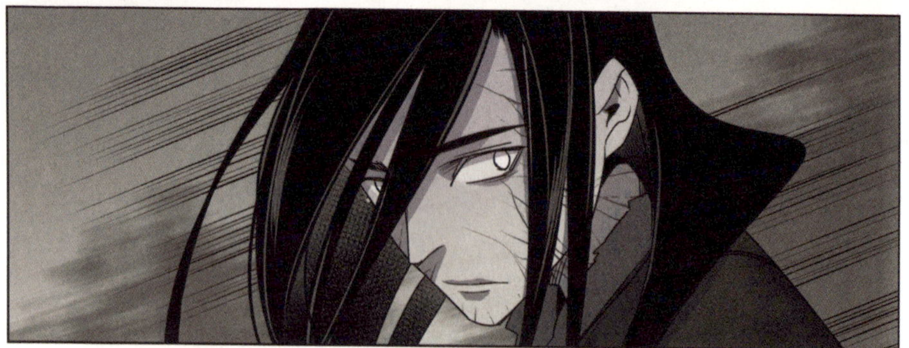

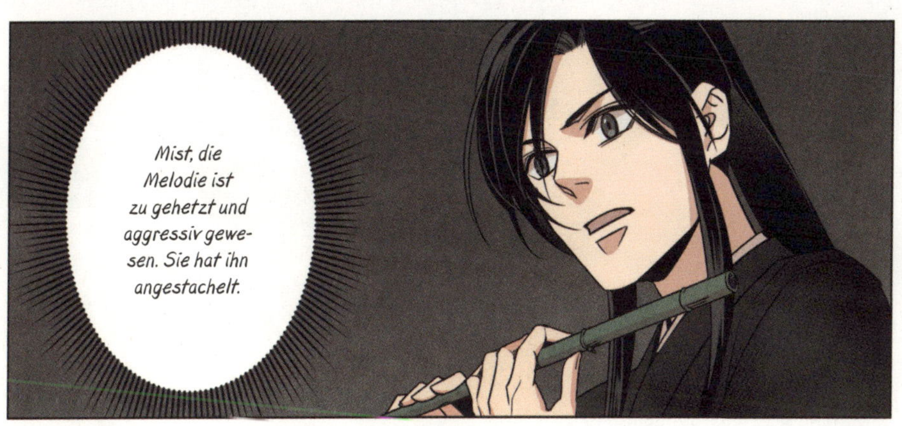
Mist, die Melodie ist zu gehetzt und aggressiv gewesen. Sie hat ihn angestachelt.

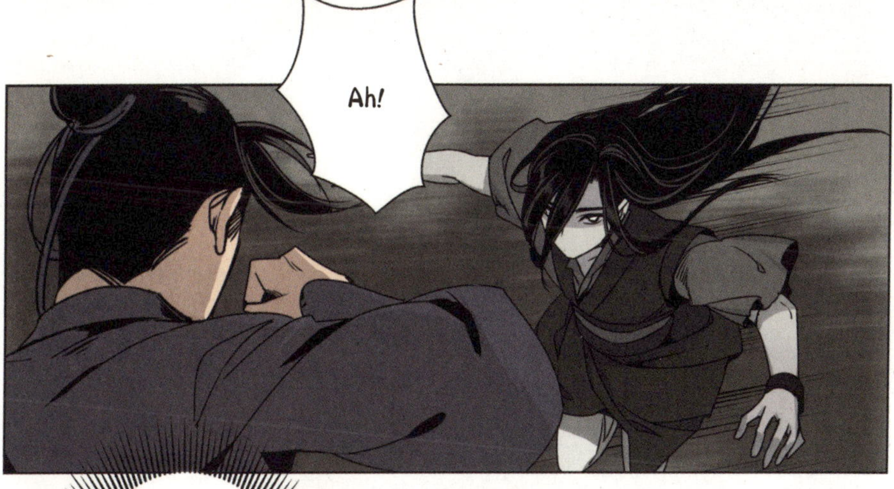
Ah!

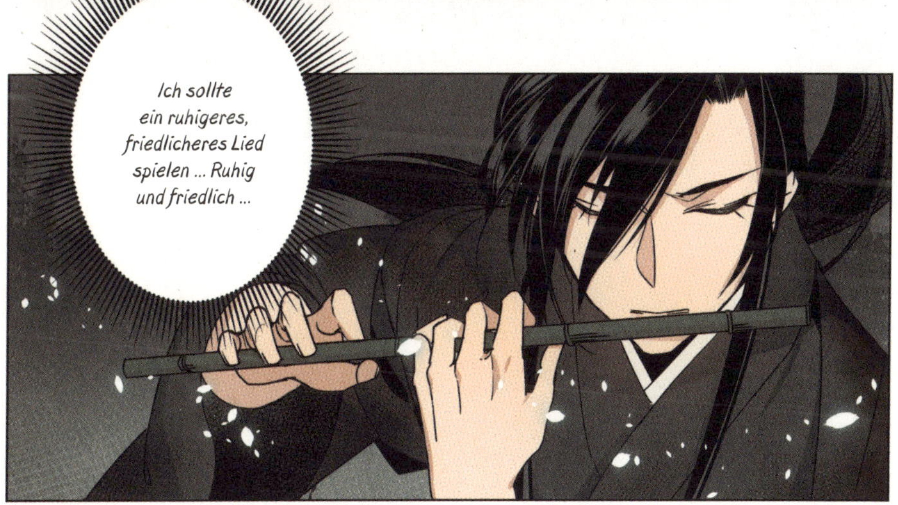
Ich sollte ein ruhigeres, friedlicheres Lied spielen ... Ruhig und friedlich ...

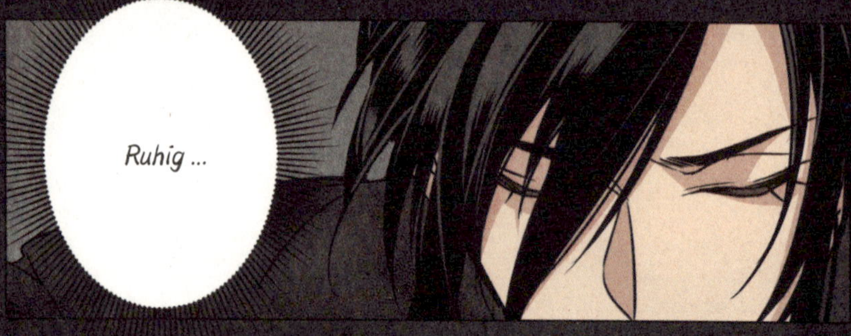
Ruhig ...

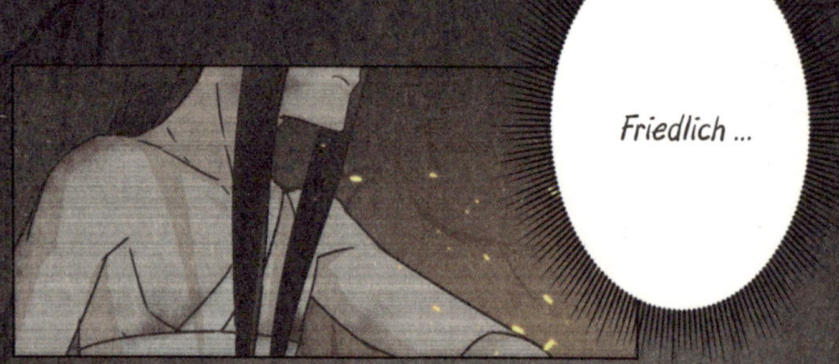
Friedlich ...

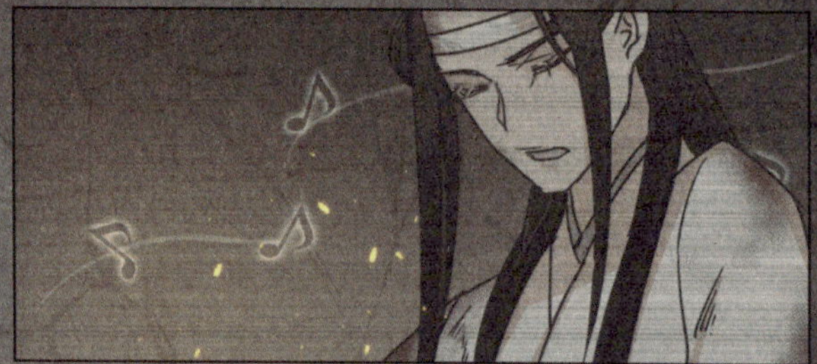

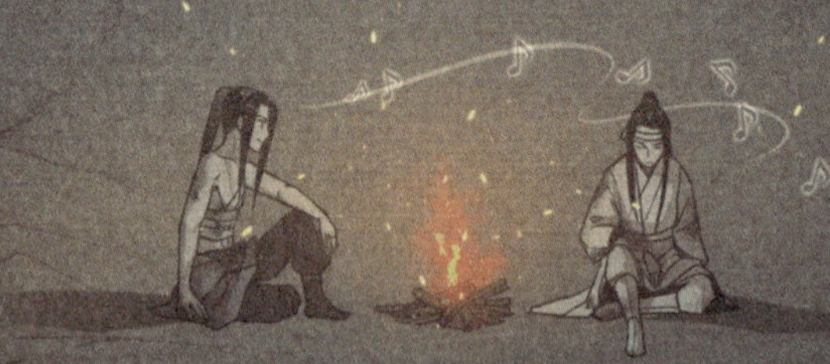

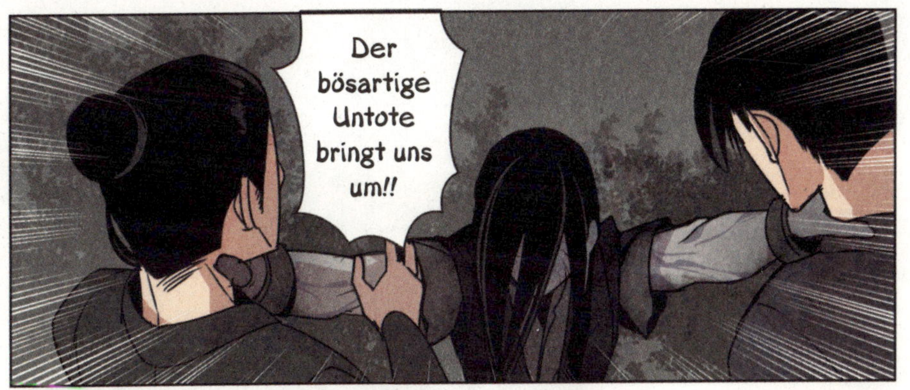
Der bösartige Untote bringt uns um!!

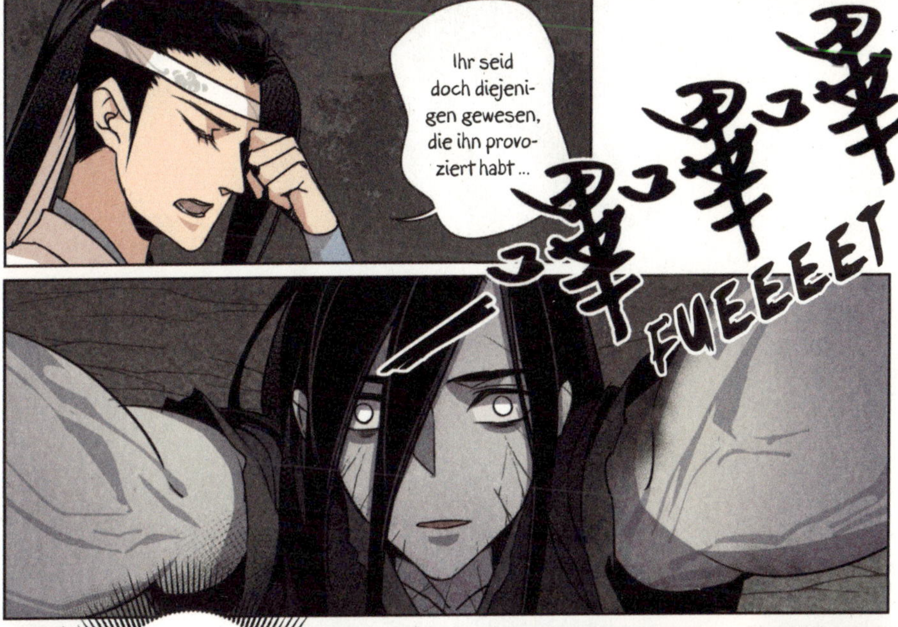
Ihr seid doch diejenigen gewesen, die ihn provoziert habt ...
FUEEEEET

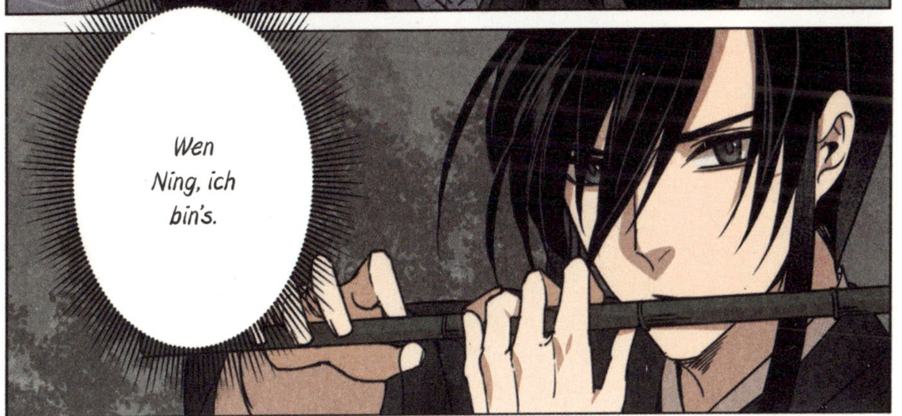
Wen Ning, ich bin's.

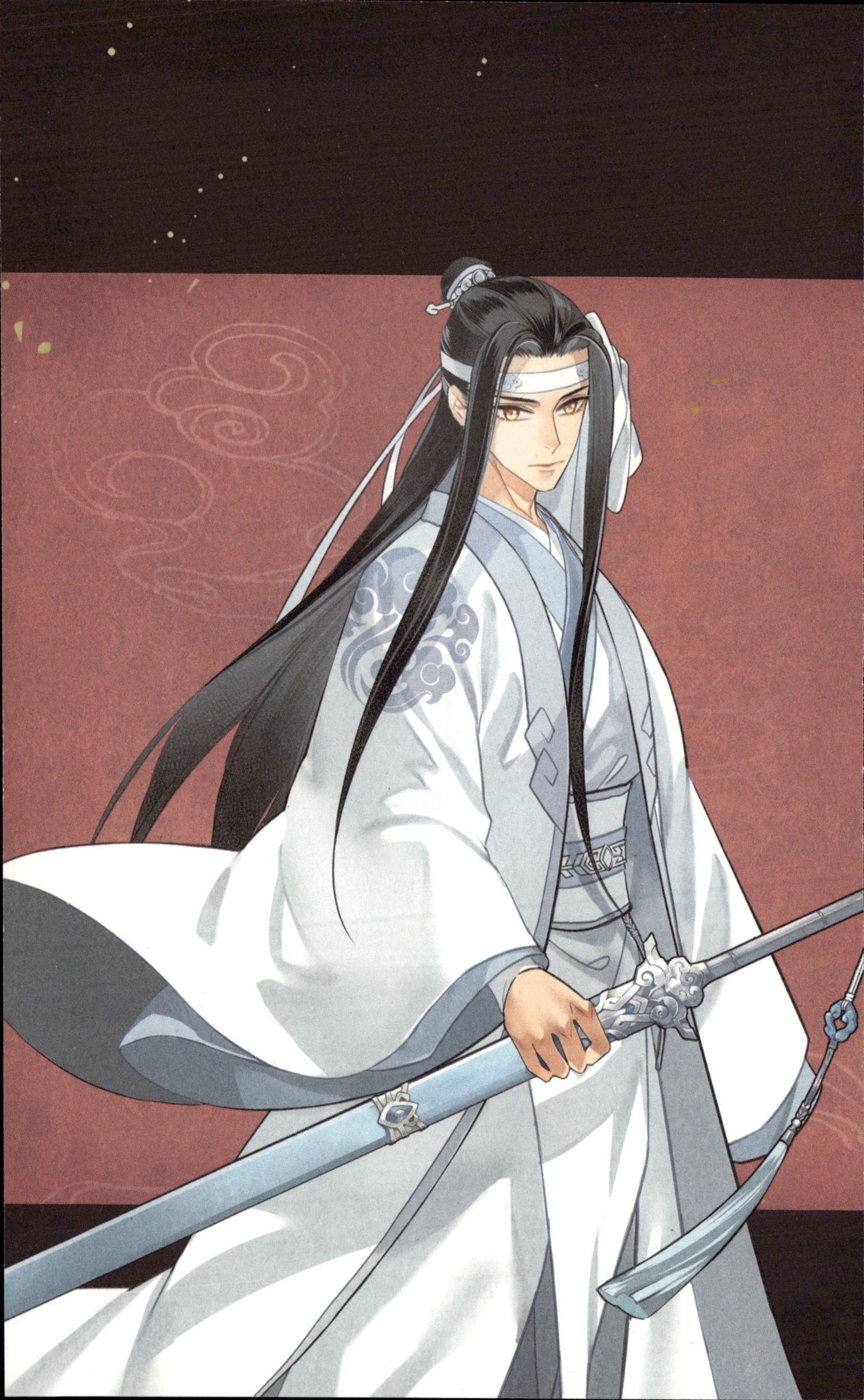

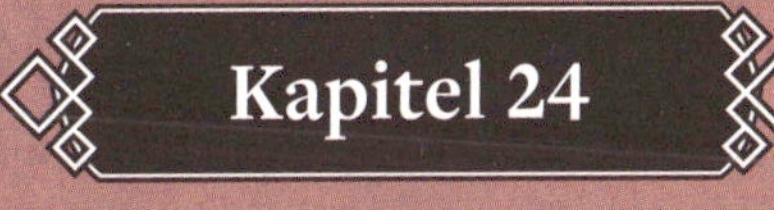

Kapitel 24

Ist meine Identität aufgeflogen?

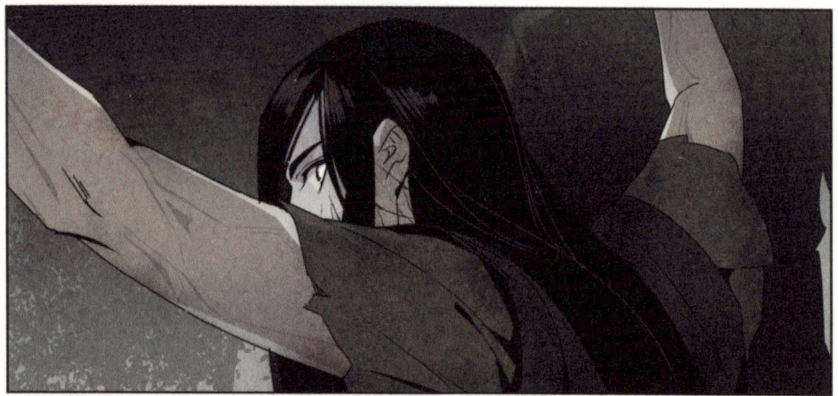

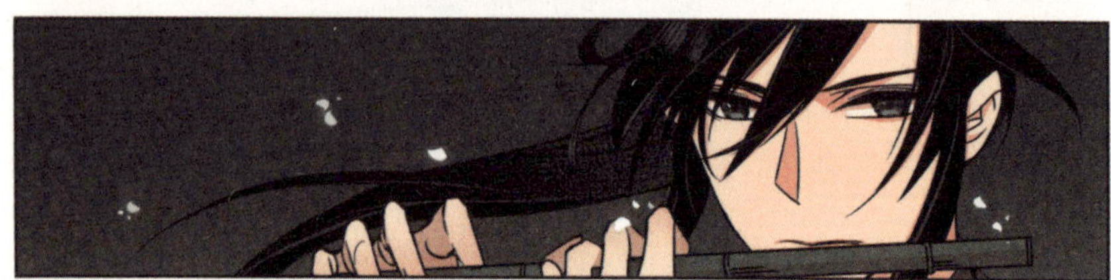

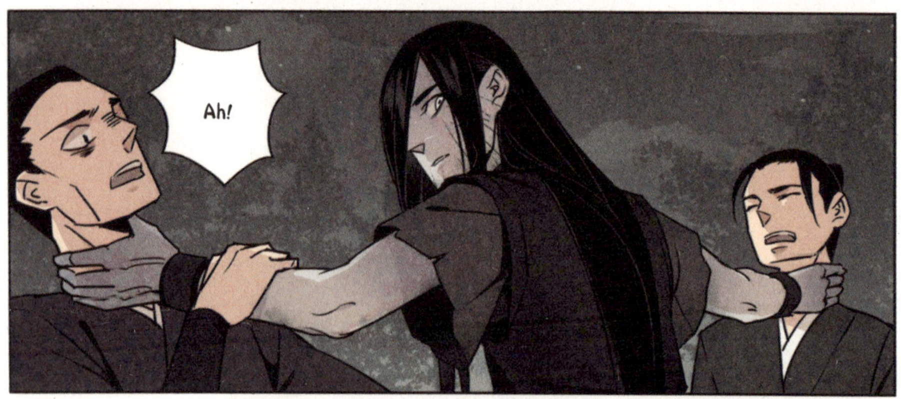
Ah!

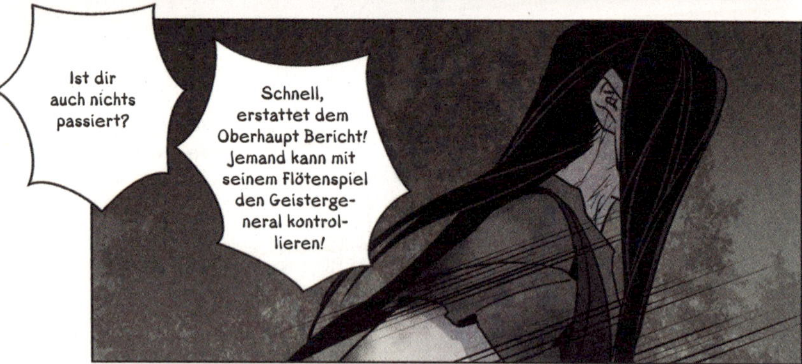
Ist dir auch nichts passiert?
Schnell, erstattet dem Oberhaupt Bericht! Jemand kann mit seinem Flötenspiel den Geisterge-neral kontrol-lieren!

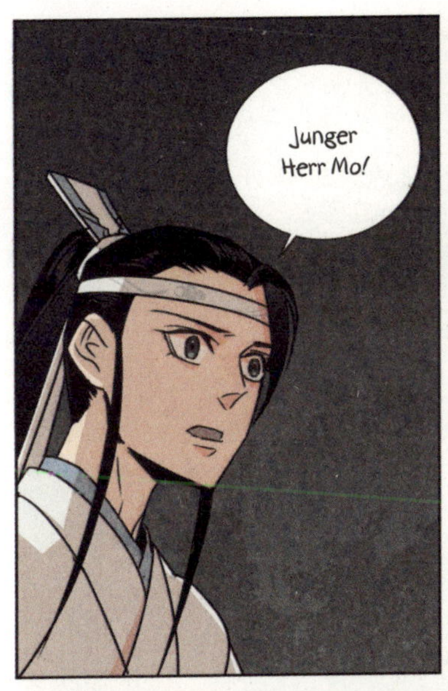
Junger Herr Mo!
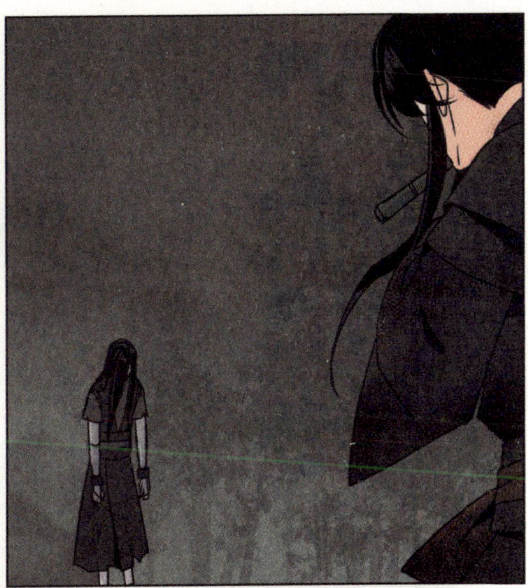
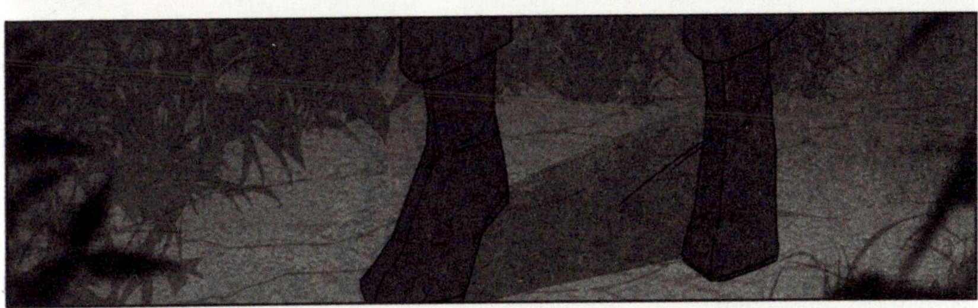
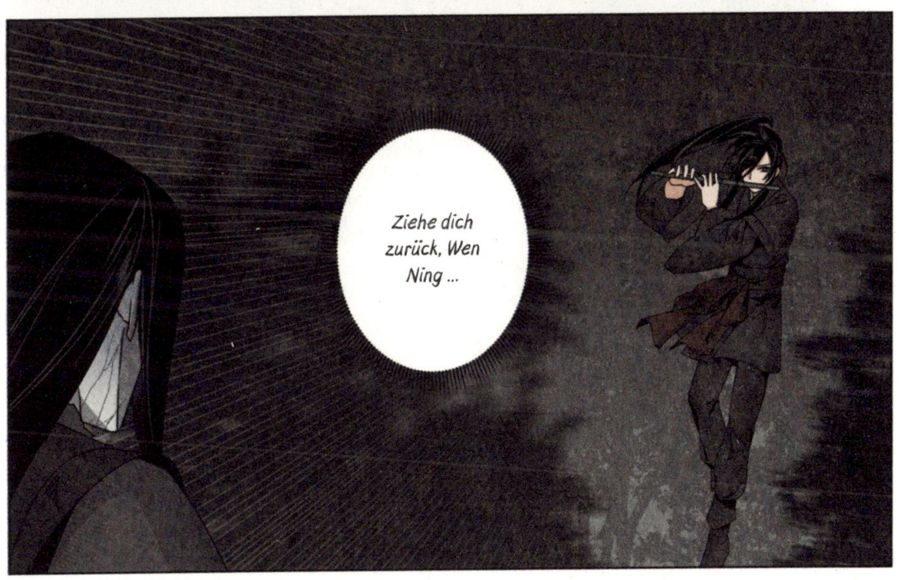
Ziehe dich zurück, Wen Ning ...

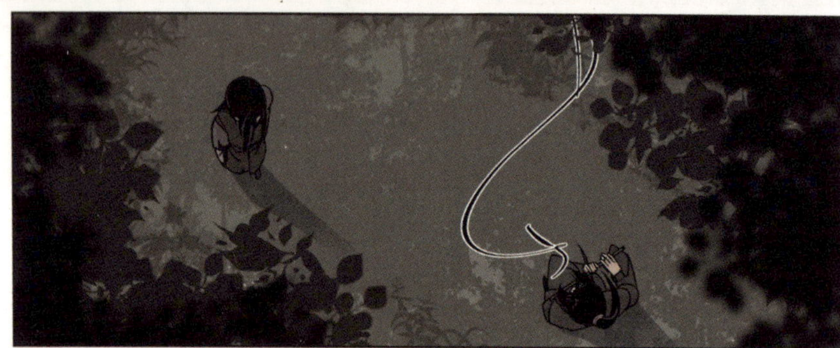

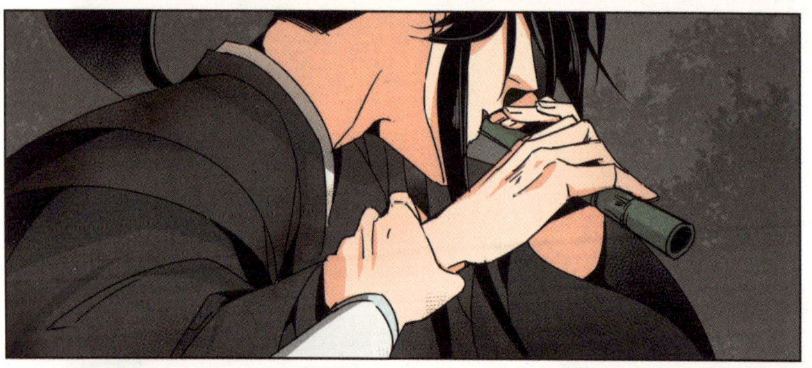

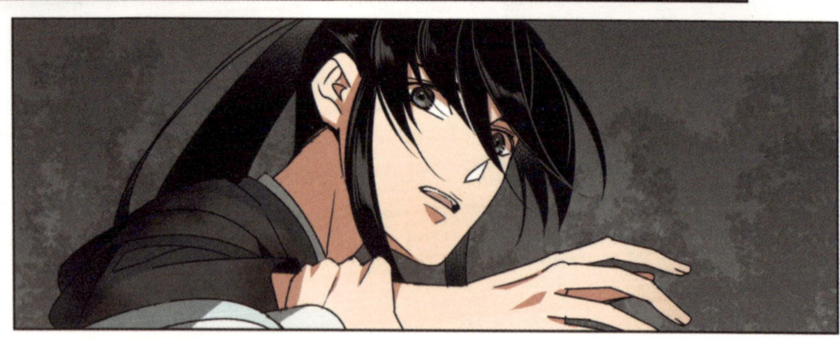

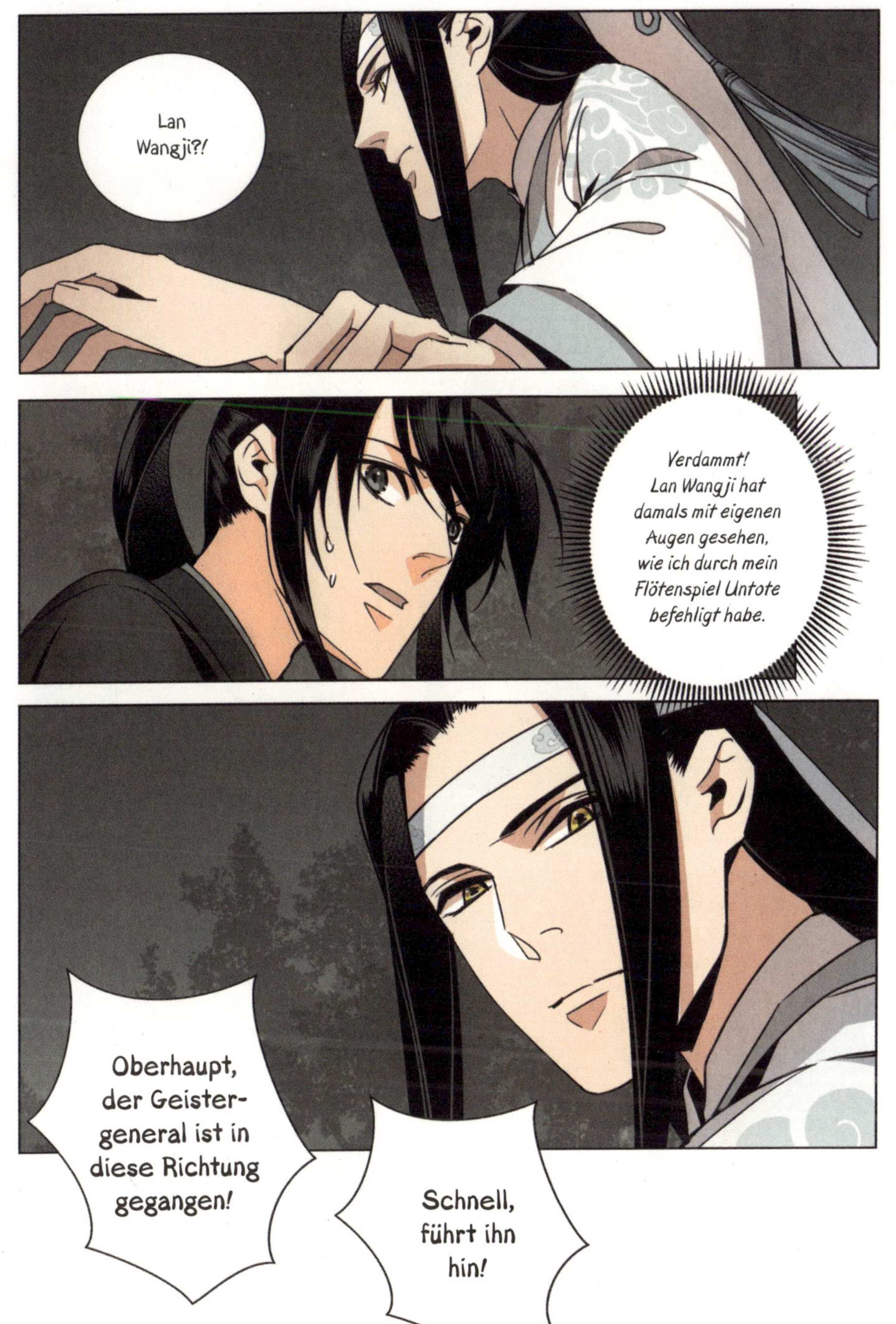
Lan Wangji?!
Verdammt! Lan Wangji hat damals mit eigenen Augen gesehen, wie ich durch mein Flötenspiel Untote befehligt habe.
Oberhaupt, der Geister-general ist in diese Richtung gegangen!
Schnell, führt ihn hin!

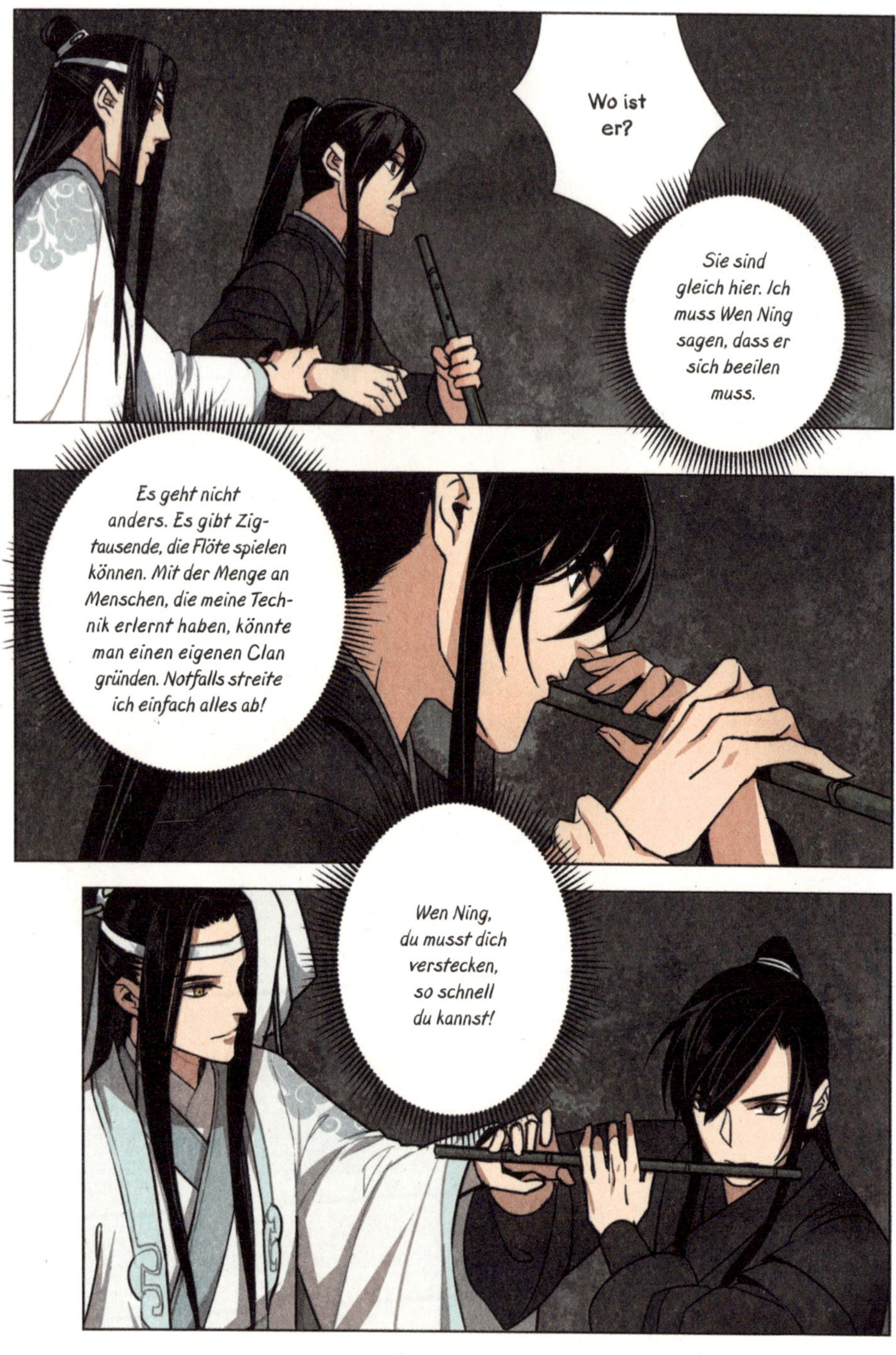
Wo ist er?
Sie sind gleich hier. Ich muss Wen Ning sagen, dass er sich beeilen muss.
Es geht nicht anders. Es gibt Zigtausende, die Flöte spielen können. Mit der Menge an Menschen, die meine Technik erlernt haben, könnte man einen eigenen Clan gründen. Notfalls streite ich einfach alles ab!
Wen Ning, du musst dich verstecken, so schnell du kannst!

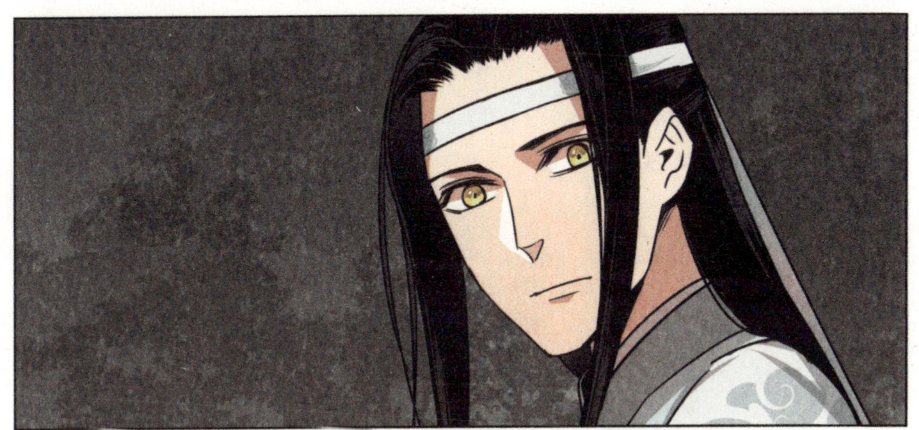

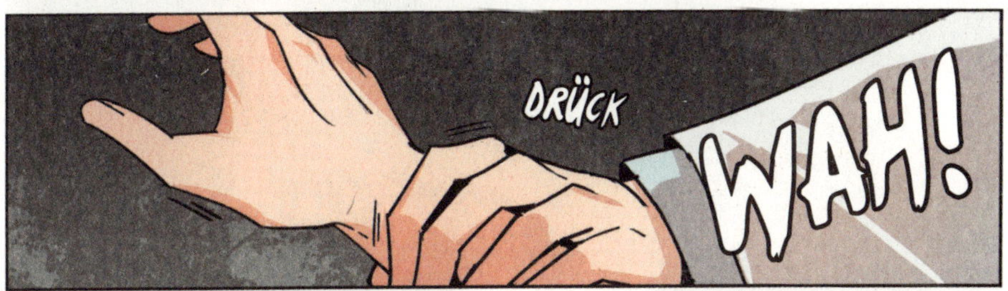
DRÜCK
WAH!

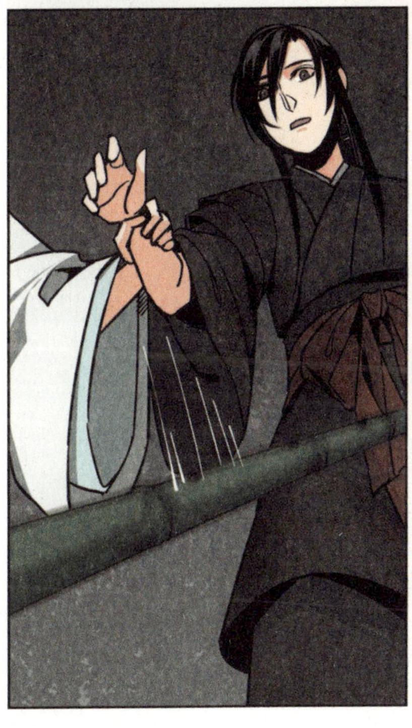

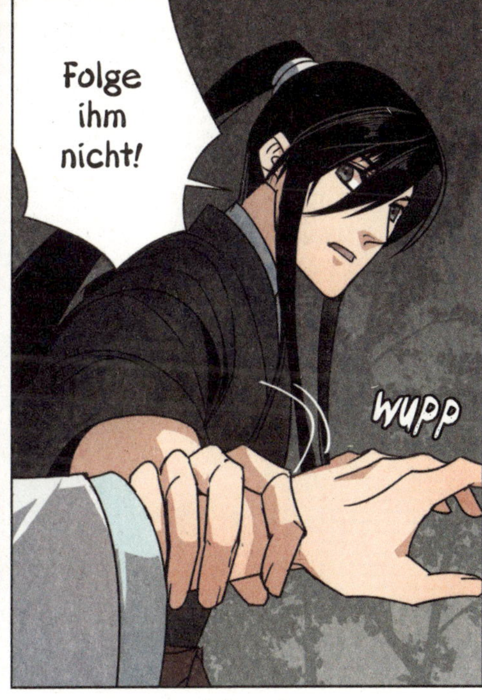
Folge ihm nicht!
WUPP

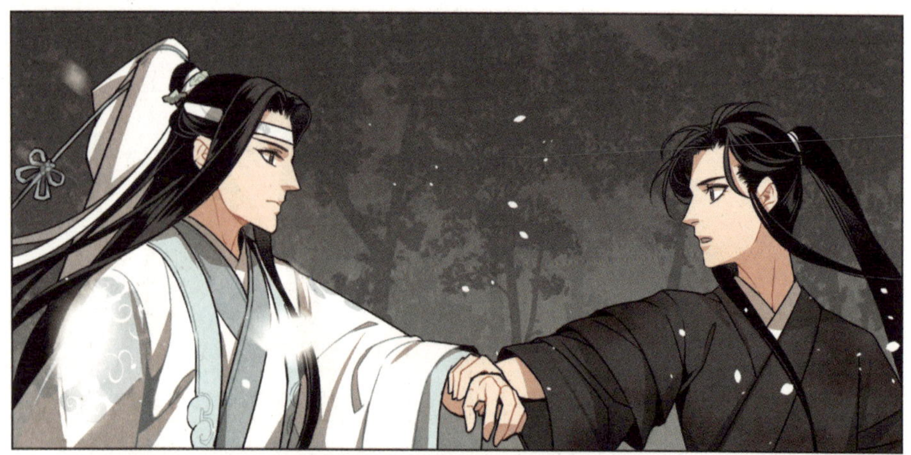

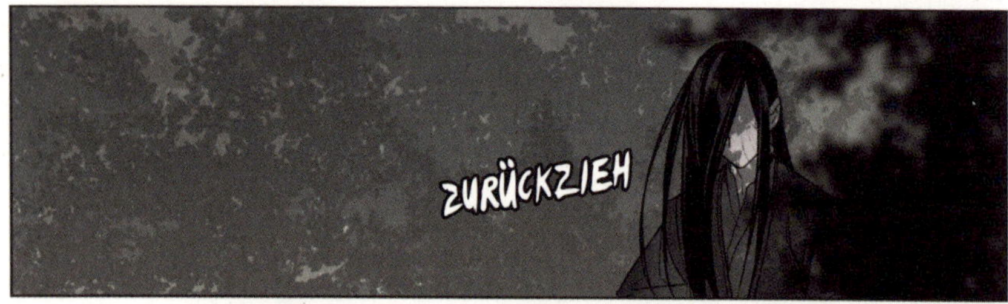
ZURÜCKZIEH

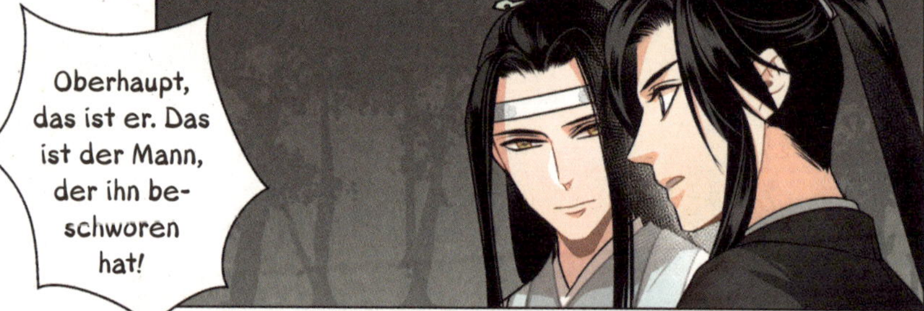
Oberhaupt, das ist er. Das ist der Mann, der ihn beschworen hat!

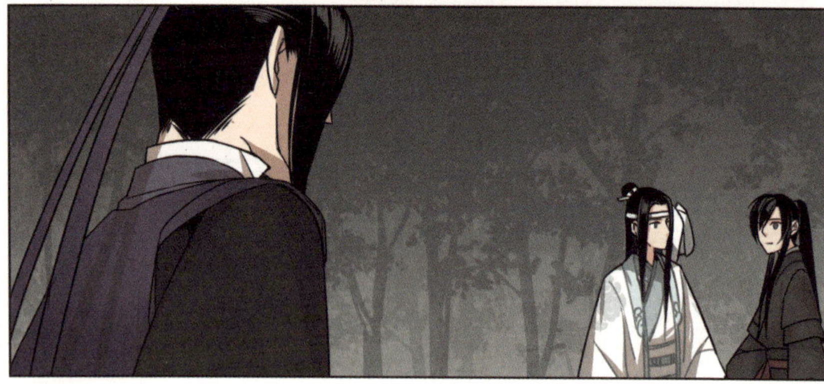

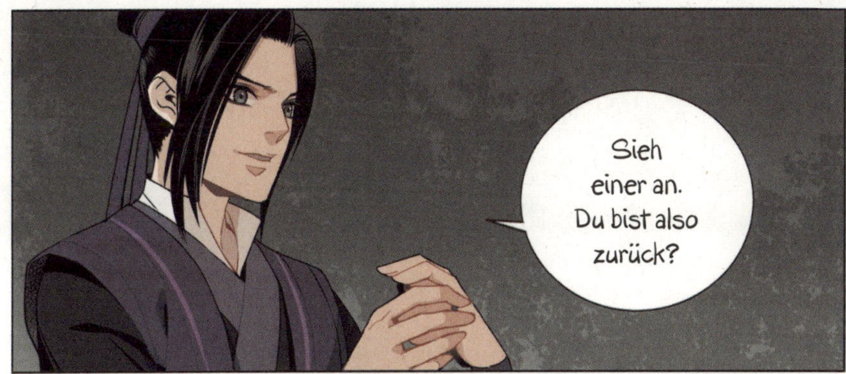
Sieh einer an. Du bist also zurück?

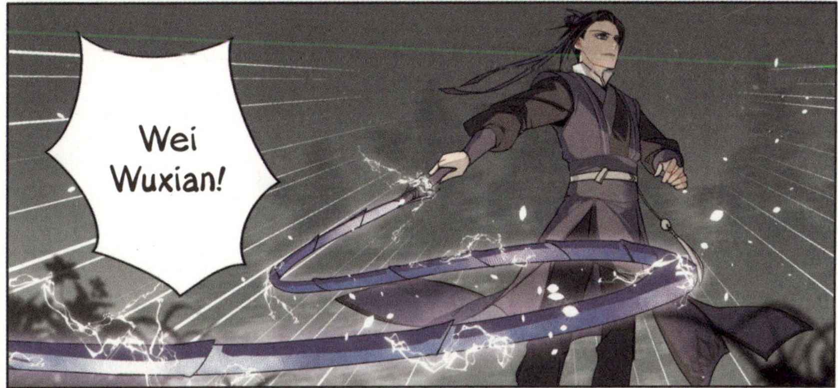
Wei Wuxian!

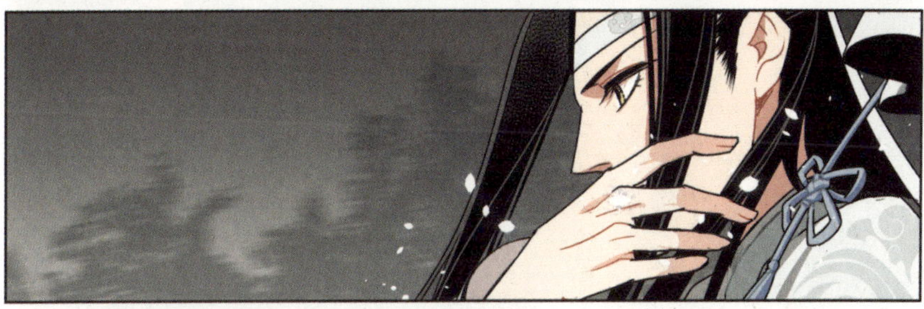

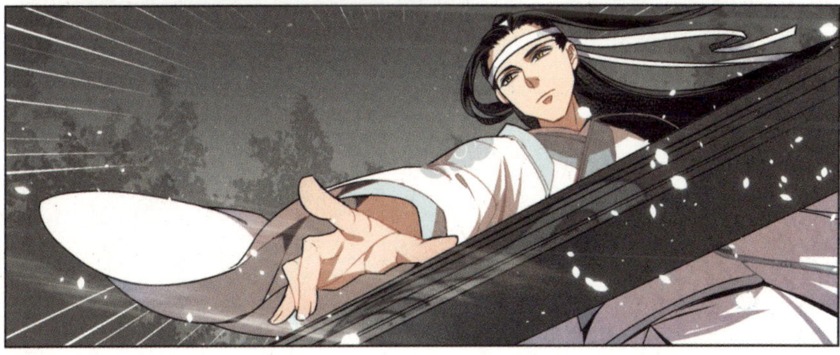

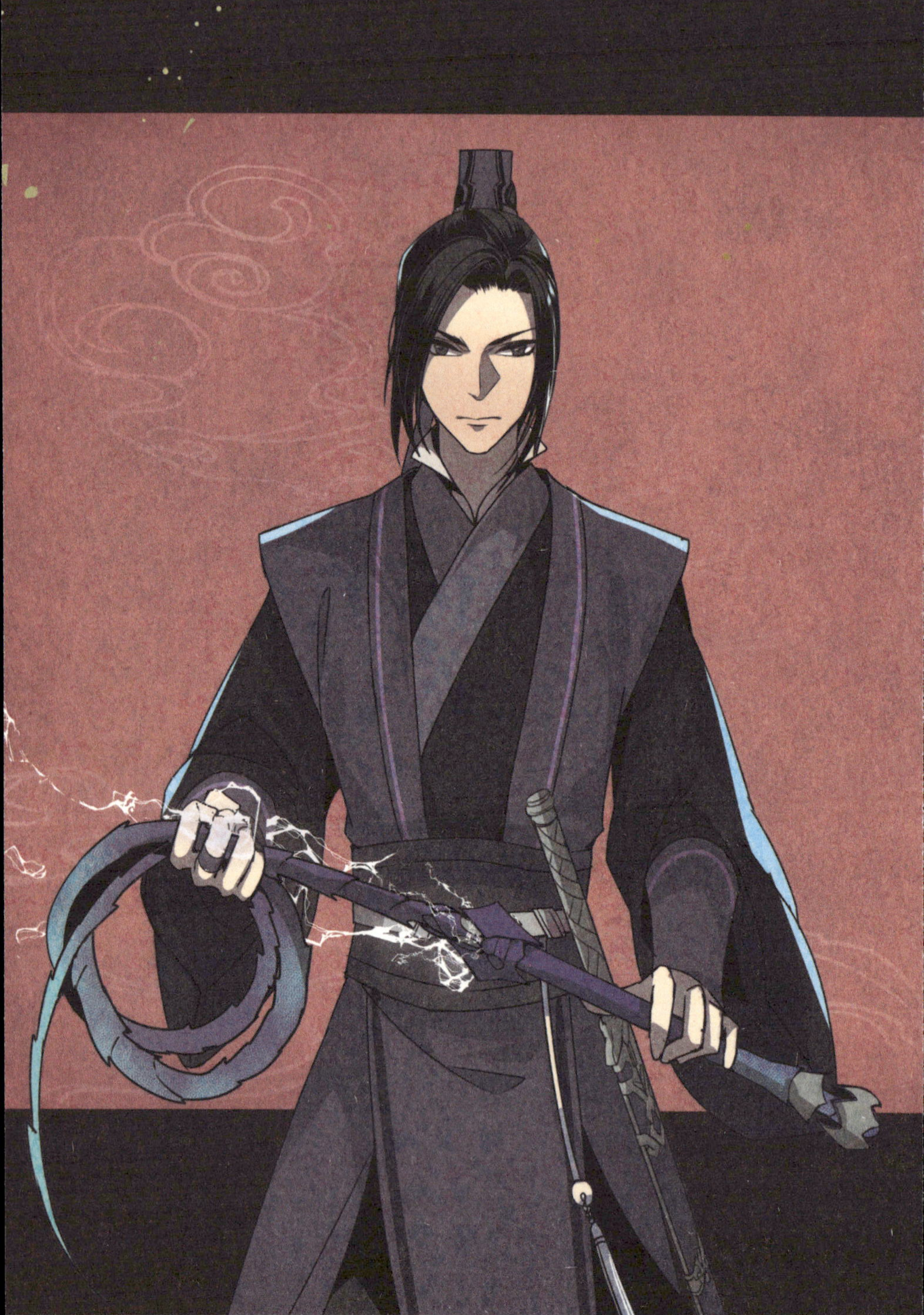

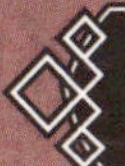

Kapitel 25

Zidian vs. Wangji

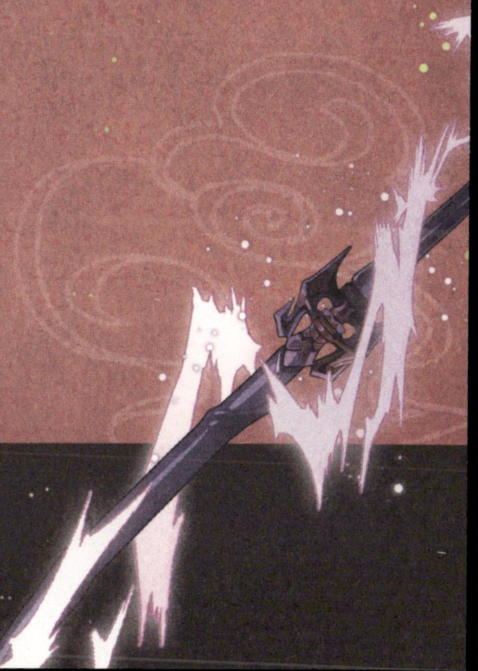

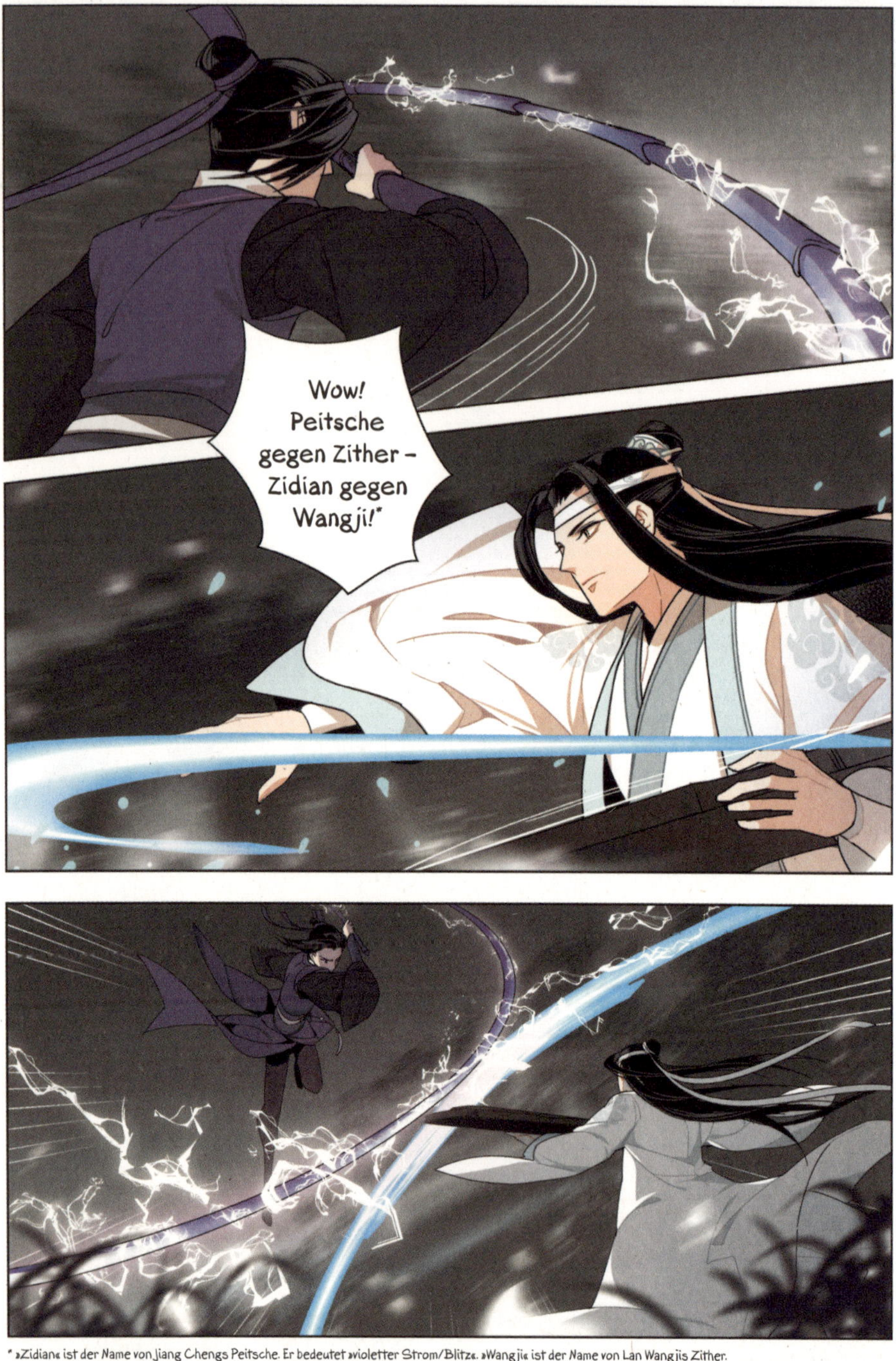

Wow!
Peitsche
gegen Zither –
Zidian gegen
Wangji!*

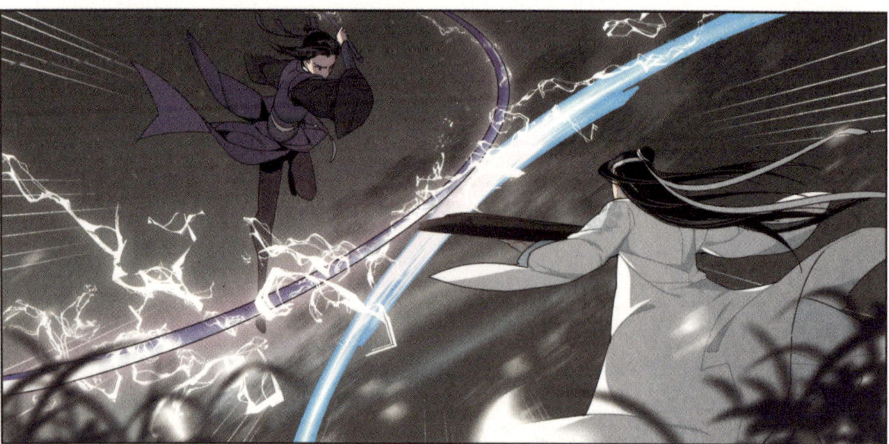

* »Zidian« ist der Name von Jiang Chengs Peitsche. Er bedeutet »violetter Strom/Blitz«. »Wangji« ist der Name von Lan Wangjis Zither. Er bedeutet »sich weltlichen Sorgen und jeglichem Kalkül entledigen/nicht berechnend sein«.

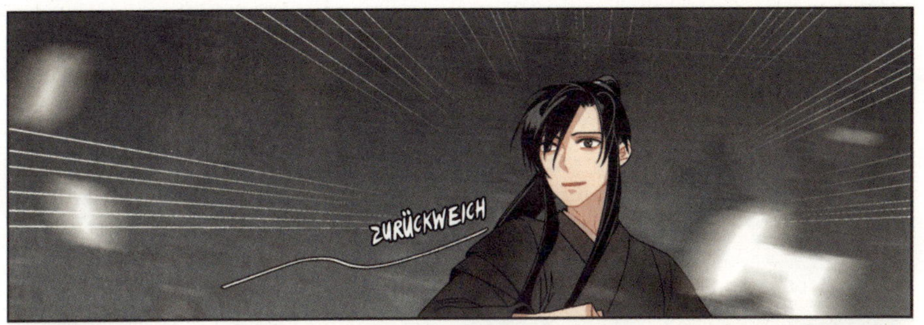
ZURÜCKWEICH

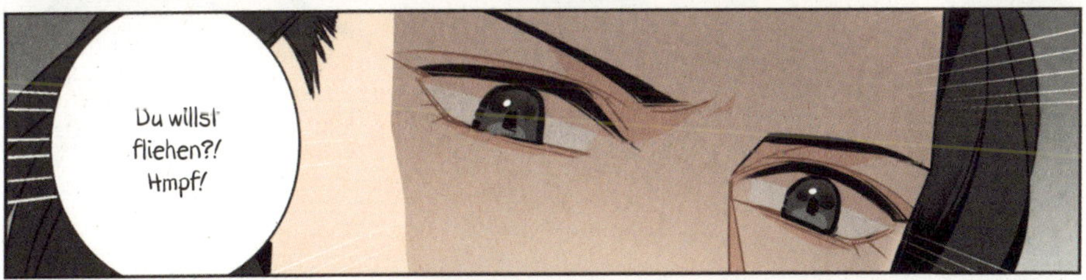
Du willst fliehen?! Hmpf!

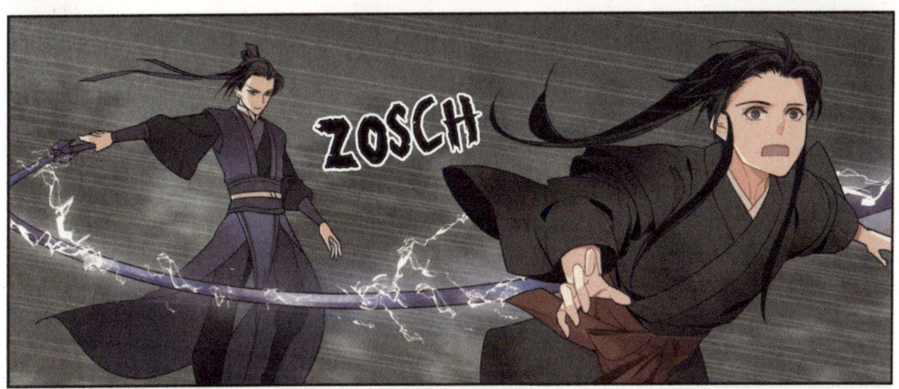
ZOSCH

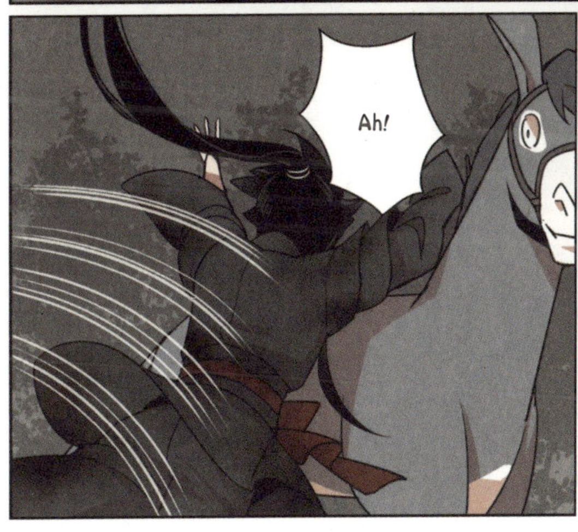
Ah!

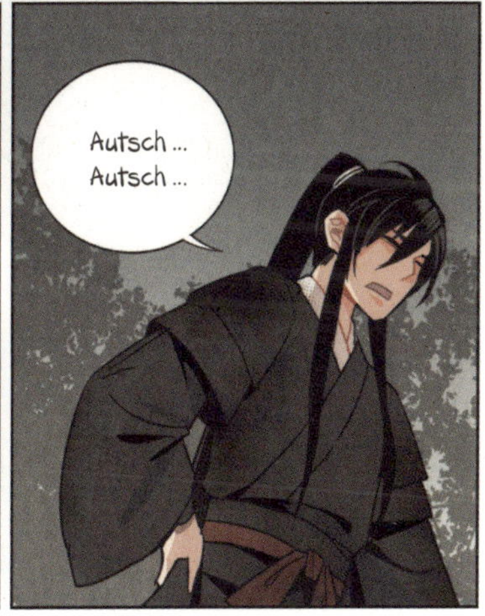
Autsch ... Autsch ...

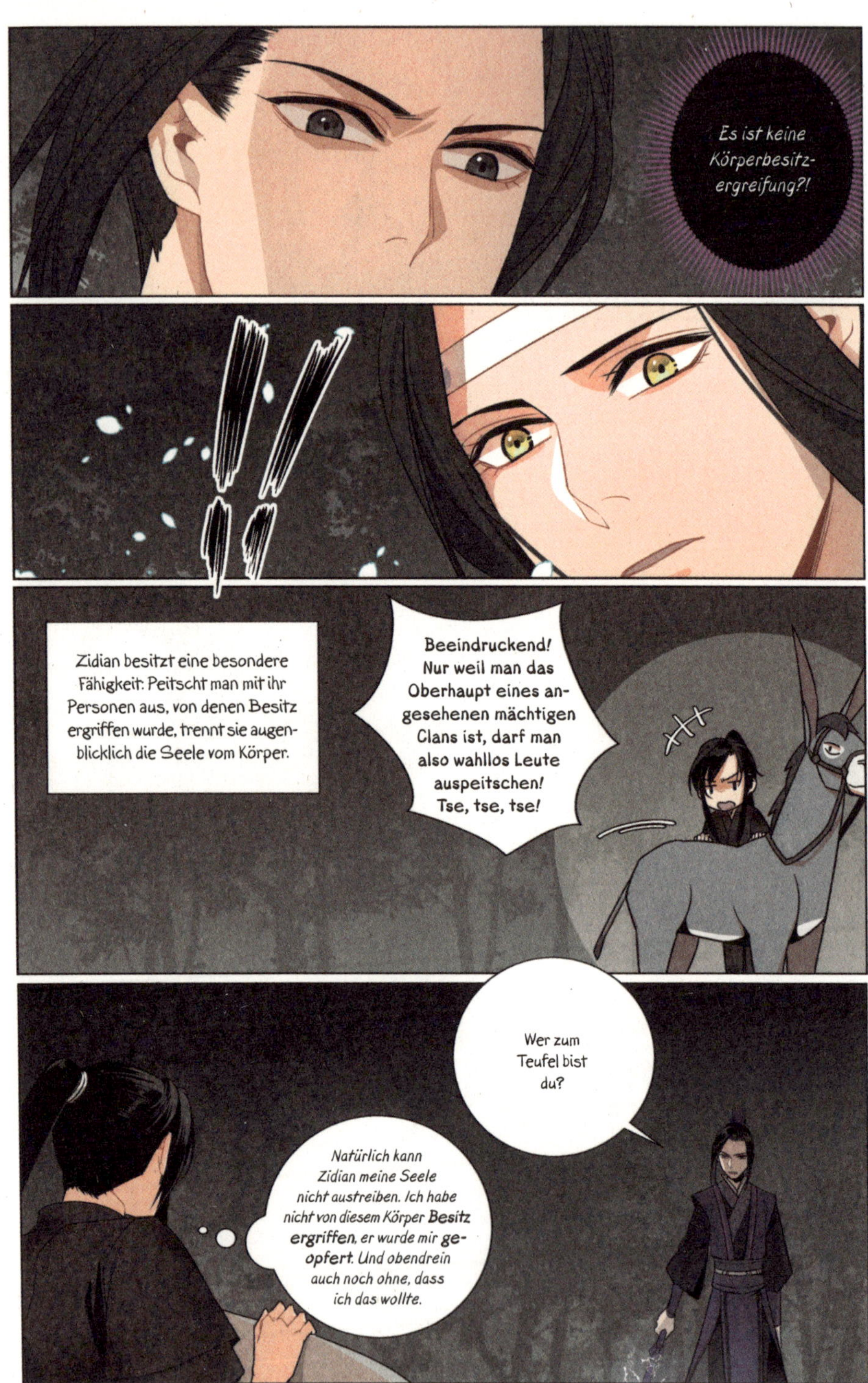
Es ist keine Körperbesitz-ergreifung?!
Zidian besitzt eine besondere Fähigkeit: Peitscht man mit ihr Personen aus, von denen Besitz ergriffen wurde, trennt sie augenblicklich die Seele vom Körper.
Beeindruckend! Nur weil man das Oberhaupt eines angesehenen mächtigen Clans ist, darf man also wahllos Leute auspeitschen! Tse, tse, tse!
Wer zum Teufel bist du?
Natürlich kann Zidian meine Seele nicht austreiben. Ich habe nicht von diesem Körper **Besitz ergriffen**, er wurde mir **geopfert**. Und obendrein auch noch ohne, dass ich das wollte.

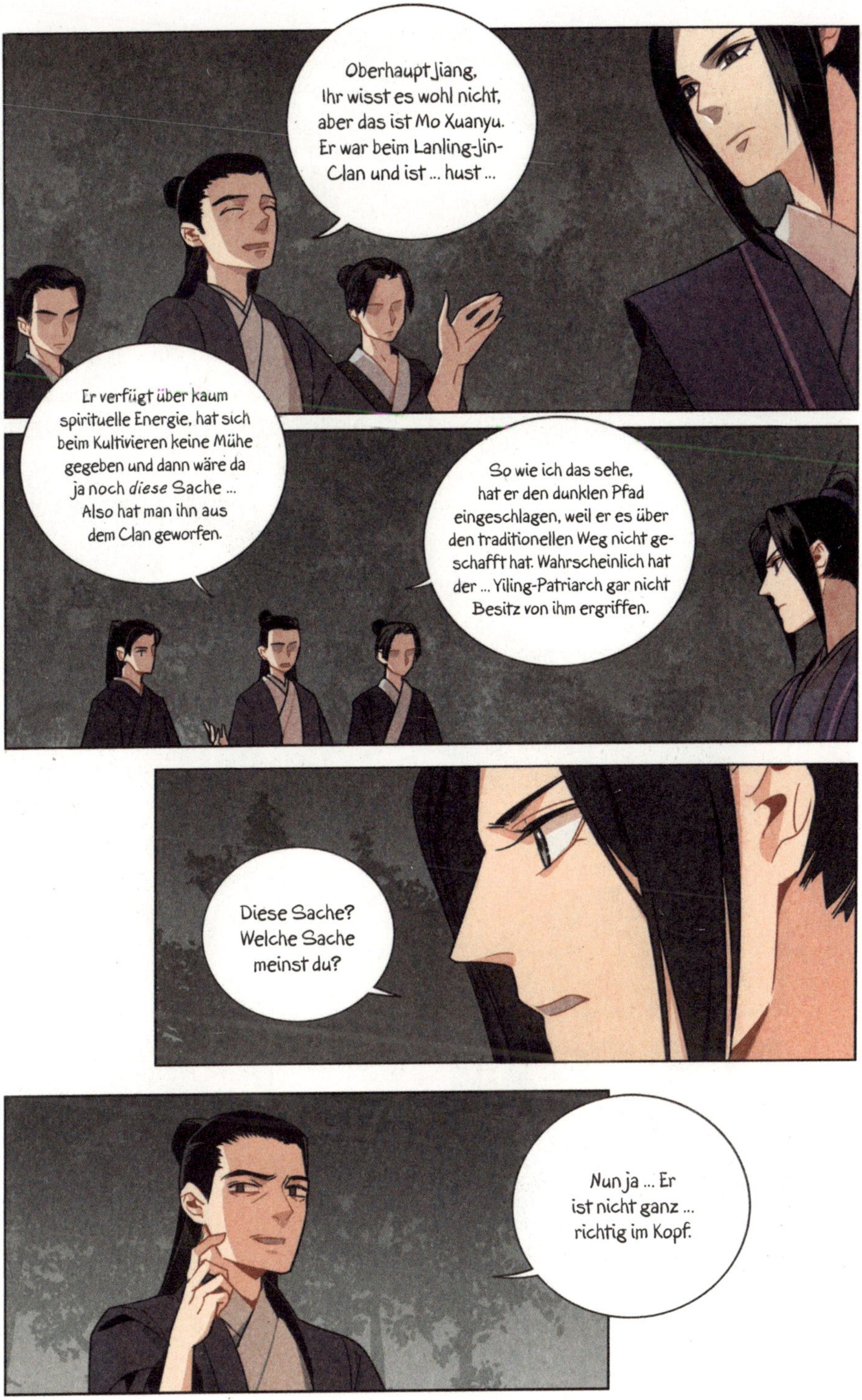

Oberhaupt Jiang, Ihr wisst es wohl nicht, aber das ist Mo Xuanyu. Er war beim Lanling-Jin-Clan und ist ... hust ...

Er verfügt über kaum spirituelle Energie, hat sich beim Kultivieren keine Mühe gegeben und dann wäre da ja noch *diese* Sache ... Also hat man ihn aus dem Clan geworfen.

So wie ich das sehe, hat er den dunklen Pfad eingeschlagen, weil er es über den traditionellen Weg nicht geschafft hat. Wahrscheinlich hat der ... Yiling-Patriarch gar nicht Besitz von ihm ergriffen.

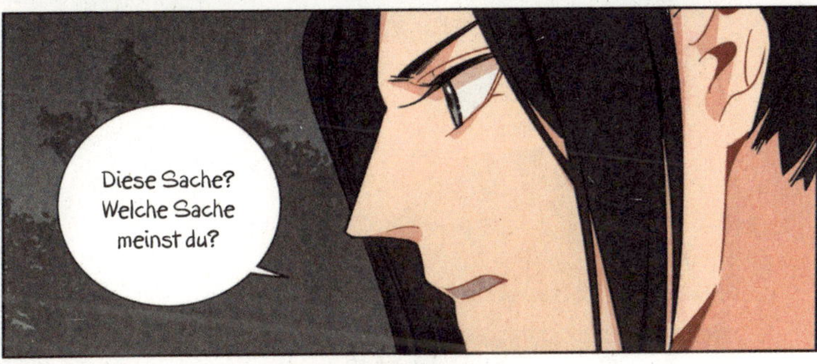

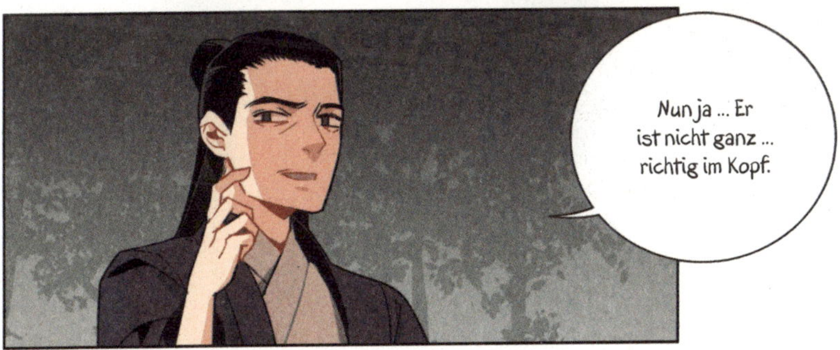

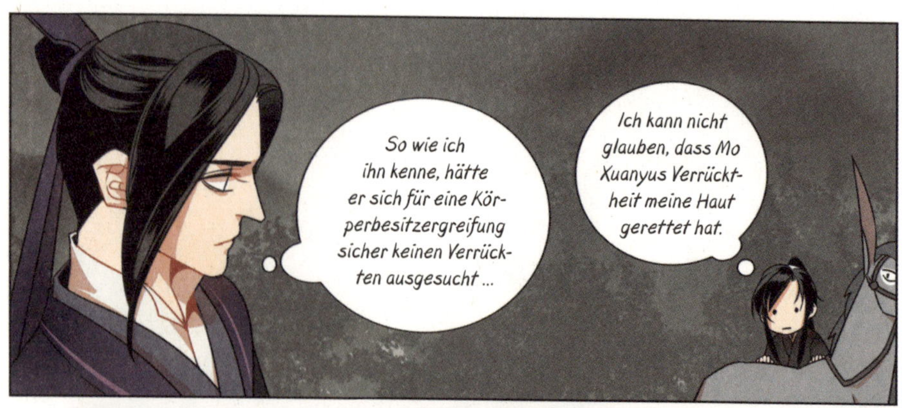
Ich kann nicht glauben, dass Mo Xuanyus Verrückt-heit meine Haut gerettet hat.
So wie ich ihn kenne, hätte er sich für eine Kör-perbesitzergreifung sicher keinen Verrück-ten ausgesucht ...

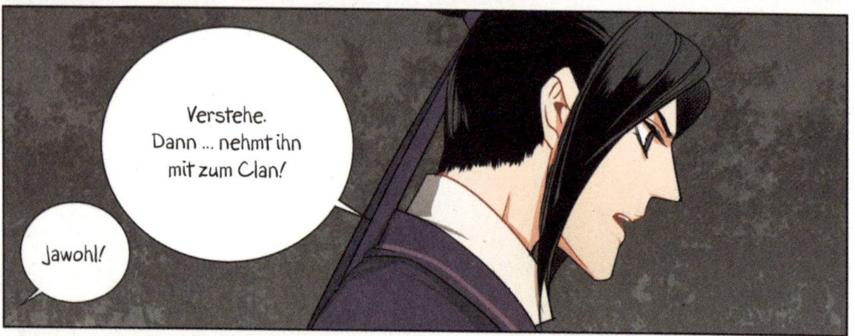
Verstehe. Dann ... nehmt ihn mit zum Clan!
Jawohl!

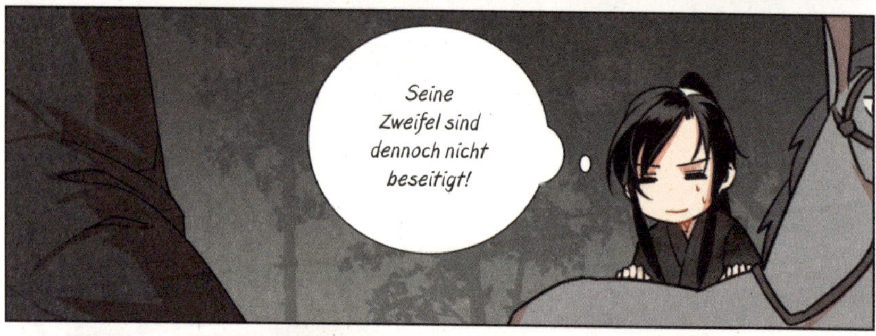
Seine Zweifel sind dennoch nicht beseitigt!

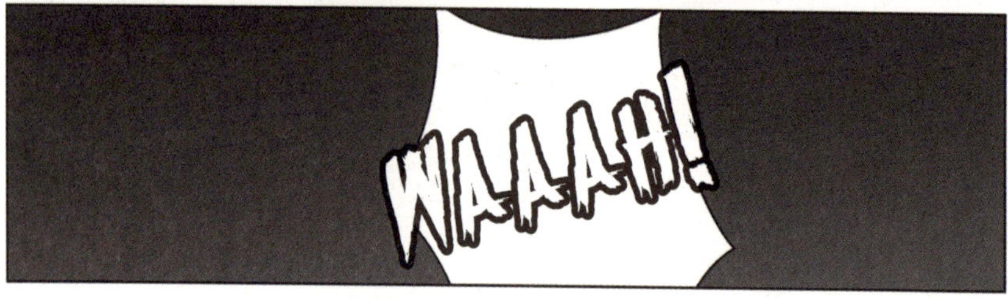
WAAAH!

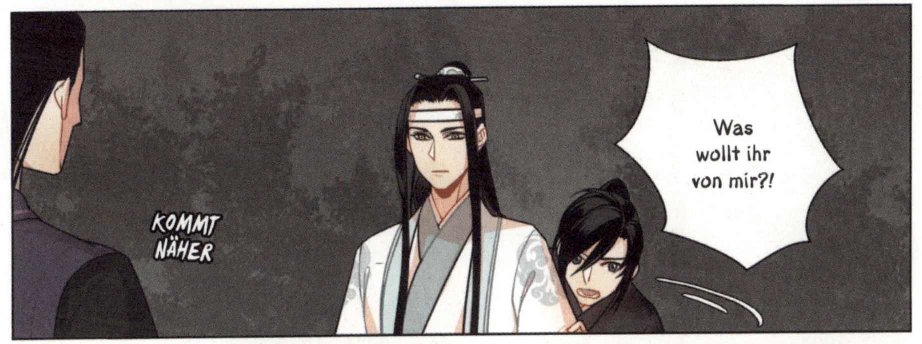
KOMMT NÄHER
Was wollt ihr von mir?!

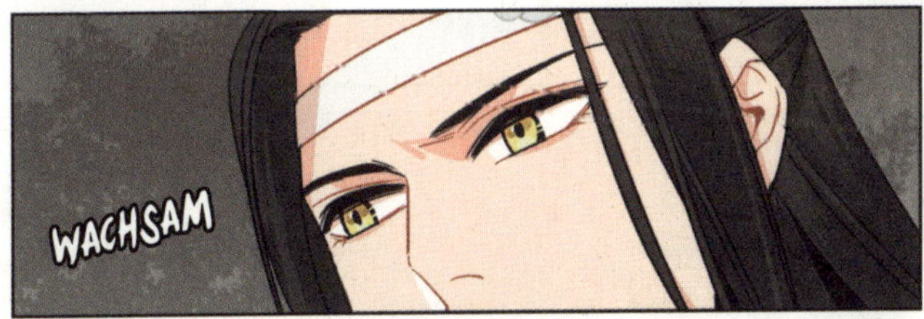
WACHSAM

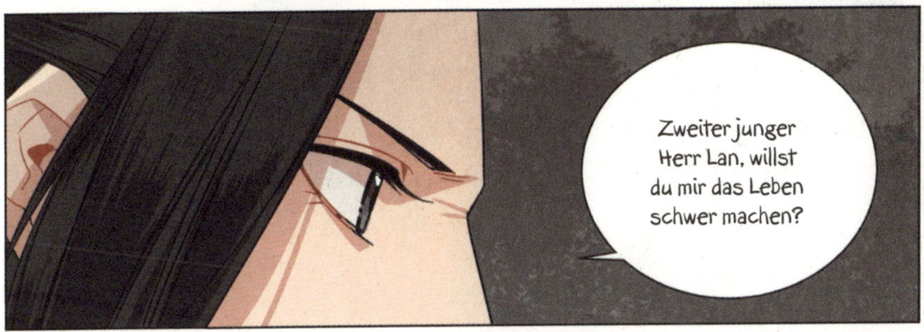
Zweiter junger Herr Lan, willst du mir das Leben schwer machen?

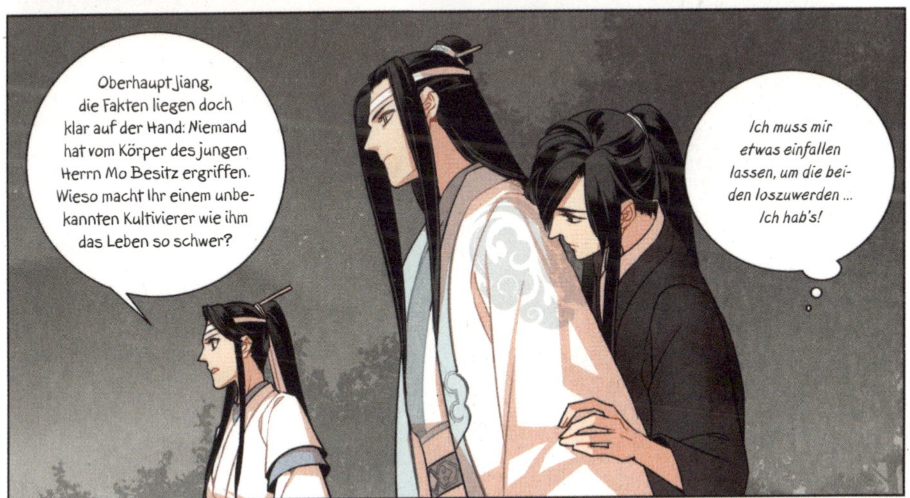
Oberhaupt Jiang, die Fakten liegen doch klar auf der Hand: Niemand hat vom Körper des jungen Herrn Mo Besitz ergriffen. Wieso macht Ihr einem unbekannten Kultivierer wie ihm das Leben so schwer?
Ich muss mir etwas einfallen lassen, um die beiden loszuwerden ... Ich hab's!

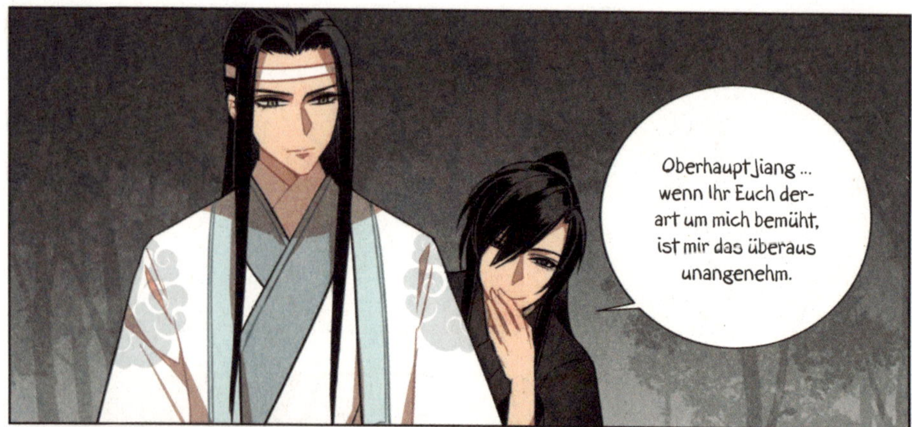
Oberhaupt Jiang ... wenn Ihr Euch derart um mich bemüht, ist mir das überaus unangenehm.

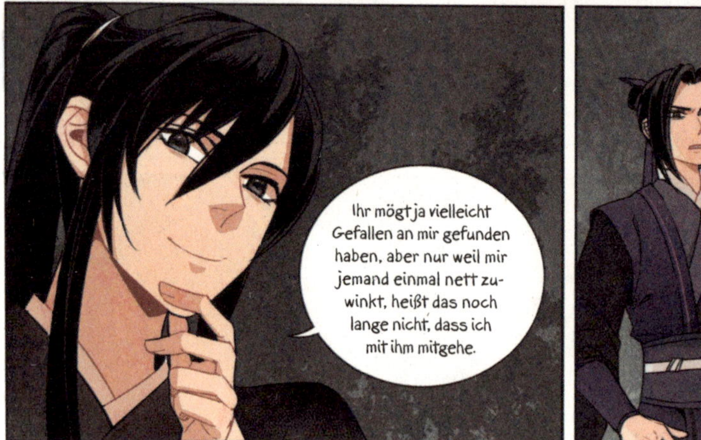
Ihr mögt ja vielleicht Gefallen an mir gefunden haben, aber nur weil mir jemand einmal nett zuwinkt, heißt das noch lange nicht, dass ich mit ihm mitgehe.

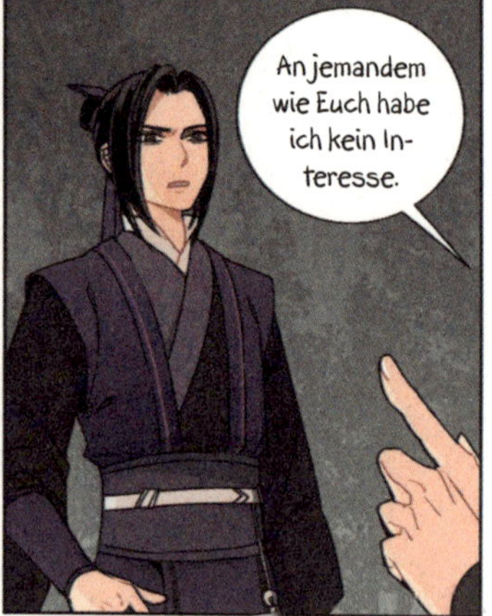
An jemandem wie Euch habe ich kein Interesse.

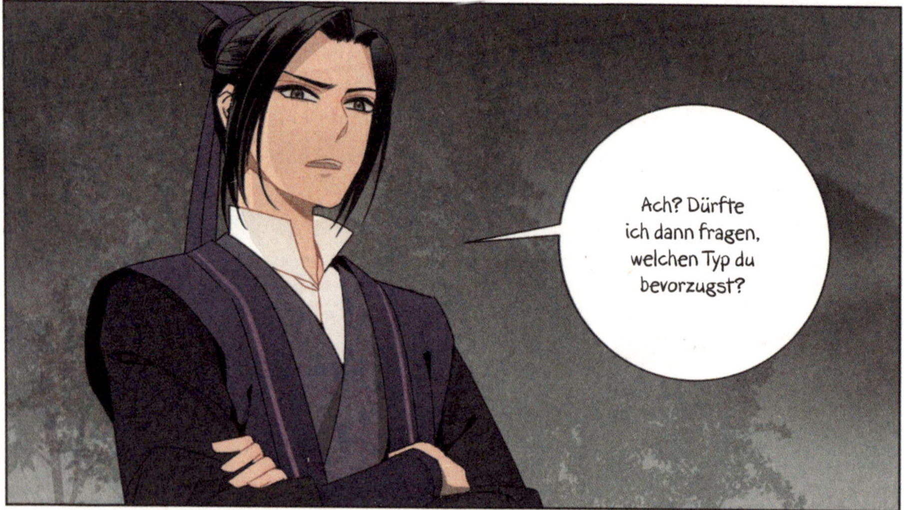
Ach? Dürfte ich dann fragen, welchen Typ du bevorzugst?

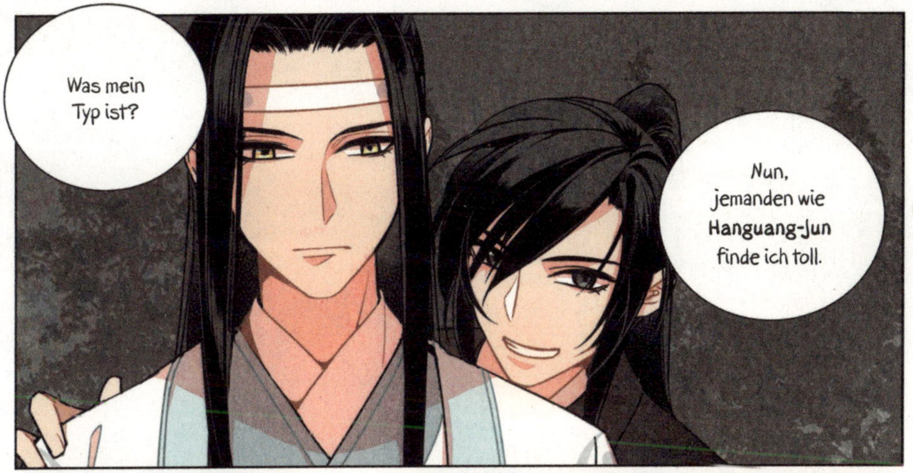

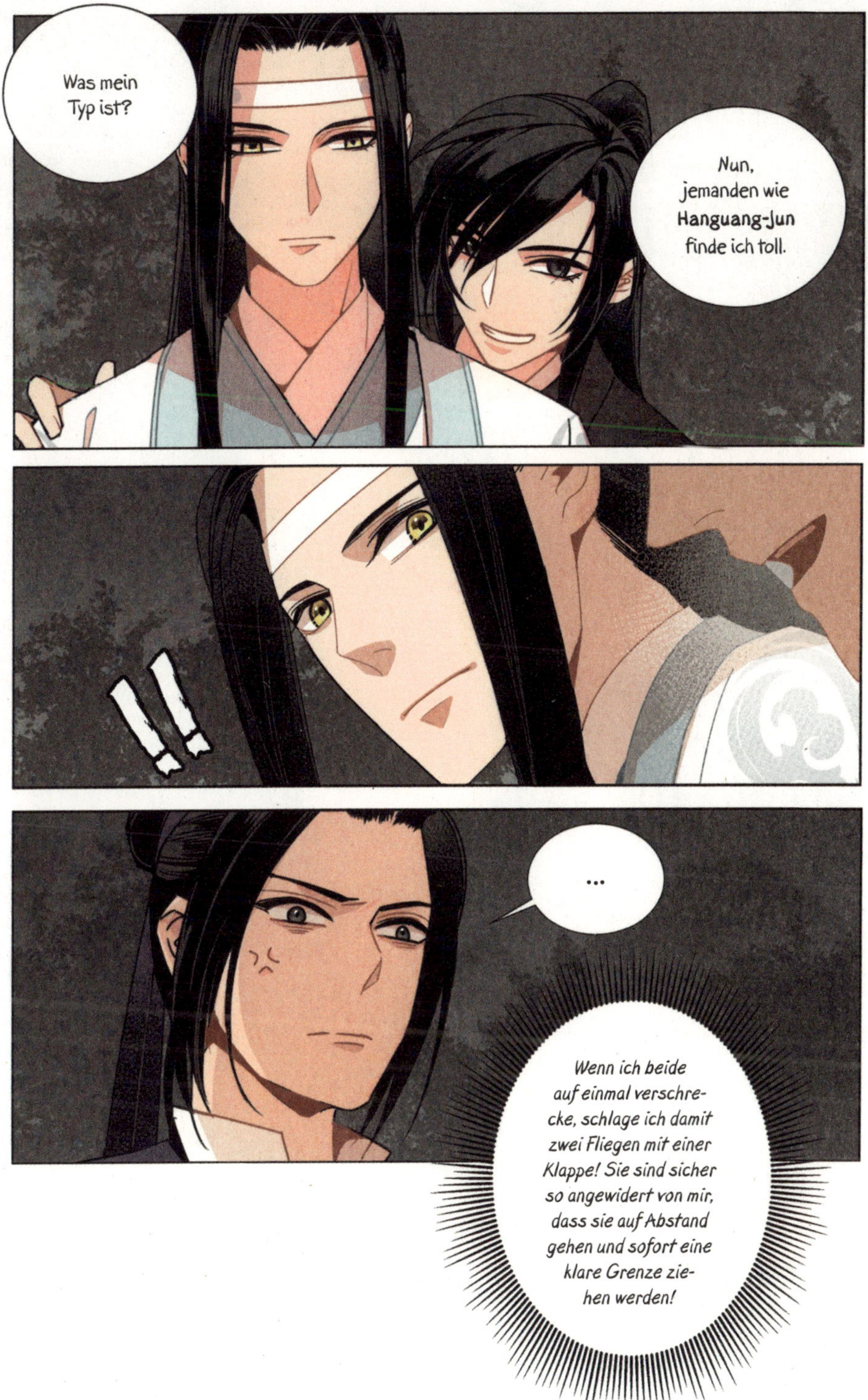

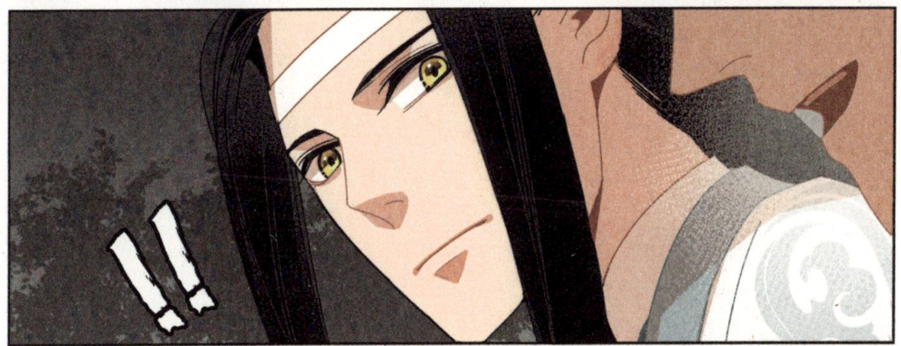

...

Wenn ich beide auf einmal verschrecke, schlage ich damit zwei Fliegen mit einer Klappe! Sie sind sicher so angewidert von mir, dass sie auf Abstand gehen und sofort eine klare Grenze ziehen werden!

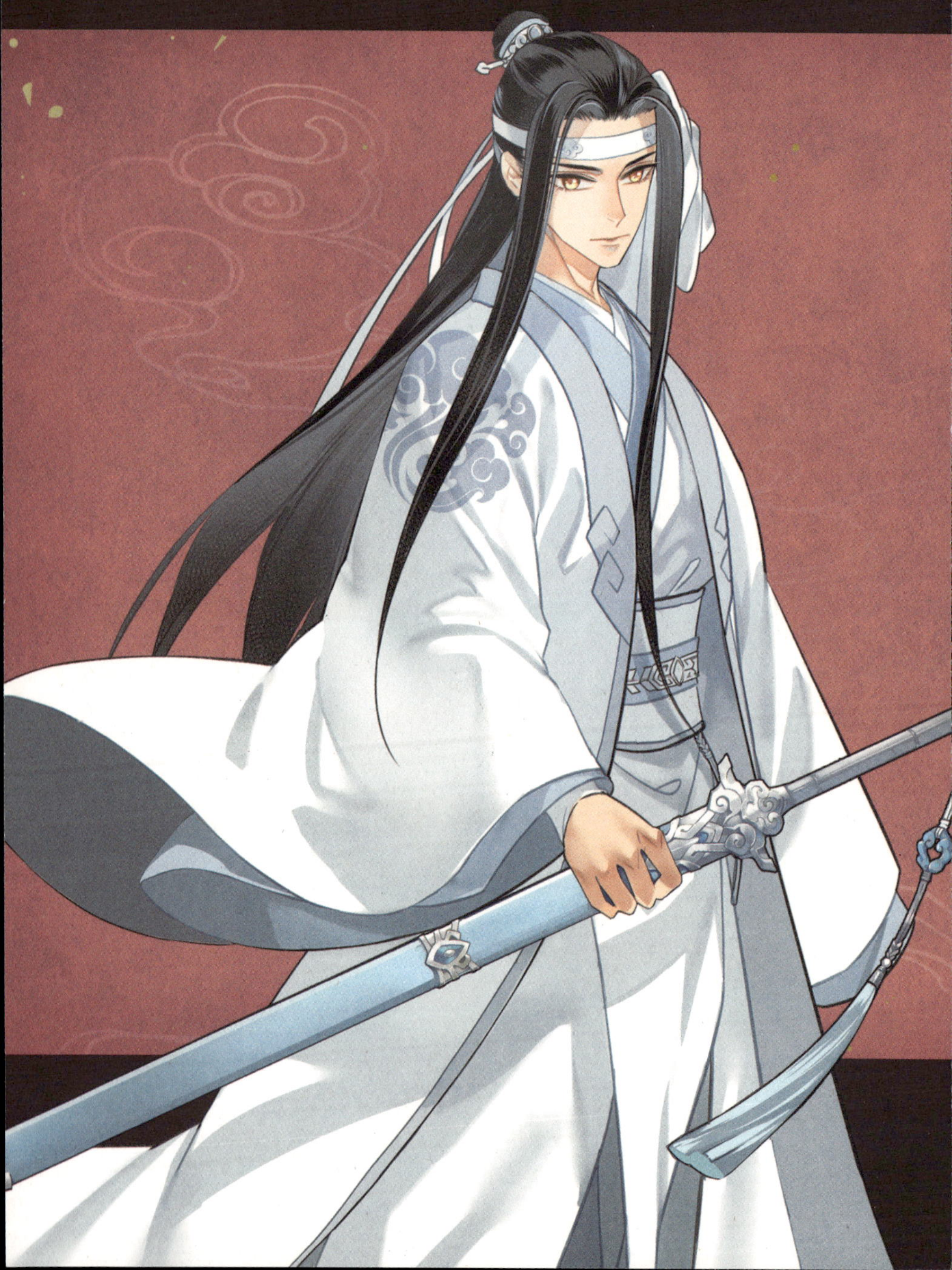

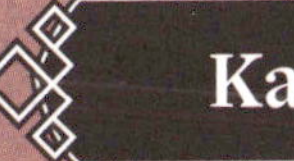

Kapitel 26

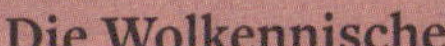

Die Wolkennische

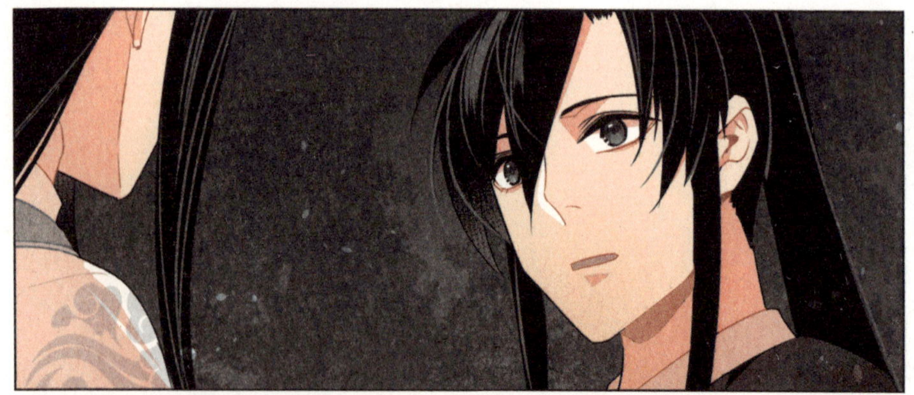

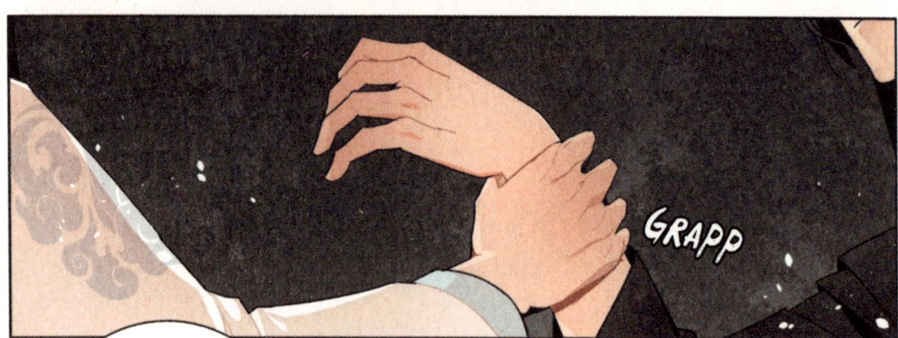

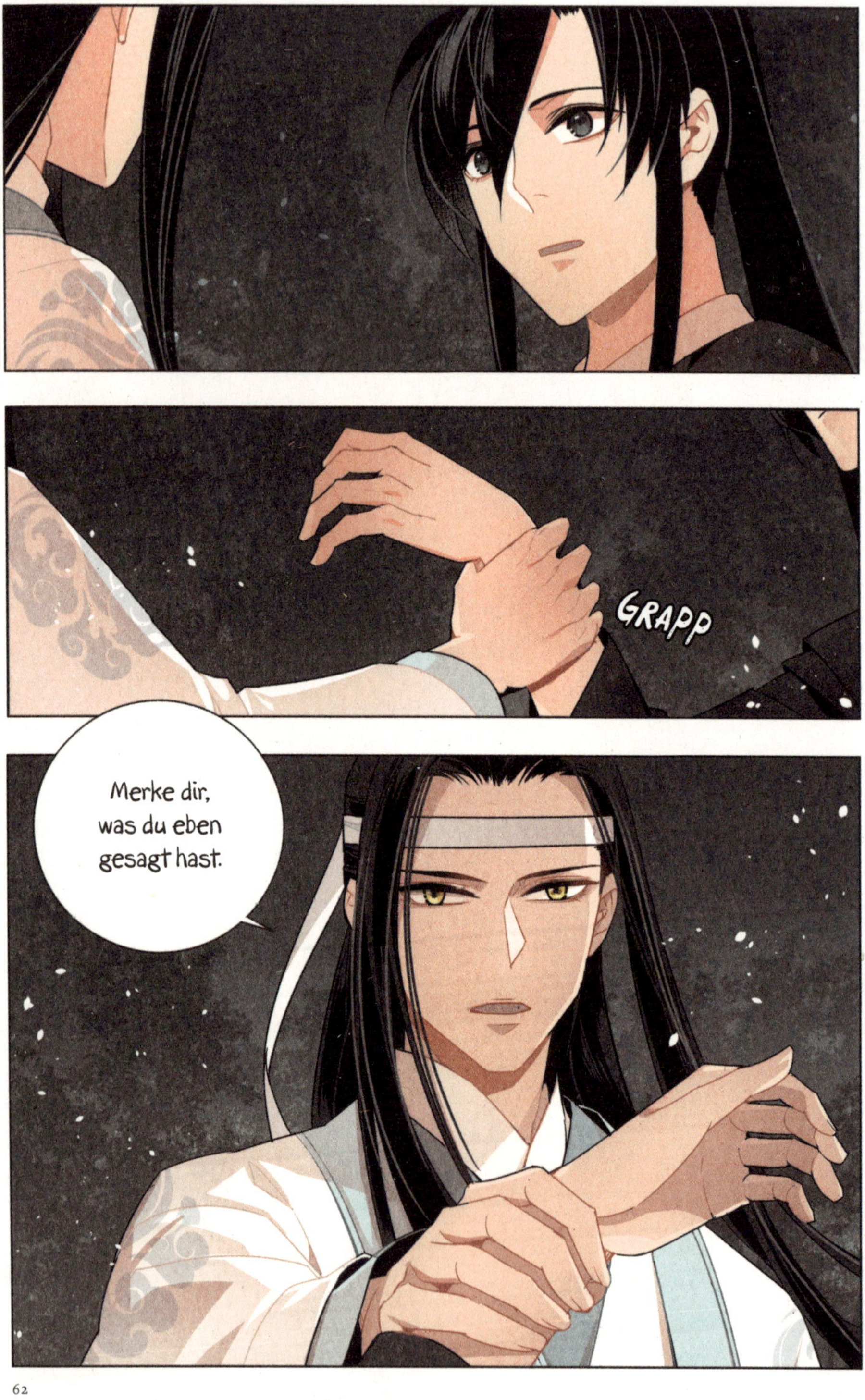

Merke dir, was du eben gesagt hast.

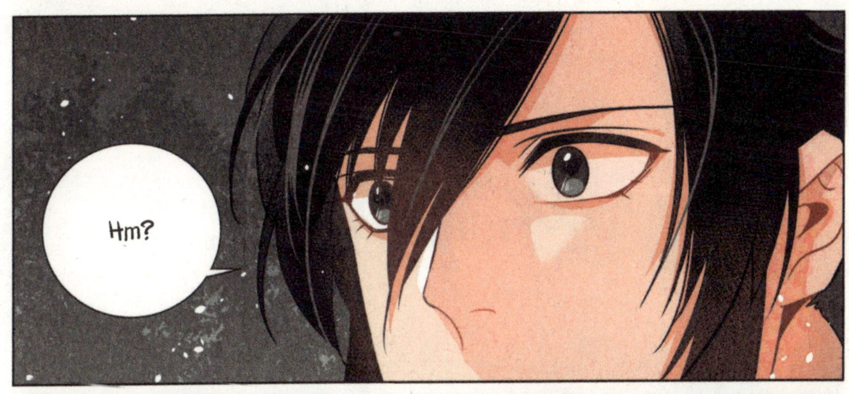

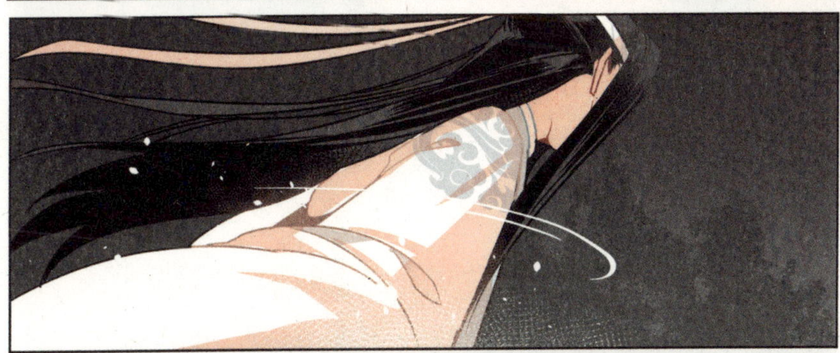

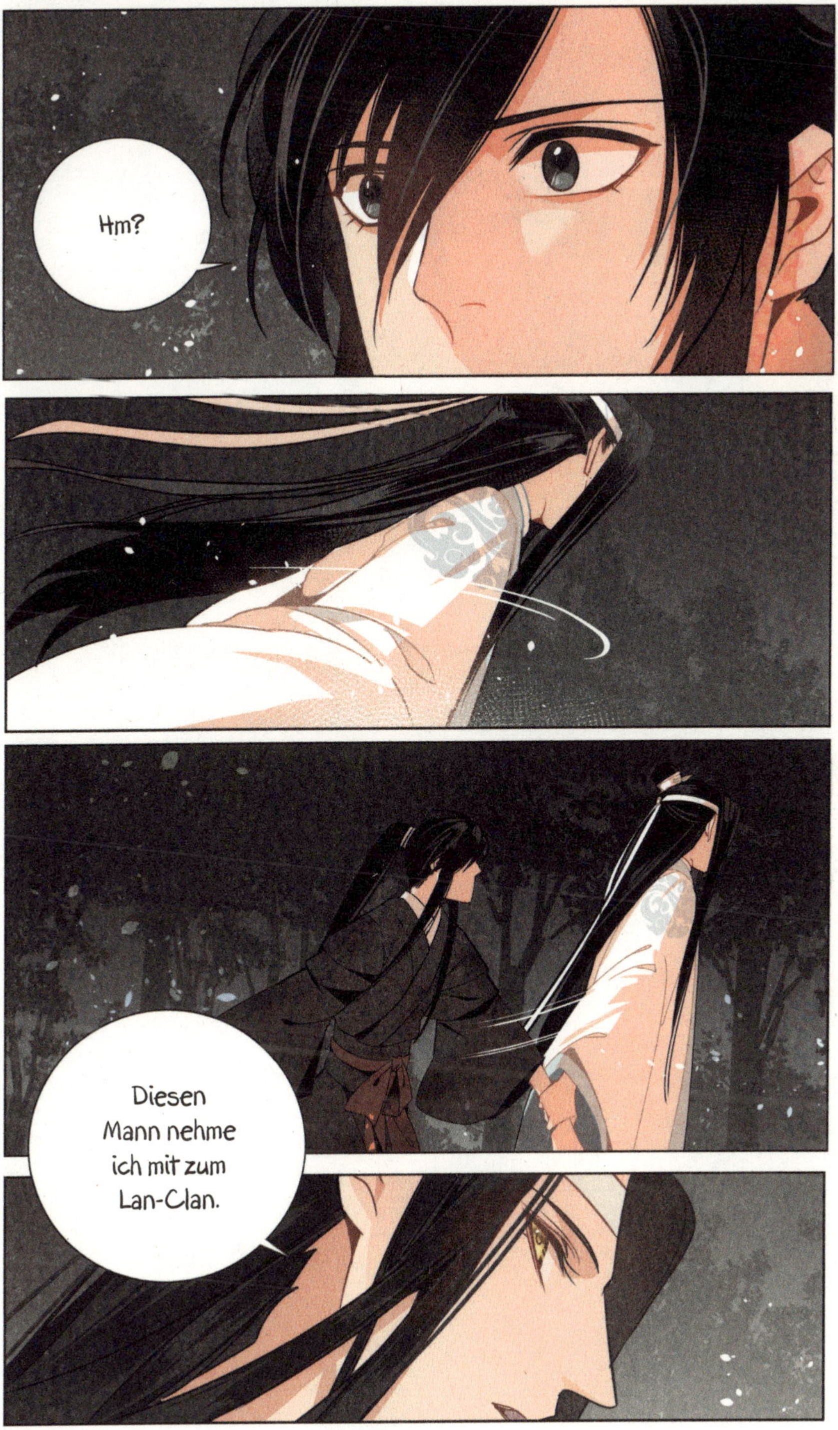

Diesen Mann nehme ich mit zum Lan-Clan.

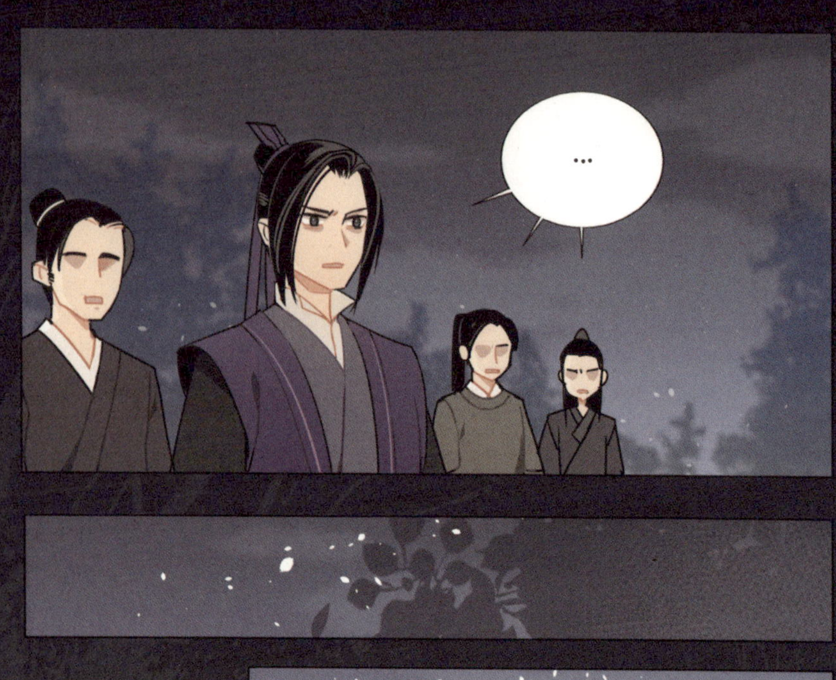
...

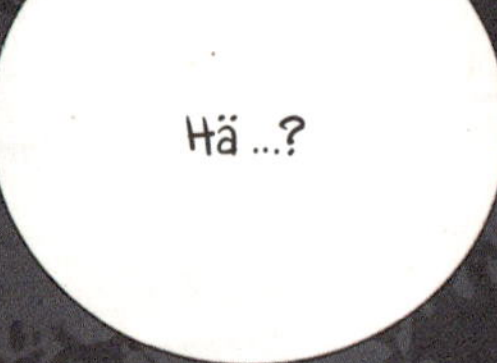
Hä ...?

Die Wolkennische – Hauptsitz des Gusu-Lan-Clans

DONG DONG

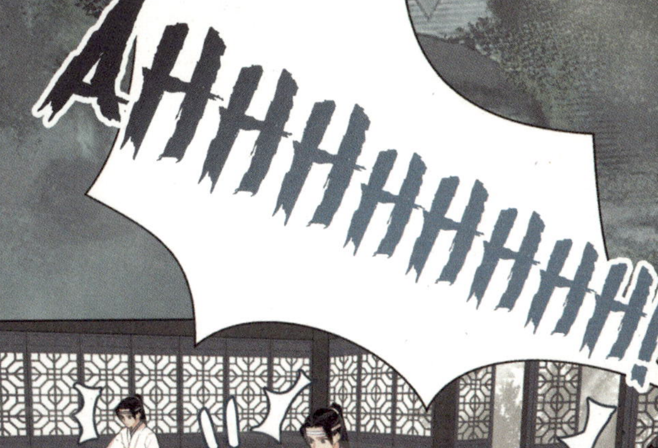

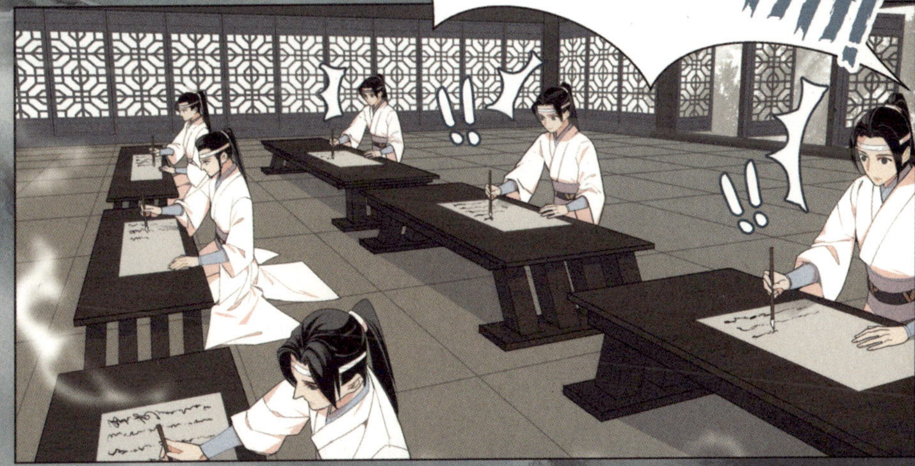

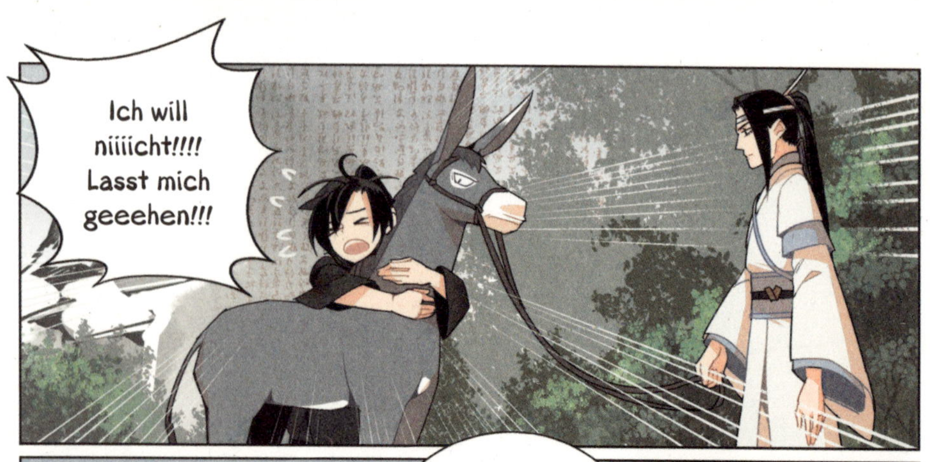
Ich will niiiicht!!!! Lasst mich geeehen!!!

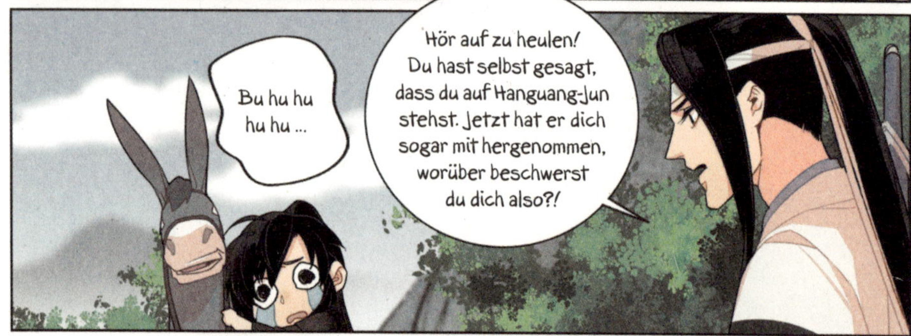
Hör auf zu heulen! Du hast selbst gesagt, dass du auf Hanguang-Jun stehst. Jetzt hat er dich sogar mit hergenommen, worüber beschwerst du dich also?!
Bu hu hu hu hu ...

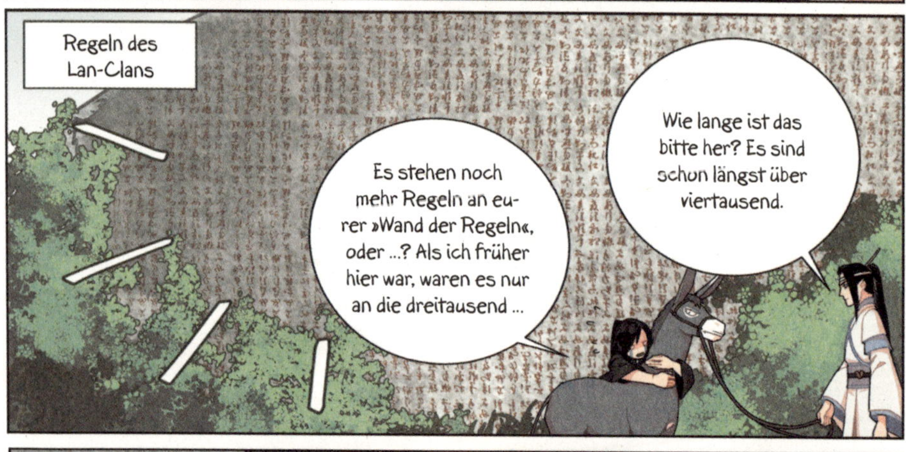
Regeln des Lan-Clans
Es stehen noch mehr Regeln an eurer »Wand der Regeln«, oder ...? Als ich früher hier war, waren es nur an die dreitausend ...
Wie lange ist das bitte her? Es sind schon längst über viertausend.

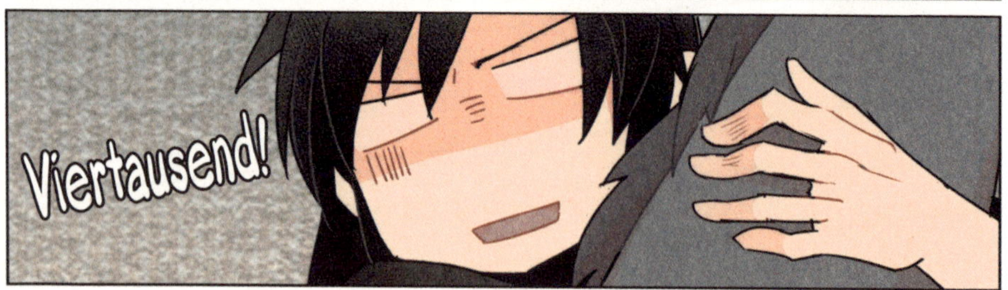
Viertausend!

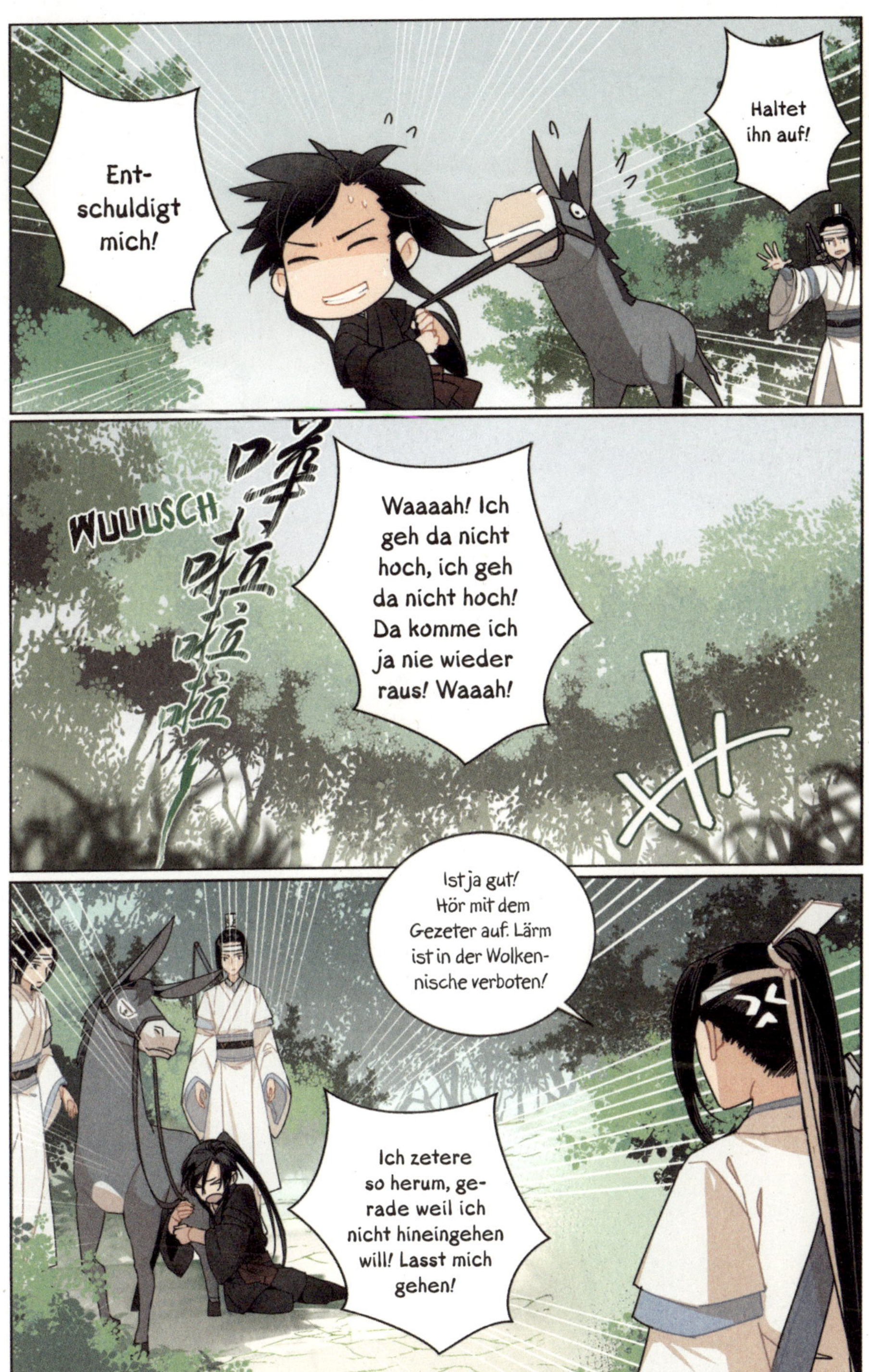
Ent-schuldigt mich!
Haltet ihn auf!
WUUUSCH
Waaaah! Ich geh da nicht hoch, ich geh da nicht hoch! Da komme ich ja nie wieder raus! Waaah!
Ist ja gut! Hör mit dem Gezeter auf. Lärm ist in der Wolken-nische verboten!
Ich zetere so herum, ge-rade weil ich nicht hineingehen will! Lasst mich gehen!

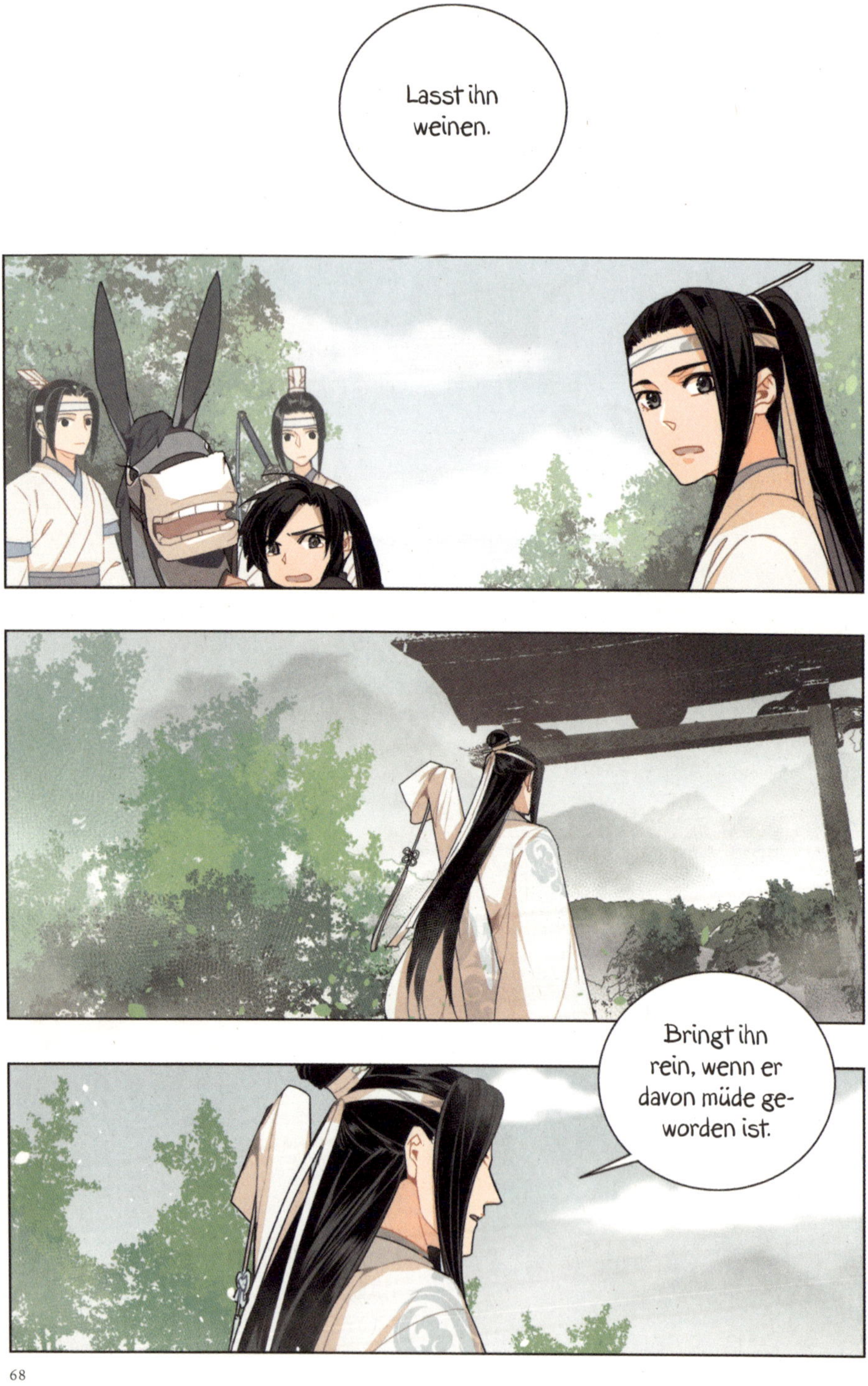

Lasst ihn weinen.

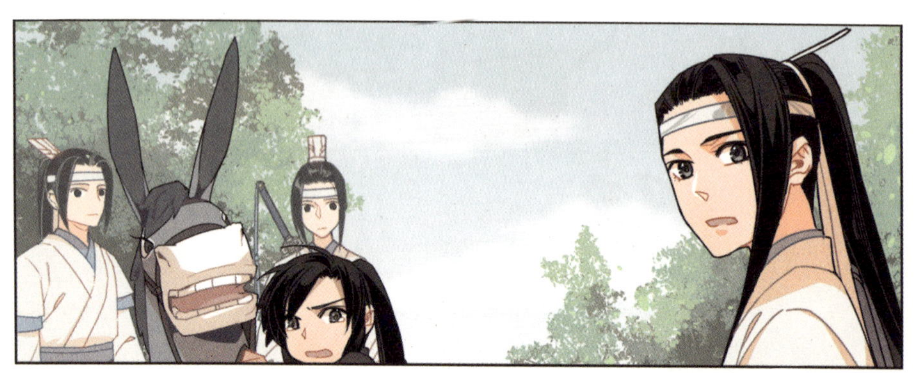

Bringt ihn rein, wenn er davon müde geworden ist.

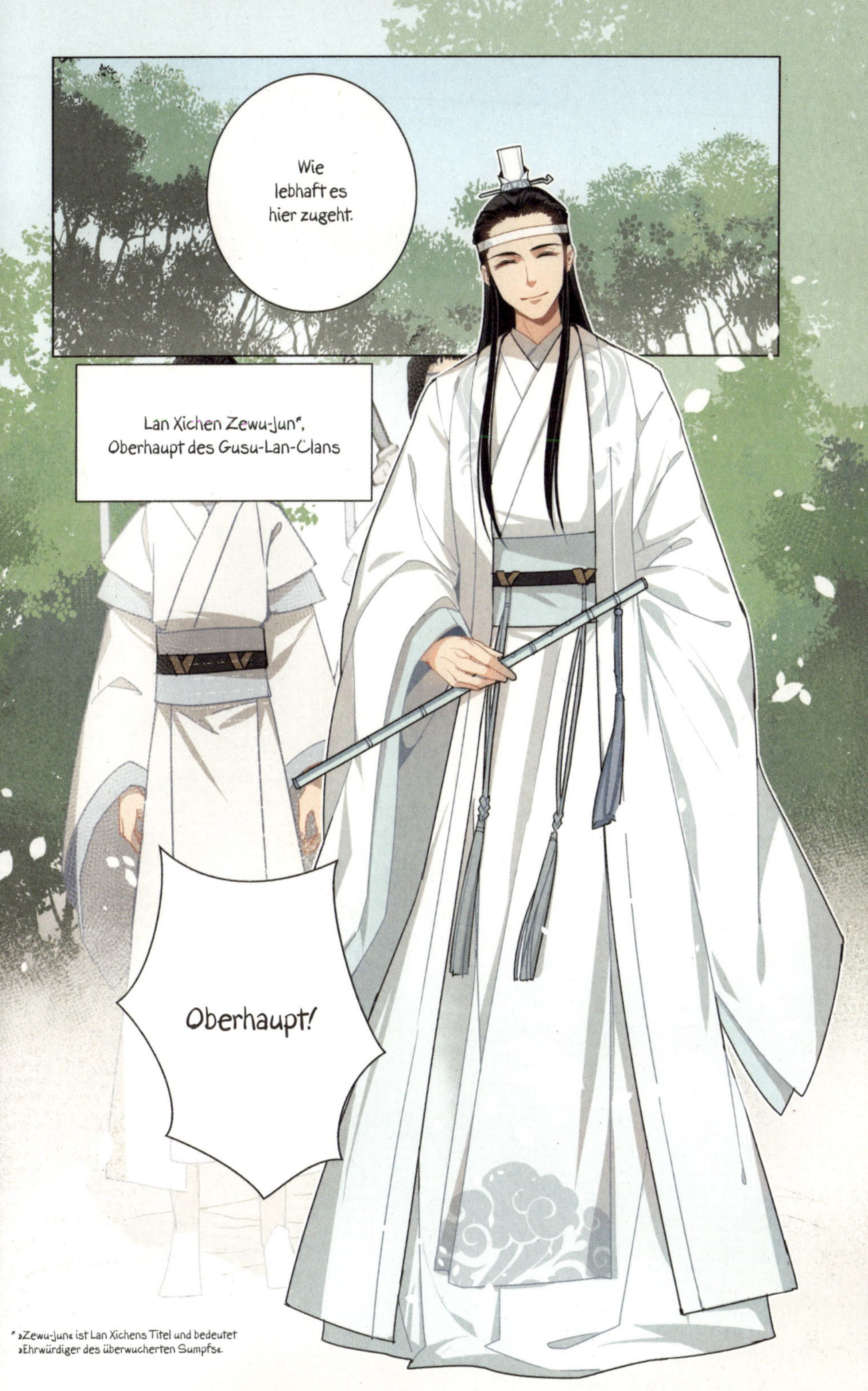

* »Zewu-Jun« ist Lan Xichens Titel und bedeutet »Ehrwürdiger des überwucherten Sumpfs«.

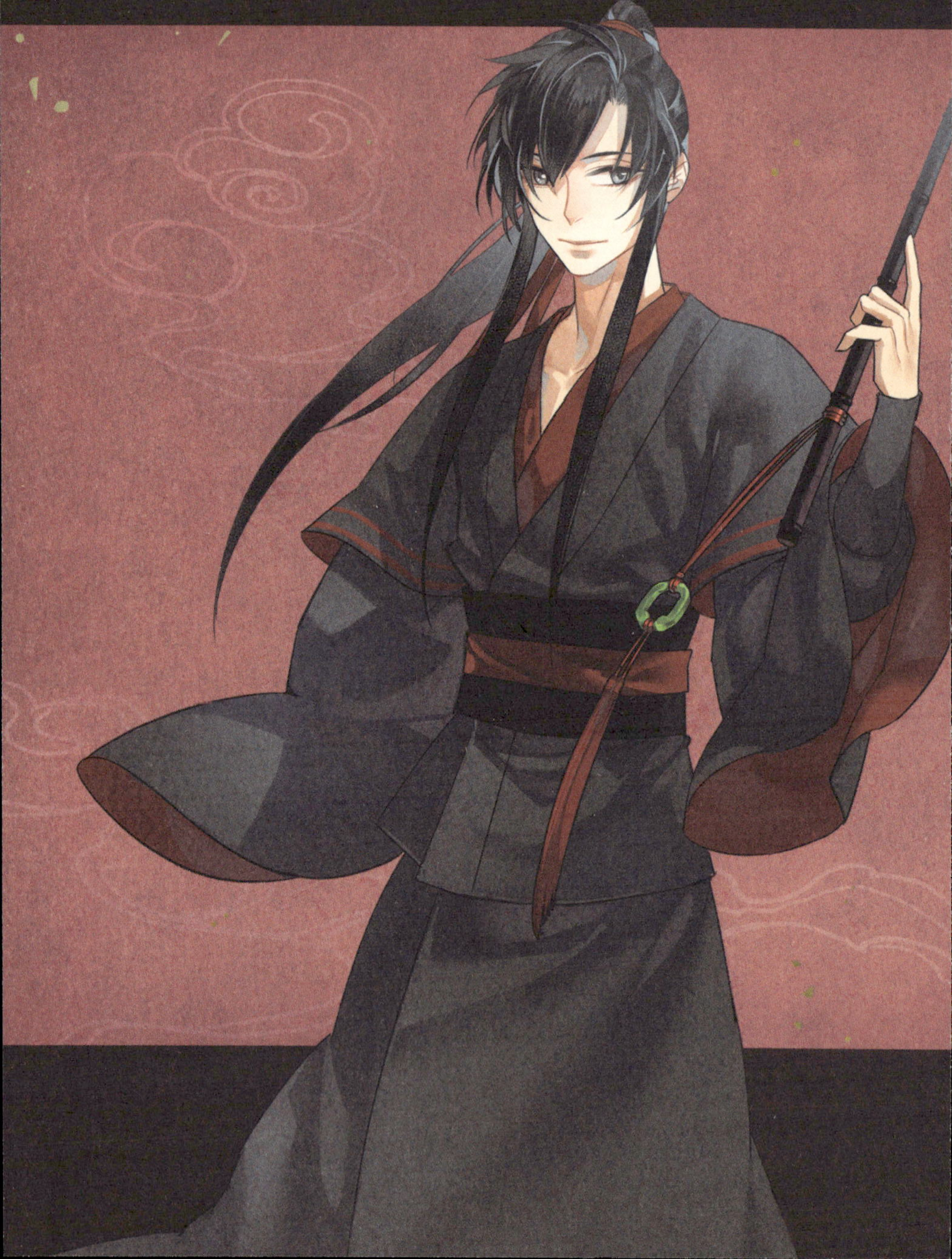

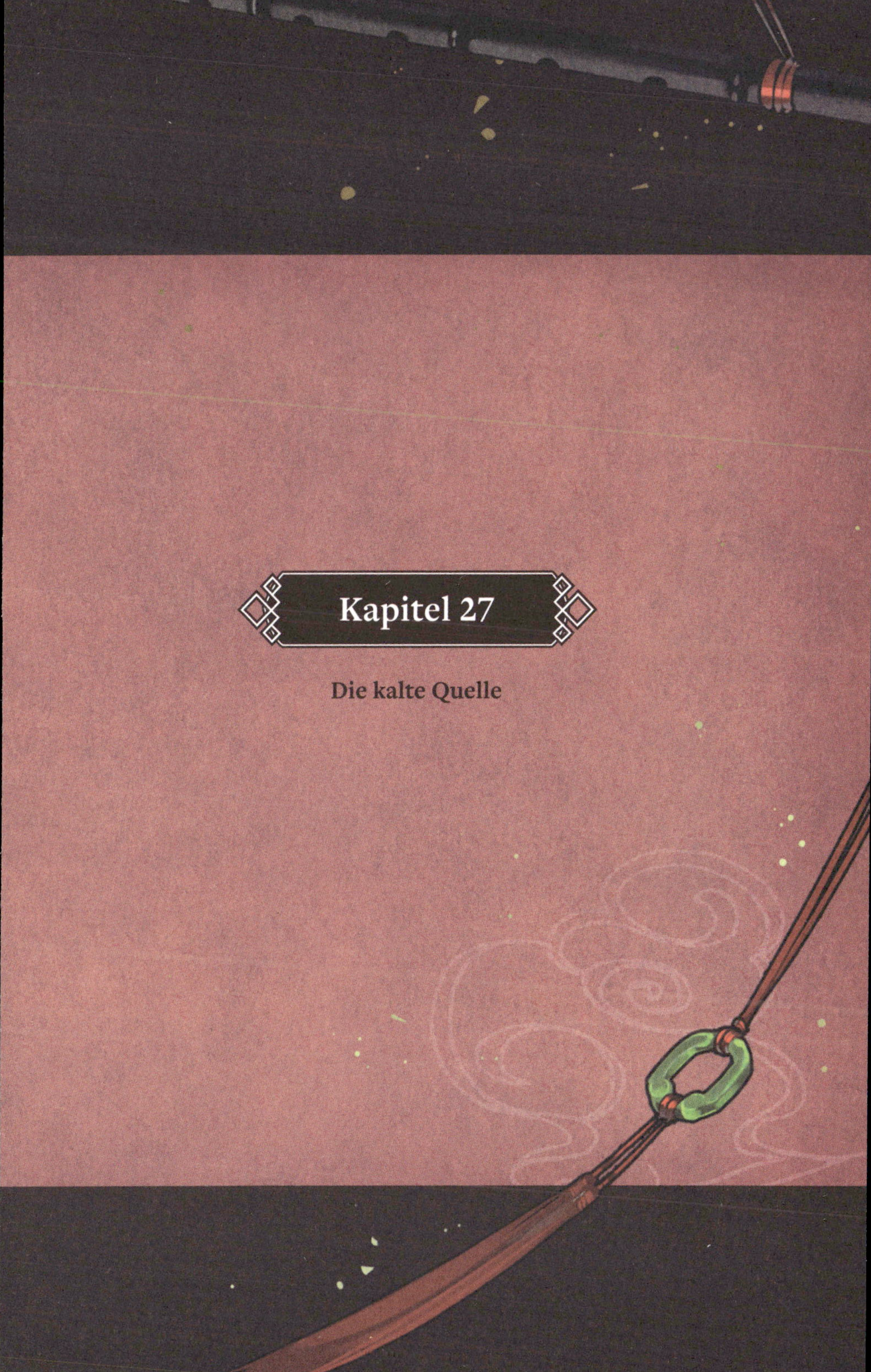

Kapitel 27

Die kalte Quelle

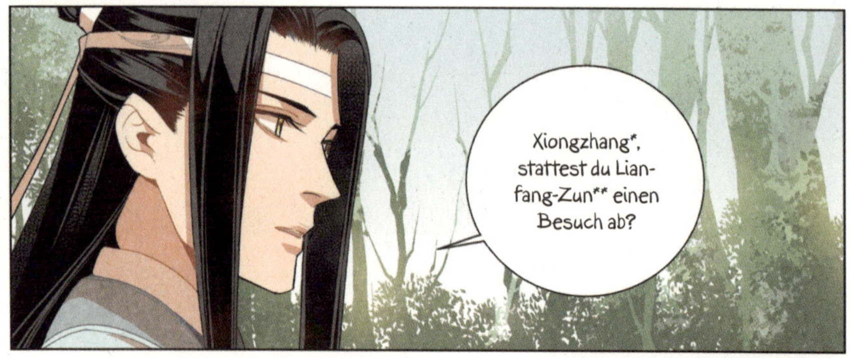

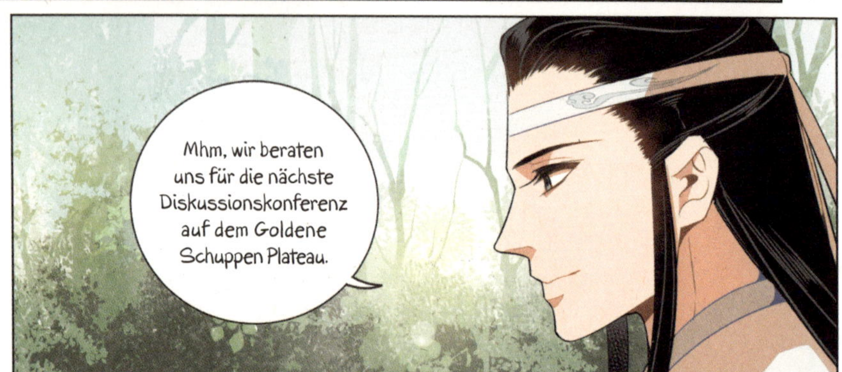

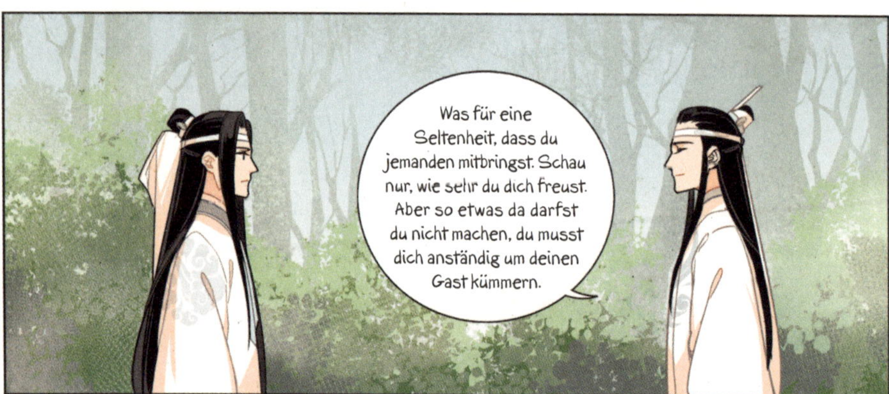

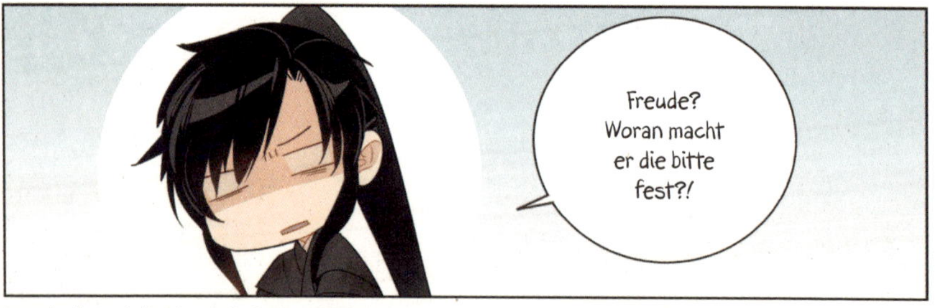

* respektvolle Anrede für seinen großen Bruder ** Titel, der »Edelmann des versteckten Dufts« bedeutet

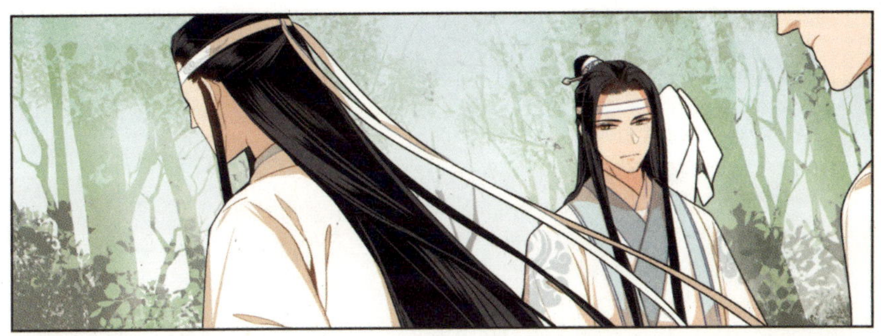

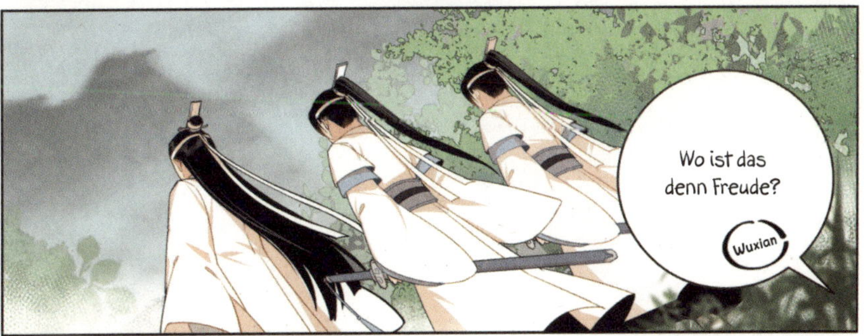
Wo ist das denn Freude?
Wuxian

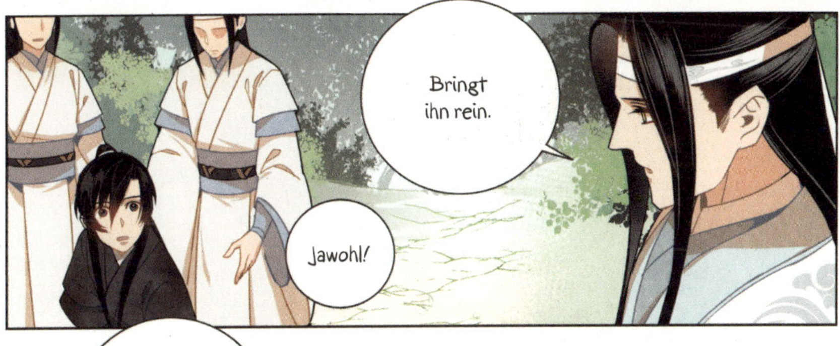
Bringt ihn rein.
Jawohl!

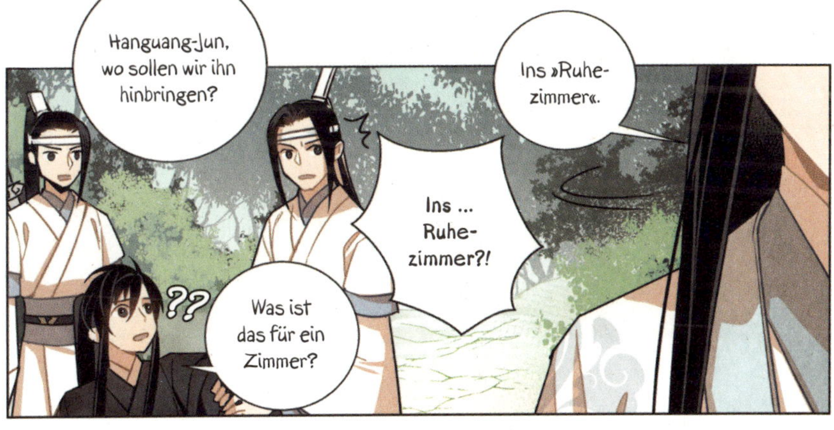
Hanguang-Jun, wo sollen wir ihn hinbringen?
Ins »Ruhe-zimmer«.
Ins ... Ruhe-zimmer?!
??
Was ist das für ein Zimmer?

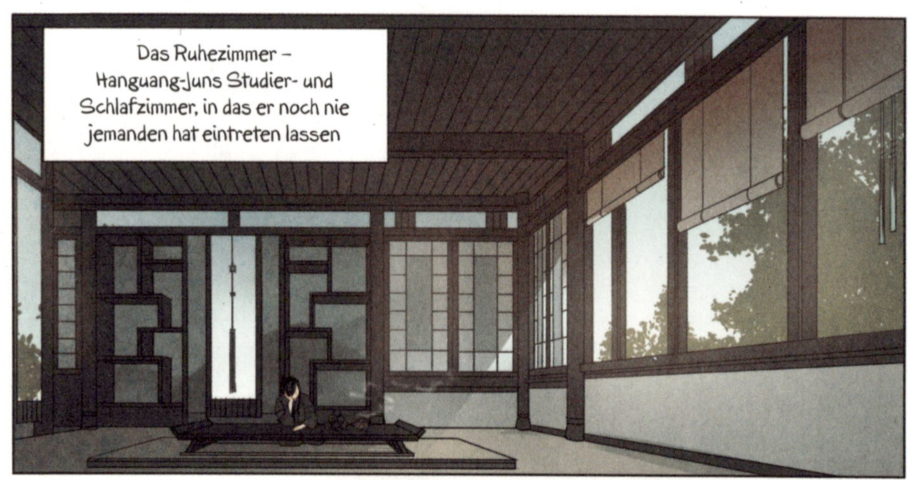
Das Ruhezimmer –
Hanguang-Juns Studier- und
Schlafzimmer, in das er noch nie
jemanden hat eintreten lassen

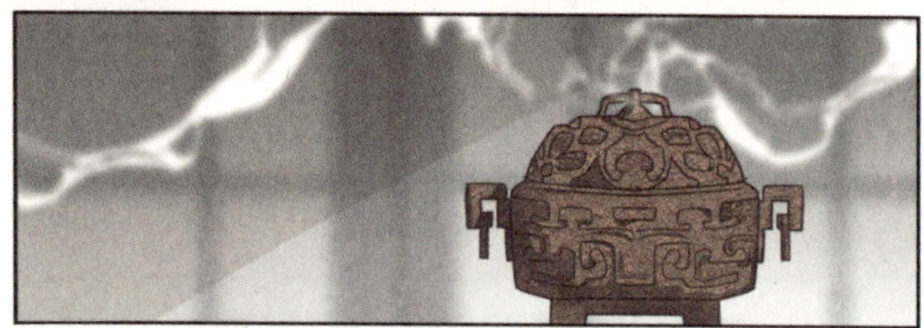

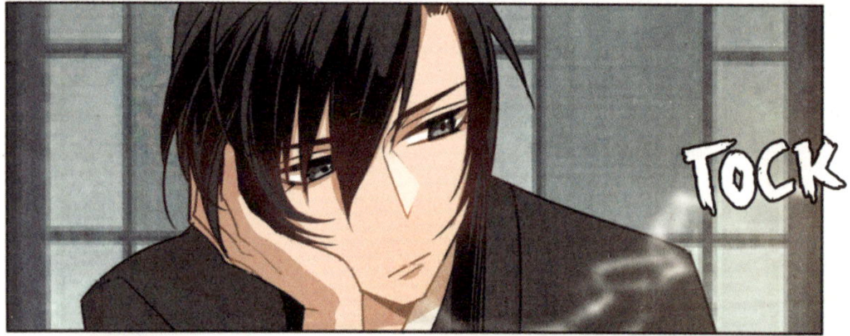
TOCK

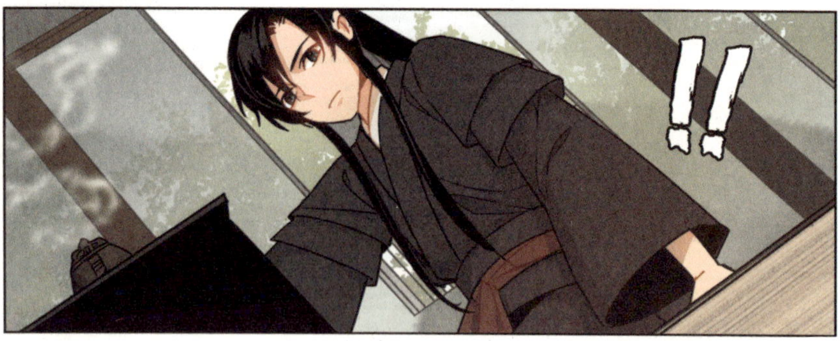
!!

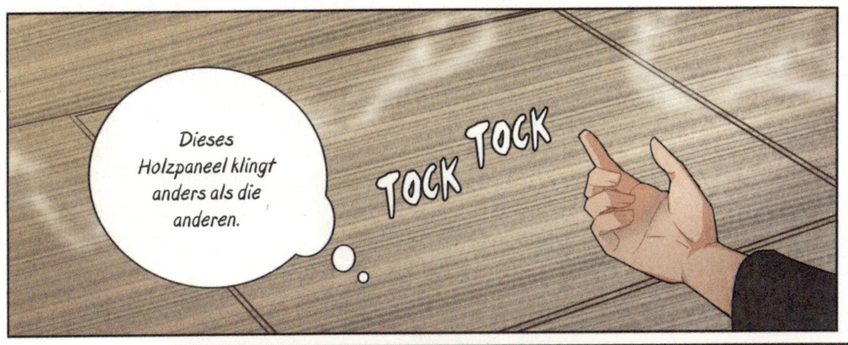
Dieses Holzpaneel klingt anders als die anderen.
TOCK TOCK

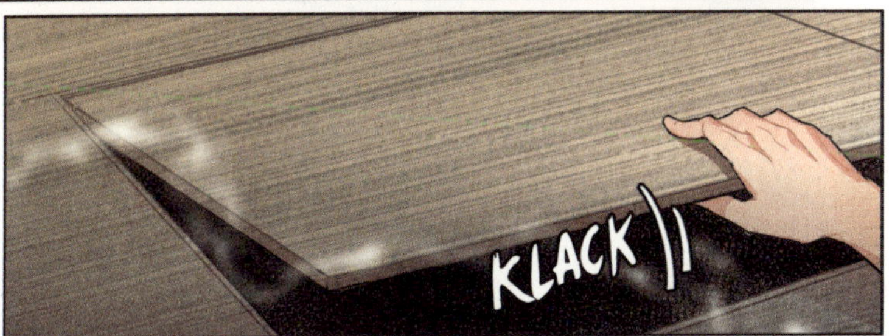
KLACK

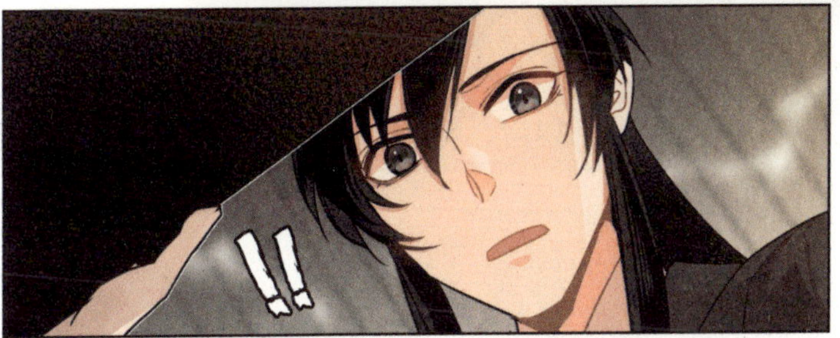
!!

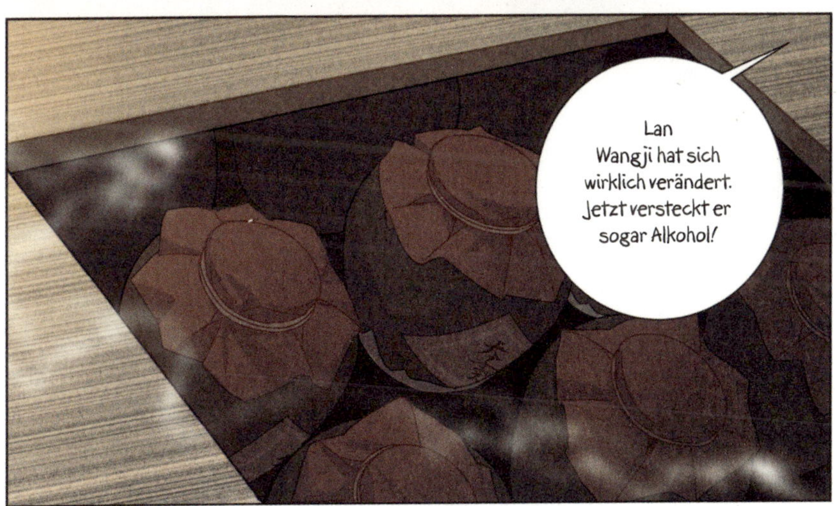
Lan Wangji hat sich wirklich verändert. Jetzt versteckt er sogar Alkohol!

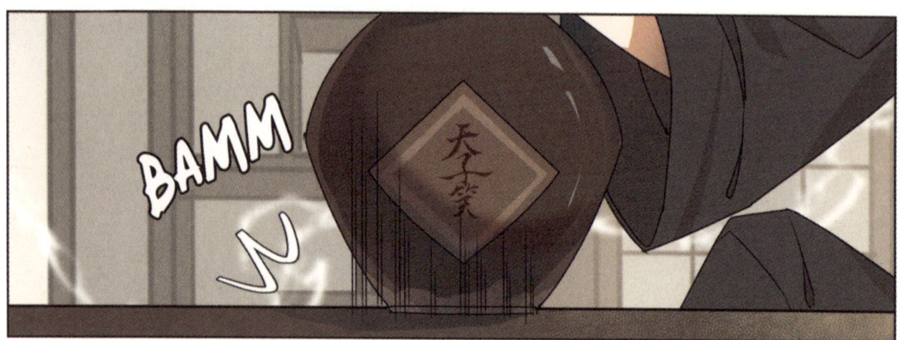
BAMM

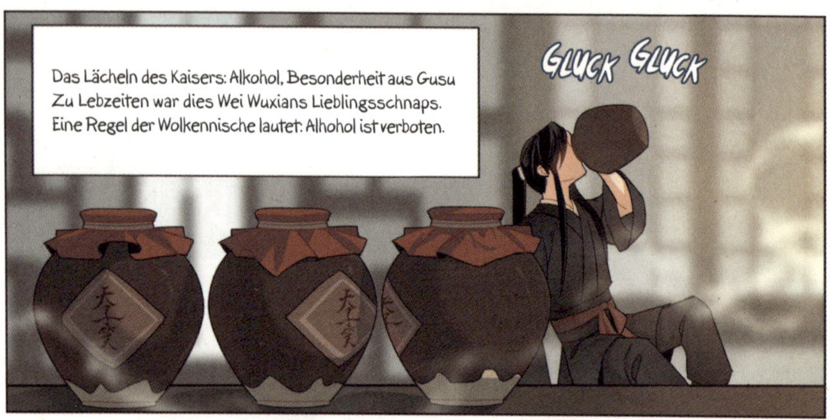
Das Lächeln des Kaisers: Alkohol, Besonderheit aus Gusu
Zu Lebzeiten war dies Wei Wuxians Lieblingsschnaps.
Eine Regel der Wolkennische lautet: Alhohol ist verboten.
GLUCK GLUCK

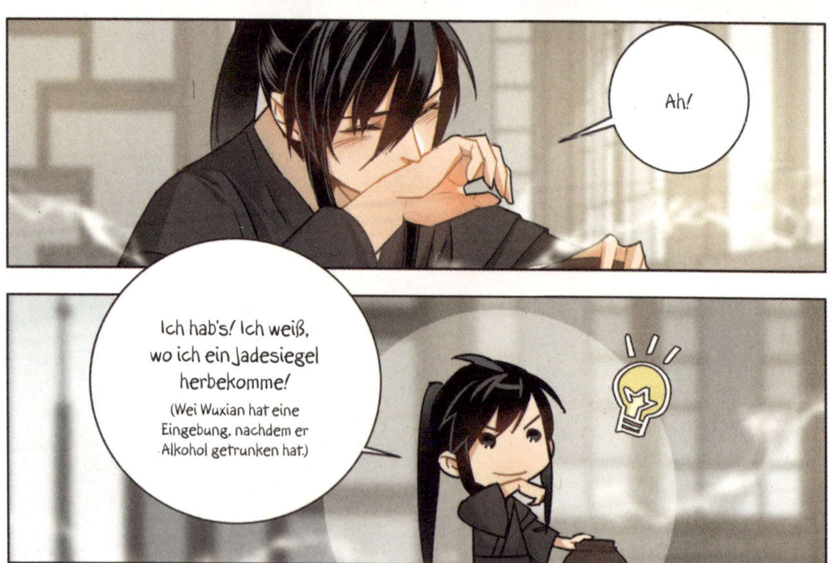
Ah!
Ich hab's! Ich weiß, wo ich ein Jadesiegel herbekomme!
(Wei Wuxian hat eine Eingebung, nachdem er Alkohol getrunken hat.)

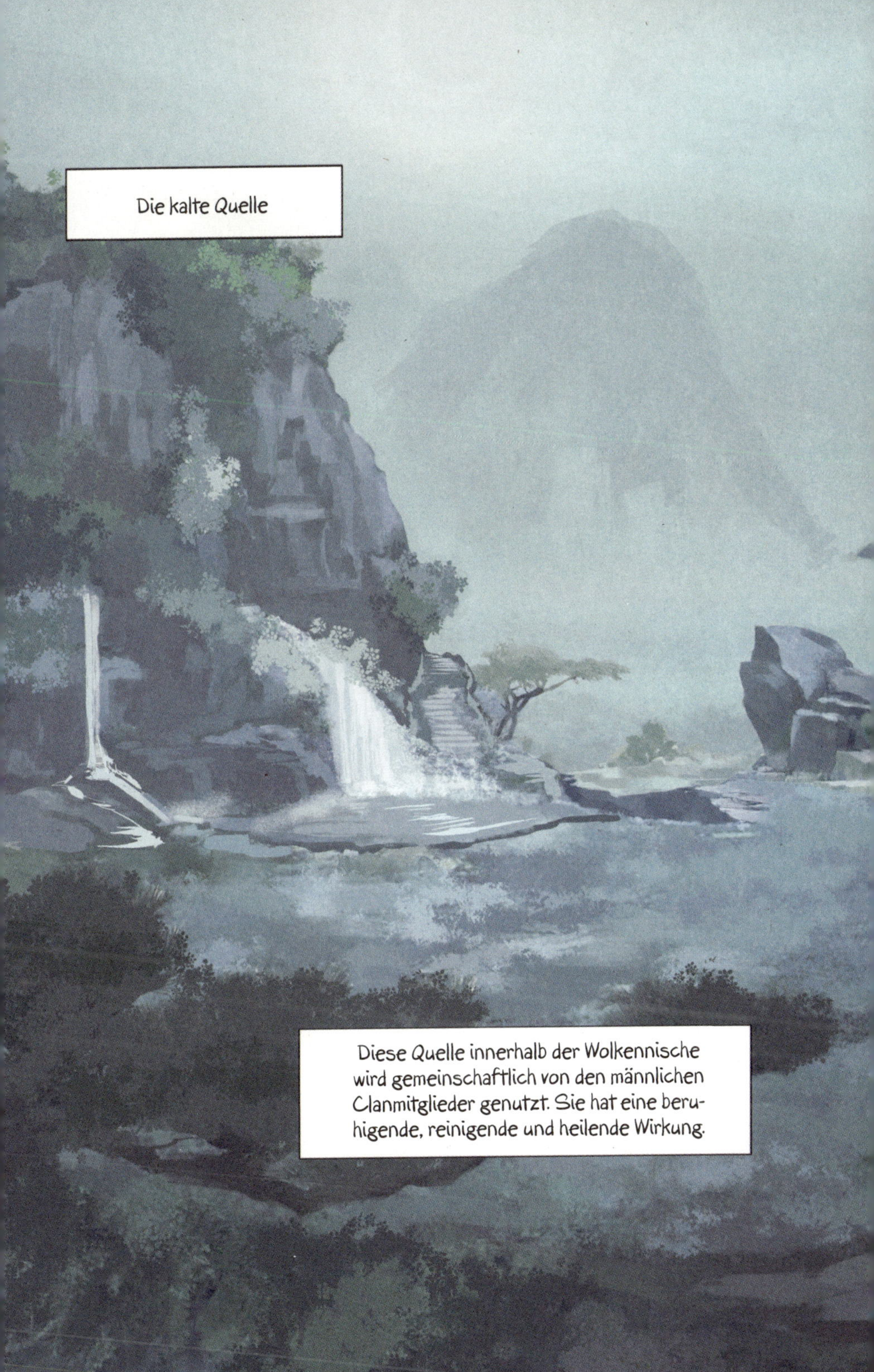
Die kalte Quelle
Diese Quelle innerhalb der Wolkennische wird gemeinschaftlich von den männlichen Clanmitglieder genutzt. Sie hat eine beruhigende, reinigende und heilende Wirkung.

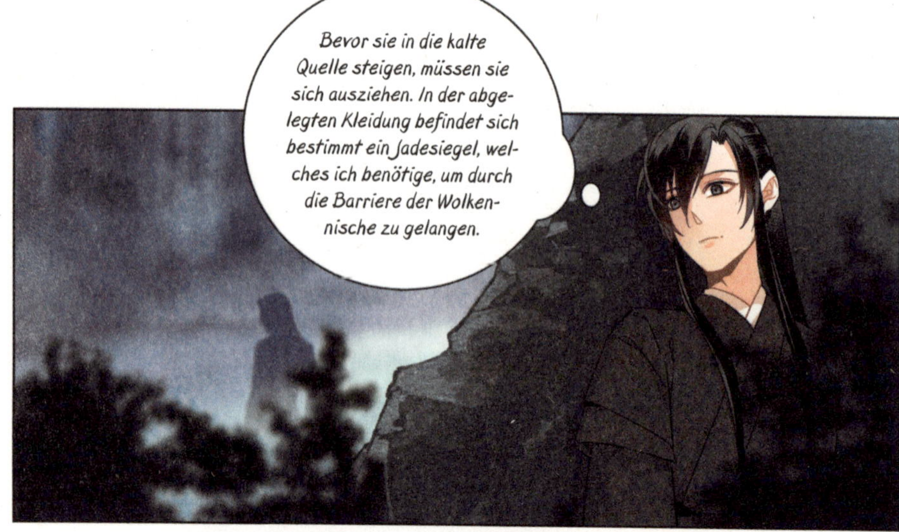
Bevor sie in die kalte Quelle steigen, müssen sie sich ausziehen. In der abgelegten Kleidung befindet sich bestimmt ein Jadesiegel, welches ich benötige, um durch die Barriere der Wolkennische zu gelangen.

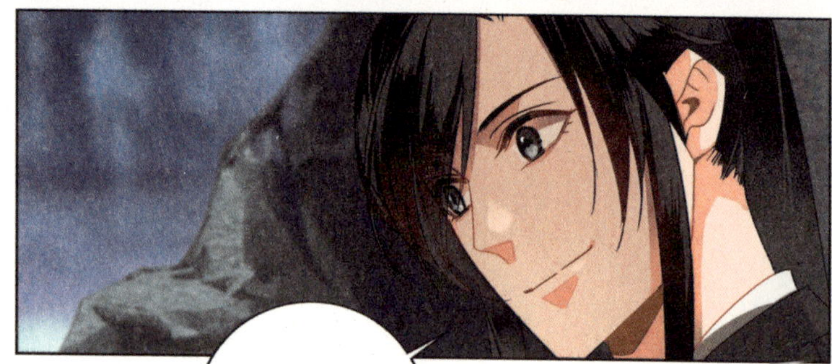
Gefunden!

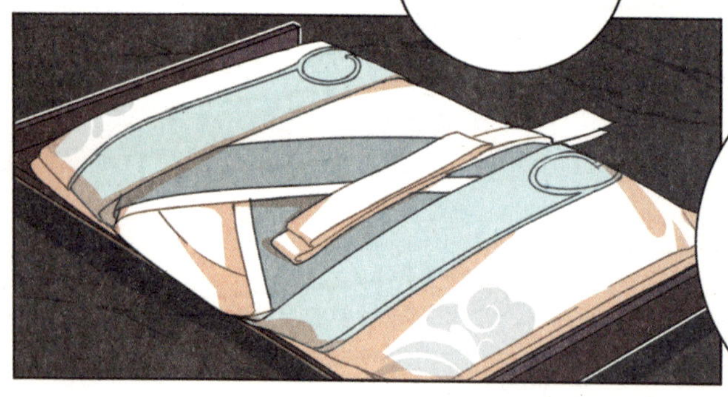
Wow, sie ist so ordentlich gefaltet, dass man sich fast gar nicht traut, sie durcheinander zu bringen!

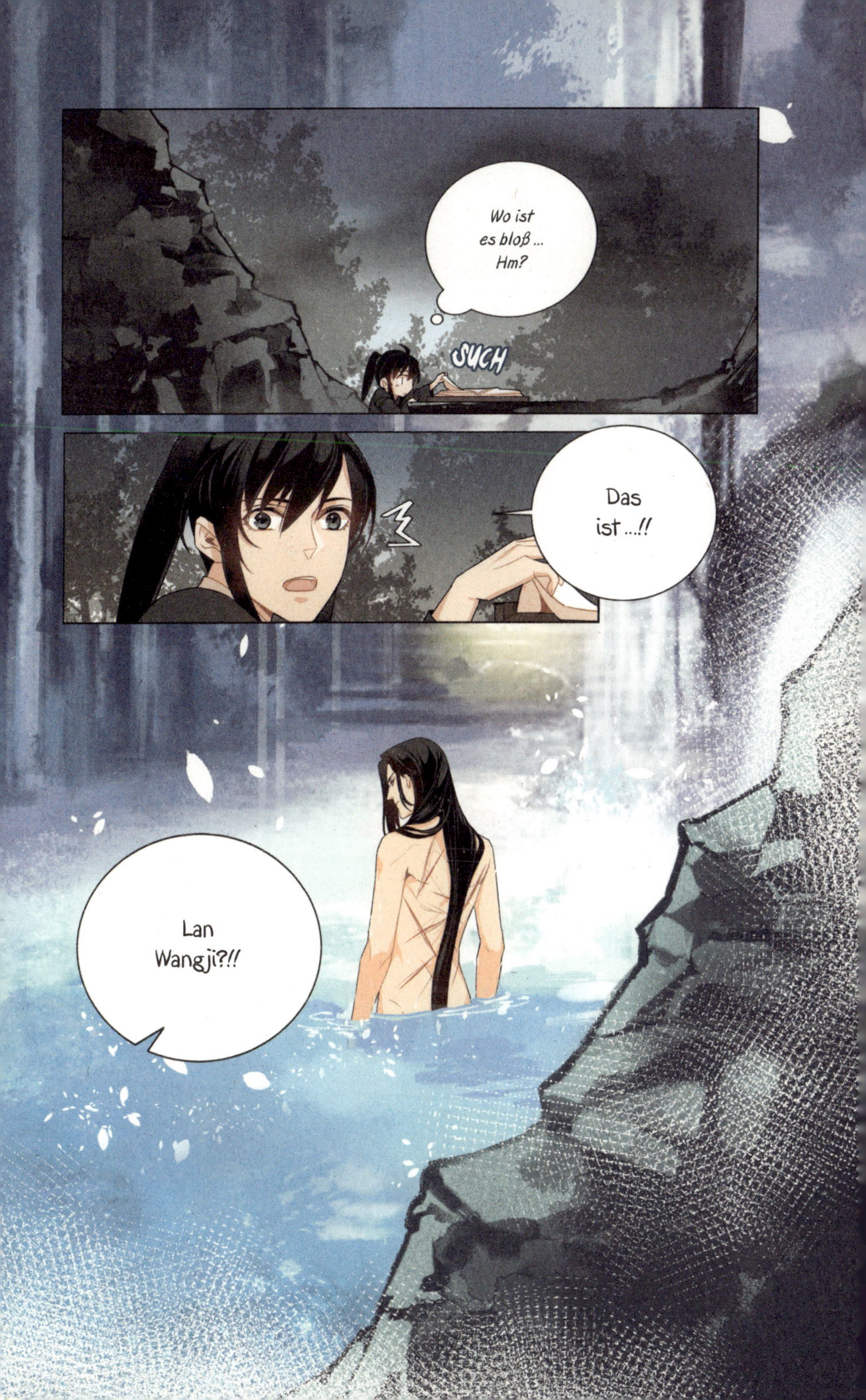
Wo ist
es bloß ...
Hm?
SUCH
Das
ist ...!!
Lan
Wangji?!!

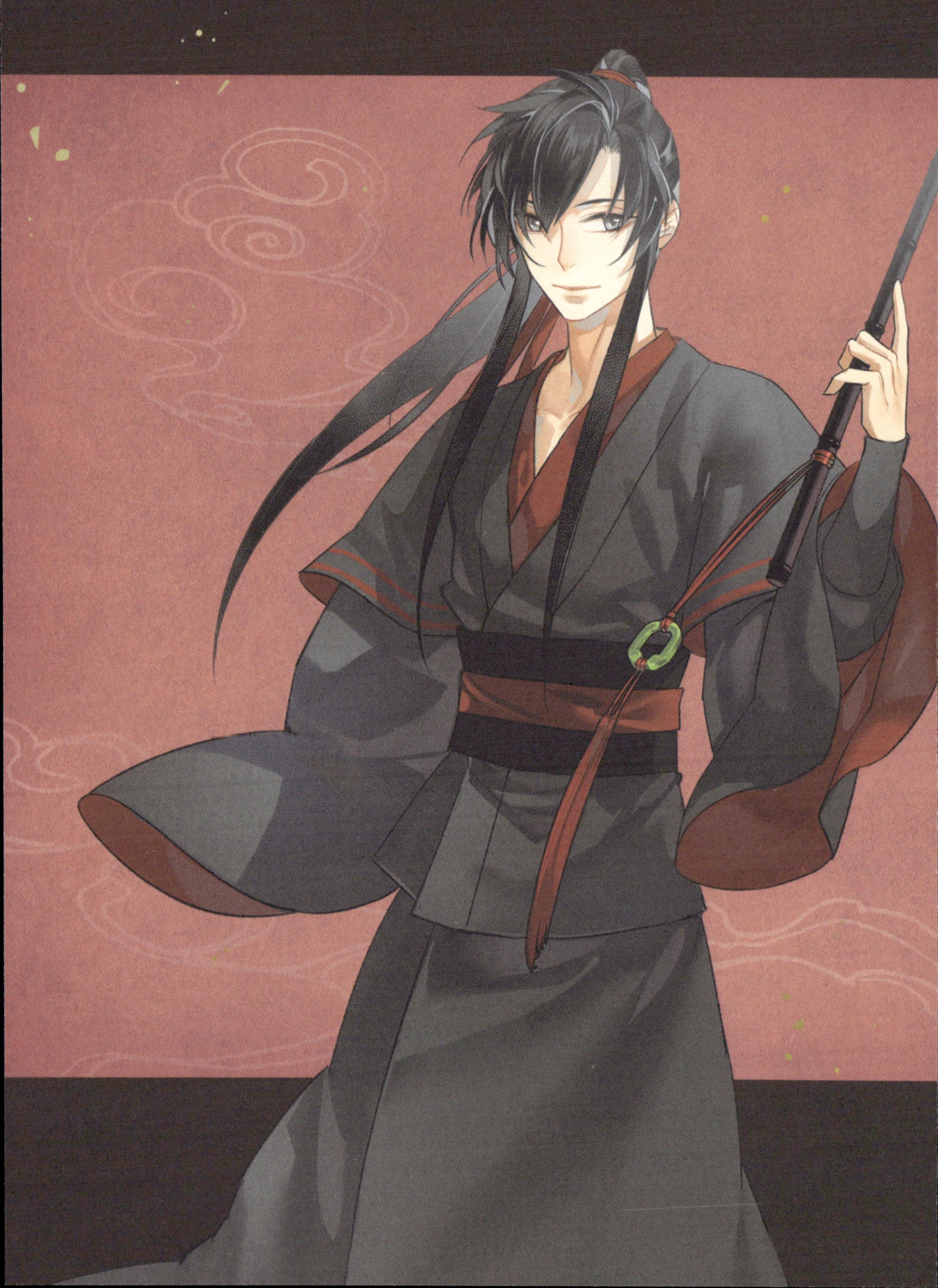

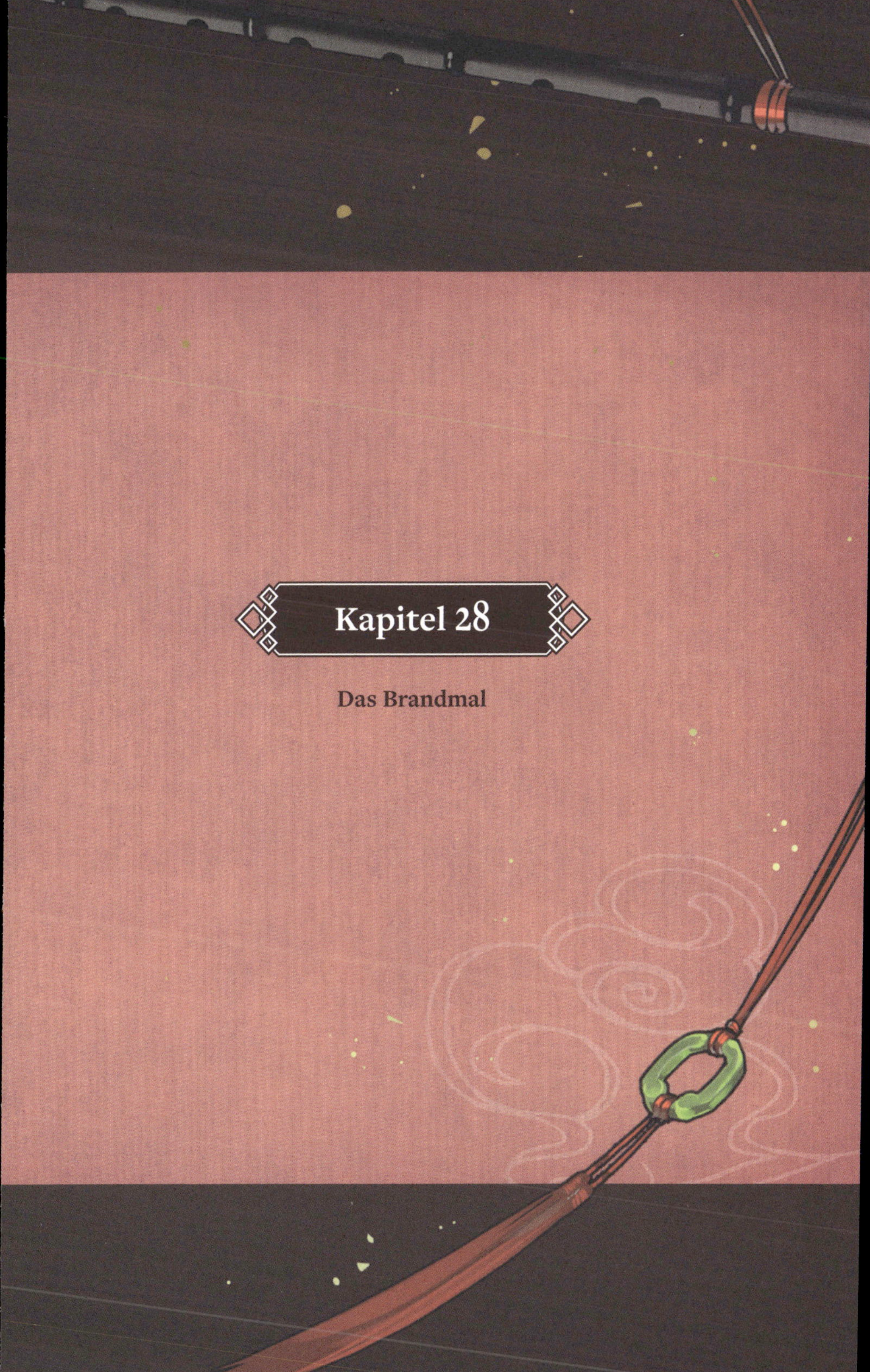

Kapitel 28

Das Brandmal

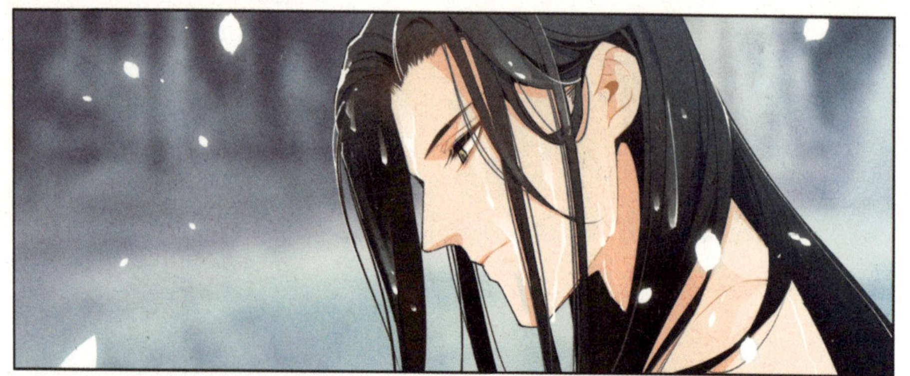

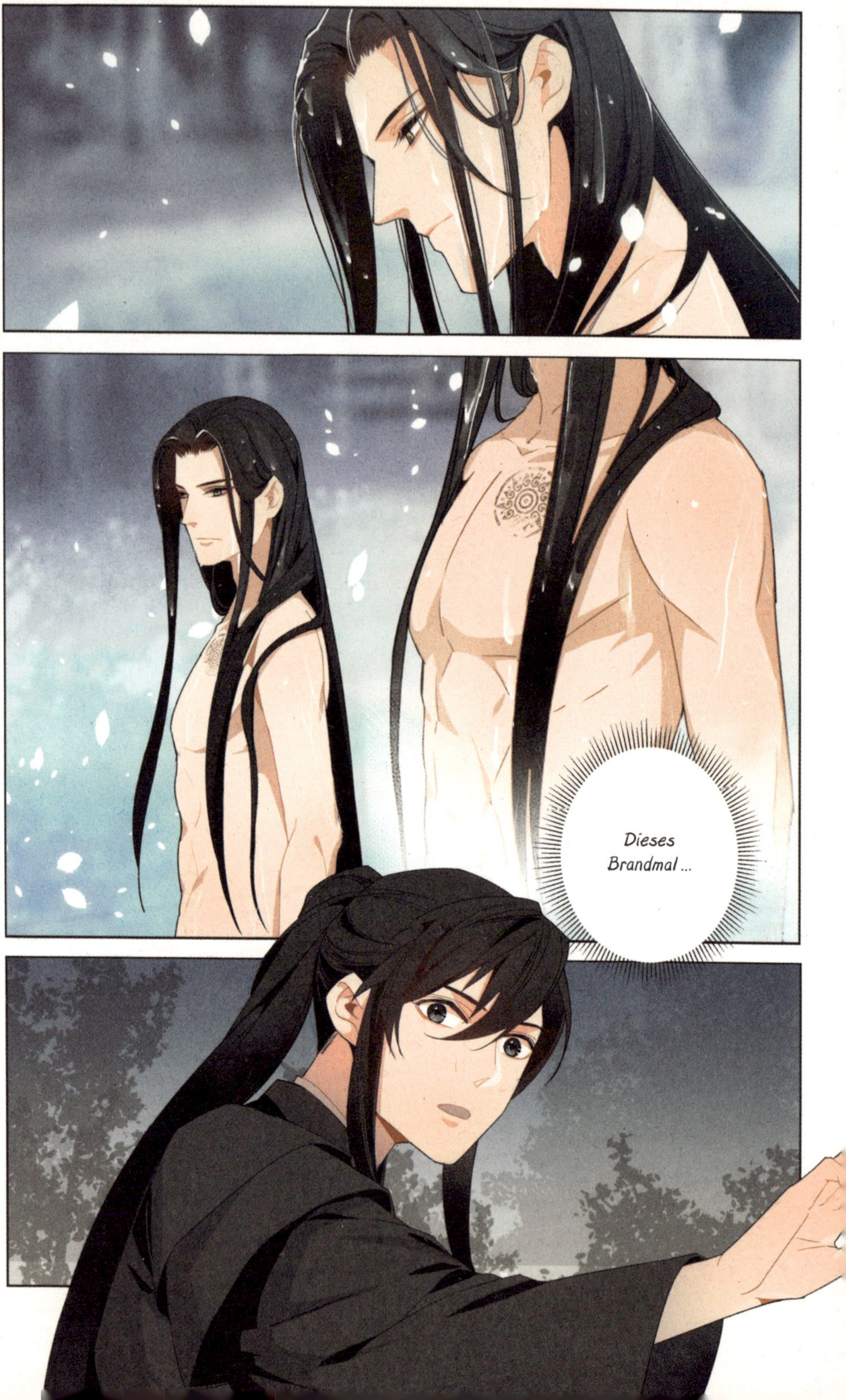

Dieses
Brandmal ...

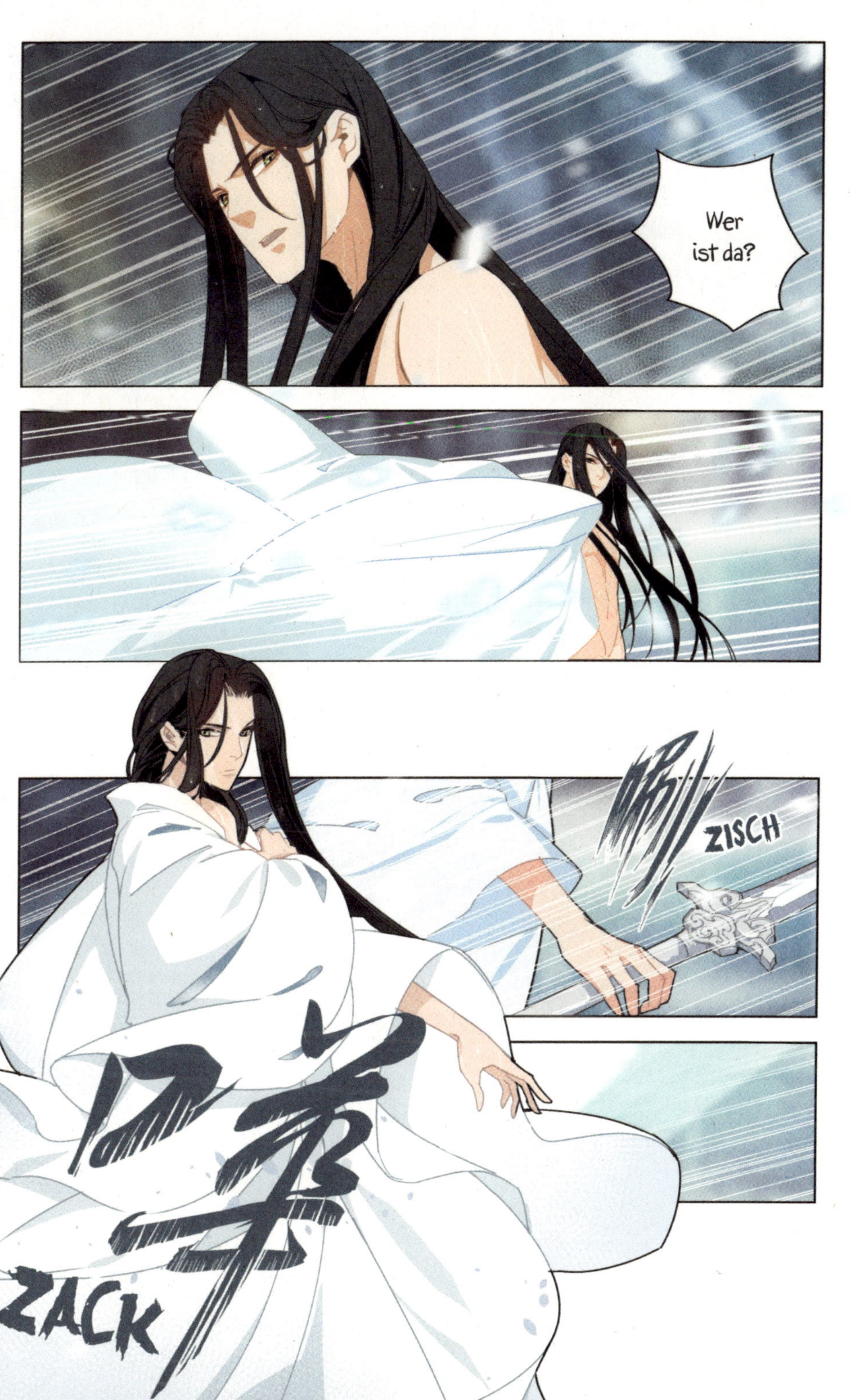
Wer ist da?
ZISCH
ZACK

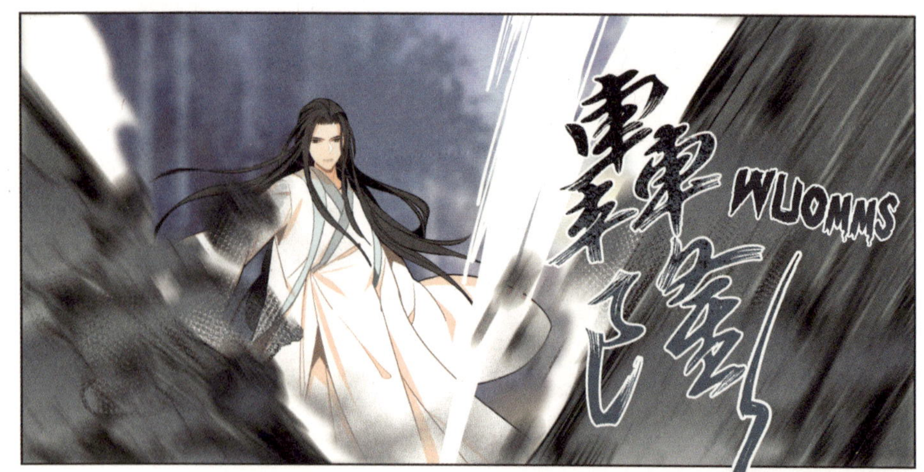
WUOMMS

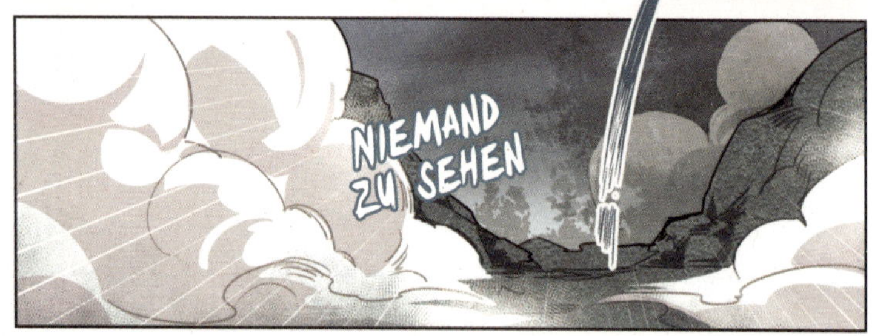
NIEMAND ZU SEHEN

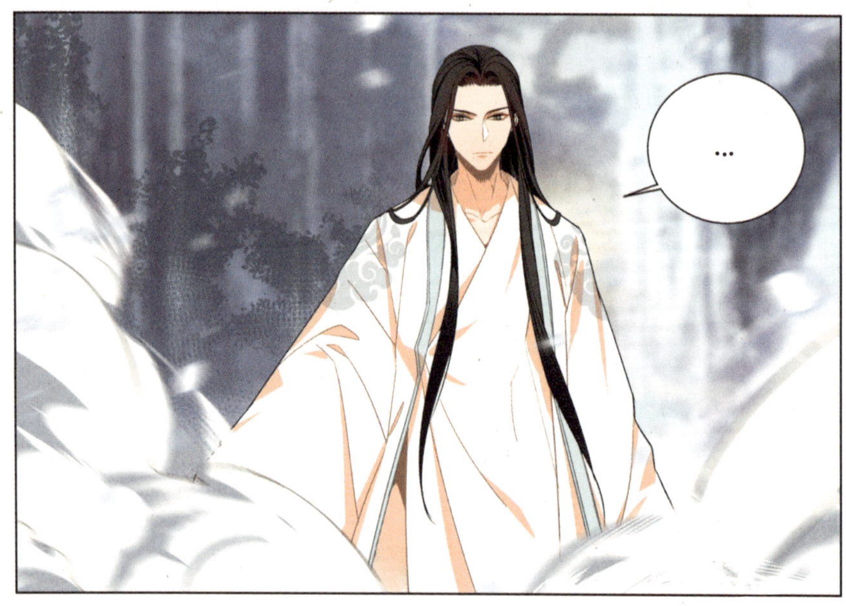
...

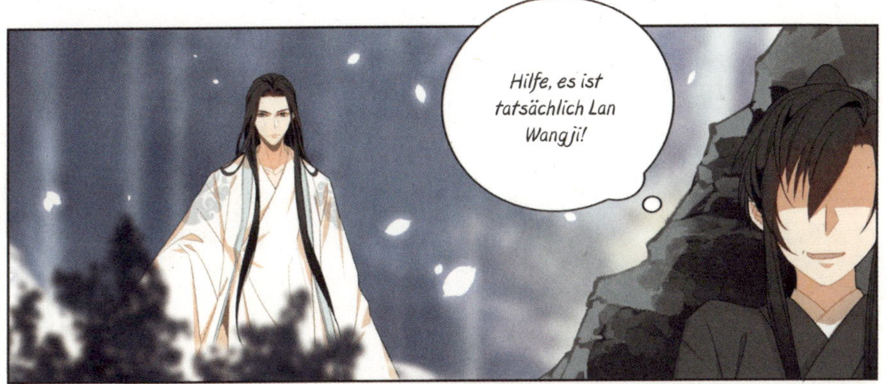
Hilfe, es ist tatsächlich Lan Wangji!

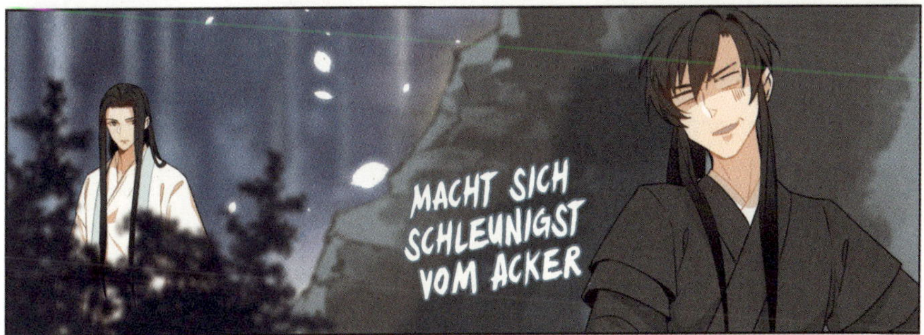
MACHT SICH SCHLEUNIGST VOM ACKER

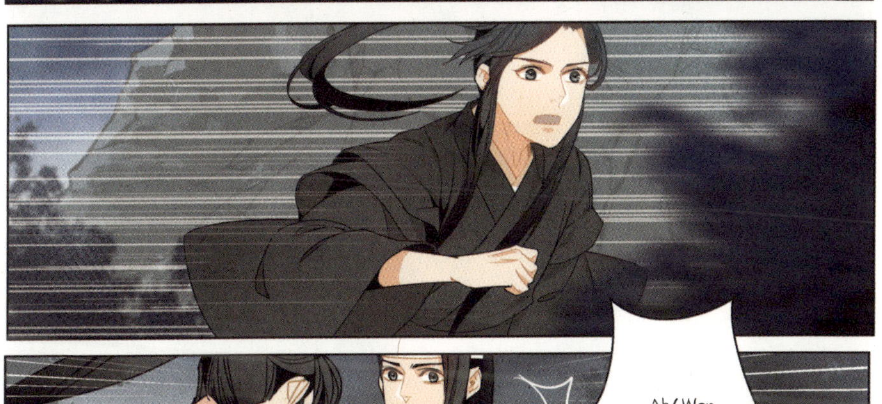

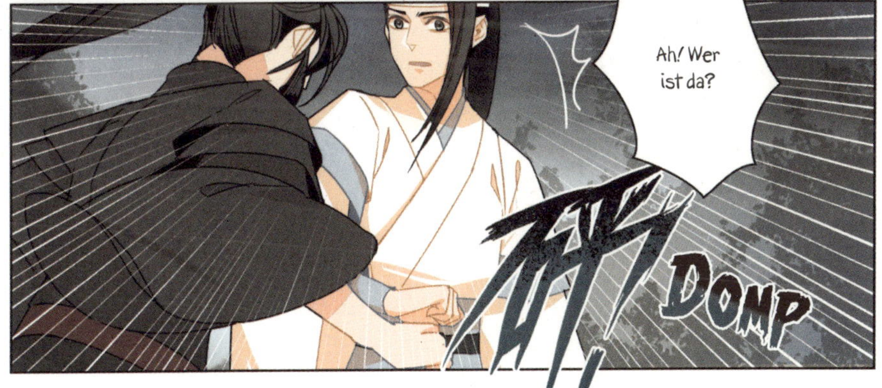
Ah! Wer ist da?
DOMP

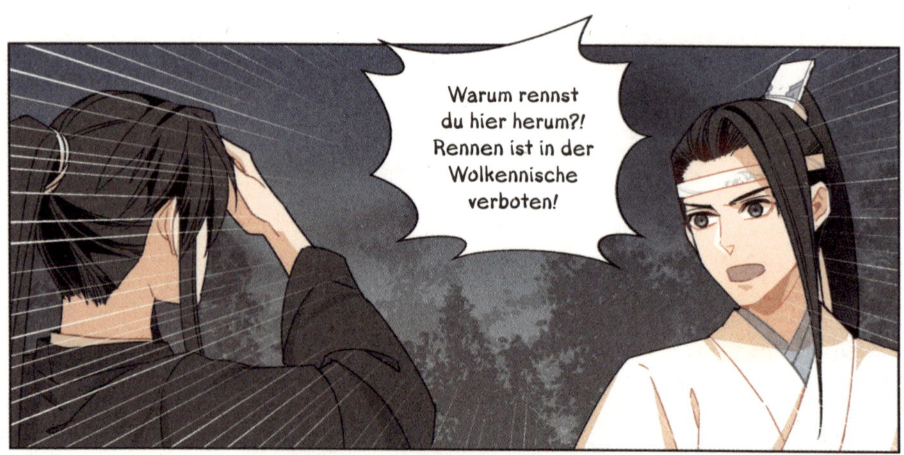
Warum rennst du hier herum?! Rennen ist in der Wolkennische verboten!

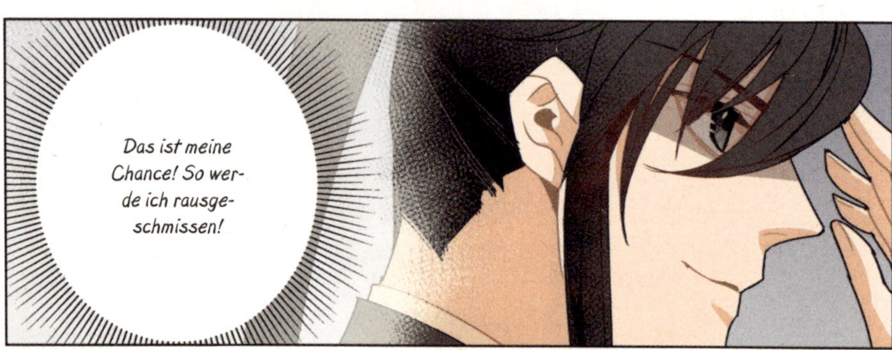
Das ist meine Chance! So werde ich rausgeschmissen!

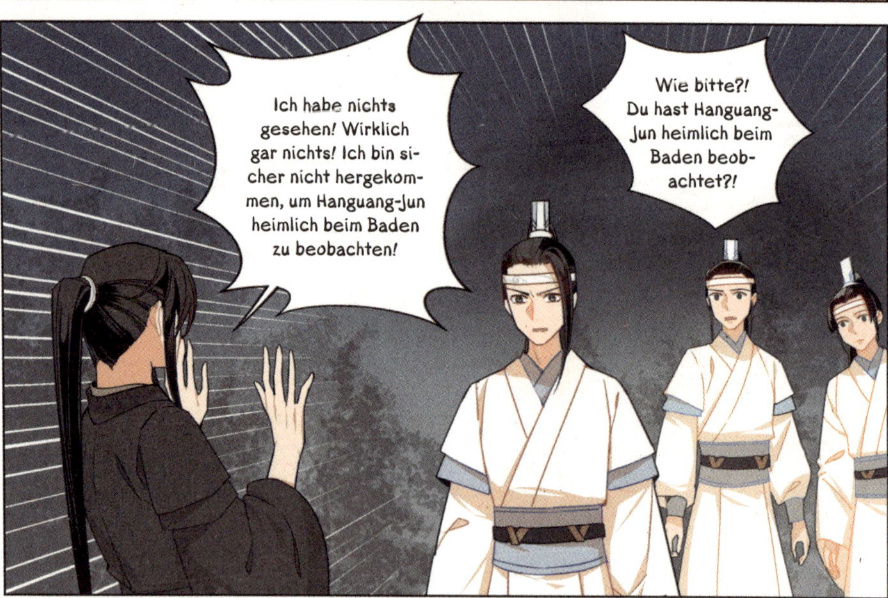
Ich habe nichts gesehen! Wirklich gar nichts! Ich bin sicher nicht hergekommen, um Hanguang-Jun heimlich beim Baden zu beobachten!
Wie bitte?! Du hast Hanguang-Jun heimlich beim Baden beobachtet?!

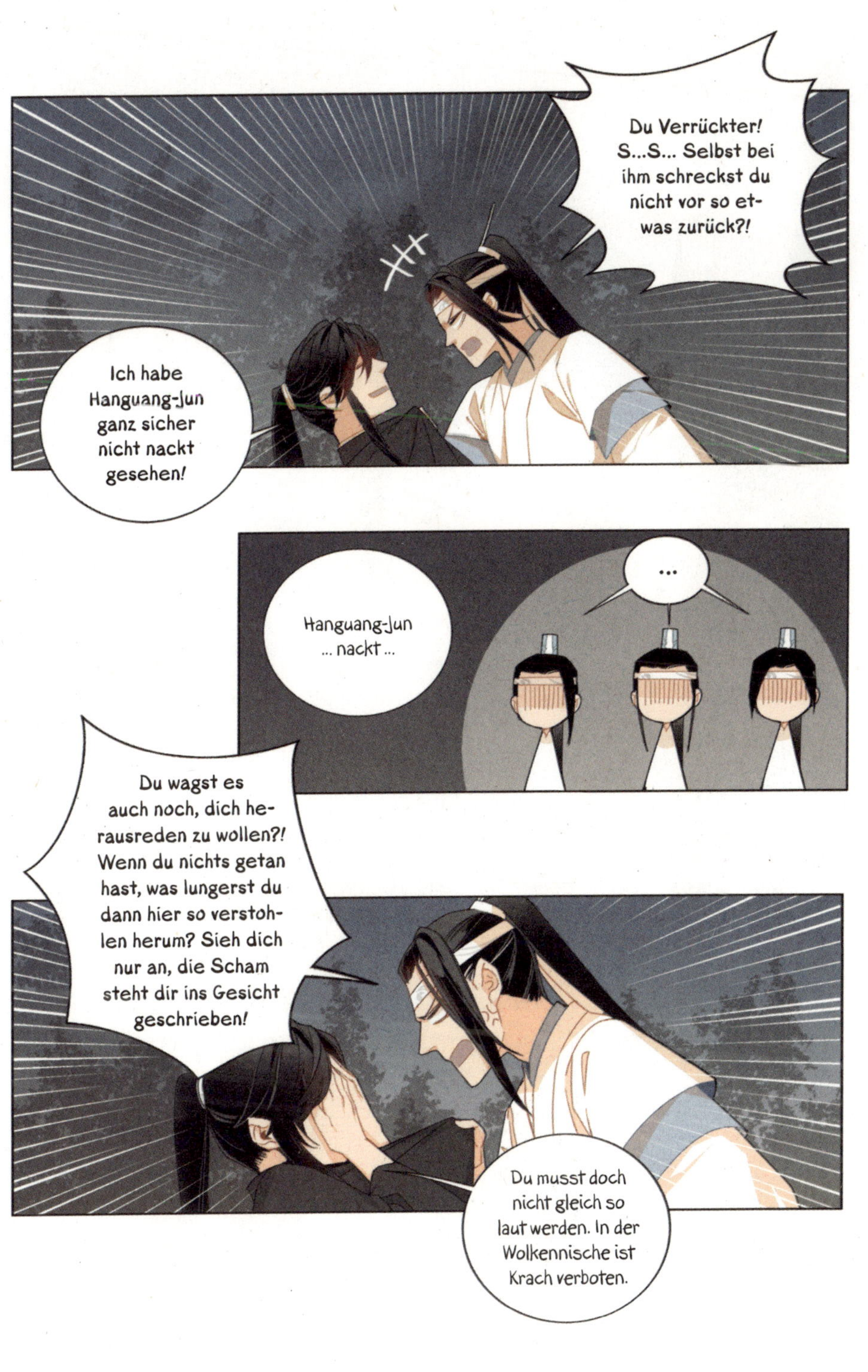
Du Verrückter! S...S... Selbst bei ihm schreckst du nicht vor so etwas zurück?!
Ich habe Hanguang-Jun ganz sicher nicht nackt gesehen!
Hanguang-Jun ... nackt ...
...
Du wagst es auch noch, dich herausreden zu wollen?! Wenn du nichts getan hast, was lungerst du dann hier so verstohlen herum? Sieh dich nur an, die Scham steht dir ins Gesicht geschrieben!
Du musst doch nicht gleich so laut werden. In der Wolkennische ist Krach verboten.

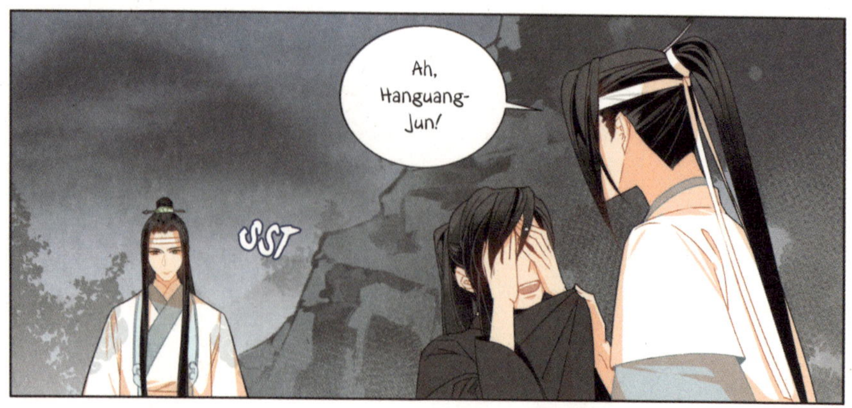
Ah, Hanguang-Jun!
SST

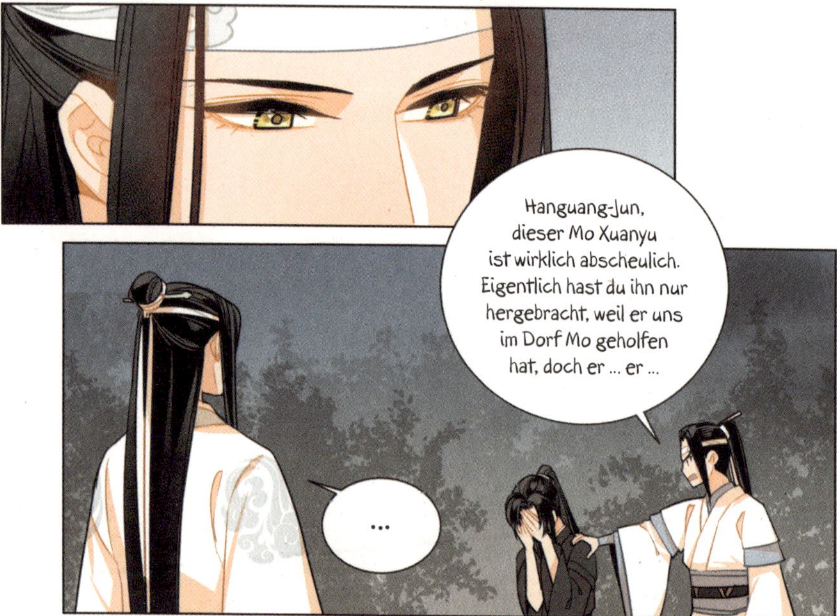
Hanguang-Jun, dieser Mo Xuanyu ist wirklich abscheulich. Eigentlich hast du ihn nur hergebracht, weil er uns im Dorf Mo geholfen hat, doch er ... er ...
...

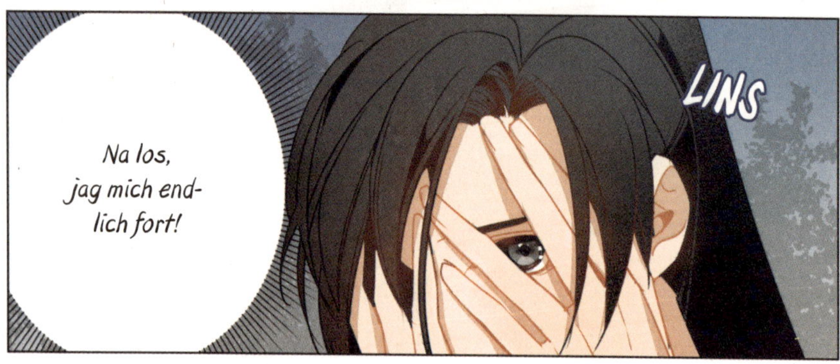
Na los, jag mich end- lich fort!
LINS

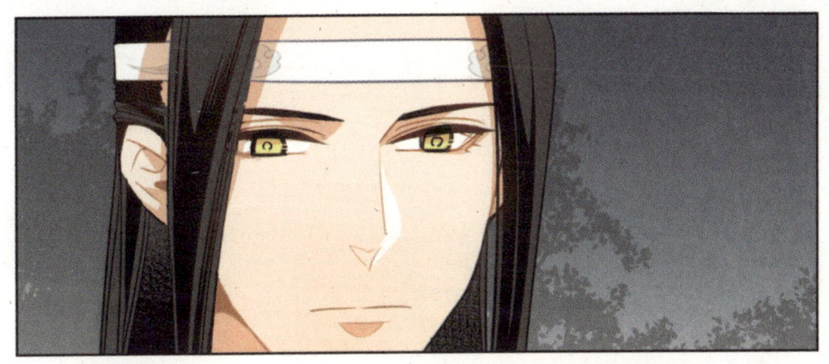

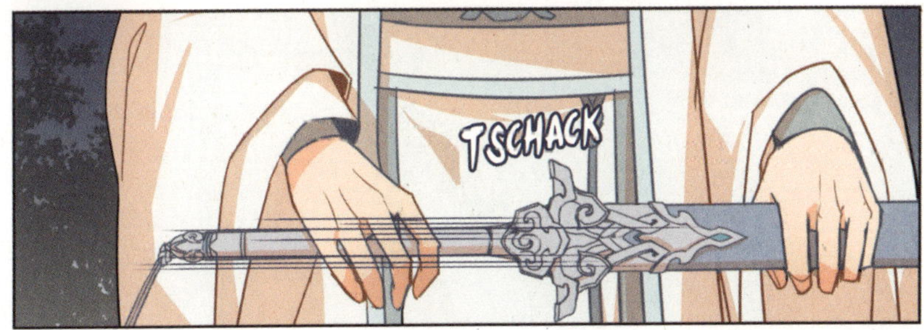
TSCHACK

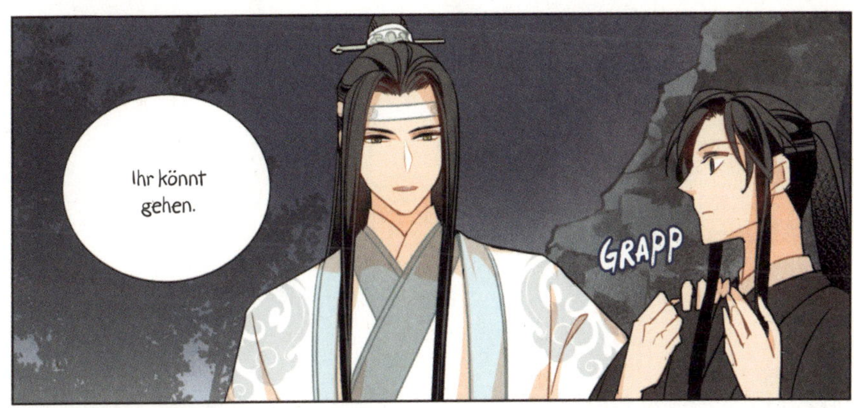
Ihr könnt gehen.
GRAPP

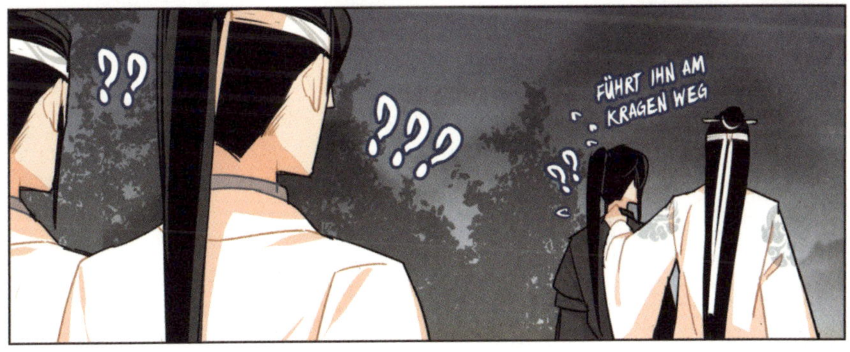
??
???
FÜHRT IHN AM KRAGEN WEG
??

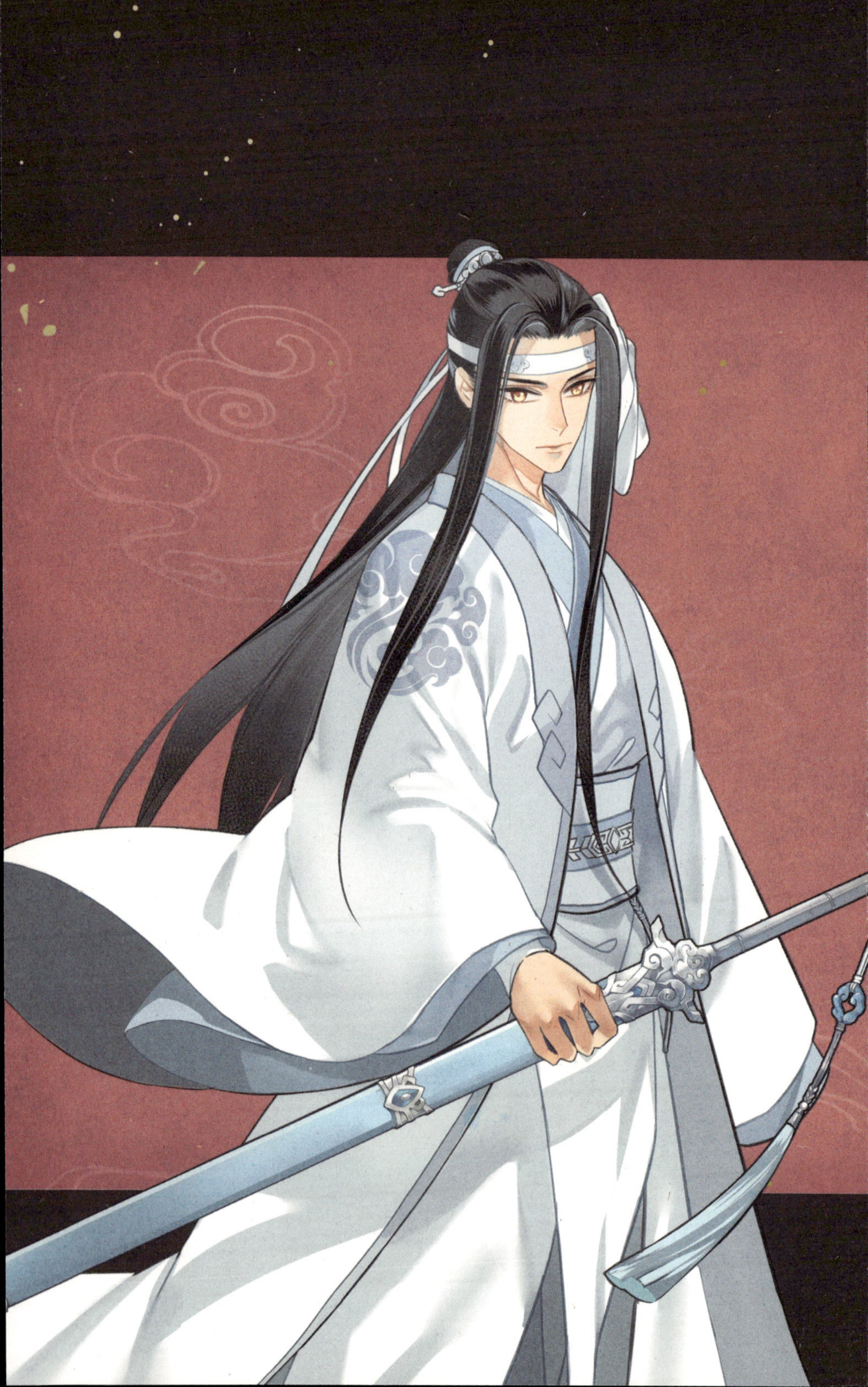

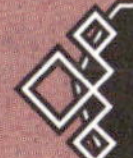

Kapitel 29

Das Ruhezimmer

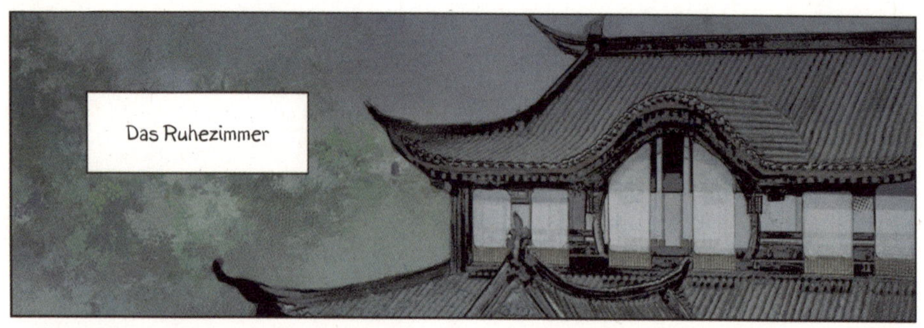
Das Ruhezimmer
WUPP
Autsch!
DOMP
Seit wann sind die Mitglieder des Lan-Clans gegenüber Spannern, die angesehene Kultivierer schamlos beim Baden beobachten, so nachsichtig? Wie kann er so etwas nur tolerieren?!
SST

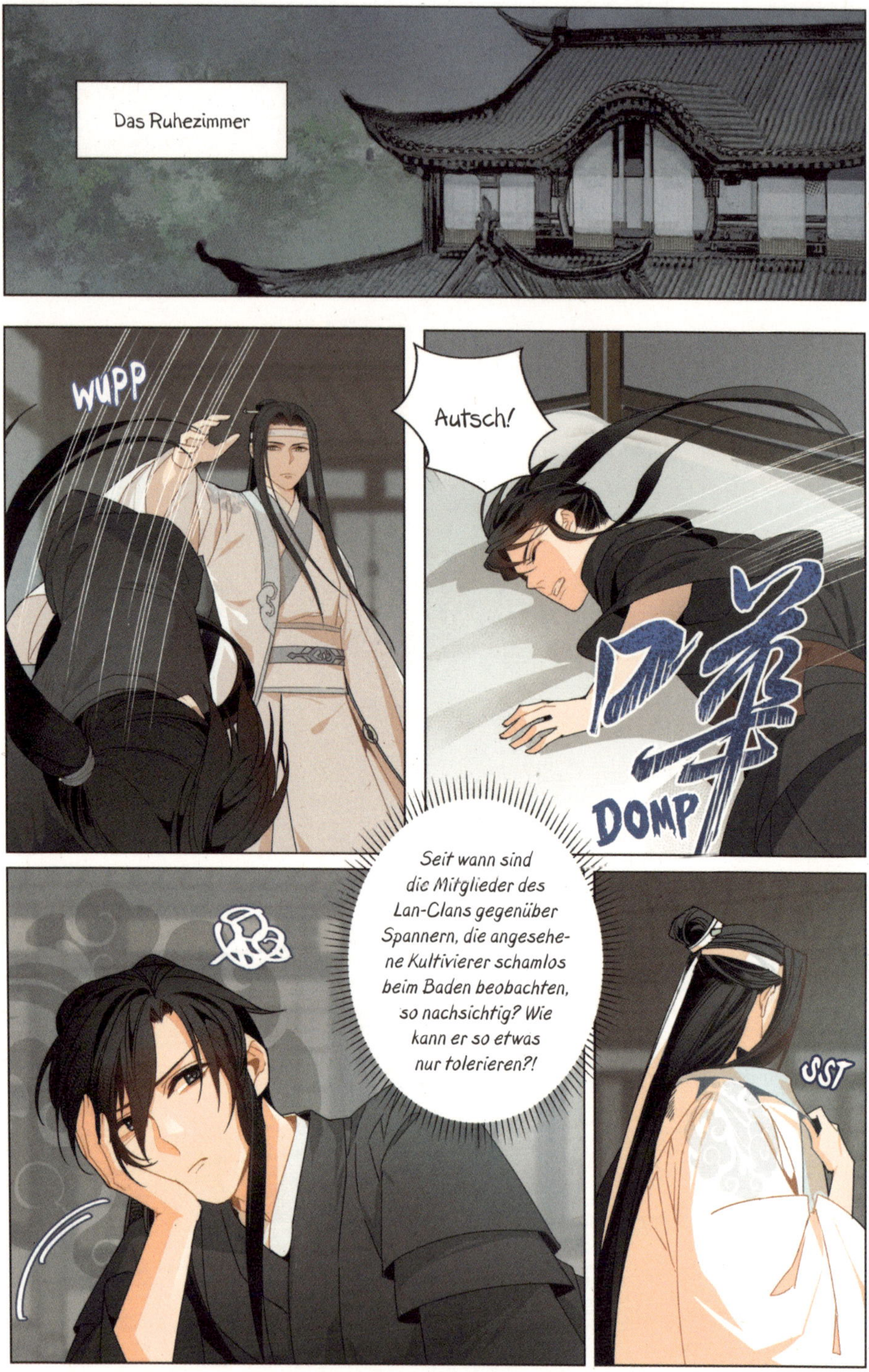

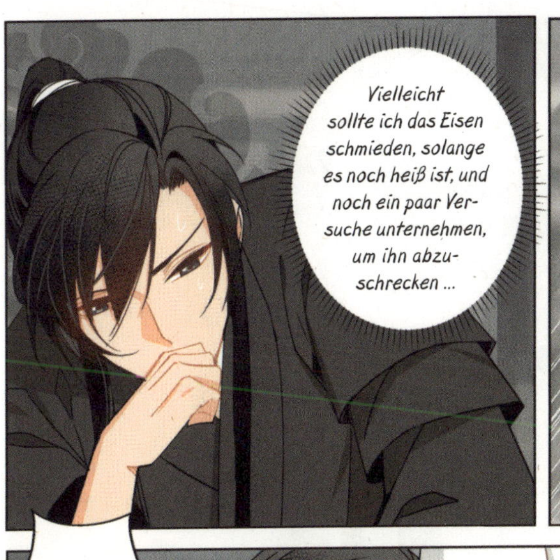
Vielleicht sollte ich das Eisen schmieden, solange es noch heiß ist, und noch ein paar Versuche unternehmen, um ihn abzuschrecken ...

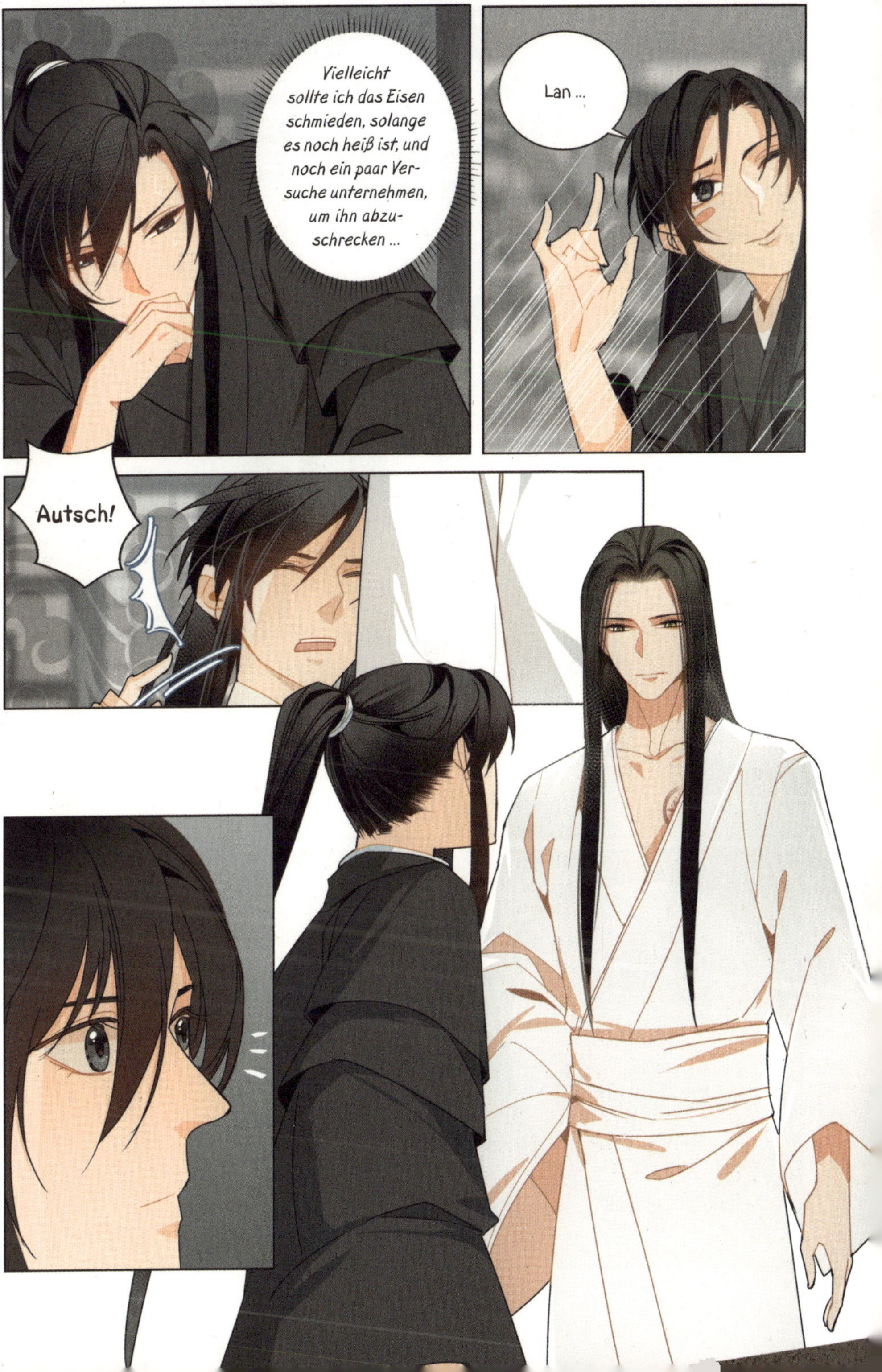

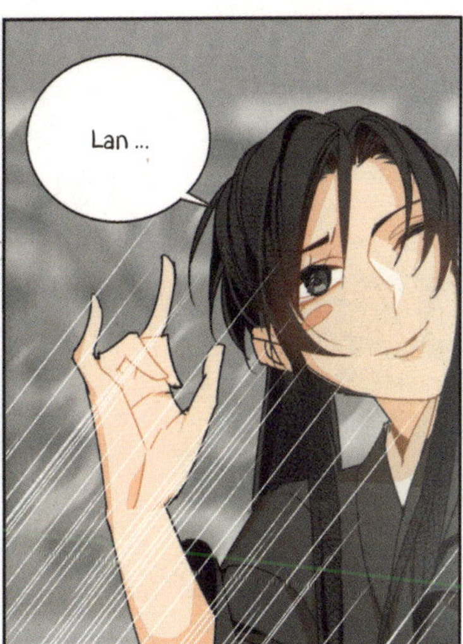
Lan ...

Autsch!

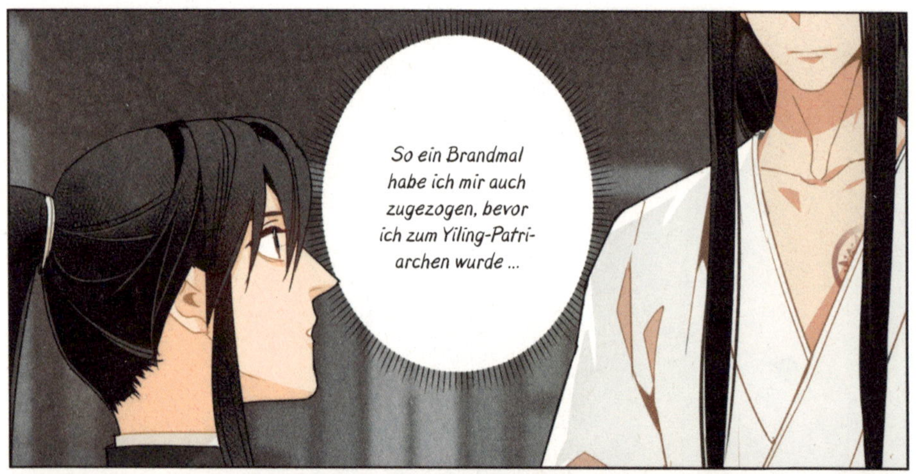
So ein Brandmal habe ich mir auch zugezogen, bevor ich zum Yiling-Patriarchen wurde ...

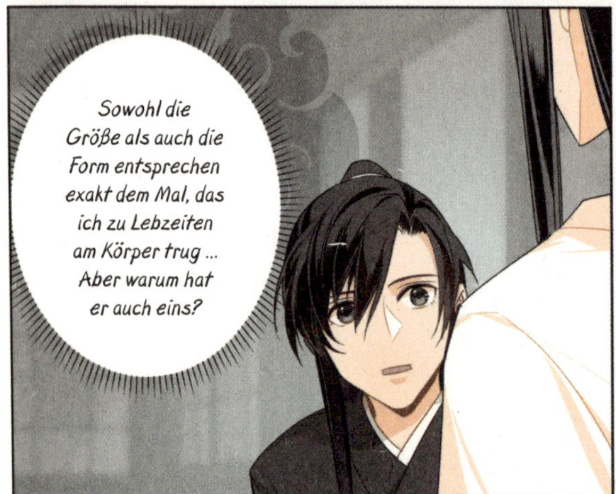
Sowohl die Größe als auch die Form entsprechen exakt dem Mal, das ich zu Lebzeiten am Körper trug ... Aber warum hat er auch eins?

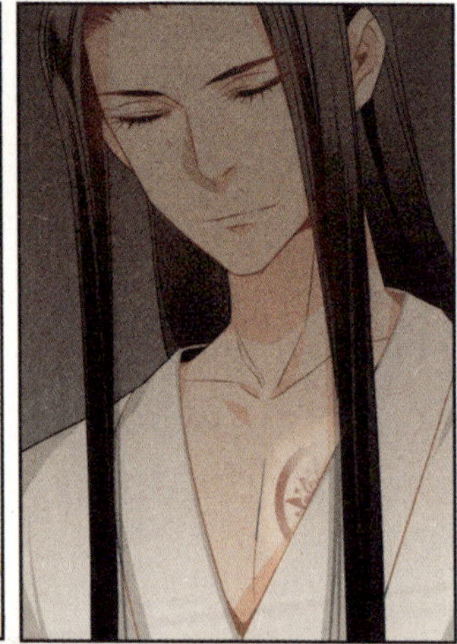

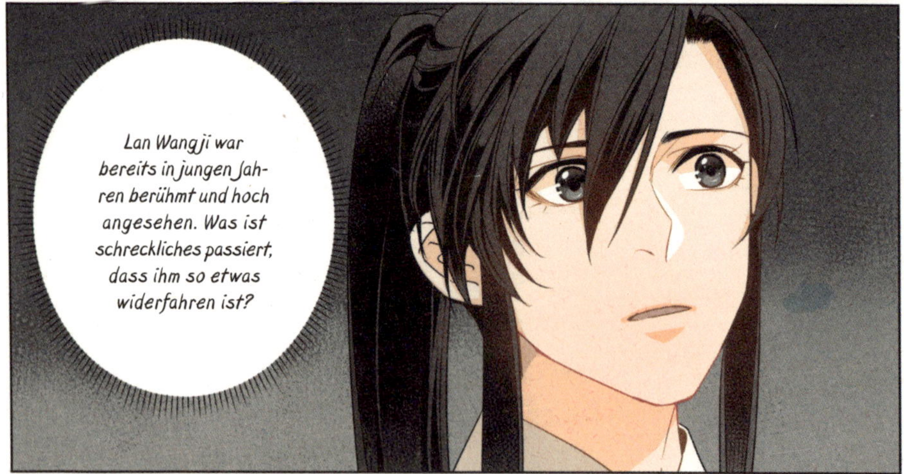
Lan Wangji war bereits in jungen Jahren berühmt und hoch angesehen. Was ist schreckliches passiert, dass ihm so etwas widerfahren ist?

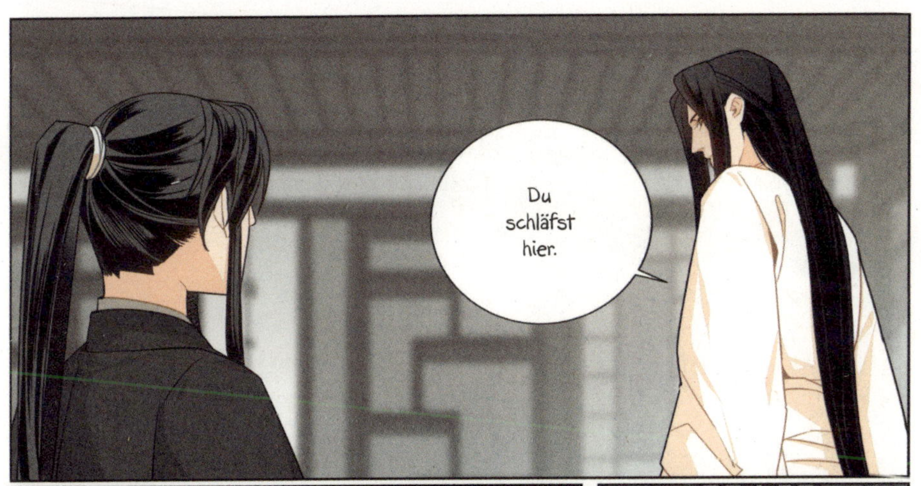
Du schläfst hier.

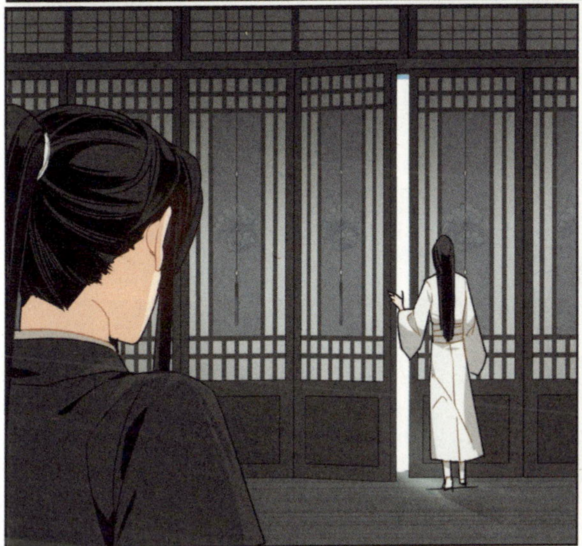

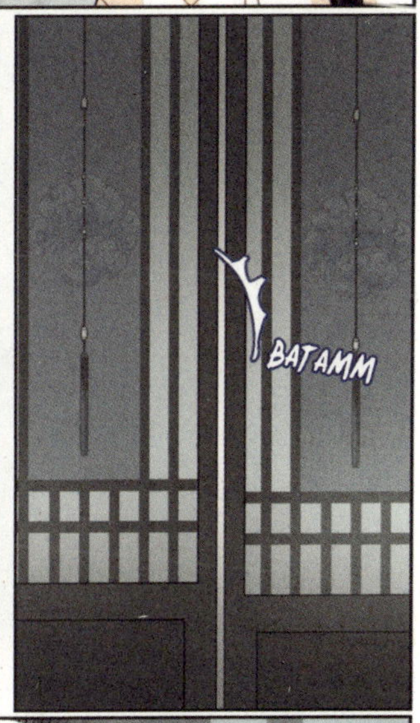
BATAMM

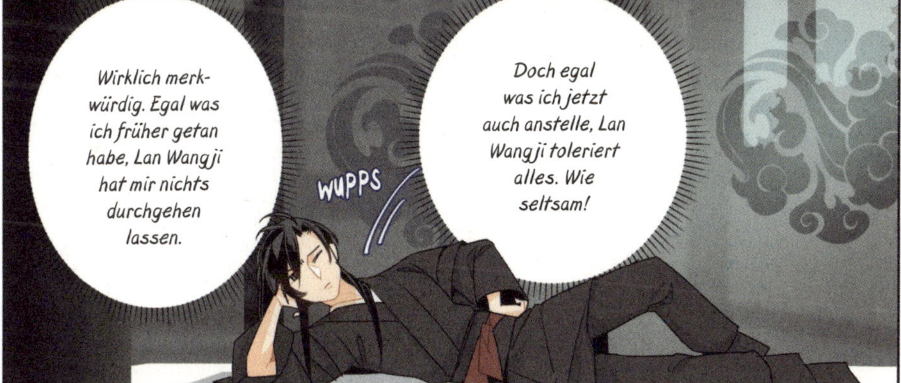
Wirklich merkwürdig. Egal was ich früher getan habe, Lan Wangji hat mir nichts durchgehen lassen.
WUPPS
Doch egal was ich jetzt auch anstelle, Lan Wangji toleriert alles. Wie seltsam!

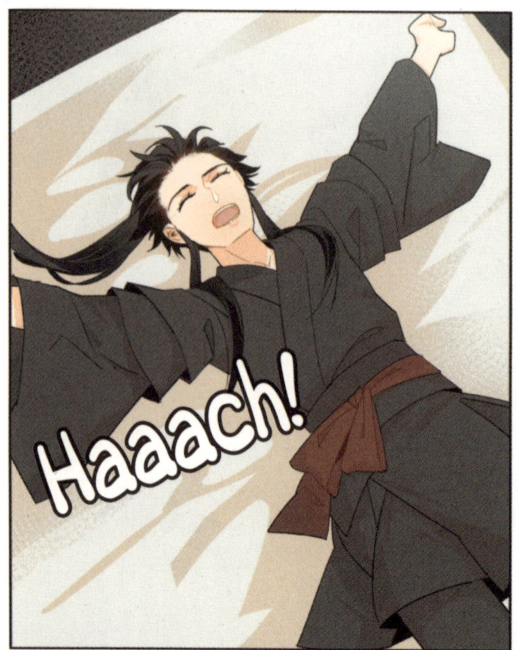

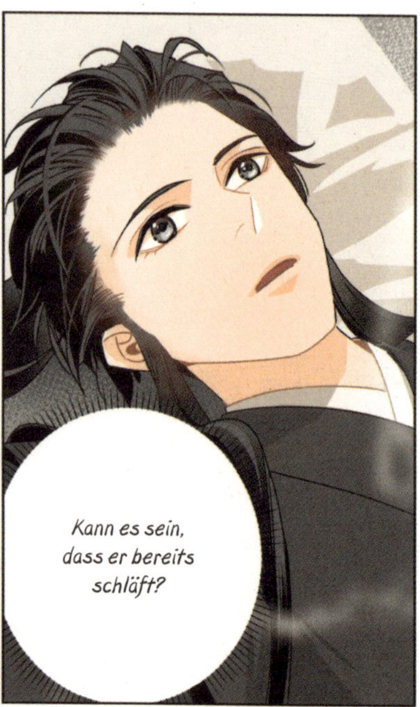

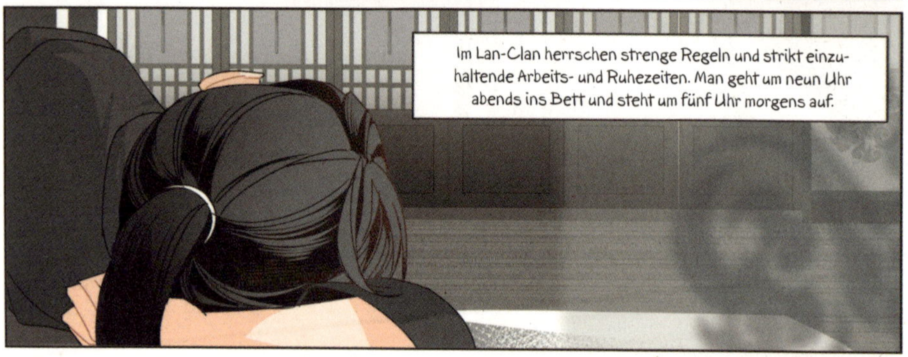

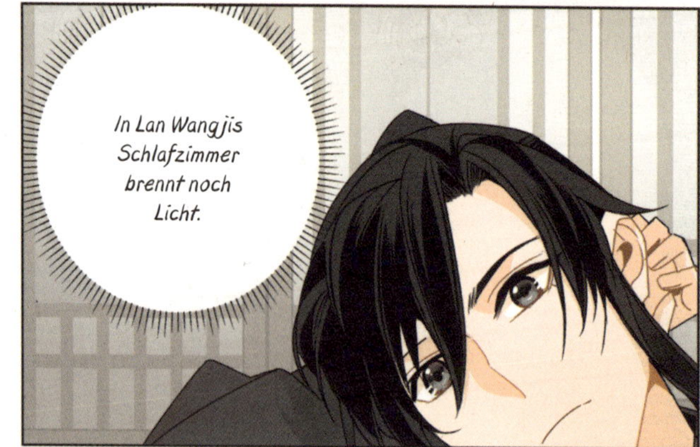

Wei Wuxian steht um neun Uhr auf und geht um ein Uhr nachts ins Bett.

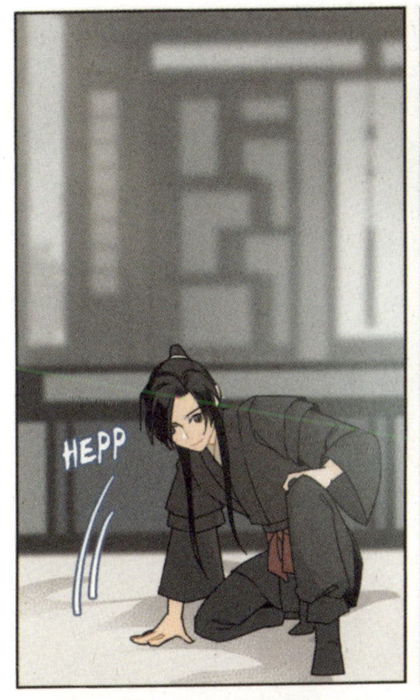
HEPP

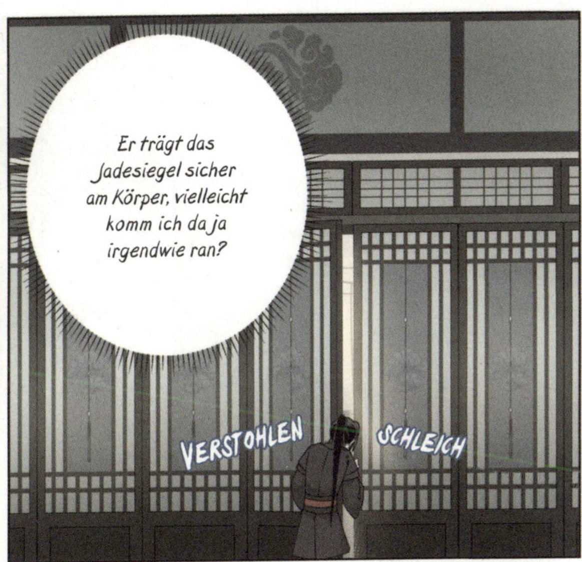
Er trägt das Jadesiegel sicher am Körper, vielleicht komm ich da ja irgendwie ran?
VERSTOHLEN
SCHLEICH

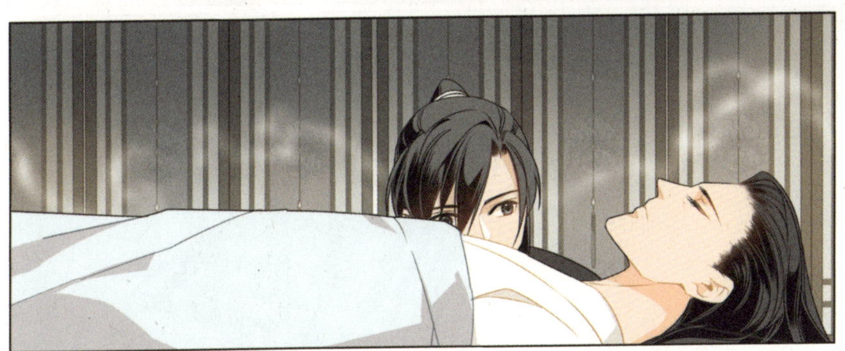

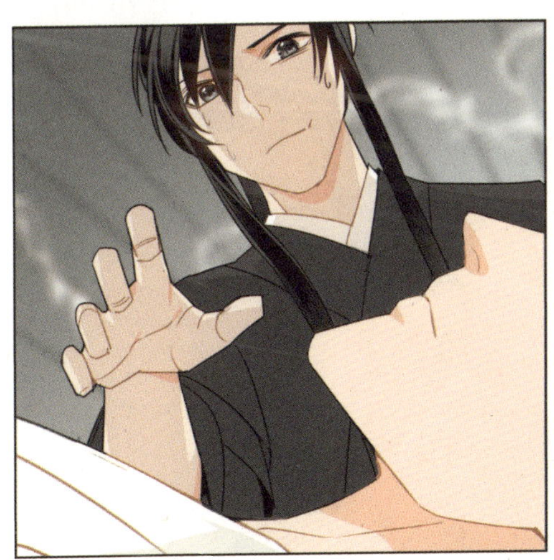

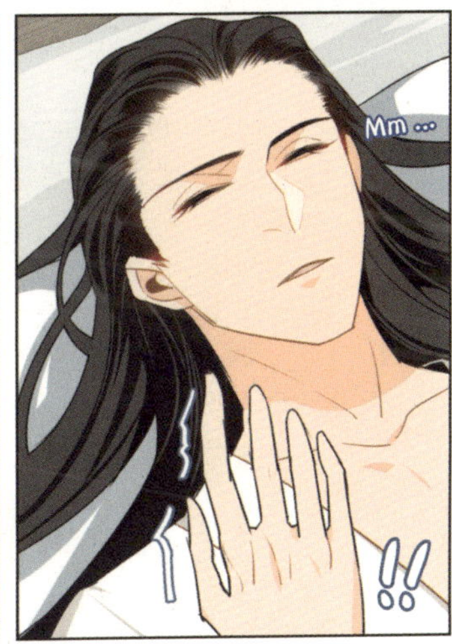
Mm ...
!!

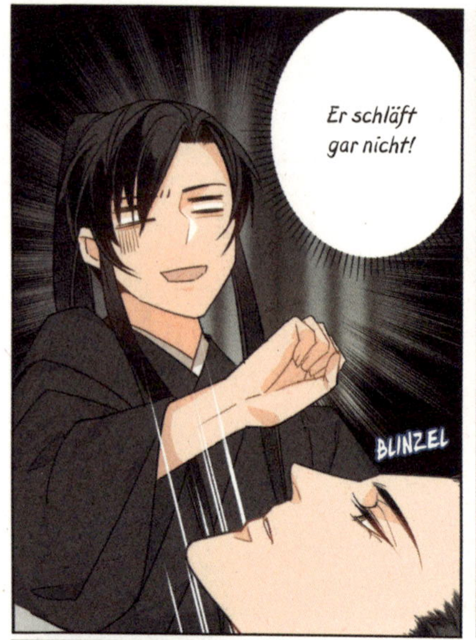
Er schläft
gar nicht!
BLINZEL

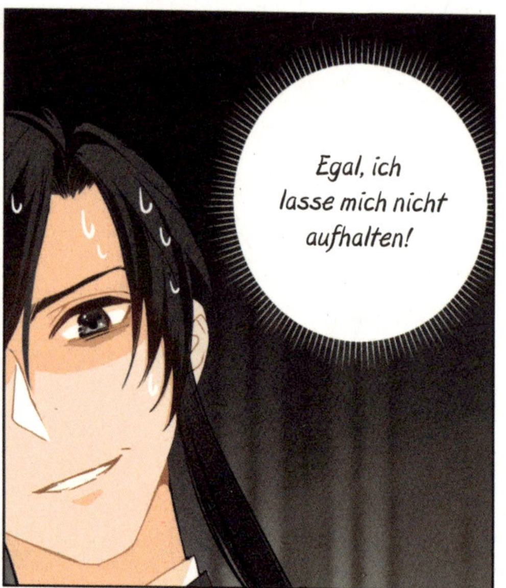
Egal, ich
lasse mich nicht
aufhalten!

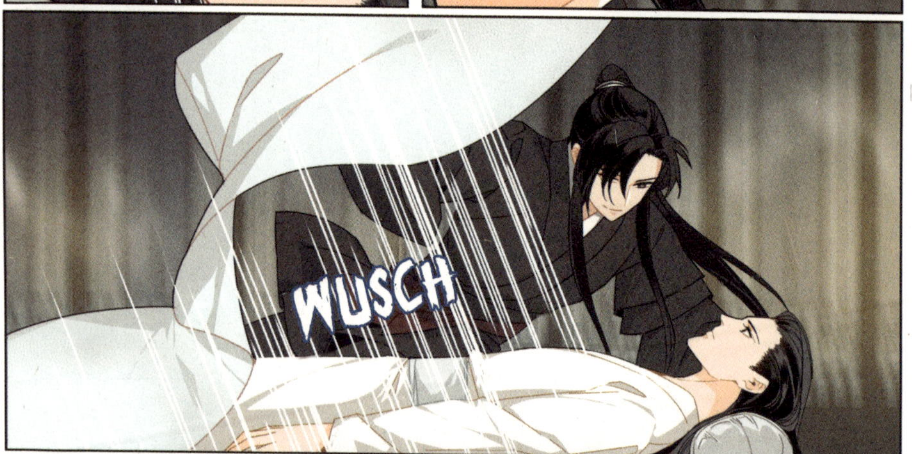
WUSCH

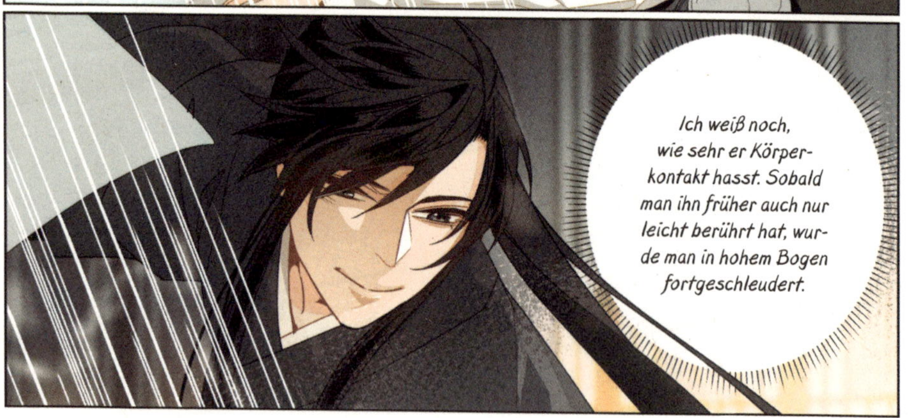
Ich weiß noch,
wie sehr er Körper-
kontakt hasst. Sobald
man ihn früher auch nur
leicht berührt hat, wur-
de man in hohem Bogen
fortgeschleudert.

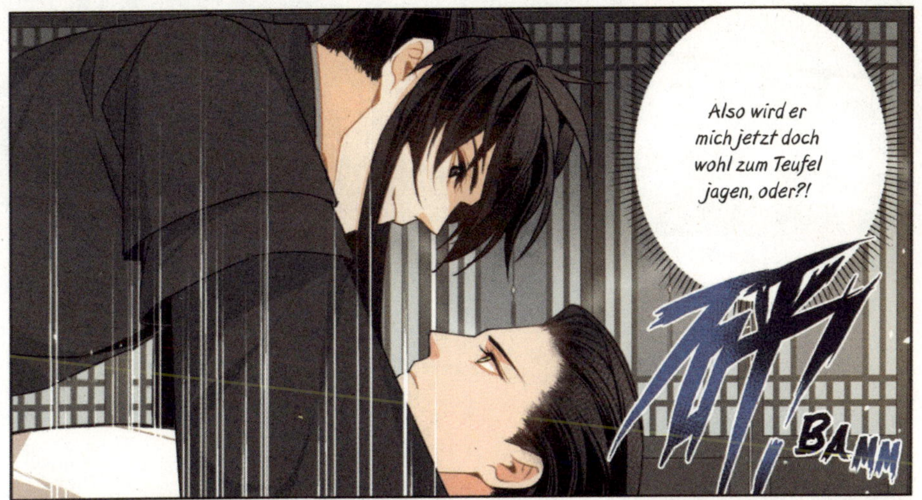
Also wird er mich jetzt doch wohl zum Teufel jagen, oder?!
BAMM

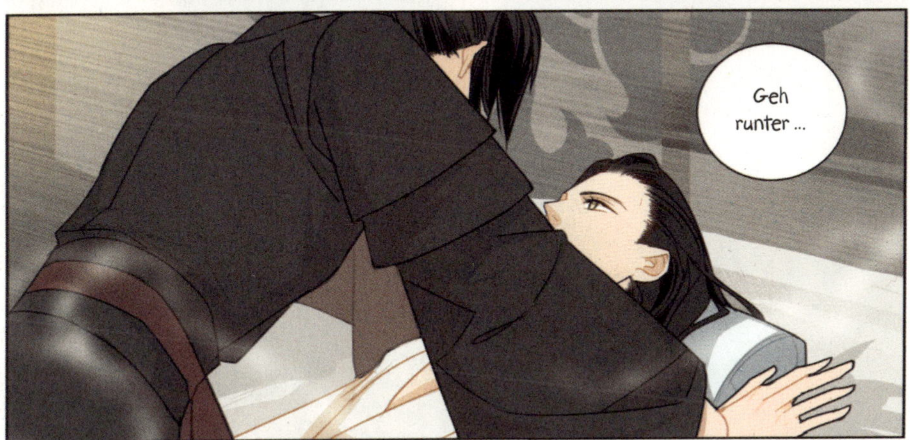
Geh runter ...

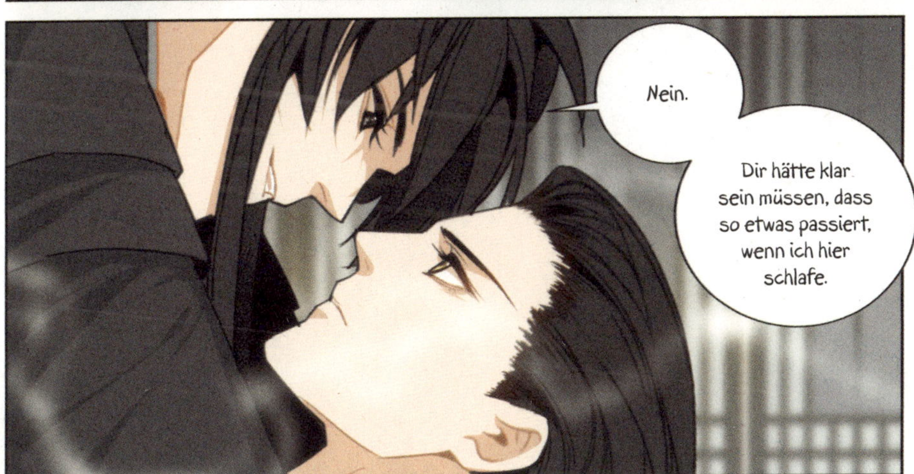
Nein.
Dir hätte klar sein müssen, dass so etwas passiert, wenn ich hier schlafe.

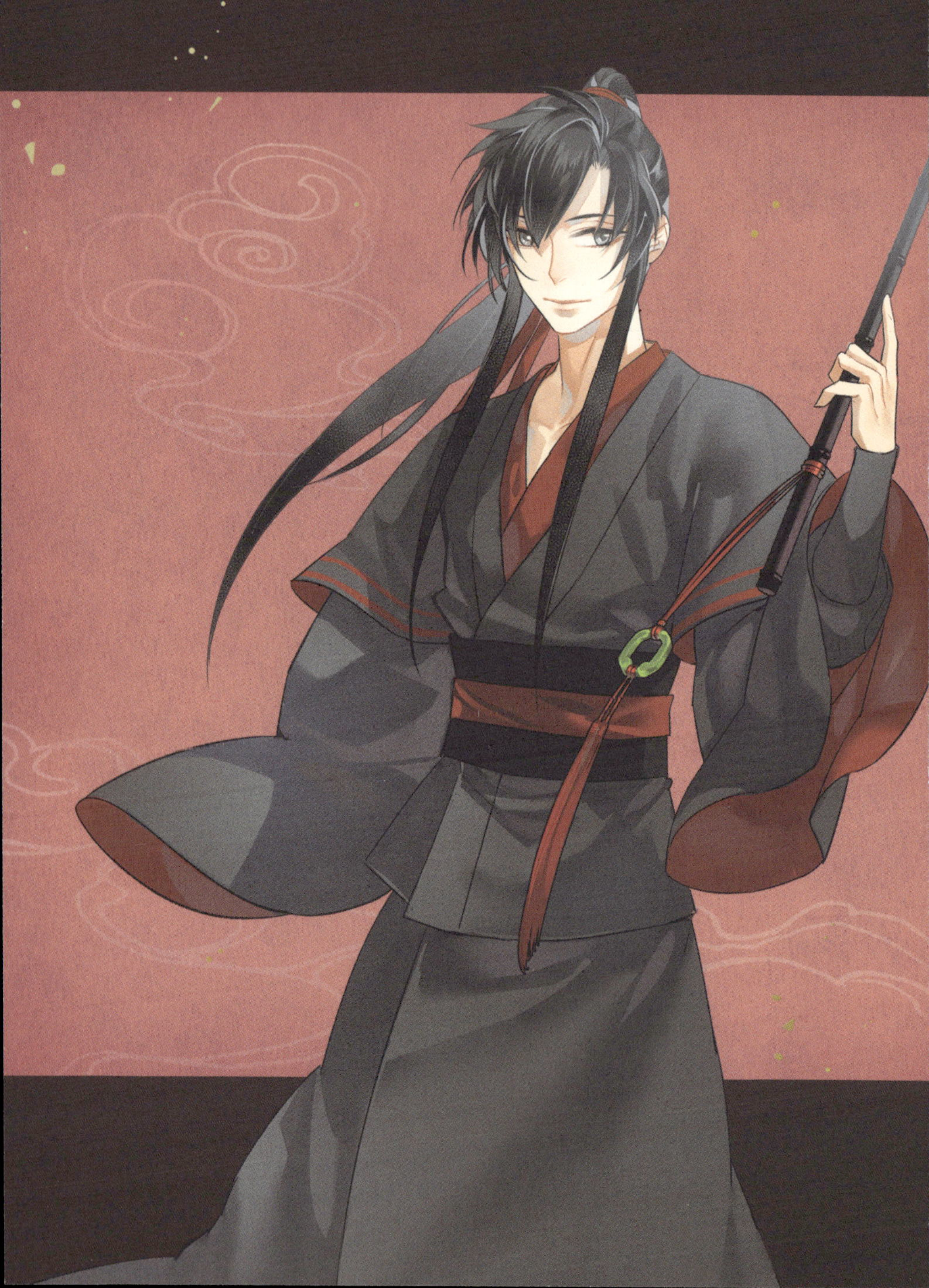

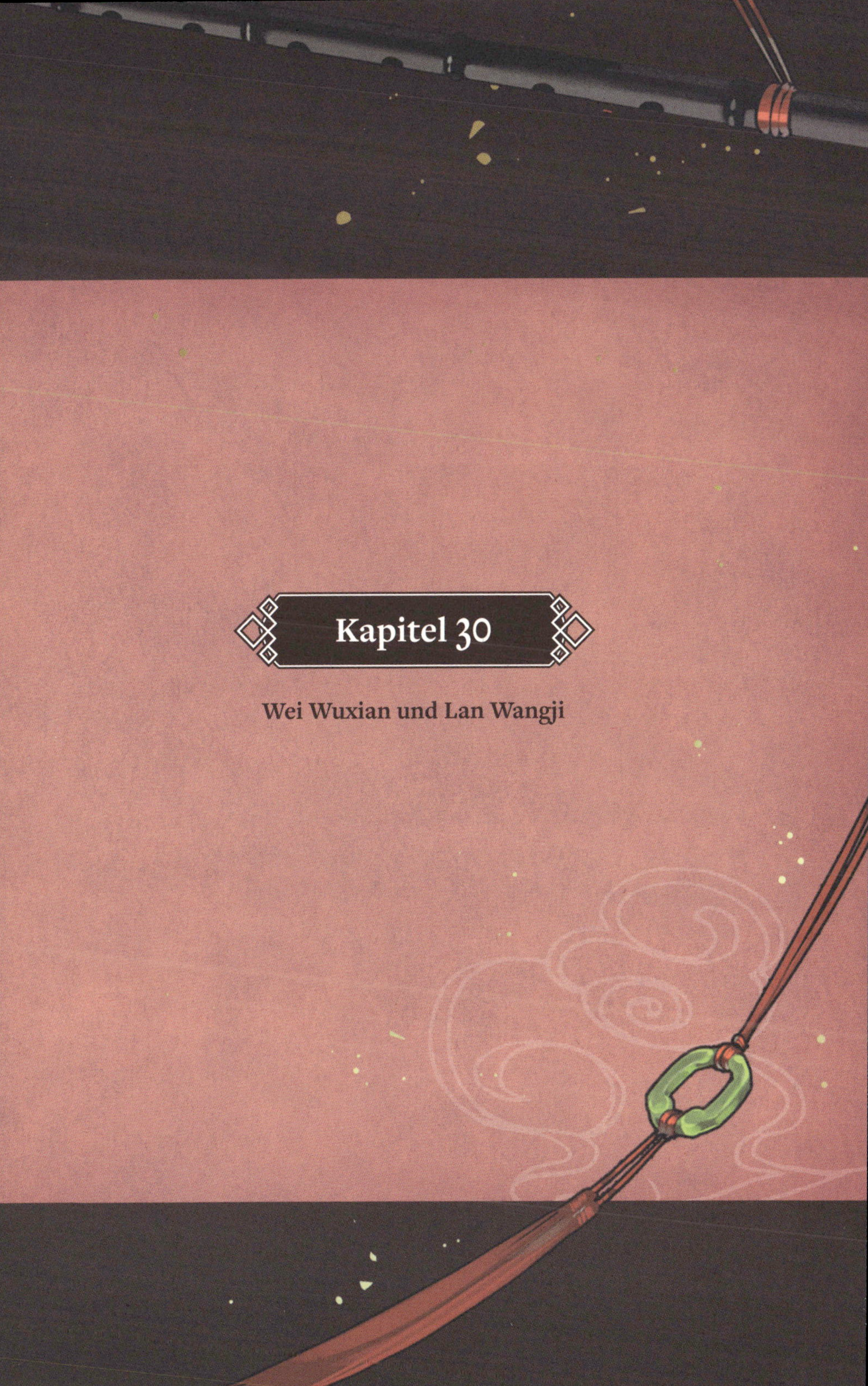

Kapitel 30

Wei Wuxian und Lan Wangji

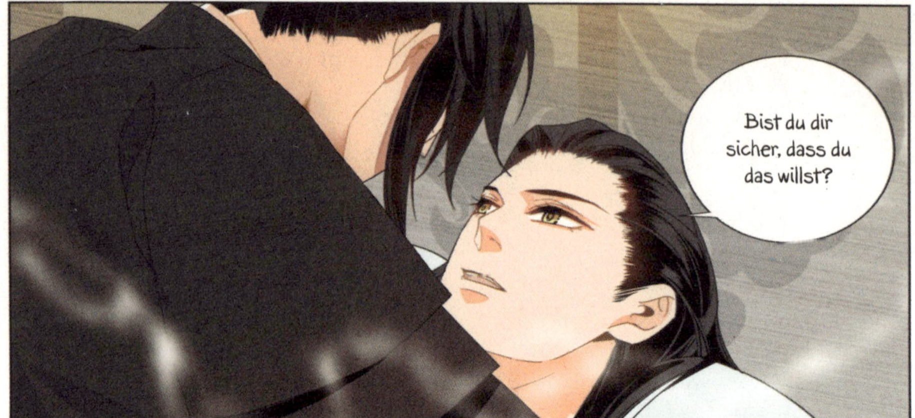
Bist du dir sicher, dass du das willst?

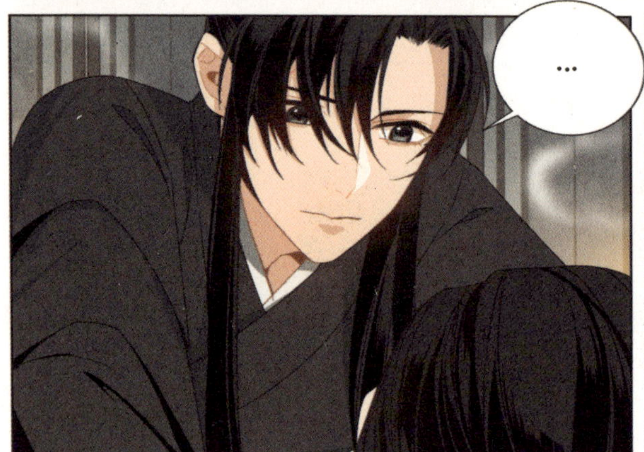
...

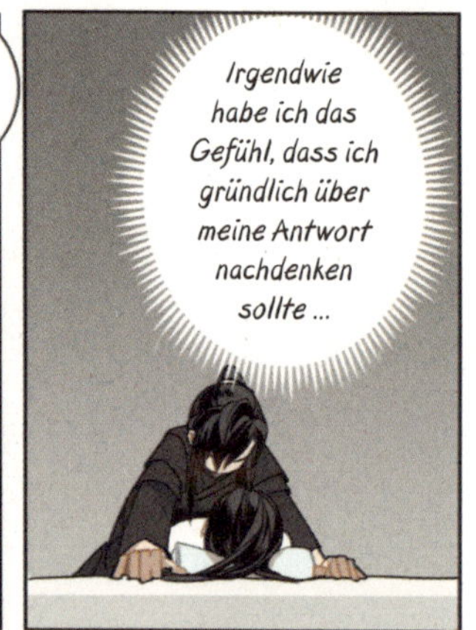
Irgendwie habe ich das Gefühl, dass ich gründlich über meine Antwort nachdenken sollte ...

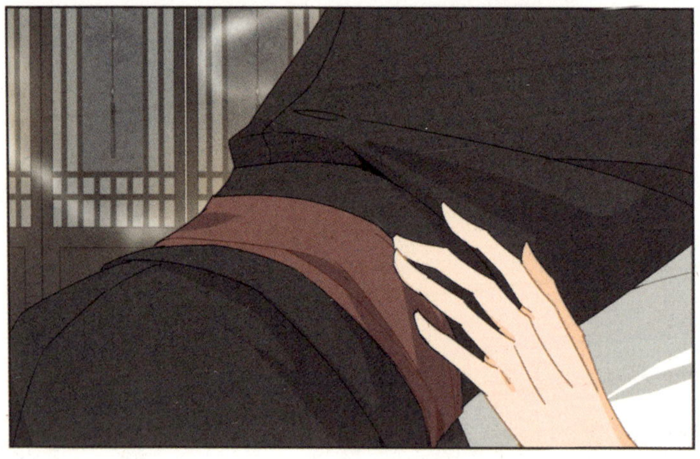

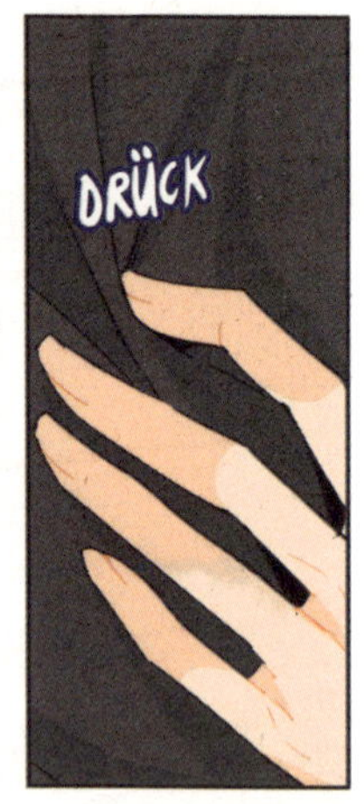
DRÜCK

!!!
Häää?

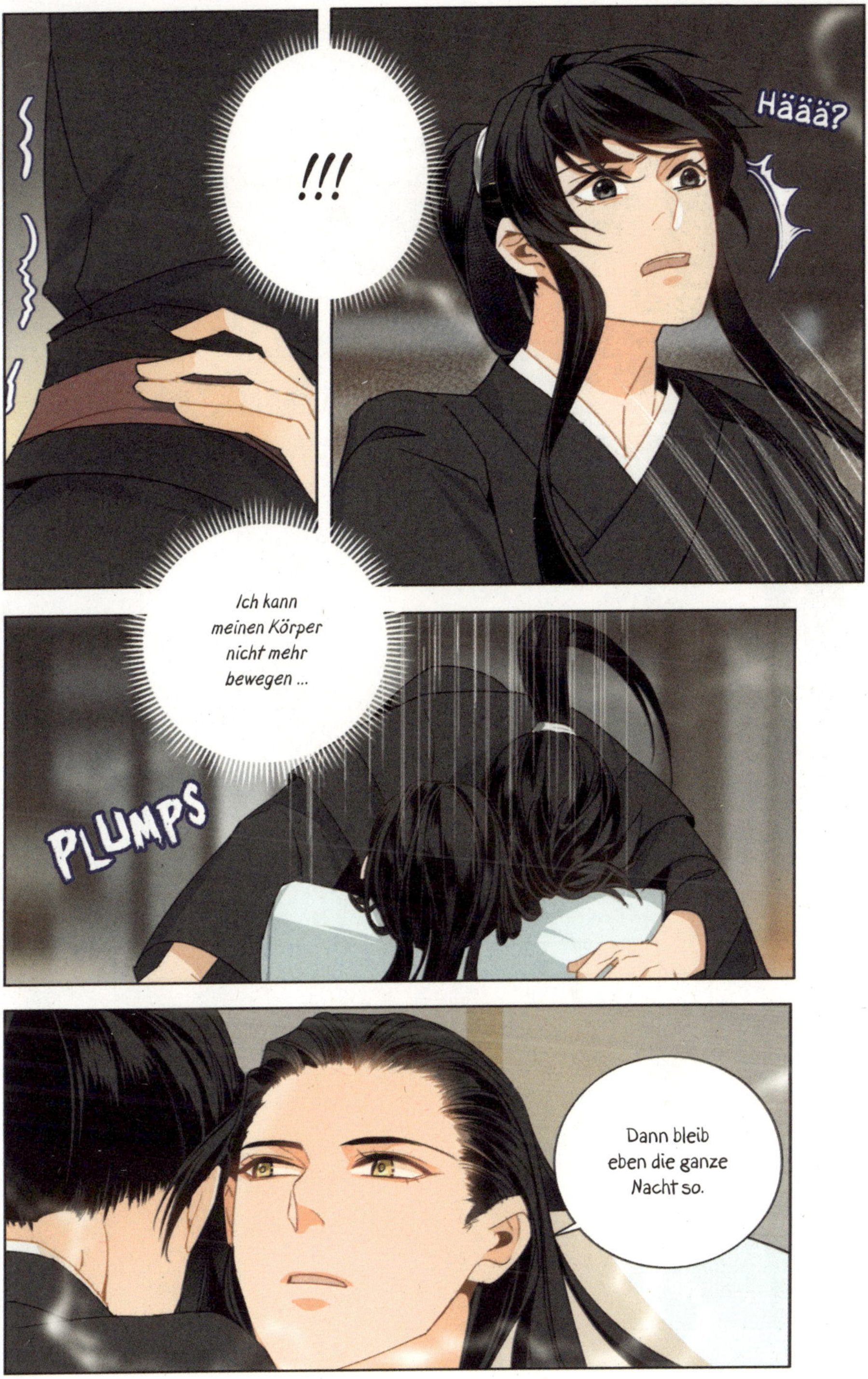

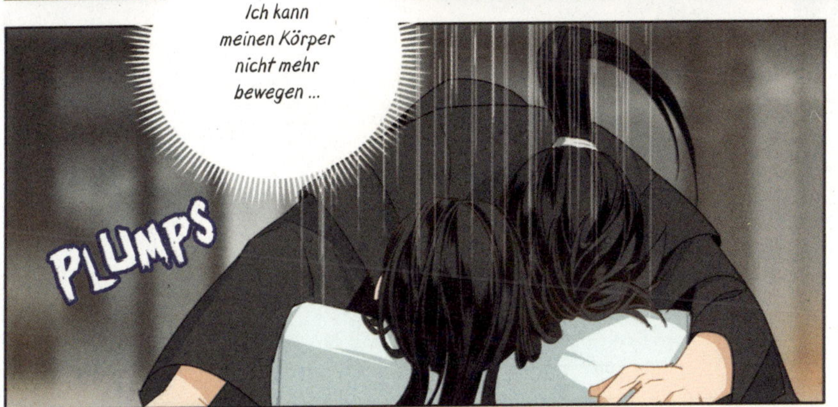
Ich kann meinen Körper nicht mehr bewegen ...
PLUMPS

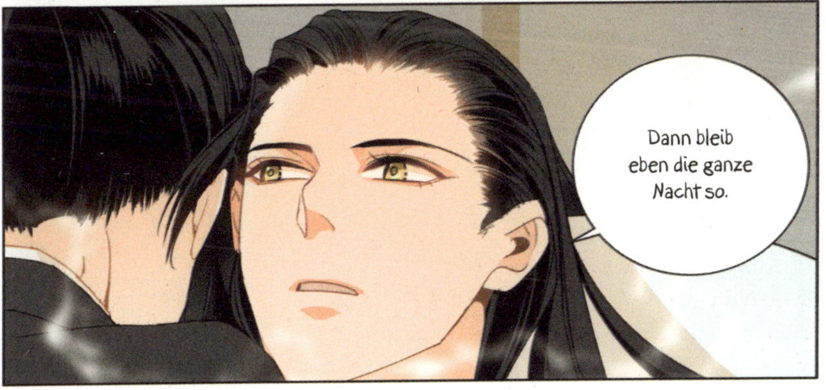
Dann bleib eben die ganze Nacht so.

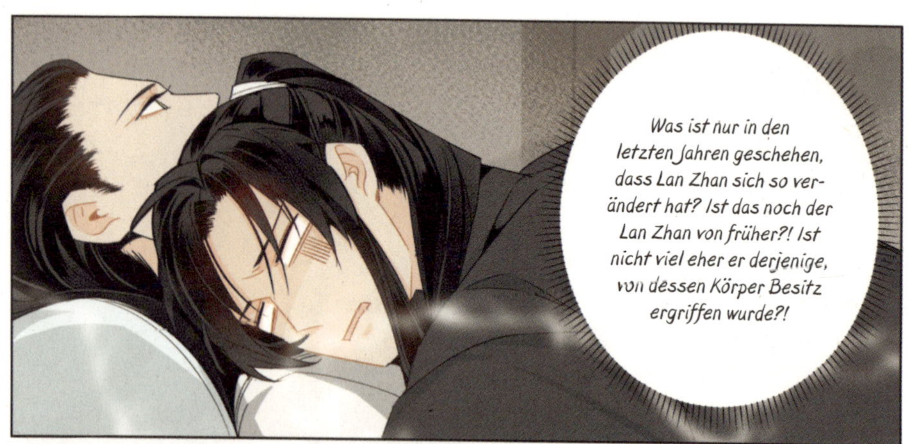
Was ist nur in den letzten Jahren geschehen, dass Lan Zhan sich so verändert hat? Ist das noch der Lan Zhan von früher?! Ist nicht viel eher er derjenige, von dessen Körper Besitz ergriffen wurde?!

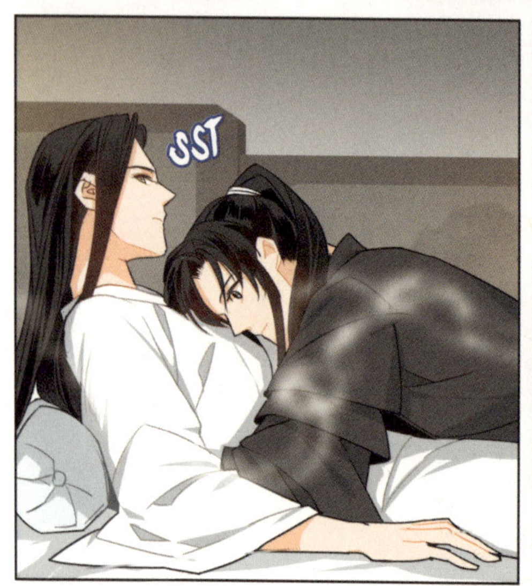
SST

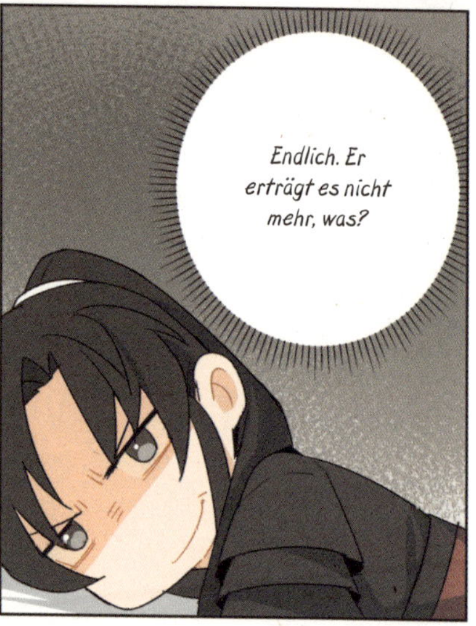
Endlich. Er erträgt es nicht mehr, was?

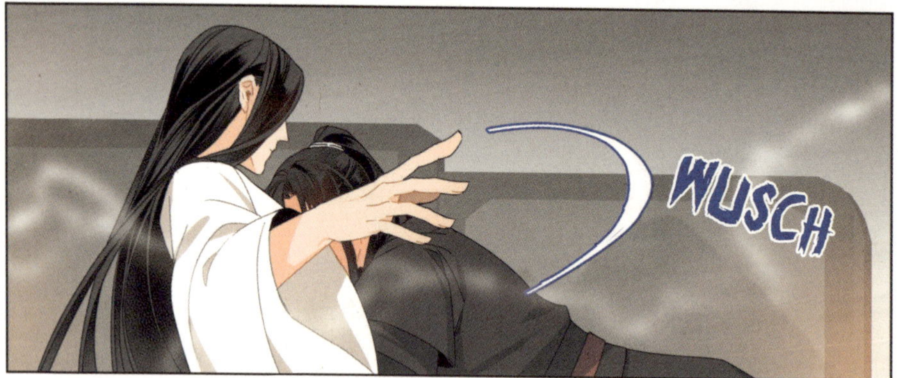
WUSCH

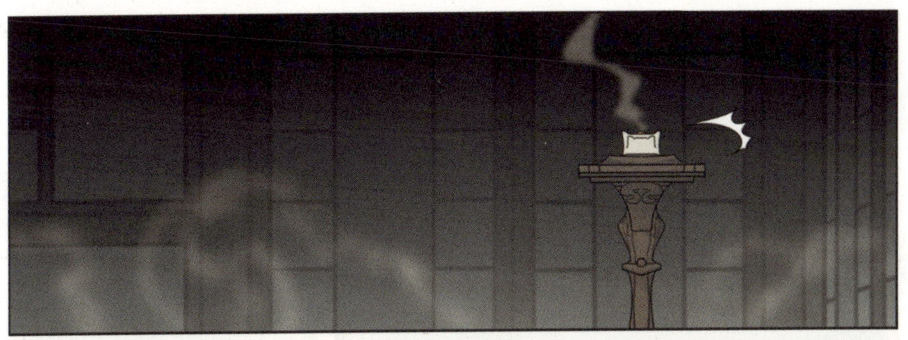

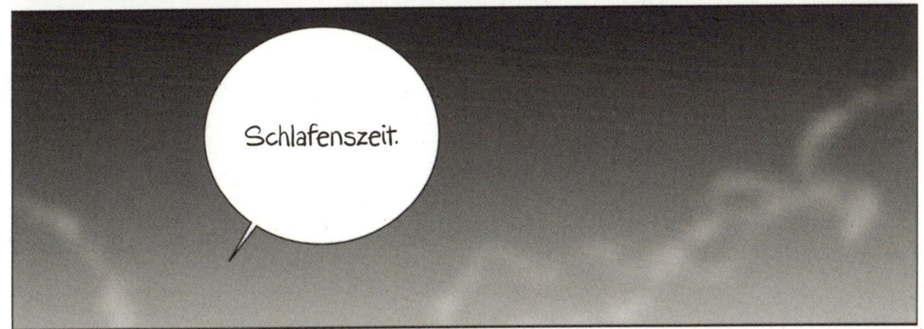
Schlafenszeit.

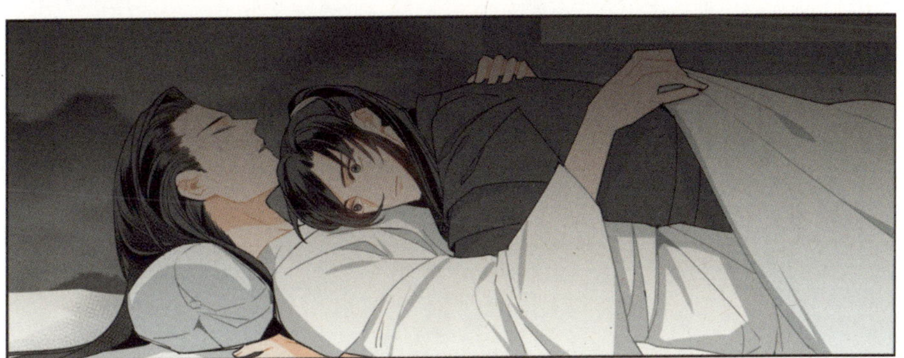

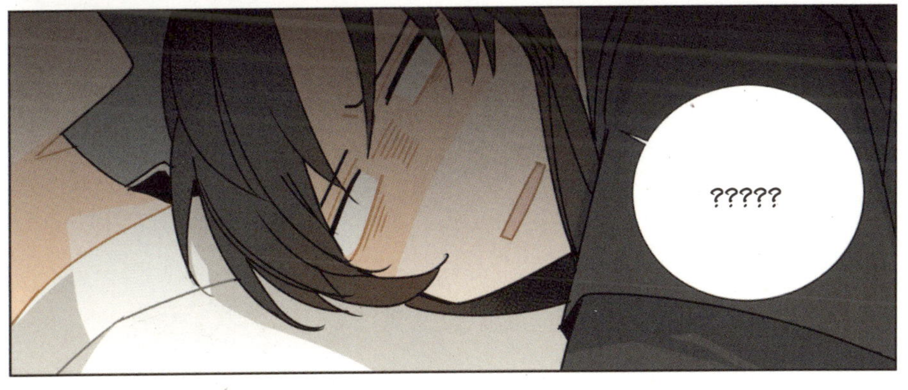
?????

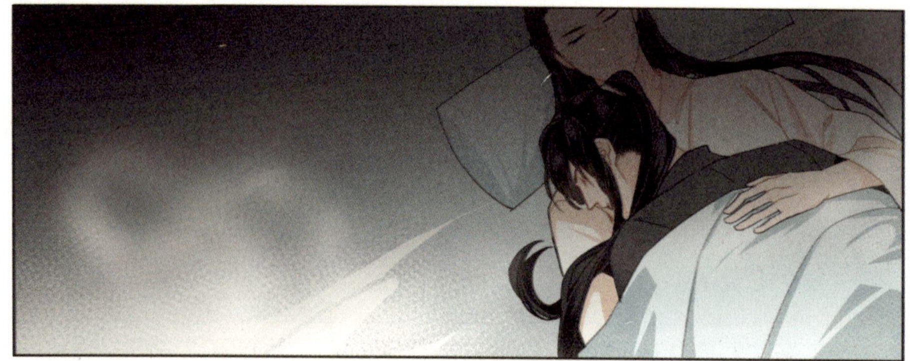

Ich habe kein gutes Verhältnis zu Lan Wangji.

Begonnen hat alles, als ich mit fünfzehn zusammen mit Jiang Cheng für drei Monate zum Lernen als Gastschüler im Gusu-Lan-Clan gewesen bin.

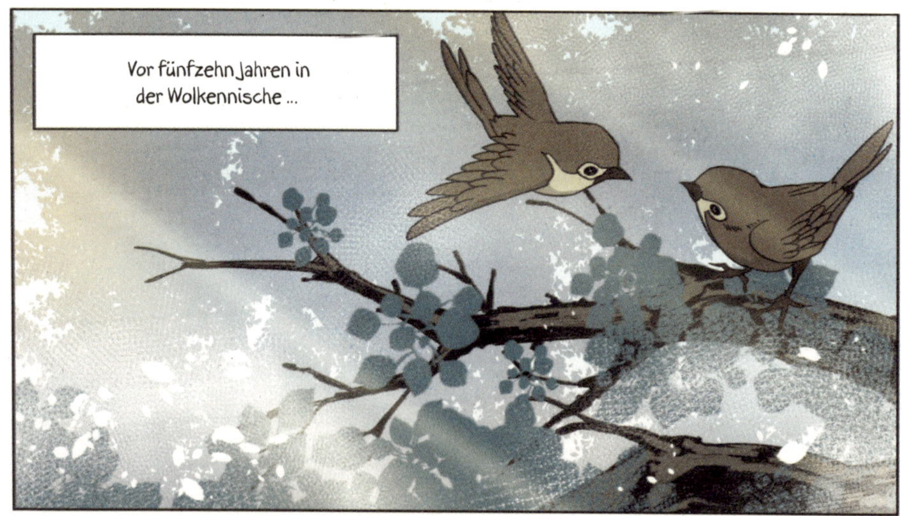

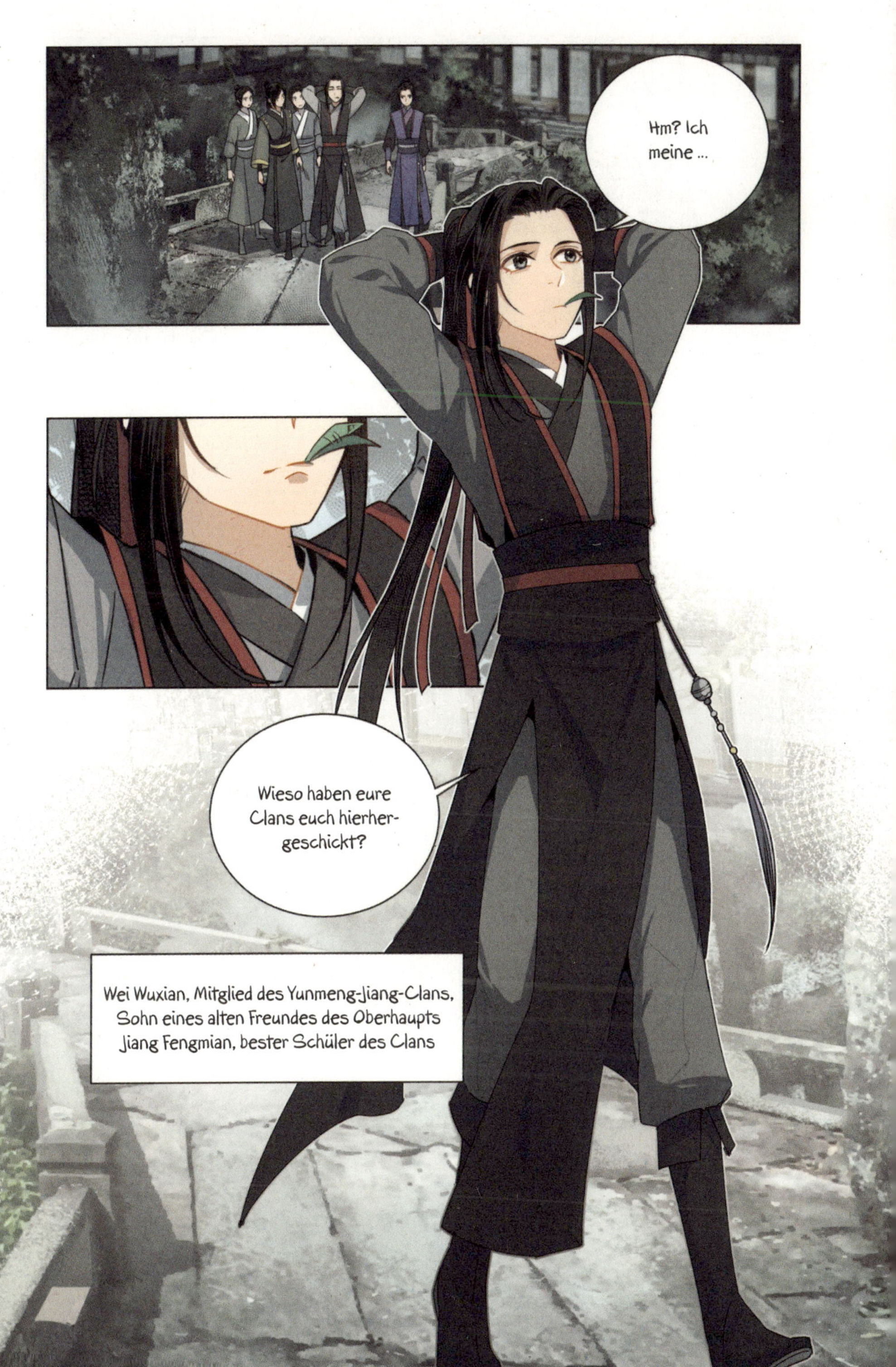
Hm? Ich meine ...
Wieso haben eure Clans euch hierher-geschickt?
Wei Wuxian, Mitglied des Yunmeng-Jiang-Clans, Sohn eines alten Freundes des Oberhaupts Jiang Fengmian, bester Schüler des Clans

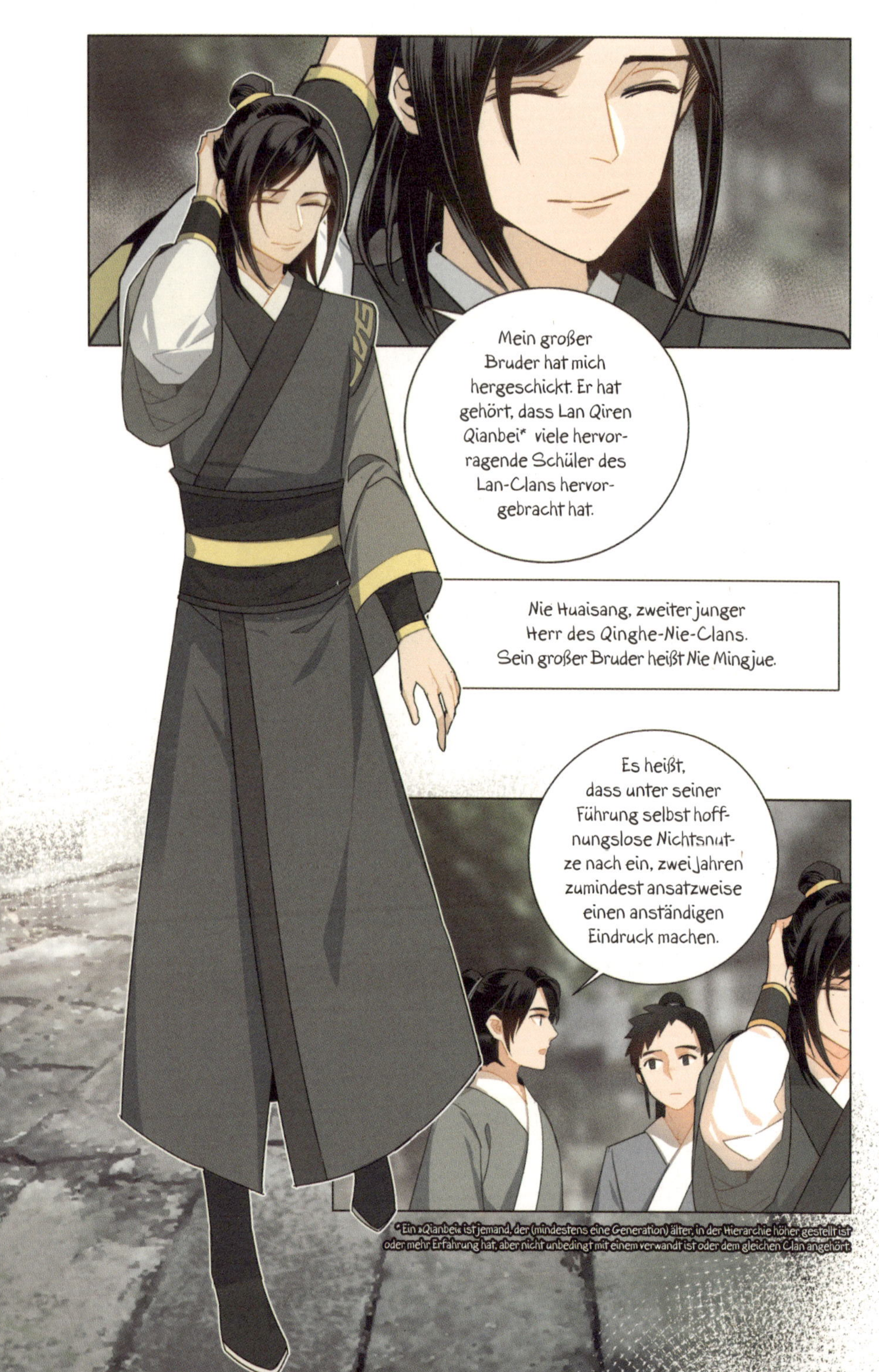
Mein großer Bruder hat mich hergeschickt. Er hat gehört, dass Lan Qiren Qianbei* viele hervorragende Schüler des Lan-Clans hervorgebracht hat.
Nie Huaisang, zweiter junger Herr des Qinghe-Nie-Clans. Sein großer Bruder heißt Nie Mingjue.
Es heißt, dass unter seiner Führung selbst hoffnungslose Nichtsnutze nach ein, zwei Jahren zumindest ansatzweise einen anständigen Eindruck machen.
* Ein »Qianbei« ist jemand, der (mindestens eine Generation) älter, in der Hierarchie höher gestellt ist oder mehr Erfahrung hat, aber nicht unbedingt mit einem verwandt ist oder dem gleichen Clan angehört.

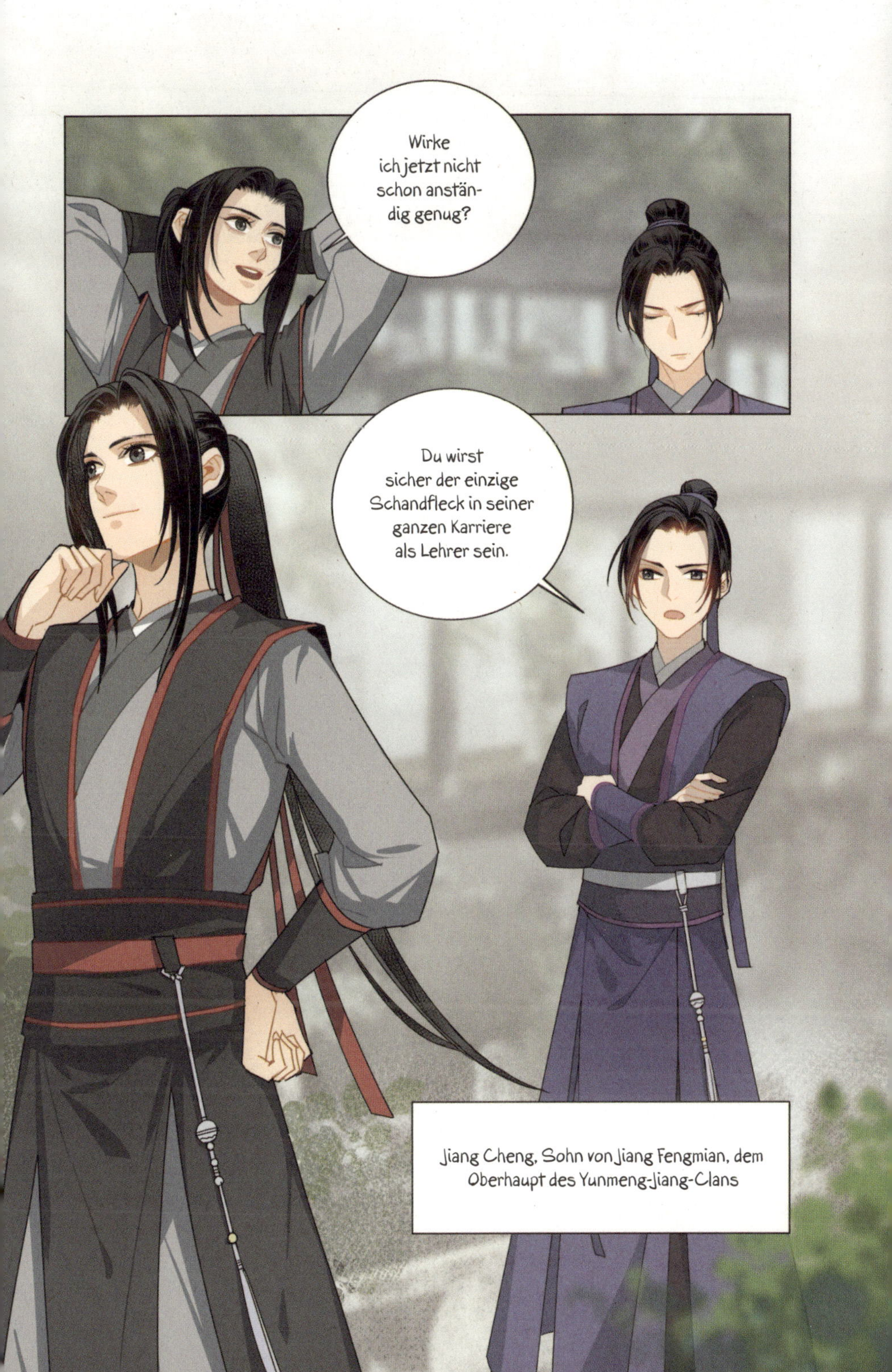
Wirke ich jetzt nicht schon anständig genug?
Du wirst sicher der einzige Schandfleck in seiner ganzen Karriere als Lehrer sein.
Jiang Cheng, Sohn von Jiang Fengmian, dem Oberhaupt des Yunmeng-Jiang-Clans

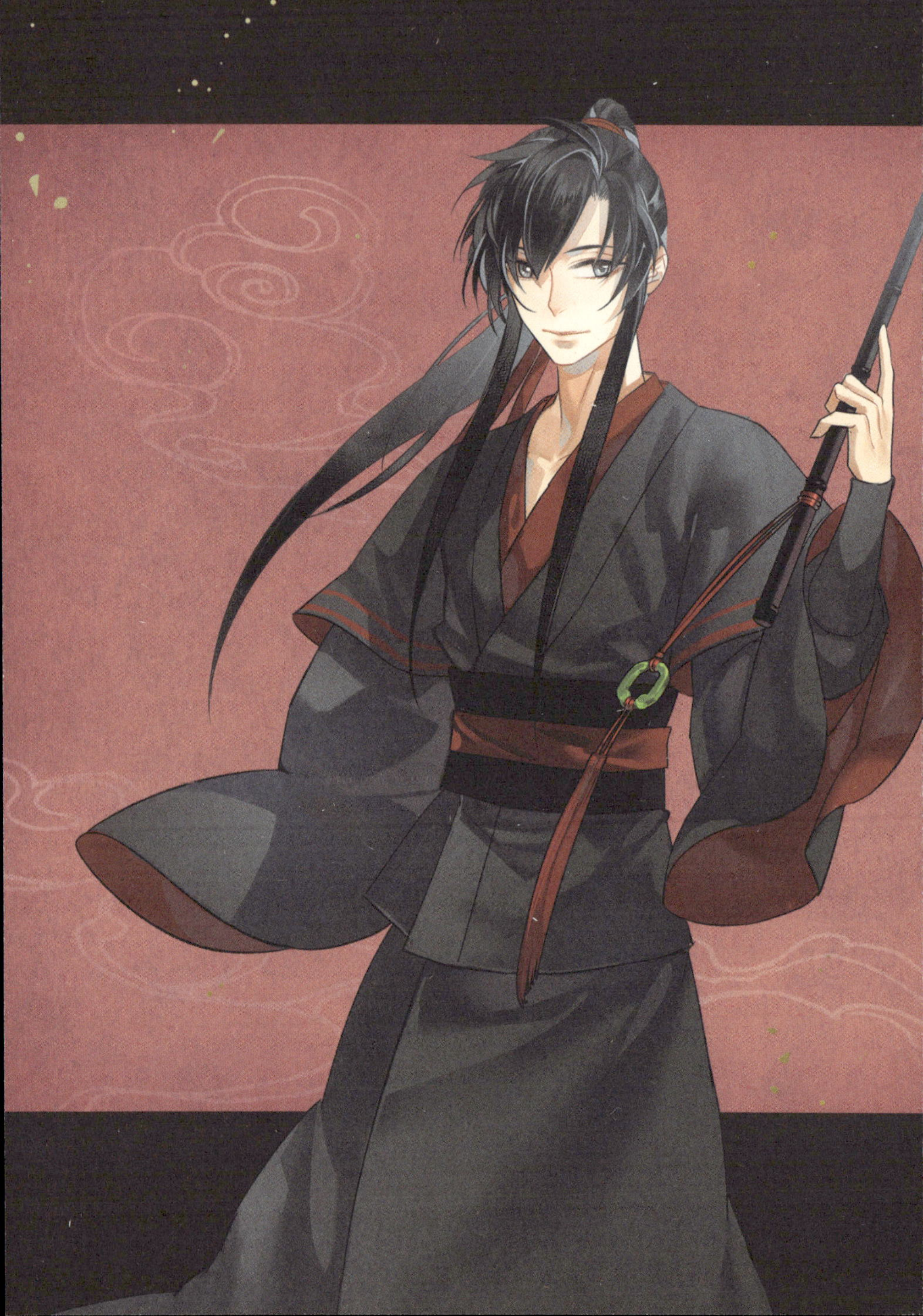

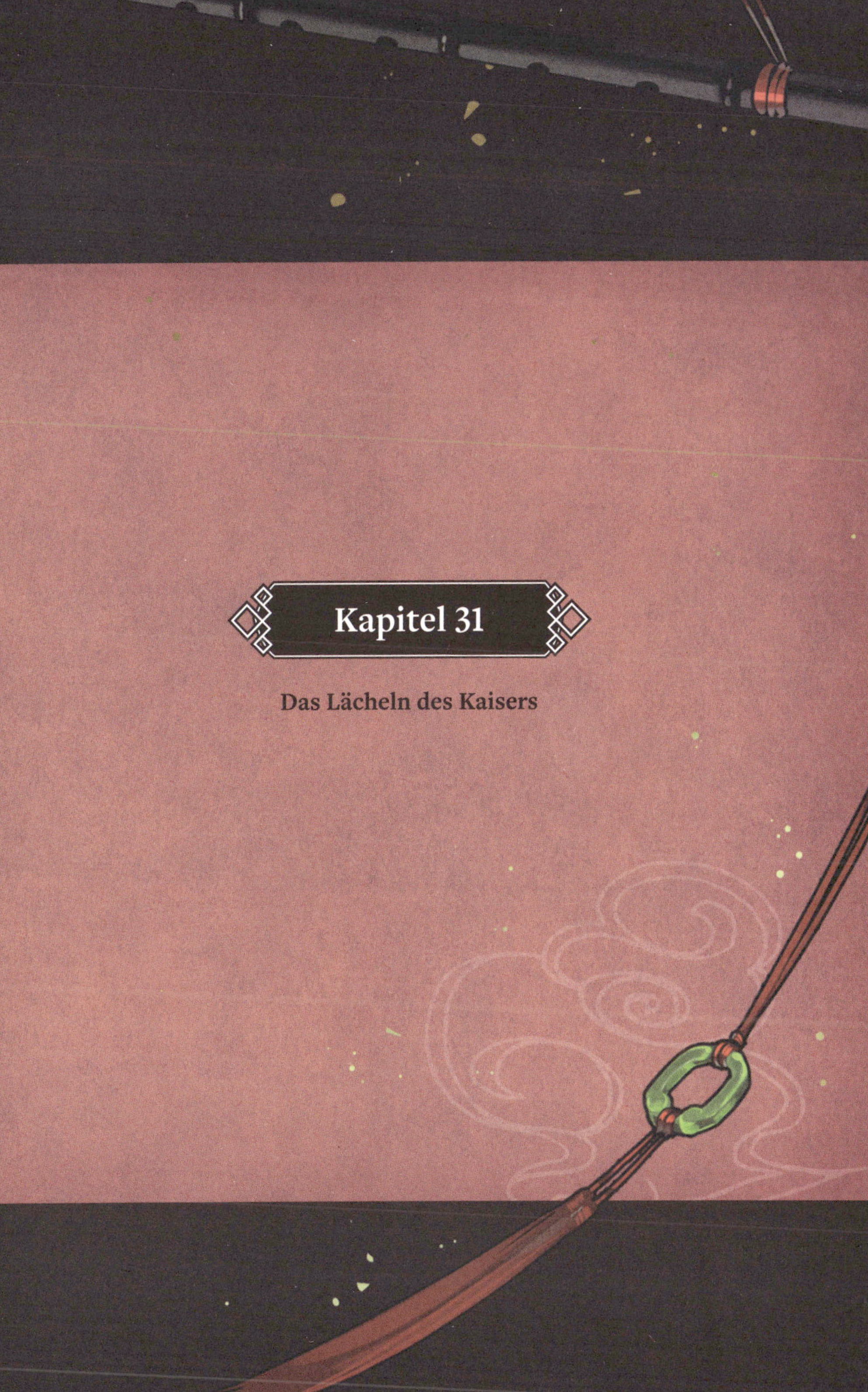

Kapitel 31

Das Lächeln des Kaisers

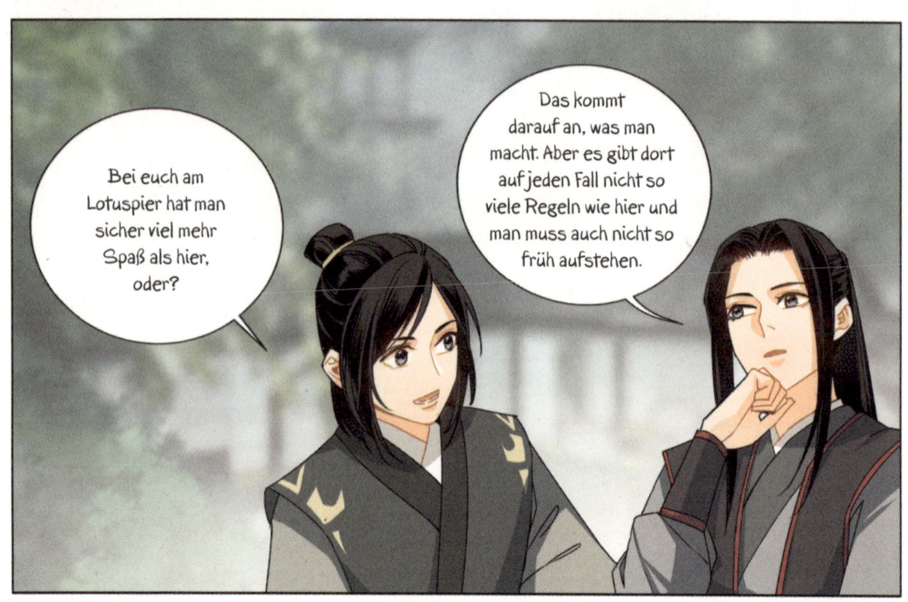
Bei euch am Lotuspier hat man sicher viel mehr Spaß als hier, oder?
Das kommt darauf an, was man macht. Aber es gibt dort auf jeden Fall nicht so viele Regeln wie hier und man muss auch nicht so früh aufstehen.

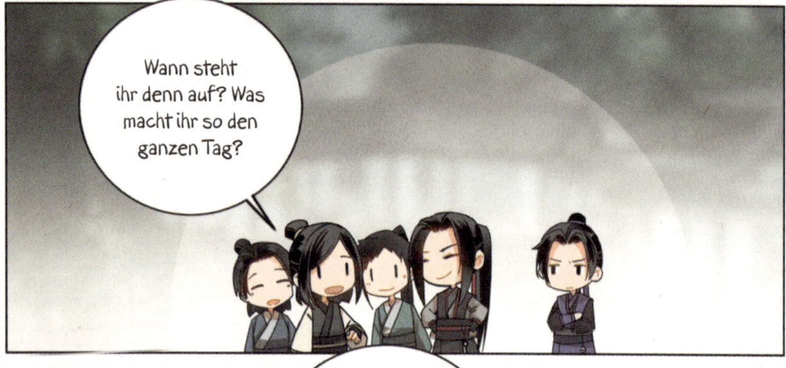
Wann steht ihr denn auf? Was macht ihr so den ganzen Tag?

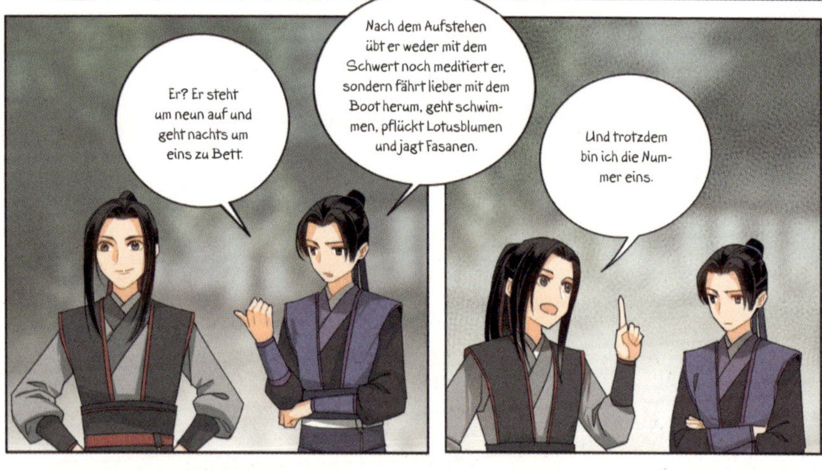
Er? Er steht um neun auf und geht nachts um eins zu Bett.
Nach dem Aufstehen übt er weder mit dem Schwert noch meditiert er, sondern fährt lieber mit dem Boot herum, geht schwimmen, pflückt Lotusblumen und jagt Fasanen.
Und trotzdem bin ich die Nummer eins.

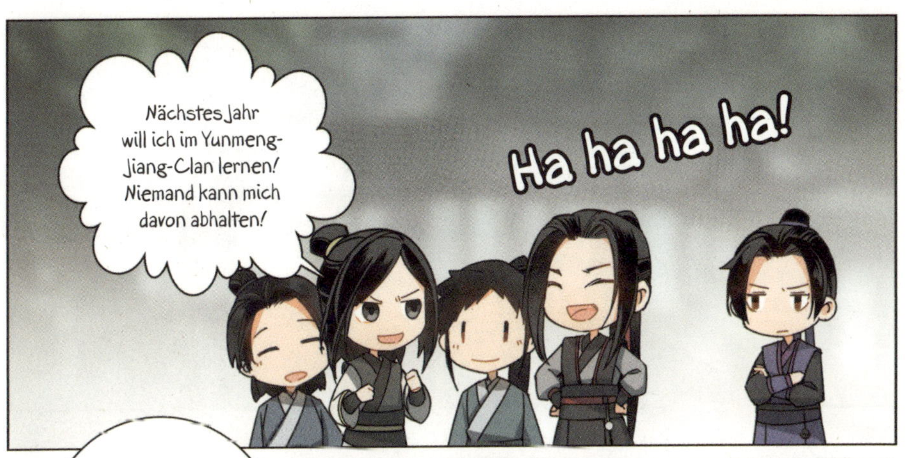
Nächstes Jahr will ich im Yunmeng-Jiang-Clan lernen! Niemand kann mich davon abhalten!
Ha ha ha ha!

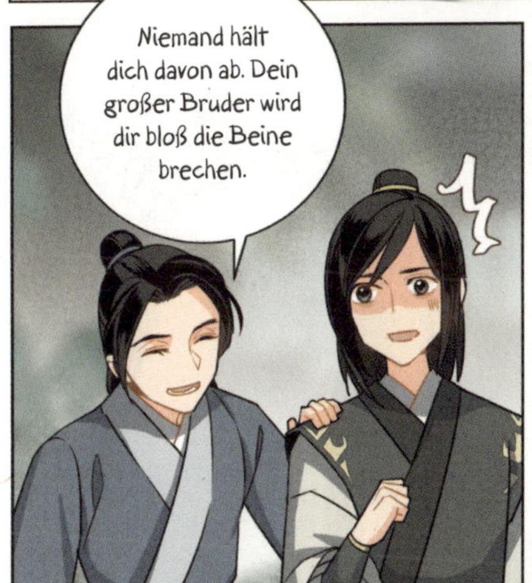
Niemand hält dich davon ab. Dein großer Bruder wird dir bloß die Beine brechen.

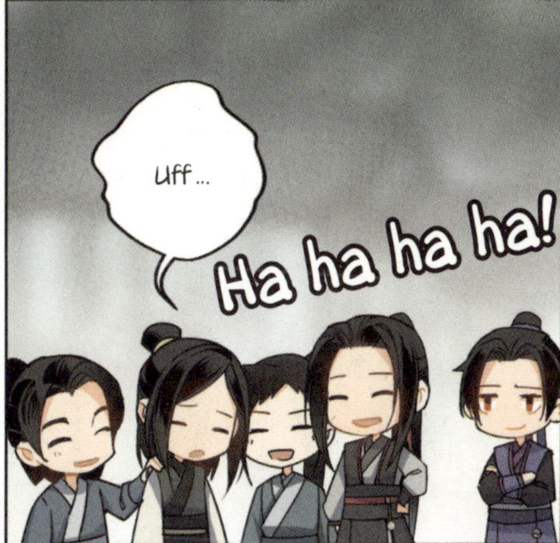
Uff ...
Ha ha ha ha!

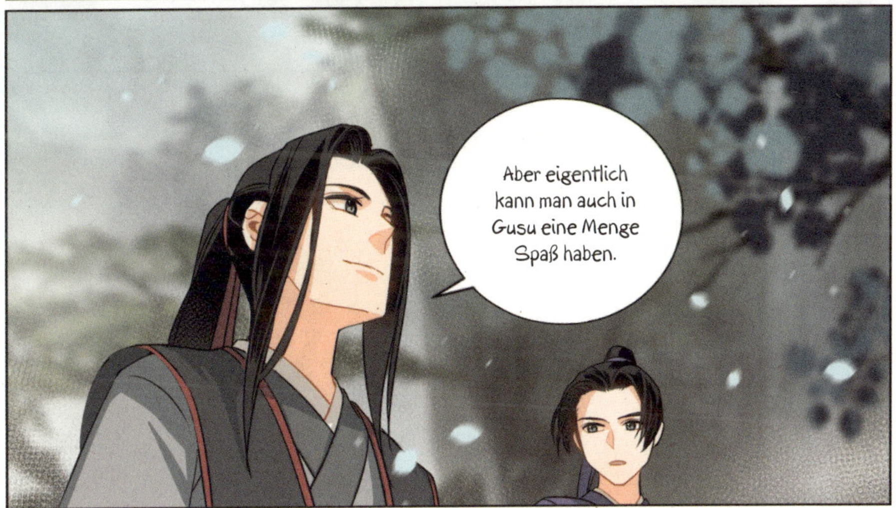
Aber eigentlich kann man auch in Gusu eine Menge Spaß haben.

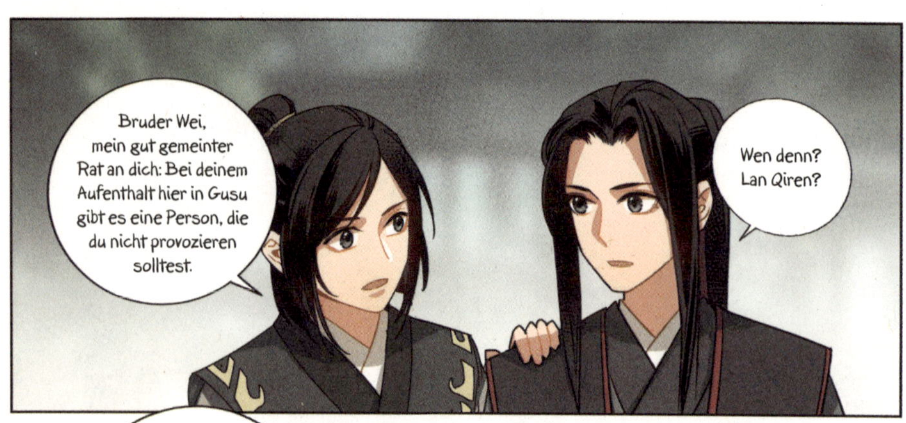
Bruder Wei, mein gut gemeinter Rat an dich: Bei deinem Aufenthalt hier in Gusu gibt es eine Person, die du nicht provozieren solltest.
Wen denn? Lan Qiren?

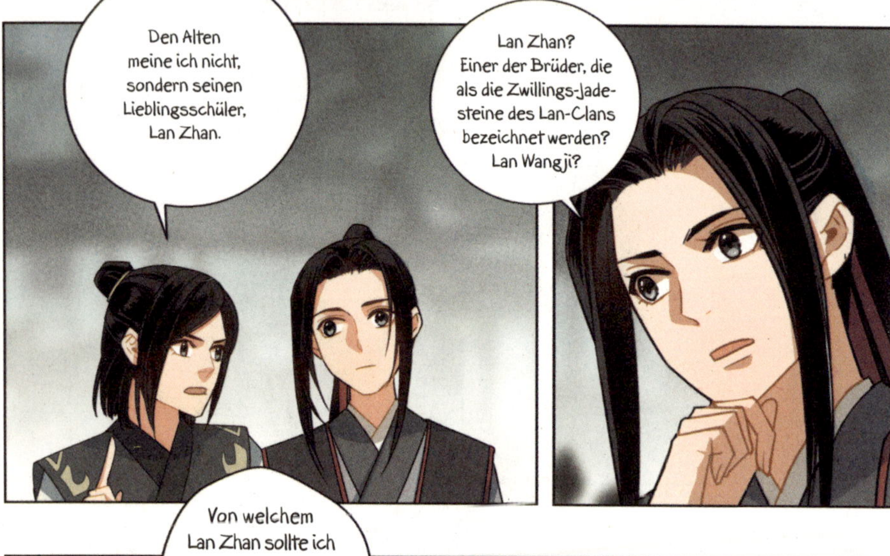
Den Alten meine ich nicht, sondern seinen Lieblingsschüler, Lan Zhan.
Lan Zhan? Einer der Brüder, die als die Zwillings-Jadesteine des Lan-Clans bezeichnet werden? Lan Wangji?

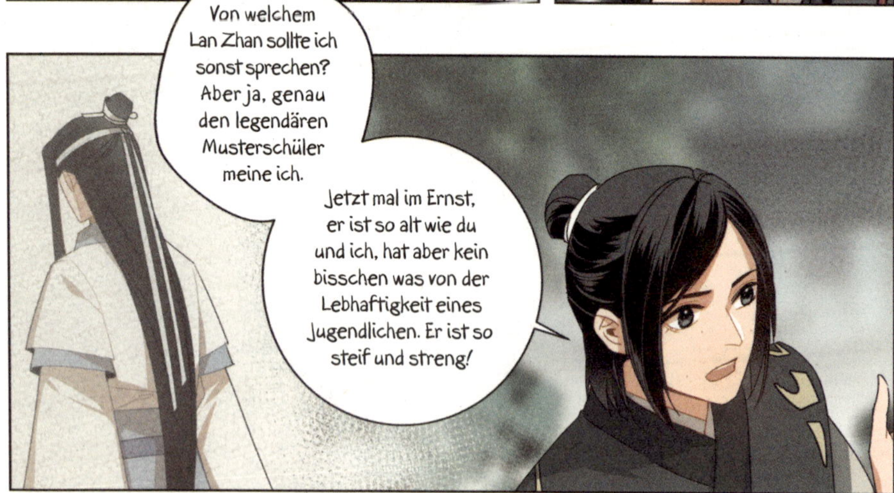
Von welchem Lan Zhan sollte ich sonst sprechen? Aber ja, genau den legendären Musterschüler meine ich.
Jetzt mal im Ernst, er ist so alt wie du und ich, hat aber kein bisschen was von der Lebhaftigkeit eines Jugendlichen. Er ist so steif und streng!

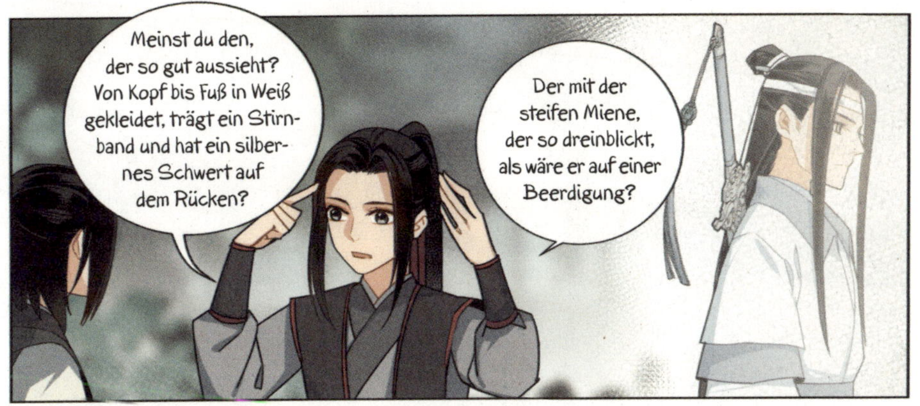
Meinst du den, der so gut aussieht? Von Kopf bis Fuß in Weiß gekleidet, trägt ein Stirnband und hat ein silbernes Schwert auf dem Rücken?
Der mit der steifen Miene, der so dreinblickt, als wäre er auf einer Beerdigung?

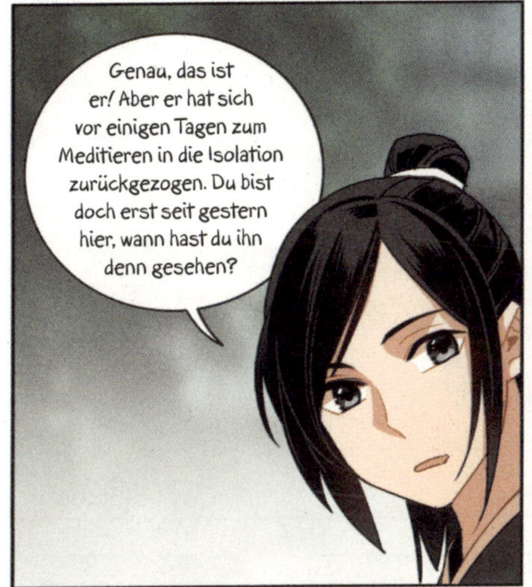
Genau, das ist er! Aber er hat sich vor einigen Tagen zum Meditieren in die Isolation zurückgezogen. Du bist doch erst seit gestern hier, wann hast du ihn denn gesehen?

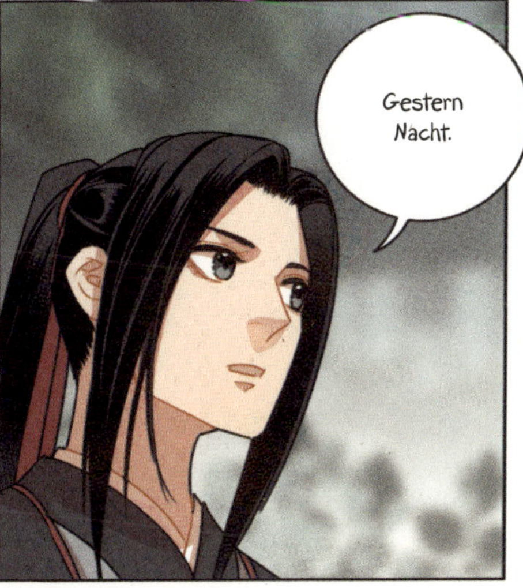
Gestern Nacht.

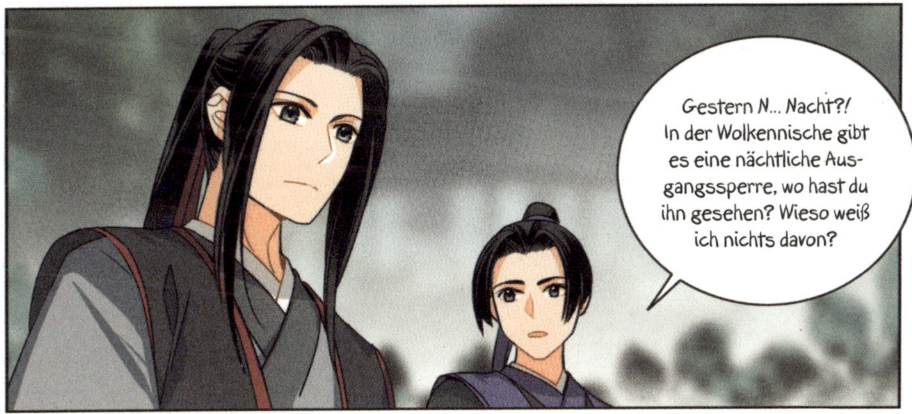
Gestern N... Nacht?! In der Wolkennische gibt es eine nächtliche Ausgangssperre, wo hast du ihn gesehen? Wieso weiß ich nichts davon?

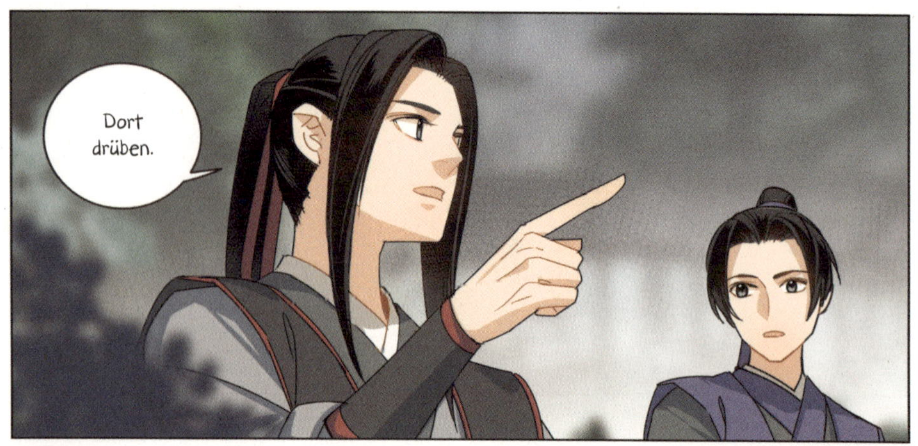
Dort drüben.
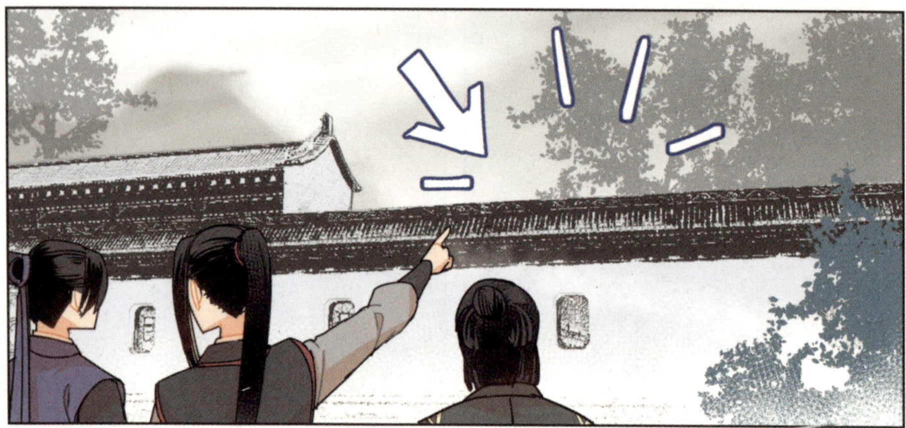
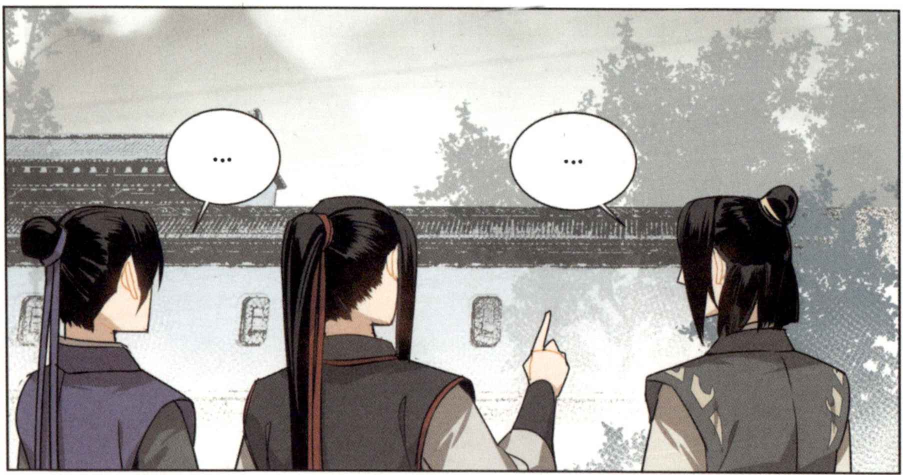
...
...

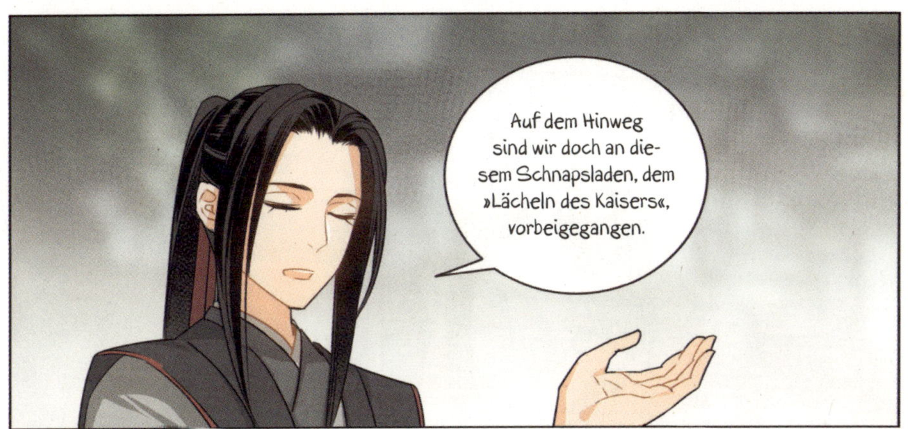
Auf dem Hinweg sind wir doch an die- sem Schnapsladen, dem »Lächeln des Kaisers«, vorbeigegangen.

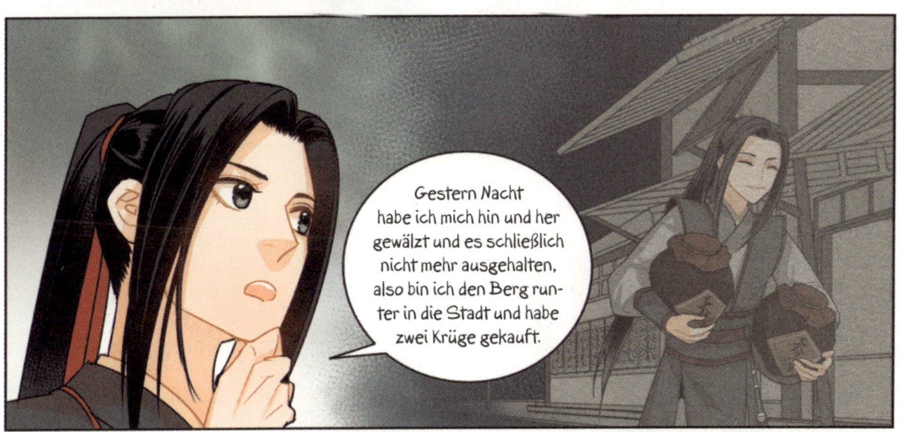
Gestern Nacht habe ich mich hin und her gewälzt und es schließlich nicht mehr ausgehalten, also bin ich den Berg run- ter in die Stadt und habe zwei Krüge gekauft.

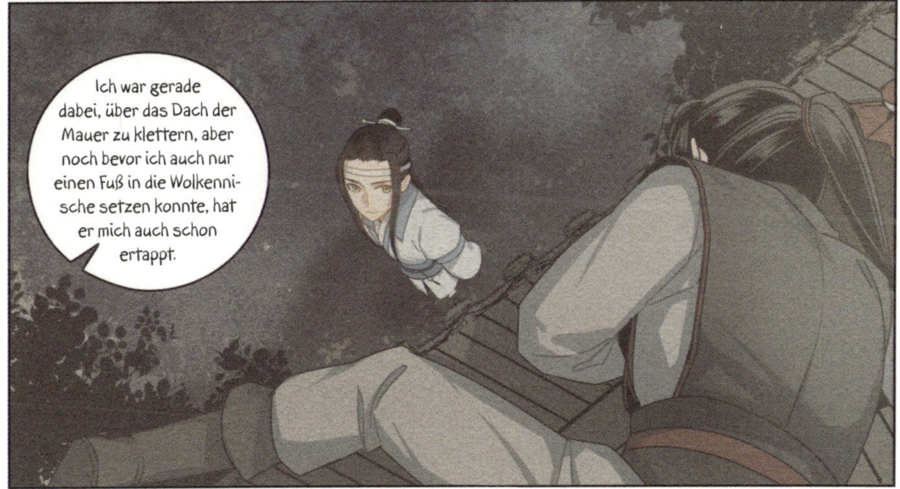
Ich war gerade dabei, über das Dach der Mauer zu klettern, aber noch bevor ich auch nur einen Fuß in die Wolkenni- sche setzen konnte, hat er mich auch schon ertappt.

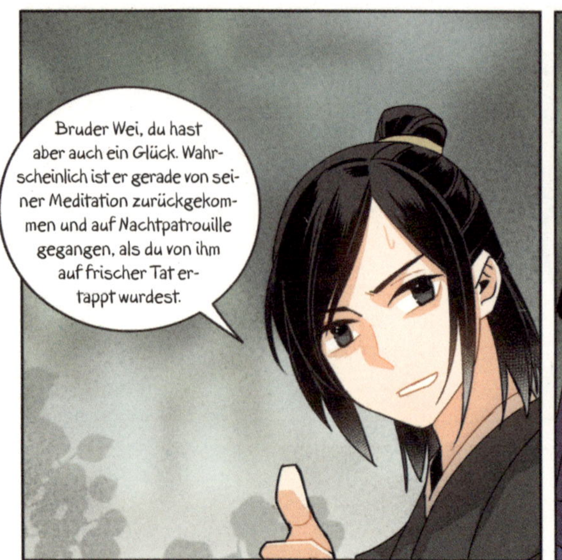
Bruder Wei, du hast aber auch ein Glück. Wahrscheinlich ist er gerade von seiner Meditation zurückgekommen und auf Nachtpatrouille gegangen, als du von ihm auf frischer Tat ertappt wurdest.

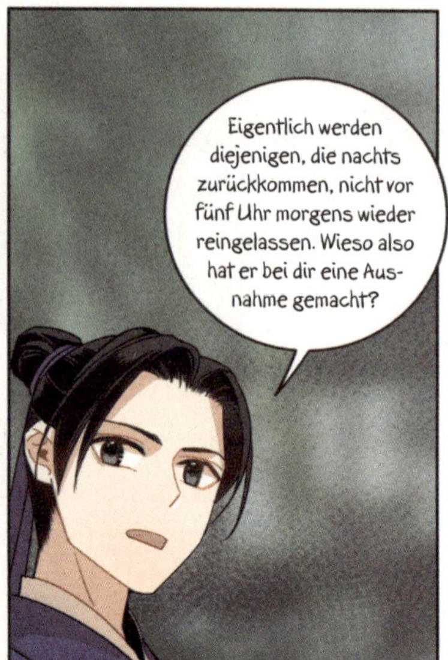
Eigentlich werden diejenigen, die nachts zurückkommen, nicht vor fünf Uhr morgens wieder reingelassen. Wieso also hat er bei dir eine Ausnahme gemacht?

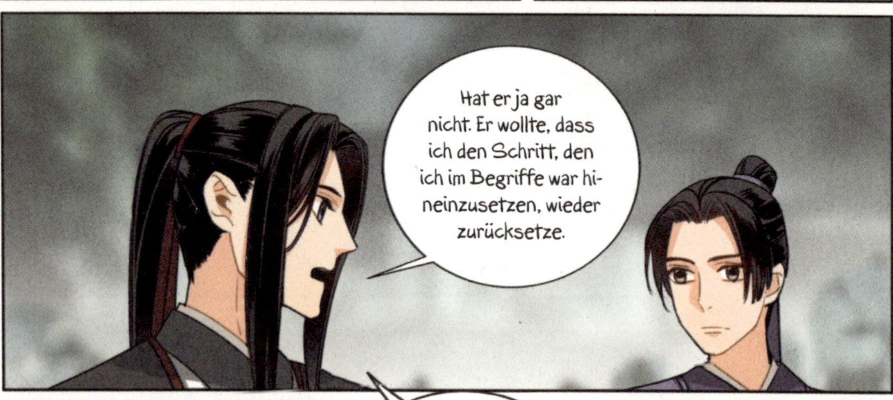
Hat er ja gar nicht. Er wollte, dass ich den Schritt, den ich im Begriffe war hineinzusetzen, wieder zurücksetze.

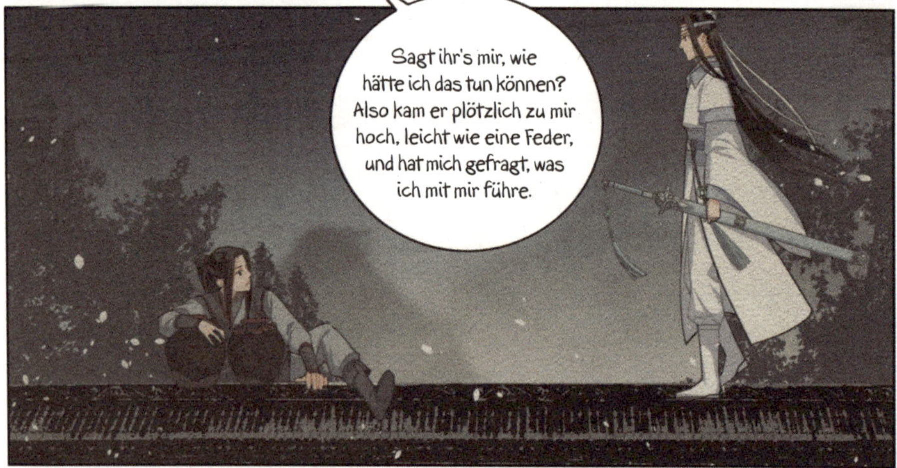
Sagt ihr's mir, wie hätte ich das tun können? Also kam er plötzlich zu mir hoch, leicht wie eine Feder, und hat mich gefragt, was ich mit mir führe.

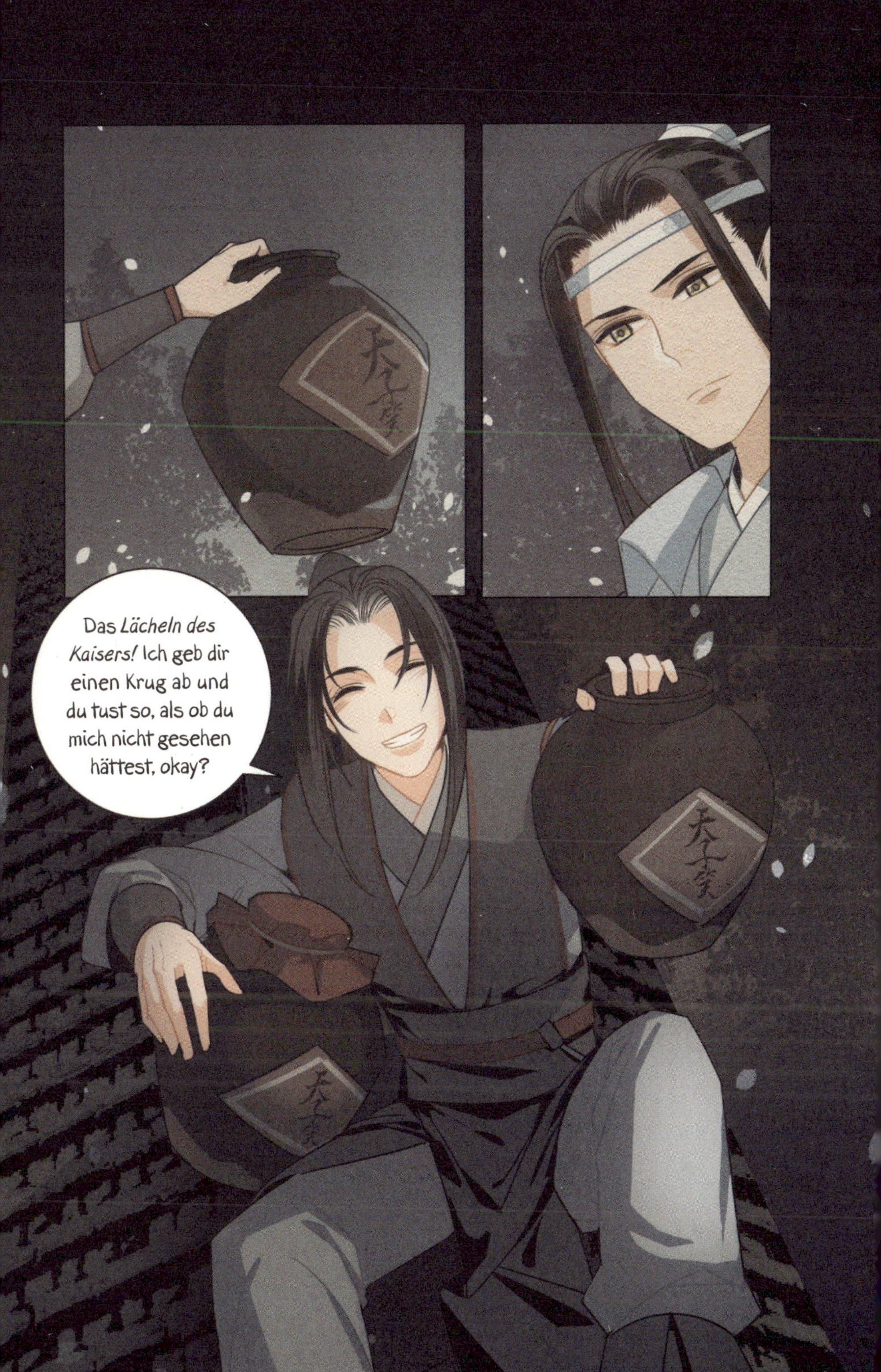
Das *Lächeln des Kaisers!* Ich geb dir einen Krug ab und du tust so, als ob du mich nicht gesehen hättest, okay?

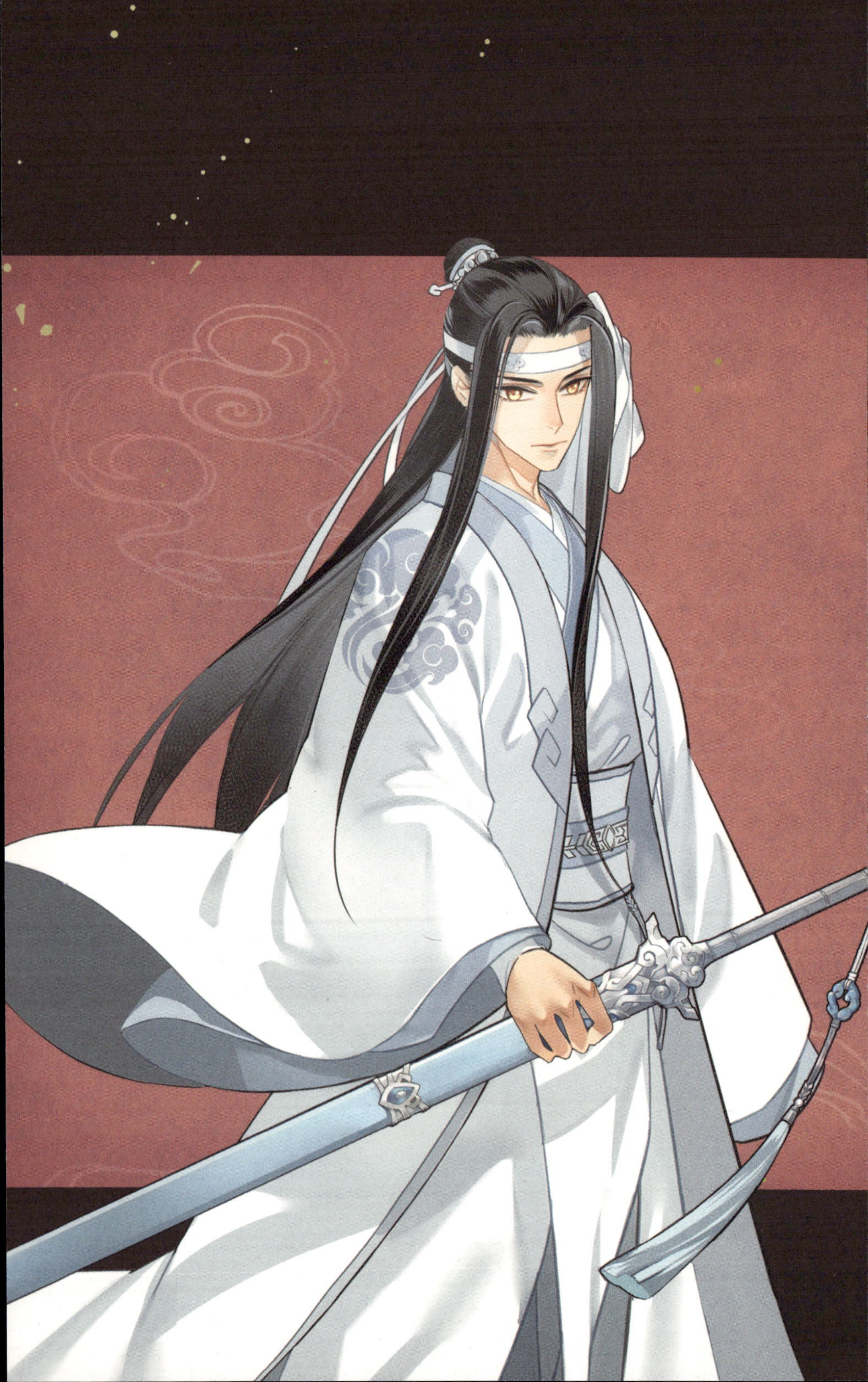

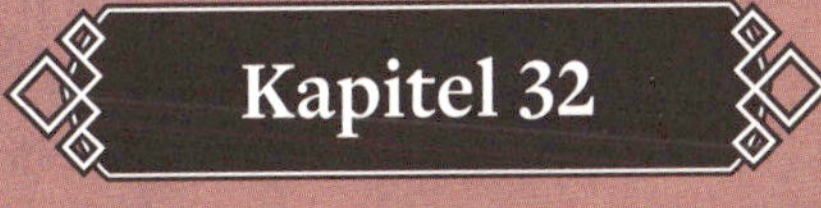

Kapitel 32

Die Regeln des Lan-Clans

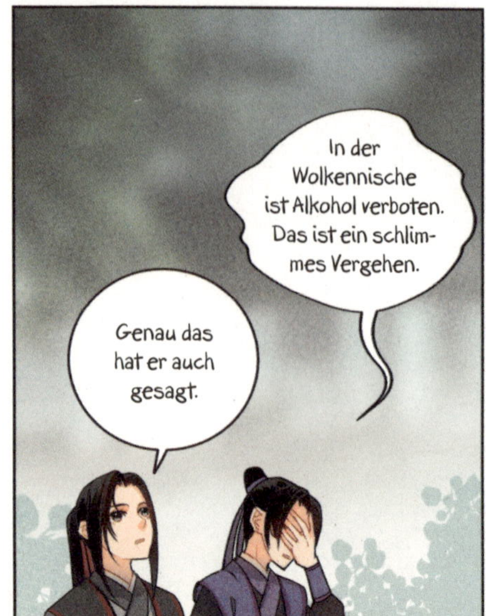
In der Wolkennische ist Alkohol verboten. Das ist ein schlimmes Vergehen.
Genau das hat er auch gesagt.

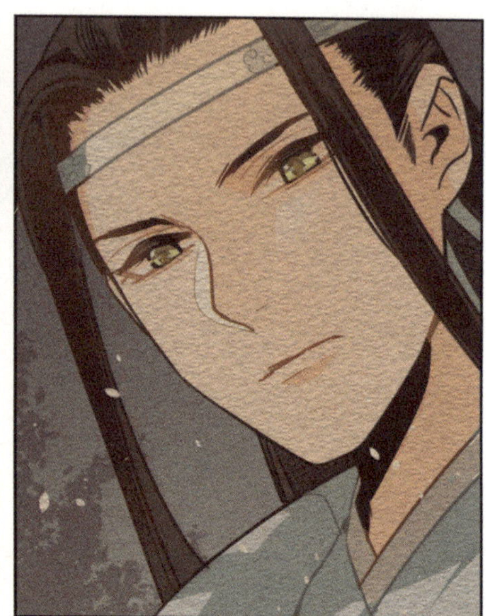

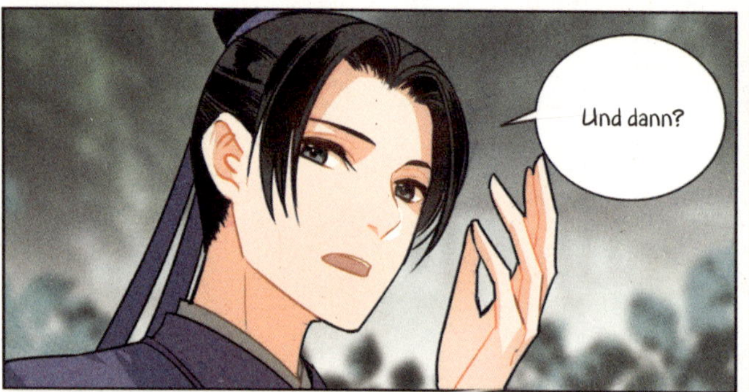
Und dann?

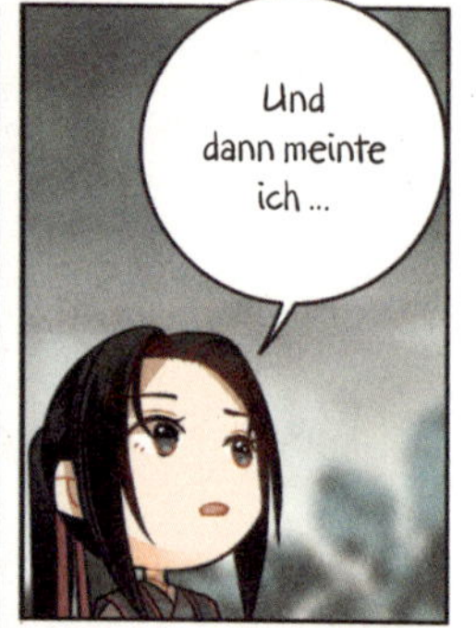
Und dann meinte ich …

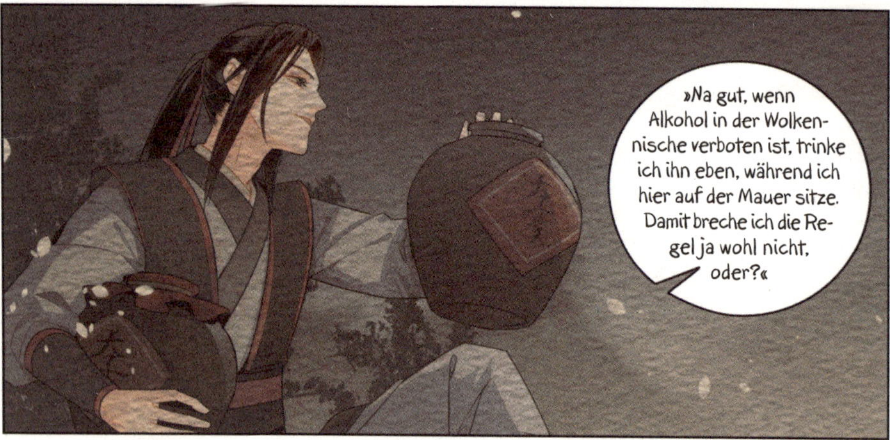
»Na gut, wenn Alkohol in der Wolkennische verboten ist, trinke ich ihn eben, während ich hier auf der Mauer sitze. Damit breche ich die Regel ja wohl nicht, oder?«

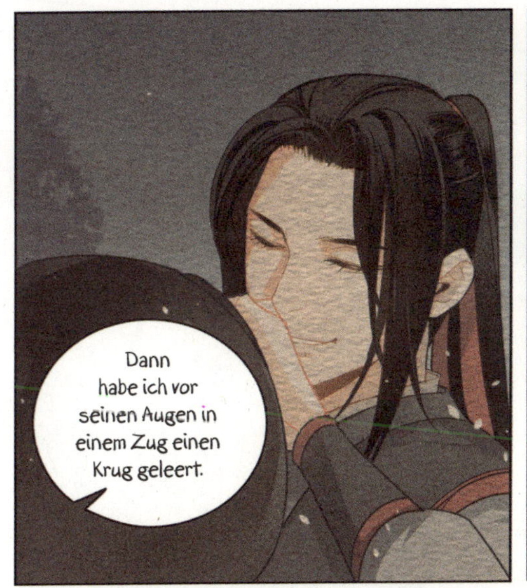
Dann habe ich vor seinen Augen in einem Zug einen Krug geleert.

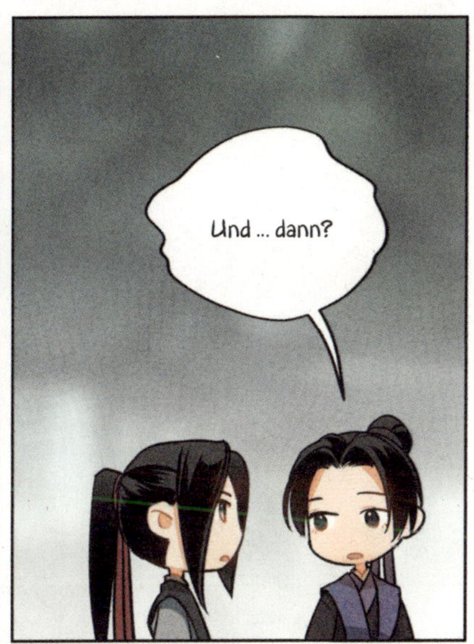
Und ... dann?

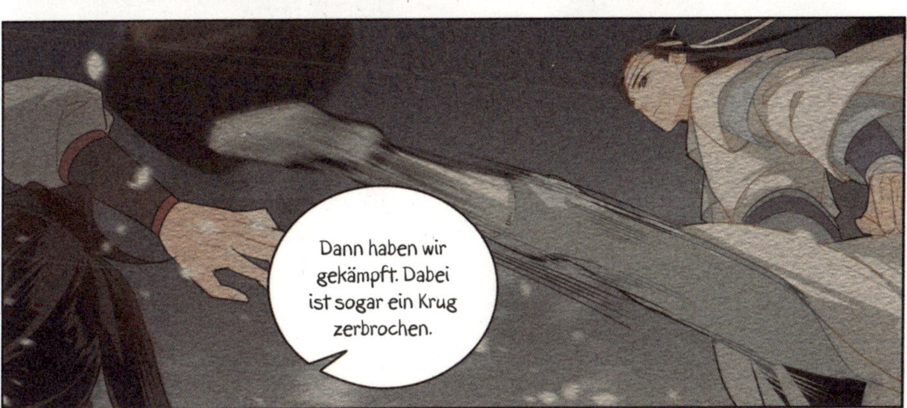
Dann haben wir gekämpft. Dabei ist sogar ein Krug zerbrochen.

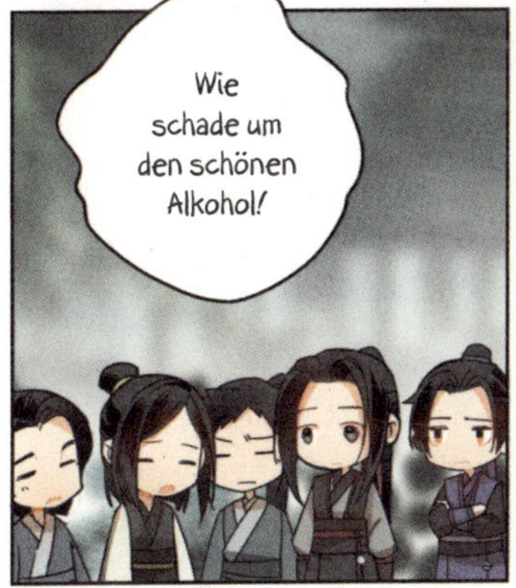
Wie schade um den schönen Alkohol!

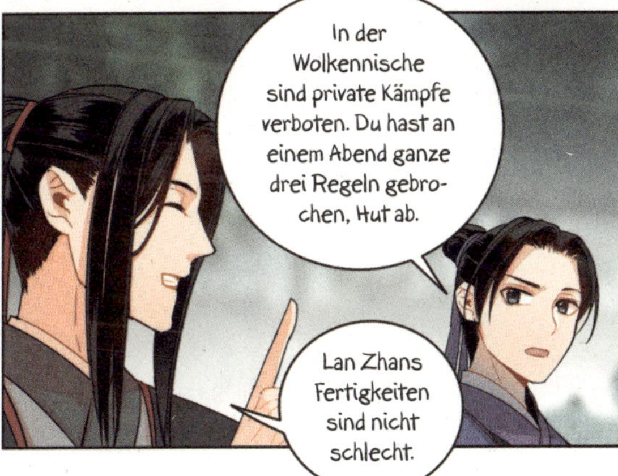
In der Wolkennische sind private Kämpfe verboten. Du hast an einem Abend ganze drei Regeln gebrochen, Hut ab.
Lan Zhans Fertigkeiten sind nicht schlecht.

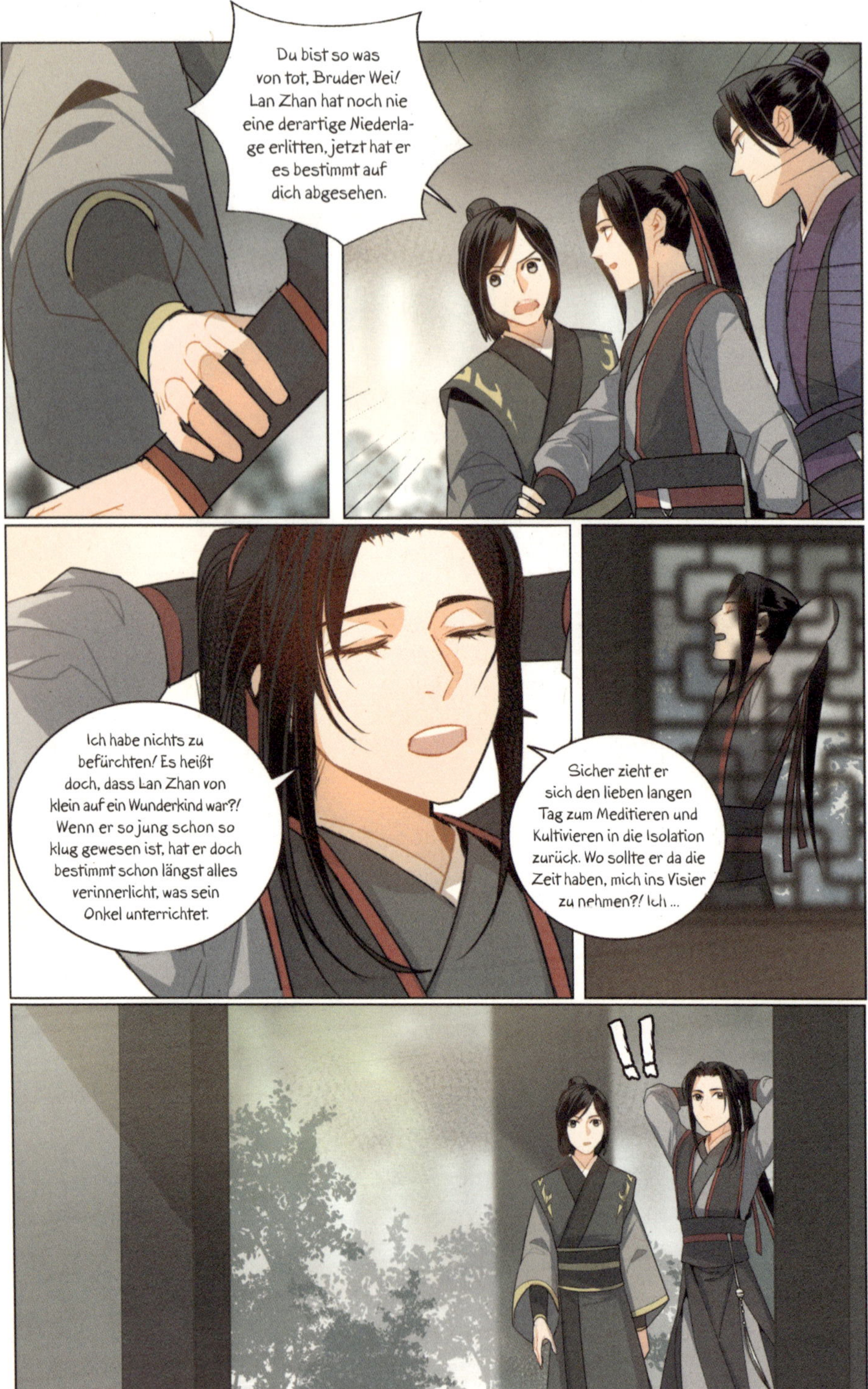
Du bist so was von tot, Bruder Wei! Lan Zhan hat noch nie eine derartige Niederlage erlitten, jetzt hat er es bestimmt auf dich abgesehen.
Ich habe nichts zu befürchten! Es heißt doch, dass Lan Zhan von klein auf ein Wunderkind war?! Wenn er so jung schon so klug gewesen ist, hat er doch bestimmt schon längst alles verinnerlicht, was sein Onkel unterrichtet.
Sicher zieht er sich den lieben langen Tag zum Meditieren und Kultivieren in die Isolation zurück. Wo sollte er da die Zeit haben, mich ins Visier zu nehmen?! Ich ...
!!

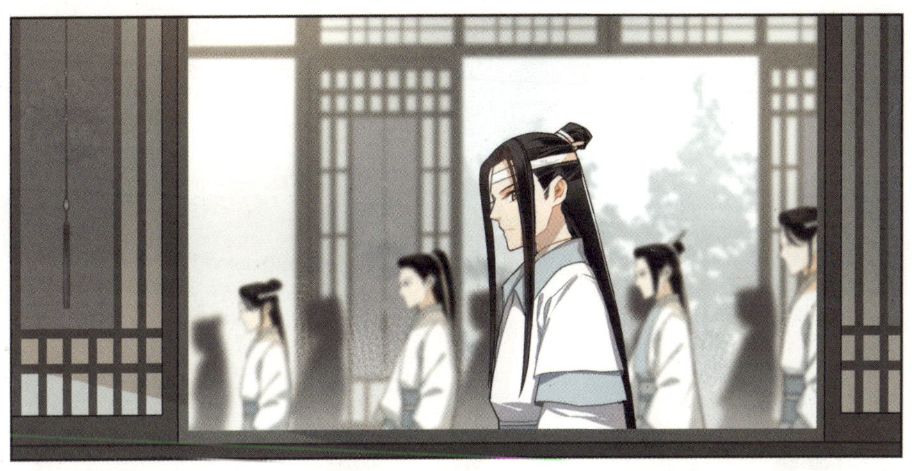

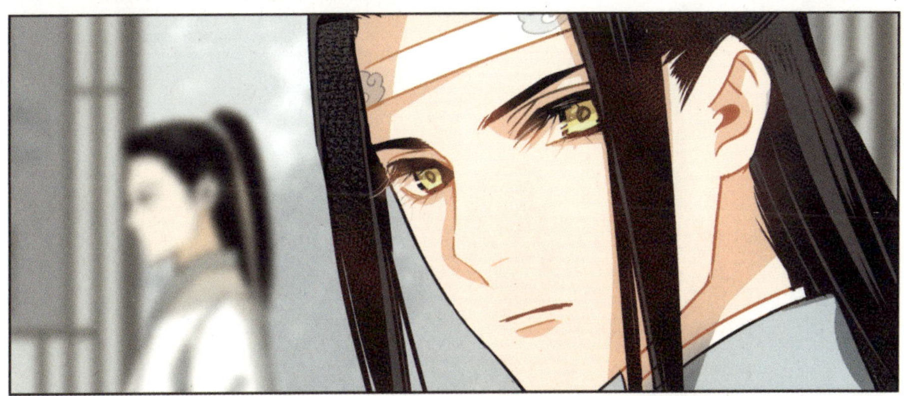

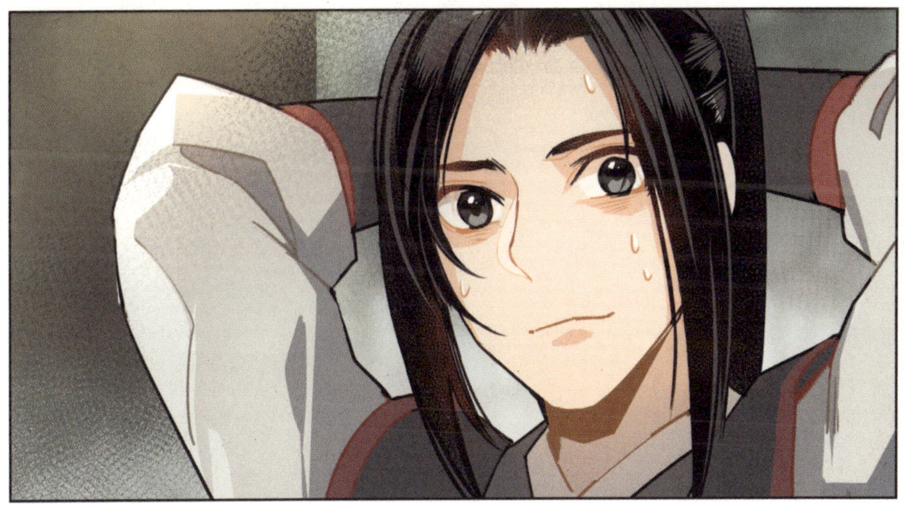

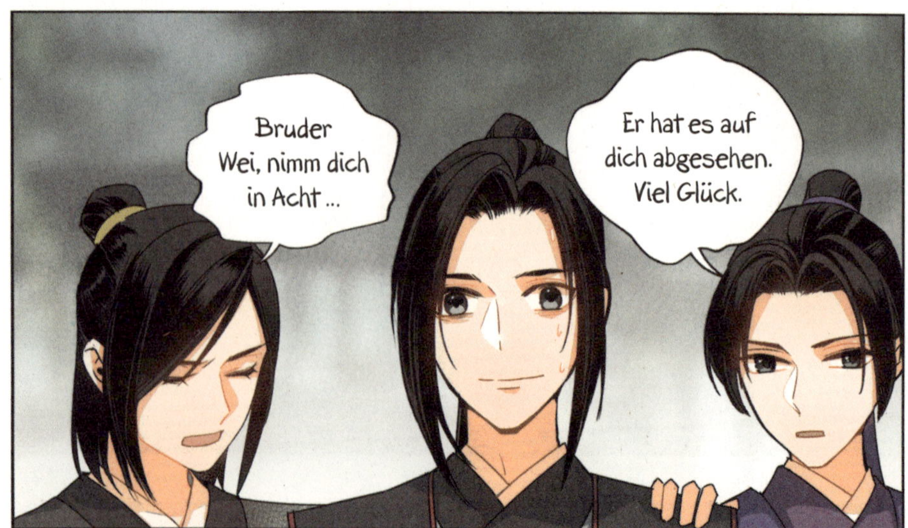
Bruder Wei, nimm dich in Acht ...
Er hat es auf dich abgesehen. Viel Glück.

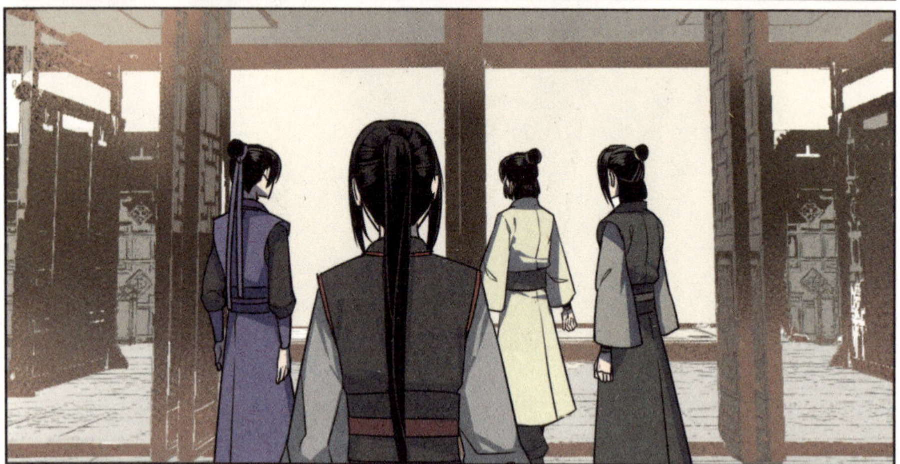

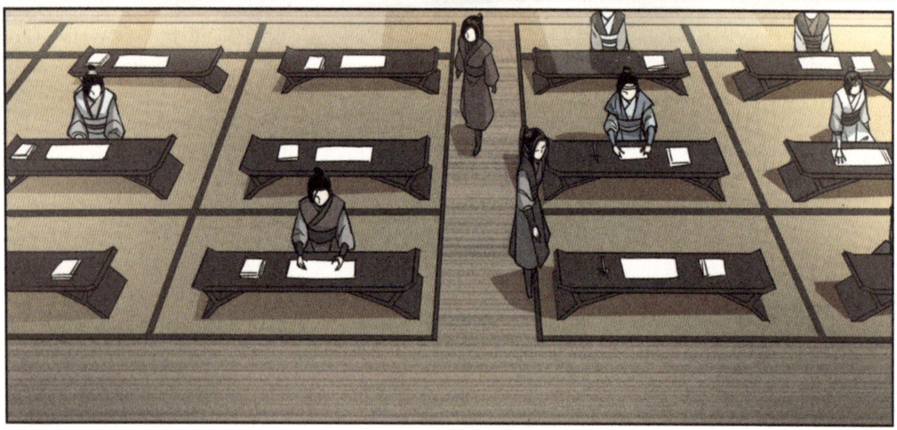

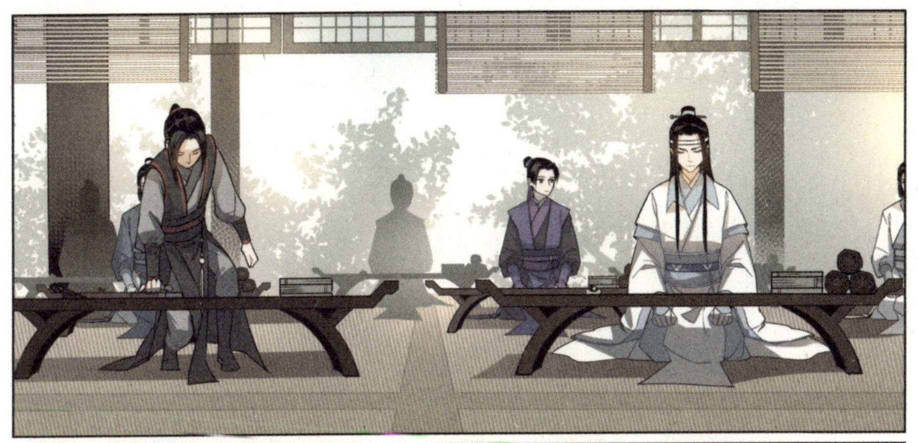

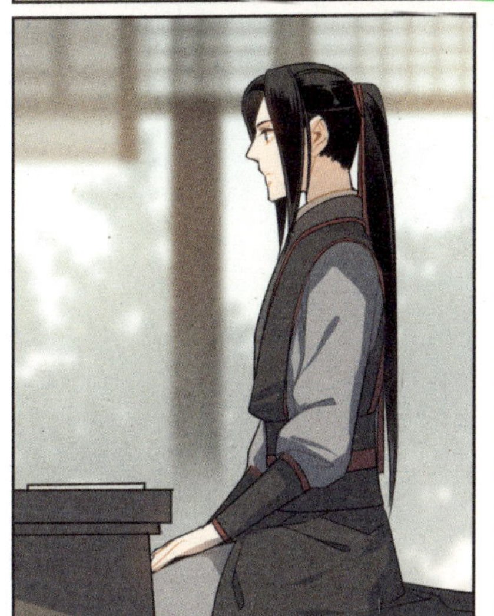

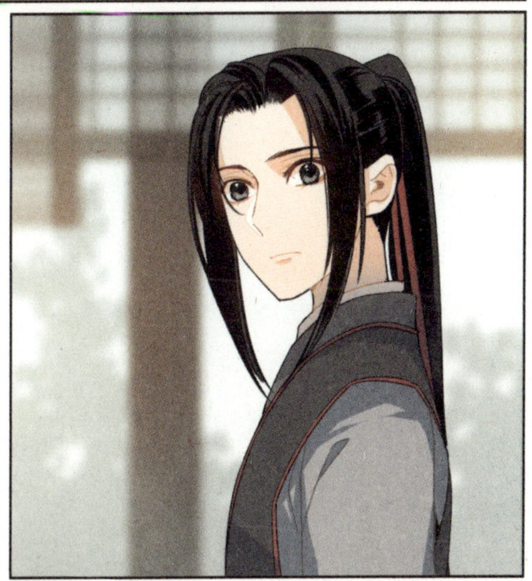

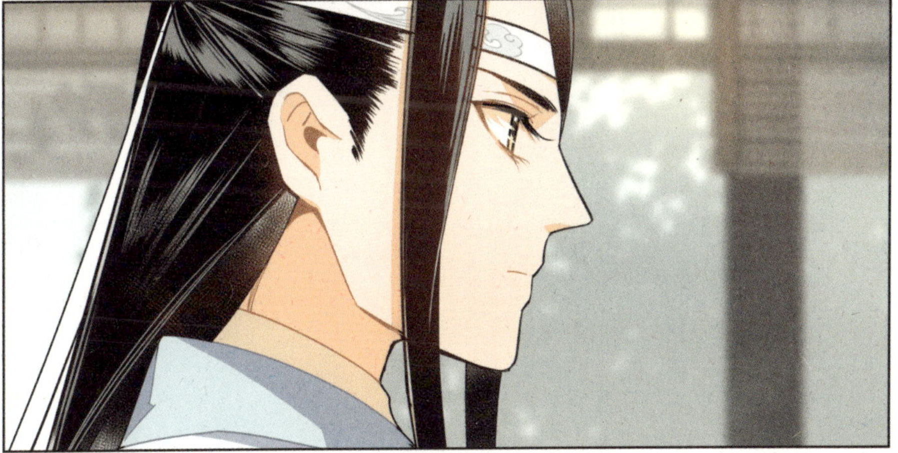

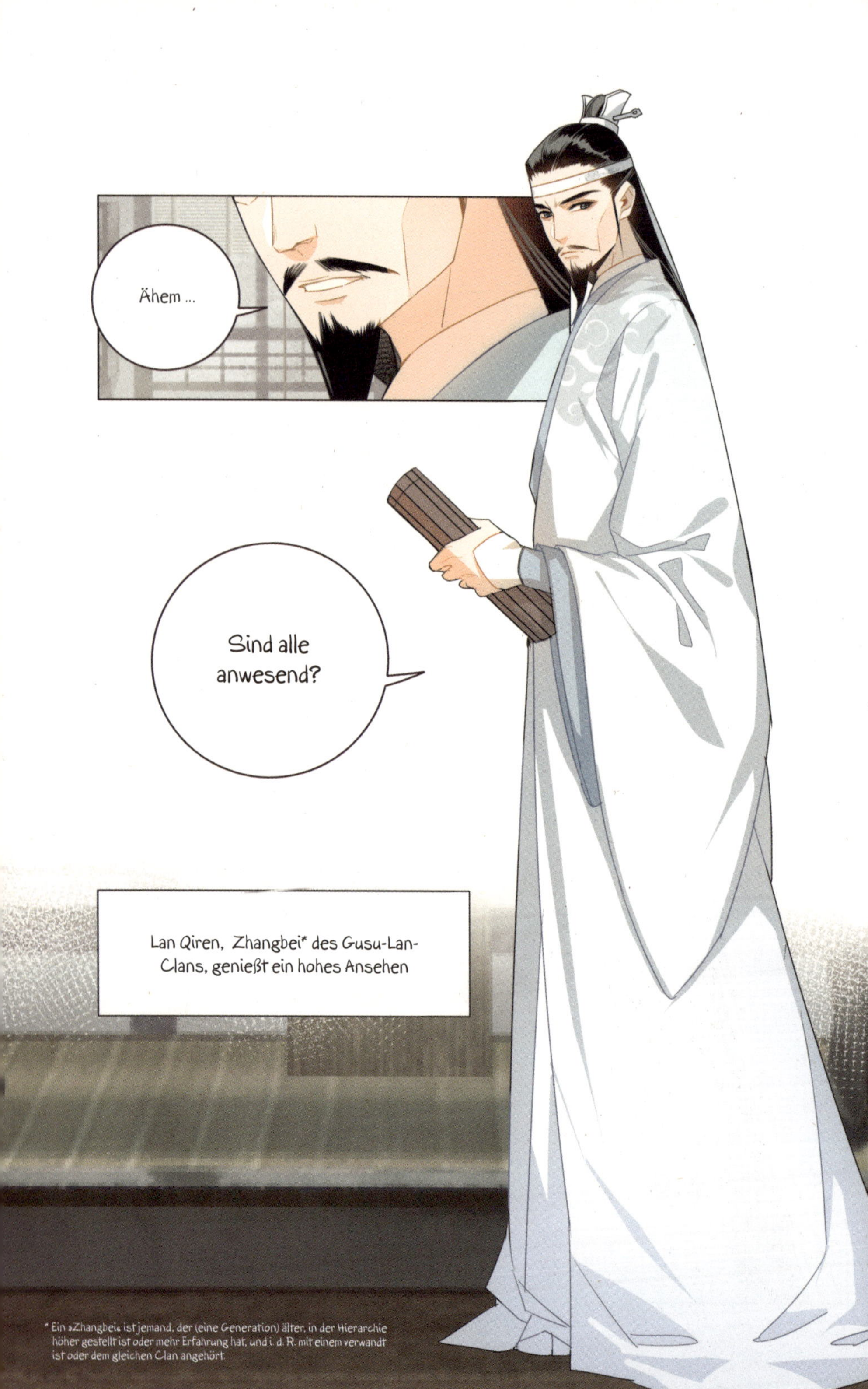
Ähem ...
Sind alle anwesend?
Lan Qiren, Zhangbei* des Gusu-Lan-Clans, genießt ein hohes Ansehen
* Ein »Zhangbei« ist jemand, der (eine Generation) älter, in der Hierarchie höher gestellt ist oder mehr Erfahrung hat, und i. d. R. mit einem verwandt ist oder dem gleichen Clan angehört.

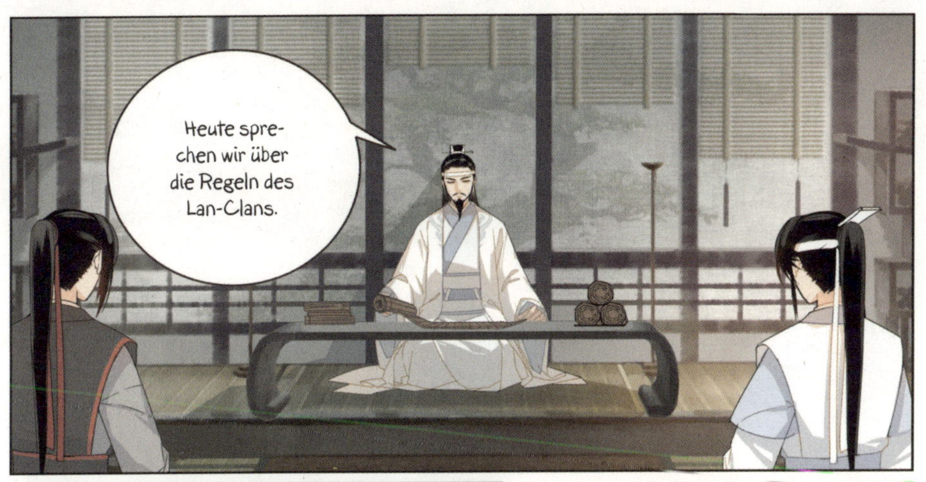
Heute sprechen wir über die Regeln des Lan-Clans.
Da sich anscheinend niemand unsere Regeln durchliest, die in der Steinwand eingraviert sind, wiederhole ich sie alle einzeln nacheinander.
Mal schauen, ob sie dann noch jemand mit der Ausrede bricht, sie nicht zu kennen.

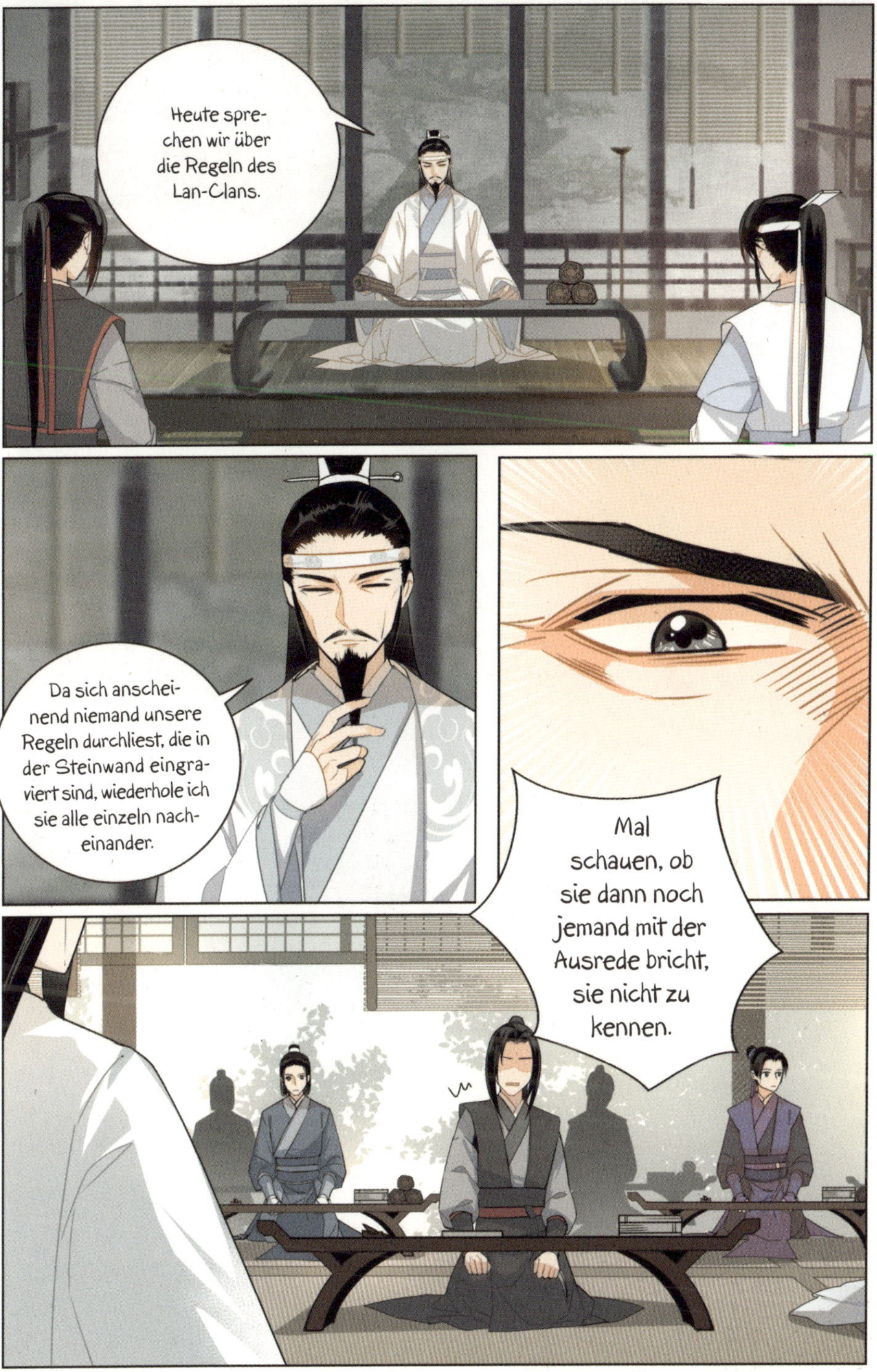

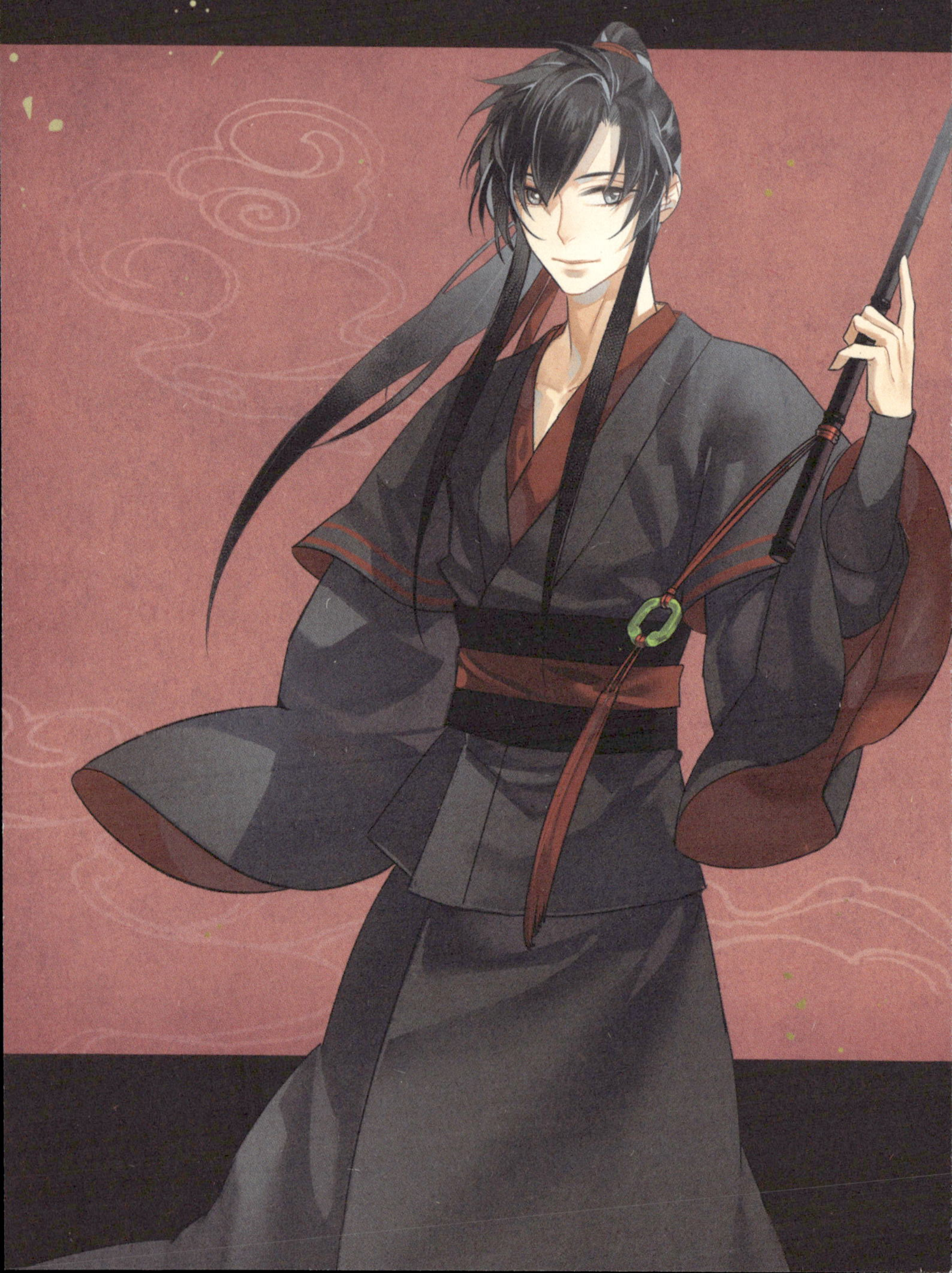

Kapitel 33

Die vierte Möglichkeit

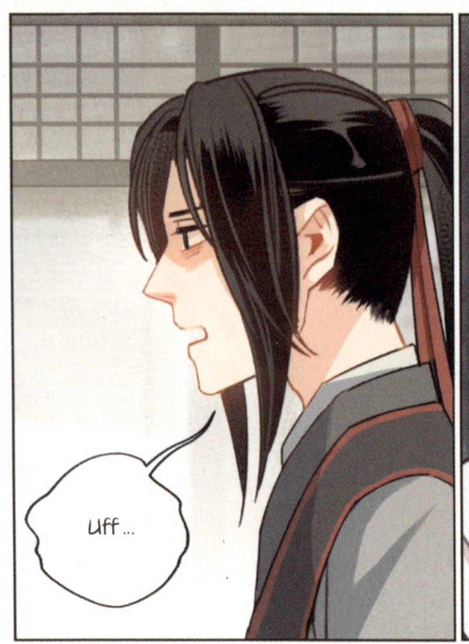
Uff ...

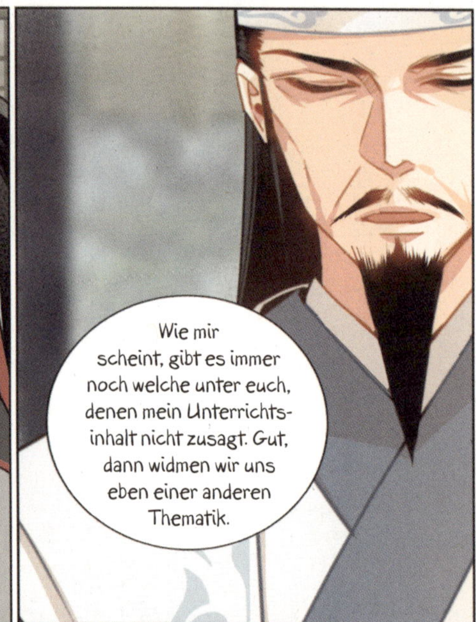
Wie mir scheint, gibt es immer noch welche unter euch, denen mein Unterrichtsinhalt nicht zusagt. Gut, dann widmen wir uns eben einer anderen Thematik.

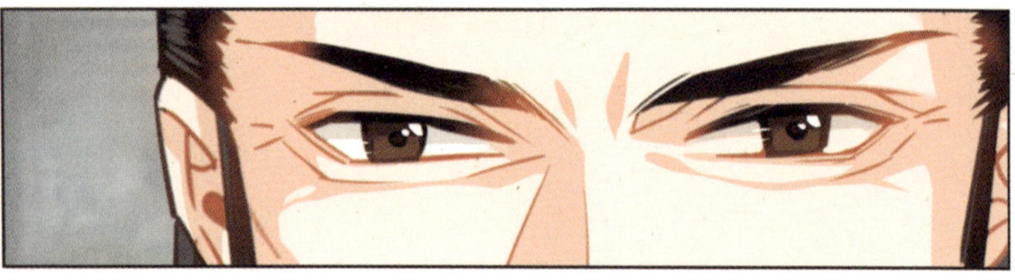

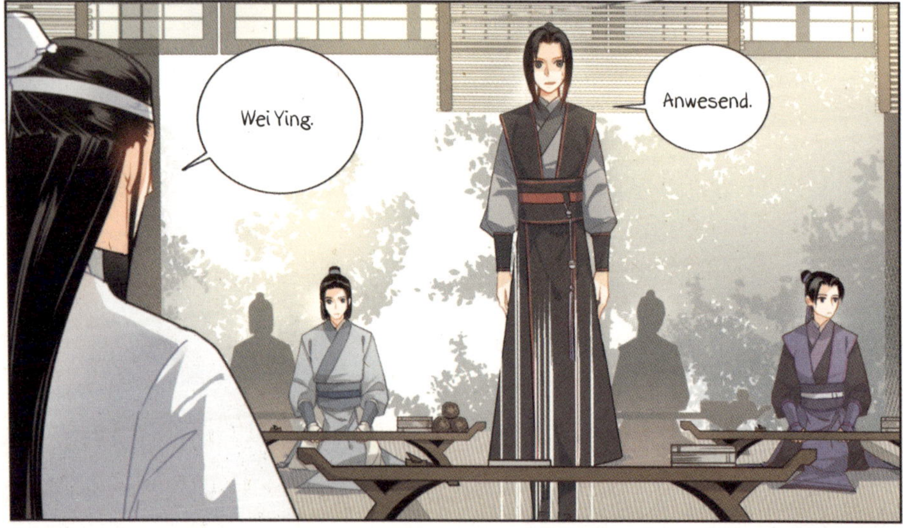
Wei Ying.
Anwesend.

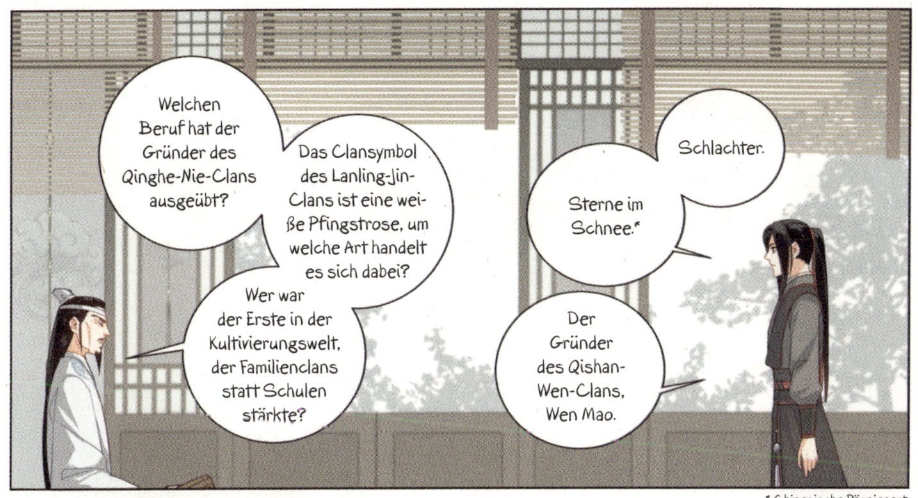

* Chinesische Päonienart

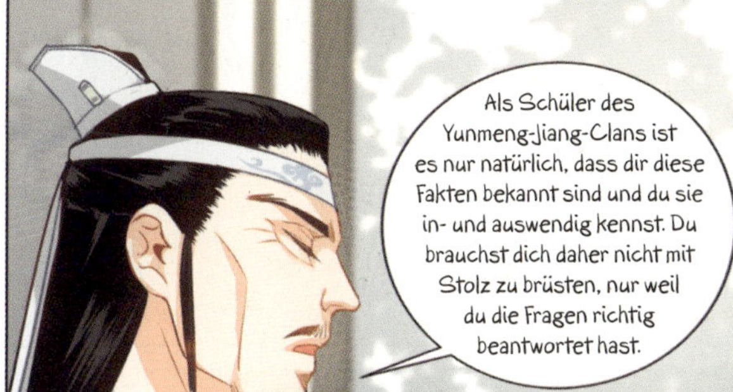

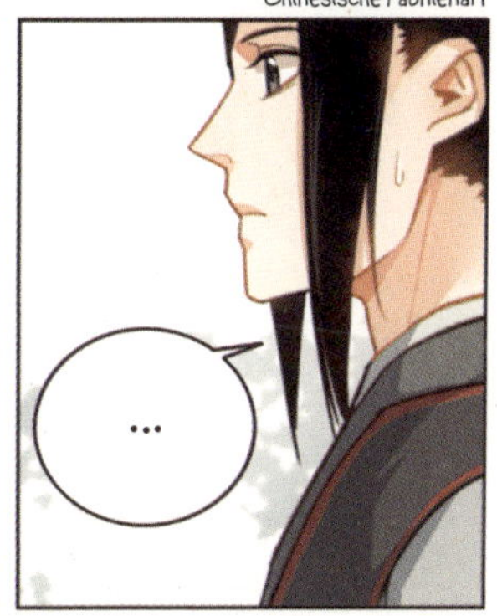

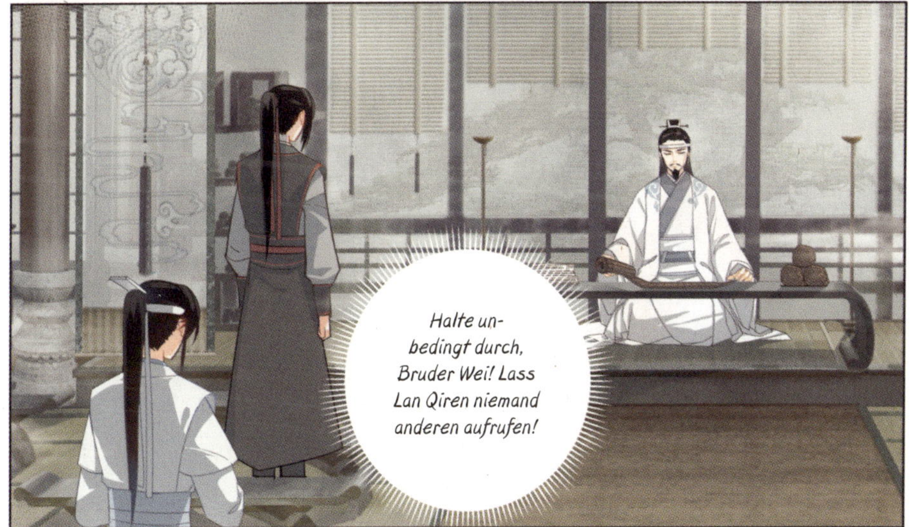

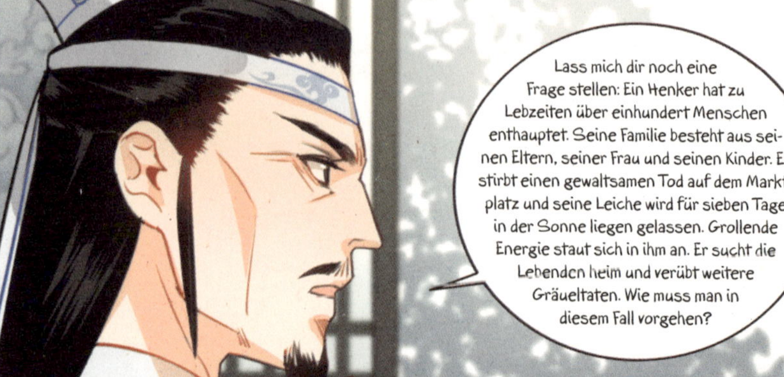
Lass mich dir noch eine Frage stellen: Ein Henker hat zu Lebzeiten über einhundert Menschen enthauptet. Seine Familie besteht aus seinen Eltern, seiner Frau und seinen Kinder. Er stirbt einen gewaltsamen Tod auf dem Marktplatz und seine Leiche wird für sieben Tage in der Sonne liegen gelassen. Grollende Energie staut sich in ihm an. Er sucht die Lebenden heim und verübt weitere Gräueltaten. Wie muss man in diesem Fall vorgehen?

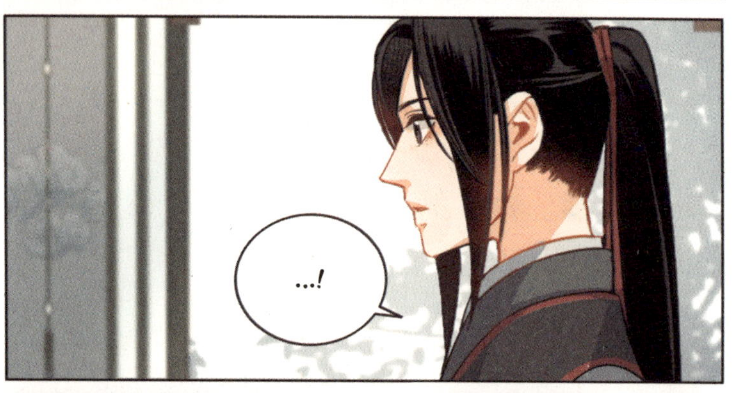
...!

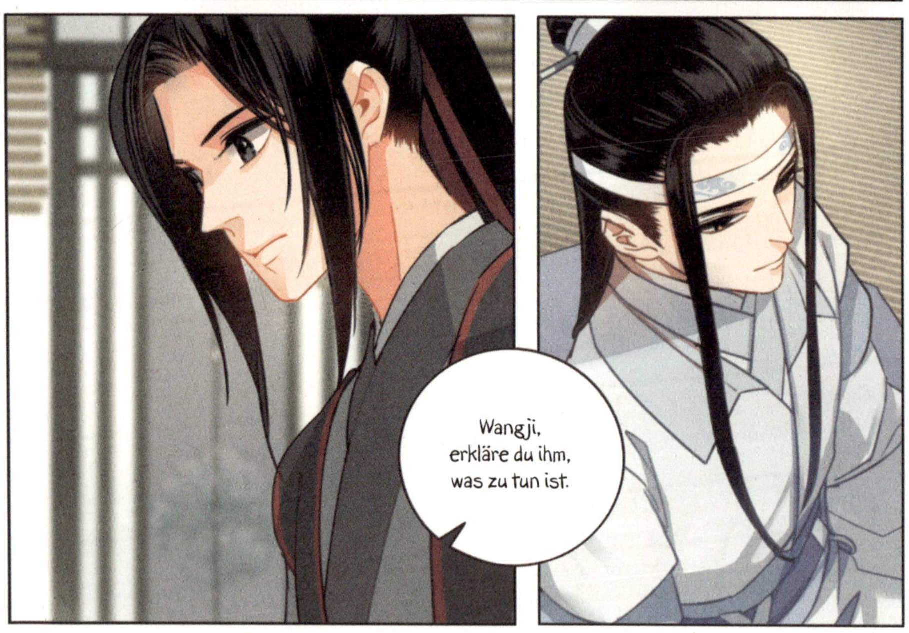
Wangji, erkläre du ihm, was zu tun ist.

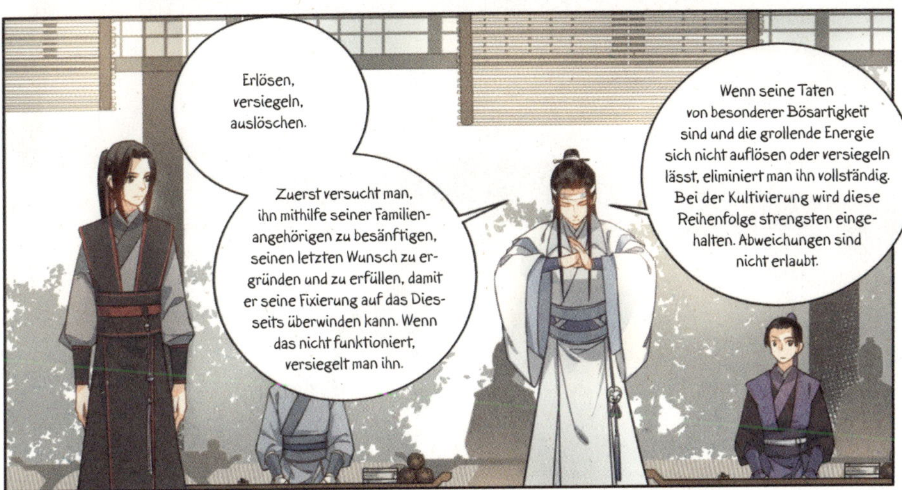
Erlösen, versiegeln, auslöschen.
Zuerst versucht man, ihn mithilfe seiner Familienangehörigen zu besänftigen, seinen letzten Wunsch zu ergründen und zu erfüllen, damit er seine Fixierung auf das Diesseits überwinden kann. Wenn das nicht funktioniert, versiegelt man ihn.
Wenn seine Taten von besonderer Bösartigkeit sind und die grollende Energie sich nicht auflösen oder versiegeln lässt, eliminiert man ihn vollständig. Bei der Kultivierung wird diese Reihenfolge strengstens eingehalten. Abweichungen sind nicht erlaubt.

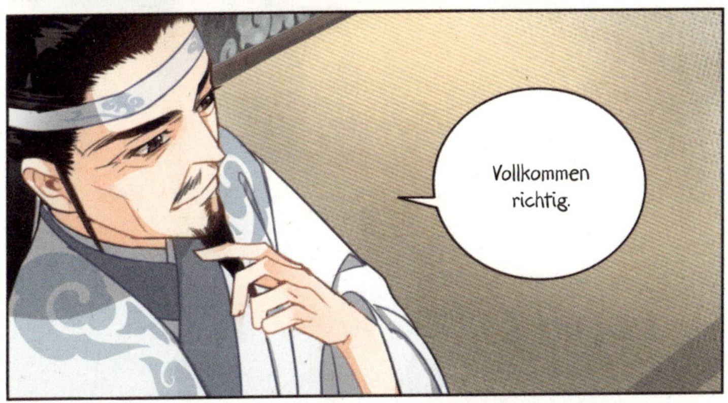
Vollkommen richtig.

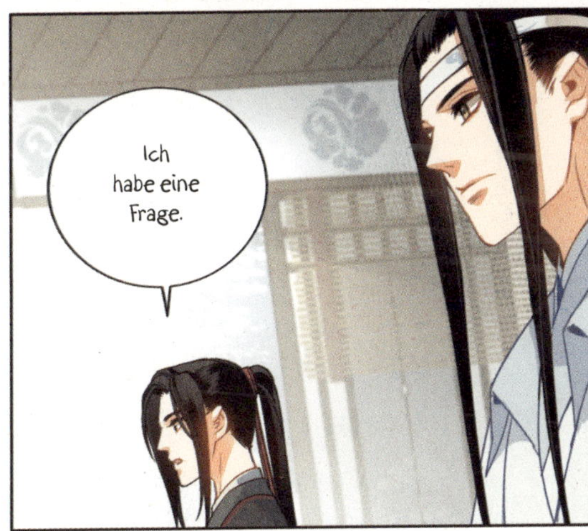
Ich habe eine Frage.

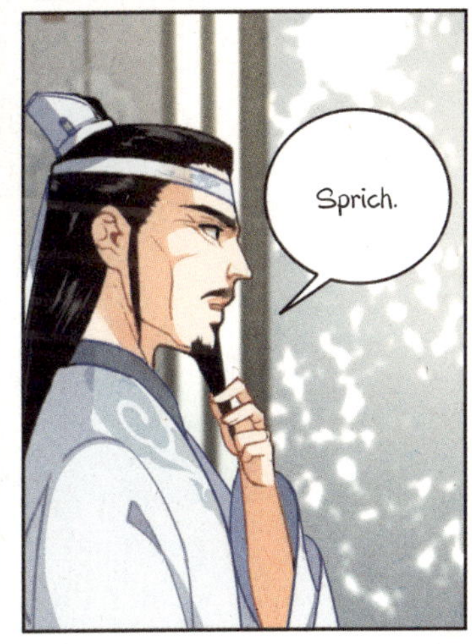
Sprich.

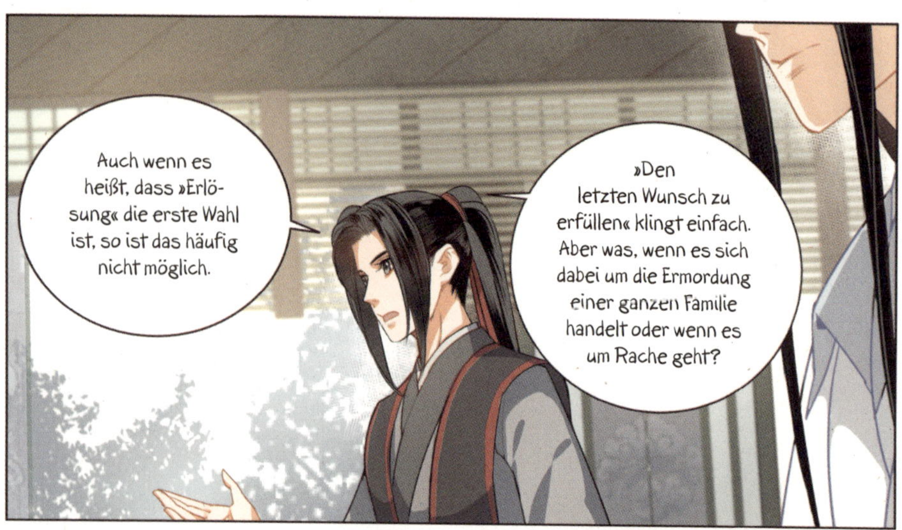
Auch wenn es heißt, dass »Erlösung« die erste Wahl ist, so ist das häufig nicht möglich.
»Den letzten Wunsch zu erfüllen« klingt einfach. Aber was, wenn es sich dabei um die Ermordung einer ganzen Familie handelt oder wenn es um Rache geht?

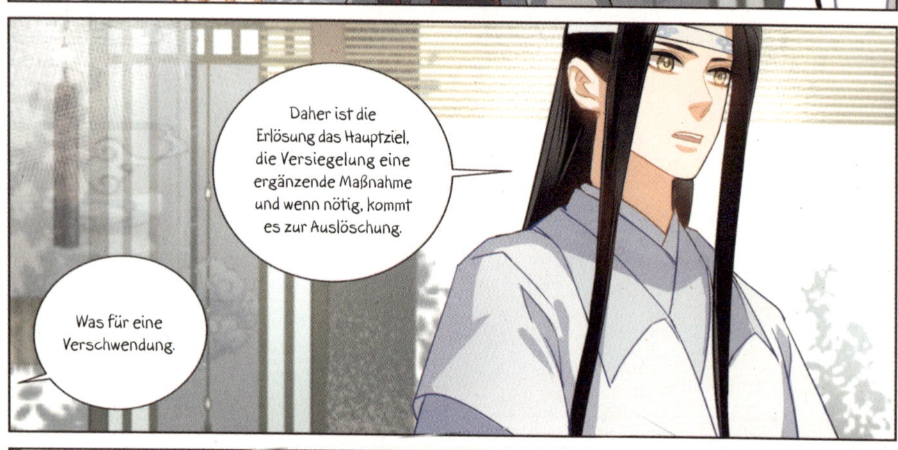
Daher ist die Erlösung das Hauptziel, die Versiegelung eine ergänzende Maßnahme und wenn nötig, kommt es zur Auslöschung.
Was für eine Verschwendung.

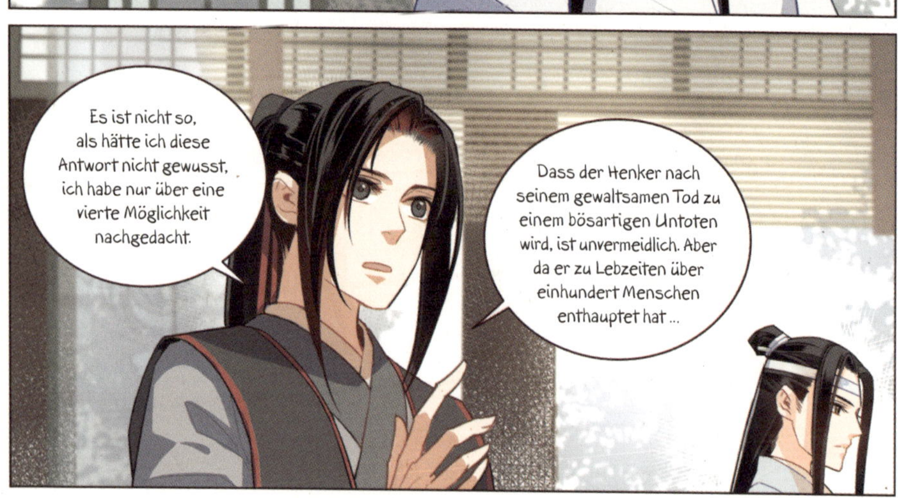
Es ist nicht so, als hätte ich diese Antwort nicht gewusst, ich habe nur über eine vierte Möglichkeit nachgedacht.
Dass der Henker nach seinem gewaltsamen Tod zu einem bösartigen Untoten wird, ist unvermeidlich. Aber da er zu Lebzeiten über einhundert Menschen enthauptet hat ...

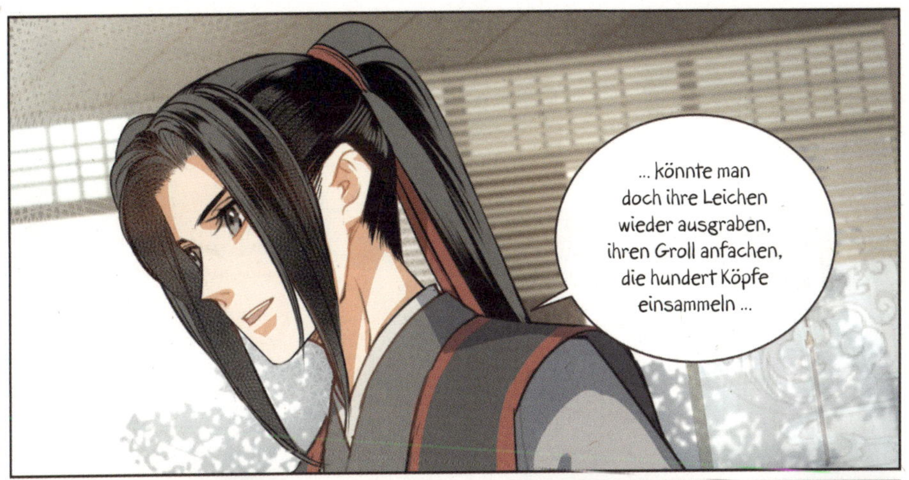
... könnte man doch ihre Leichen wieder ausgraben, ihren Groll anfachen, die hundert Köpfe einsammeln ...

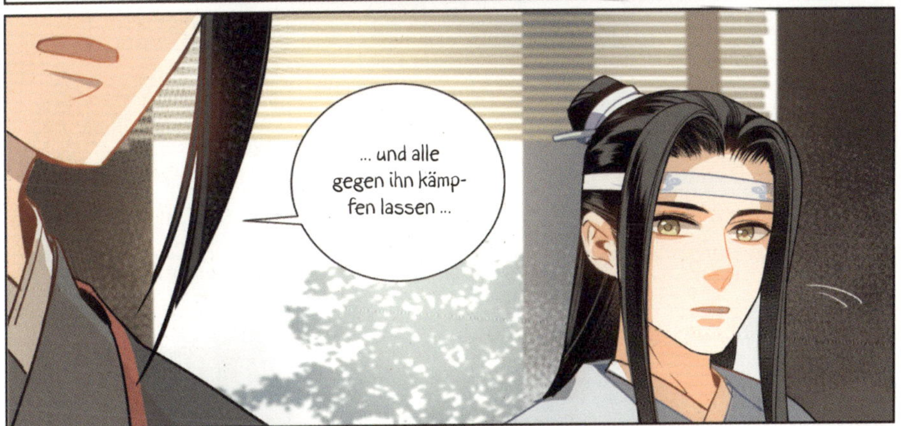
... und alle gegen ihn kämp-fen lassen ...

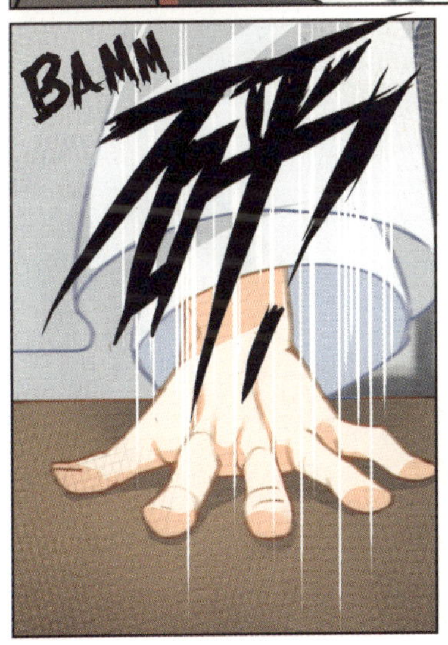
BAMM

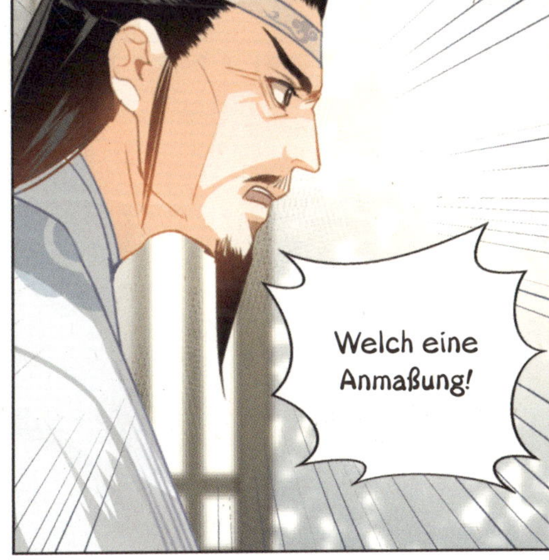
Welch eine Anmaßung!

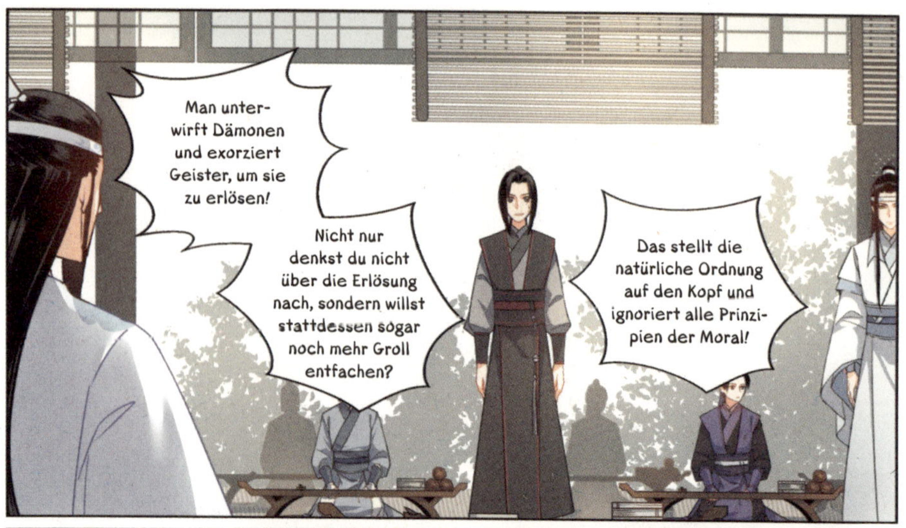

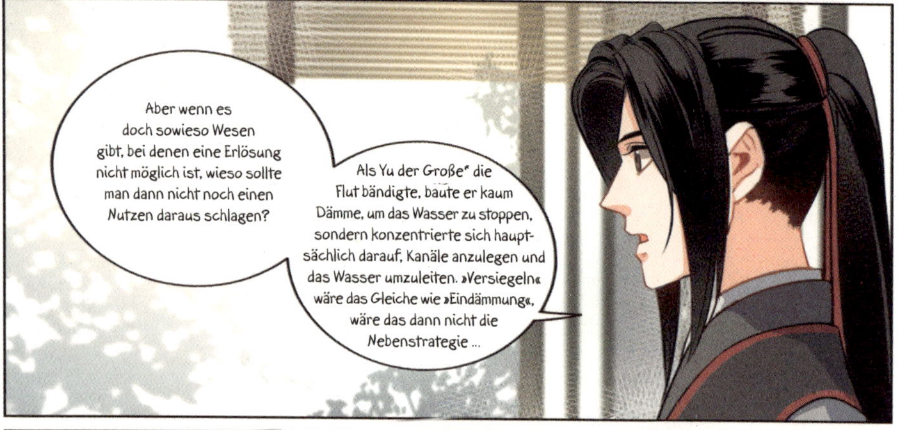

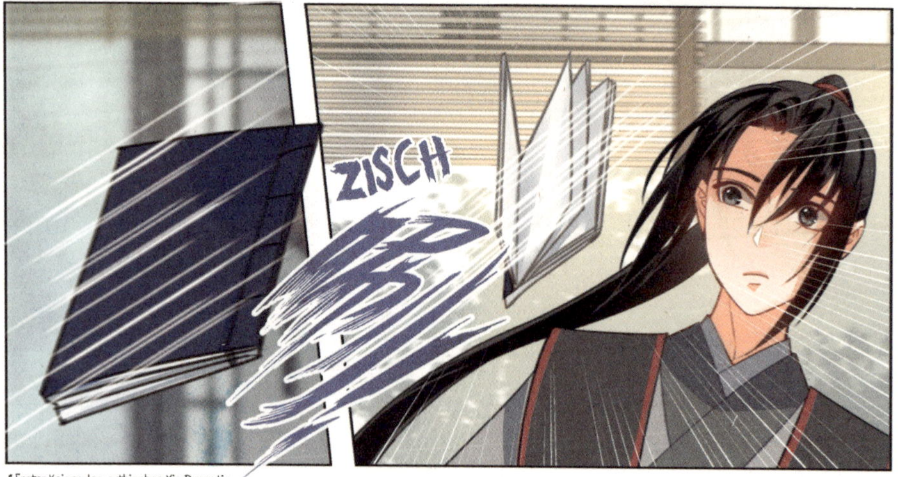

* Erster Kaiser der mythischen Xia-Dynastie.

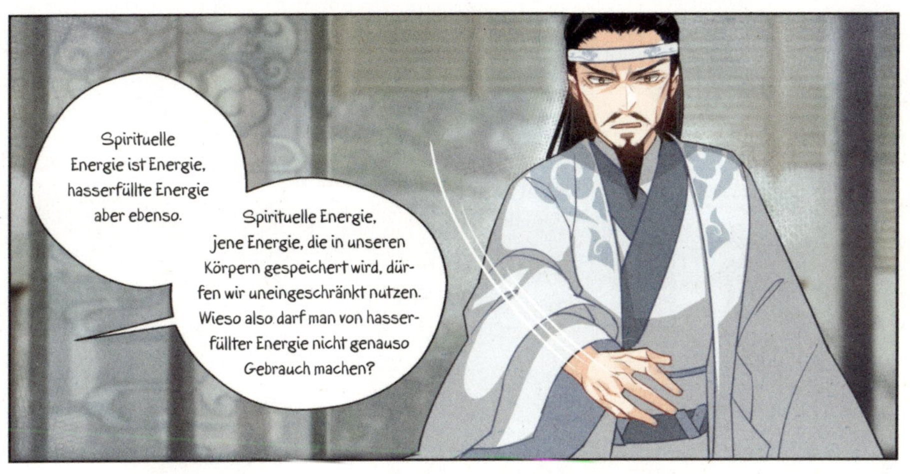
Spirituelle Energie ist Energie, hasserfüllte Energie aber ebenso.
Spirituelle Energie, jene Energie, die in unseren Körpern gespeichert wird, dürfen wir uneingeschränkt nutzen. Wieso also darf man von hasserfüllter Energie nicht genauso Gebrauch machen?

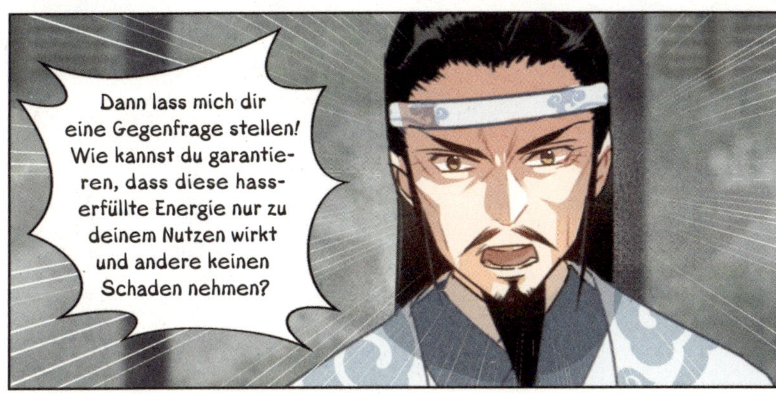
Dann lass mich dir eine Gegenfrage stellen! Wie kannst du garantieren, dass diese hasserfüllte Energie nur zu deinem Nutzen wirkt und andere keinen Schaden nehmen?

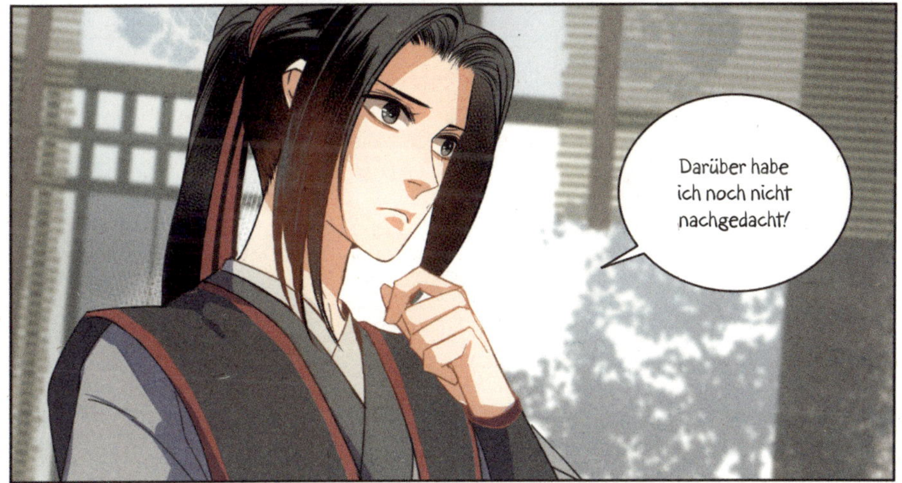
Darüber habe ich noch nicht nachgedacht!

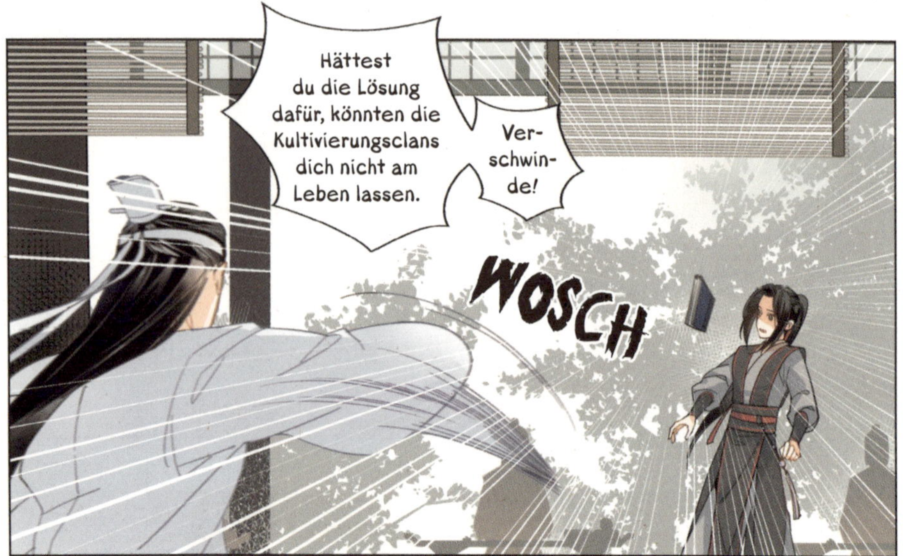
Hättest du die Lösung dafür, könnten die Kultivierungsclans dich nicht am Leben lassen.
Verschwinde!
WOSCH

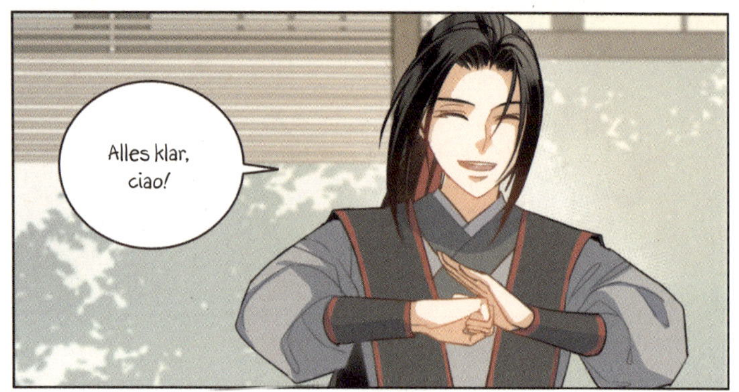
Alles klar, ciao!

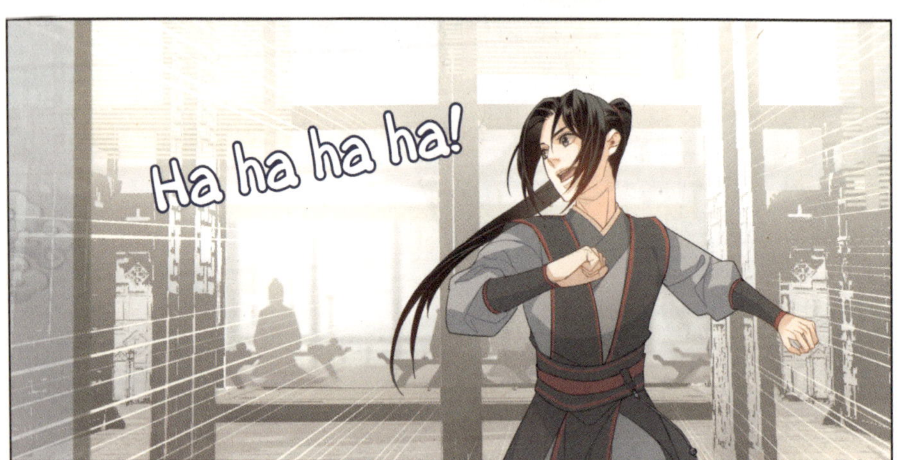
Ha ha ha ha!

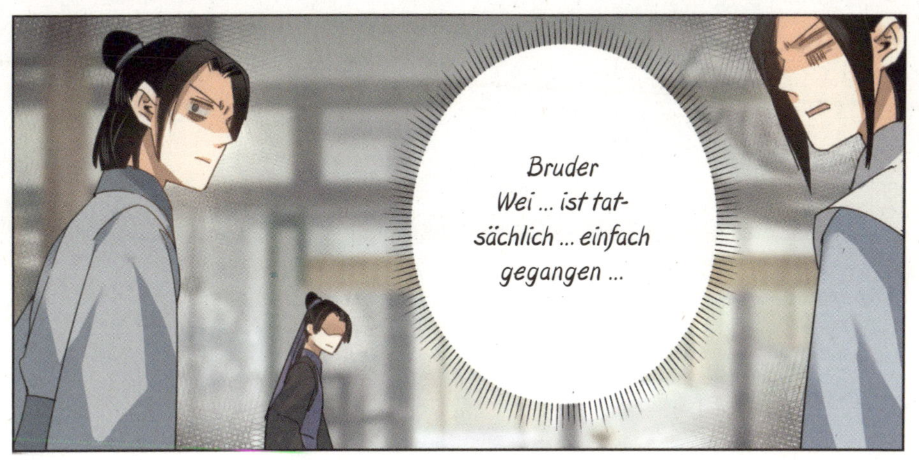
Bruder Wei ... ist tatsächlich ... einfach gegangen ...

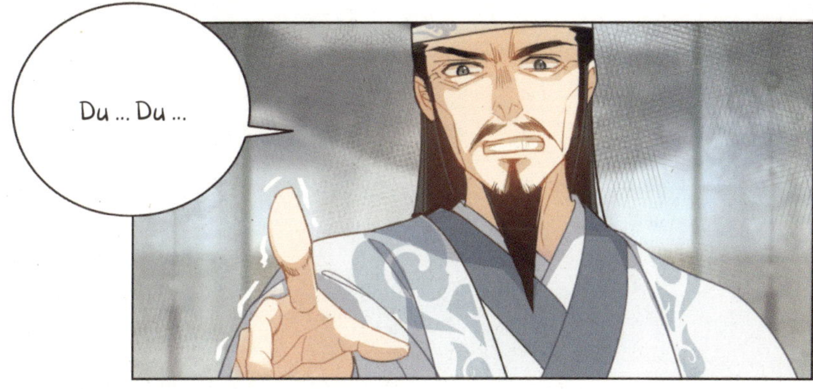
Du ... Du ...

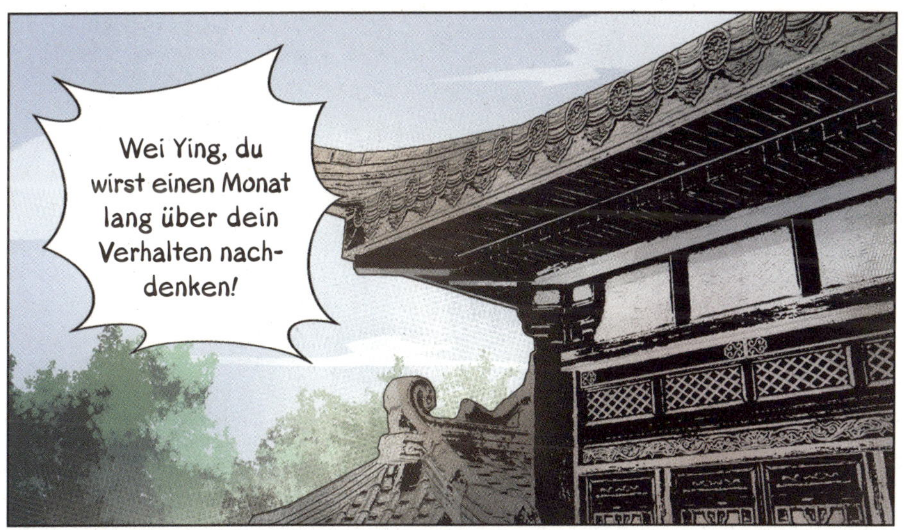
Wei Ying, du wirst einen Monat lang über dein Verhalten nachdenken!

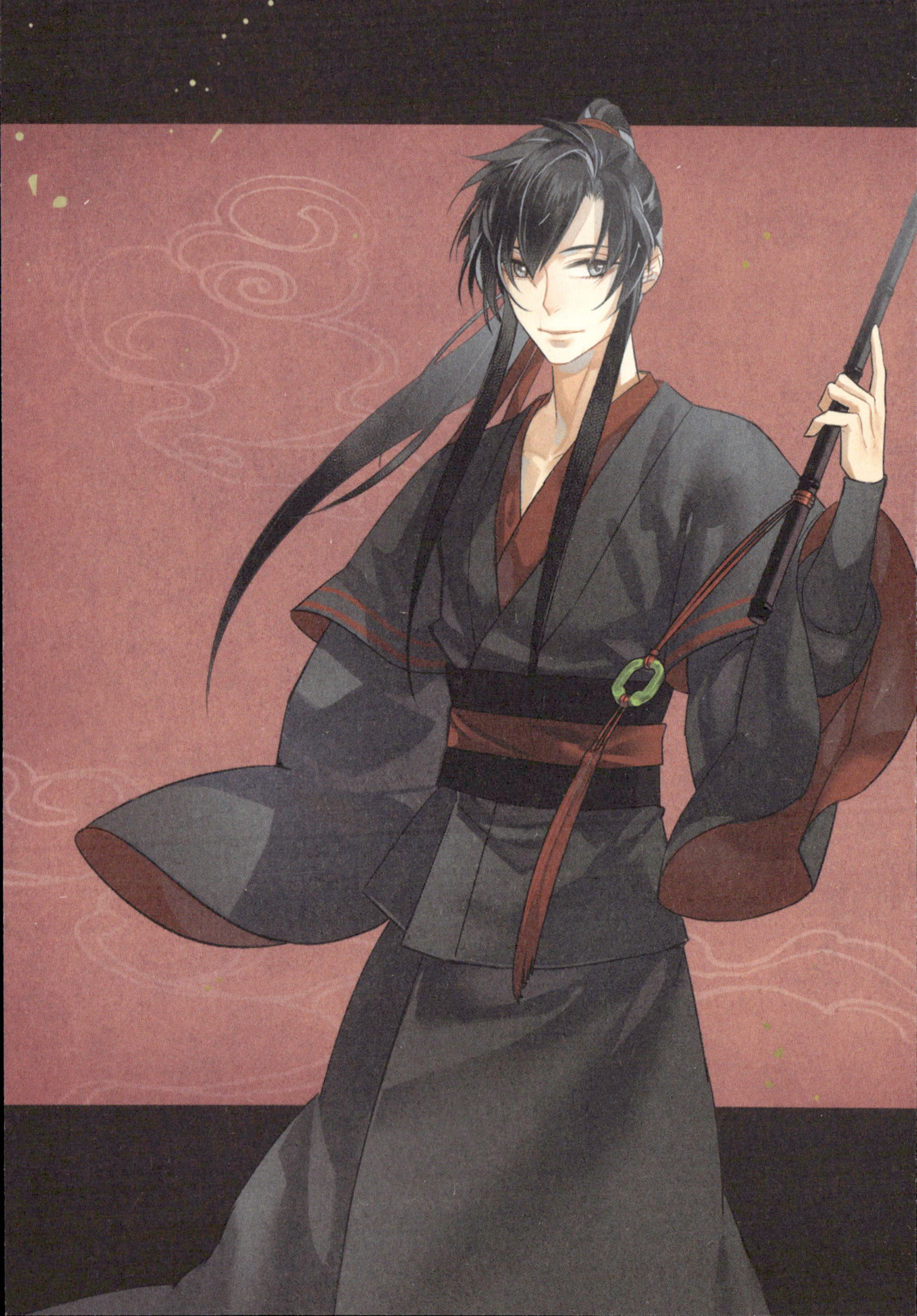

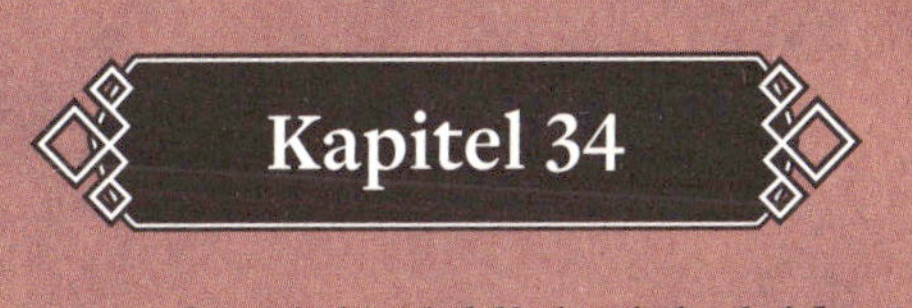

Kapitel 34

Kannst du mich wirklich nicht leiden?

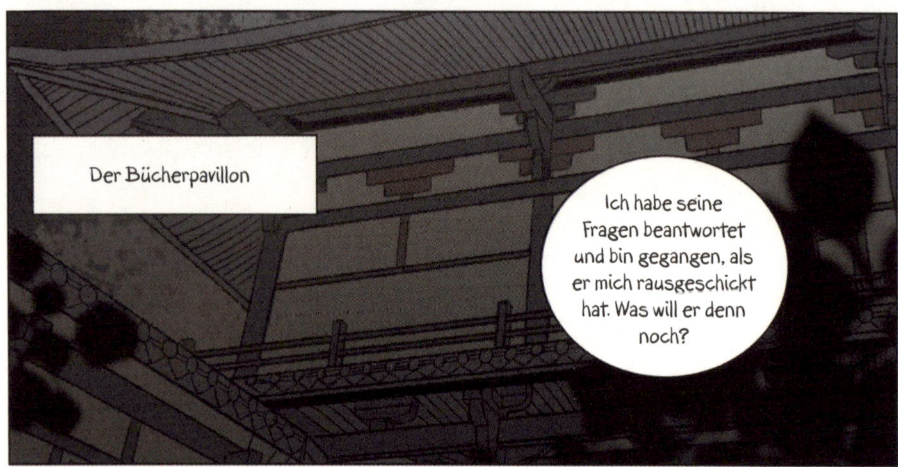
Der Bücherpavillon
Ich habe seine Fragen beantwortet und bin gegangen, als er mich rausgeschickt hat. Was will er denn noch?

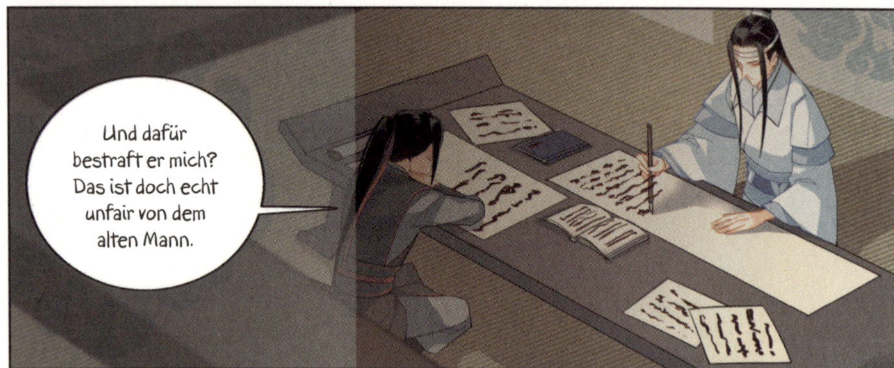
Und dafür bestraft er mich? Das ist doch echt unfair von dem alten Mann.

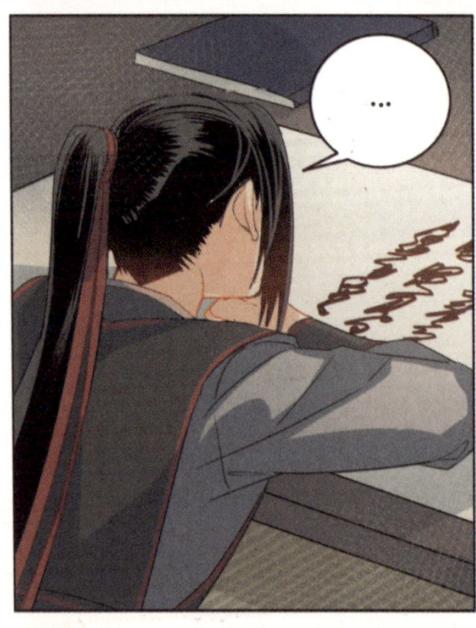
...

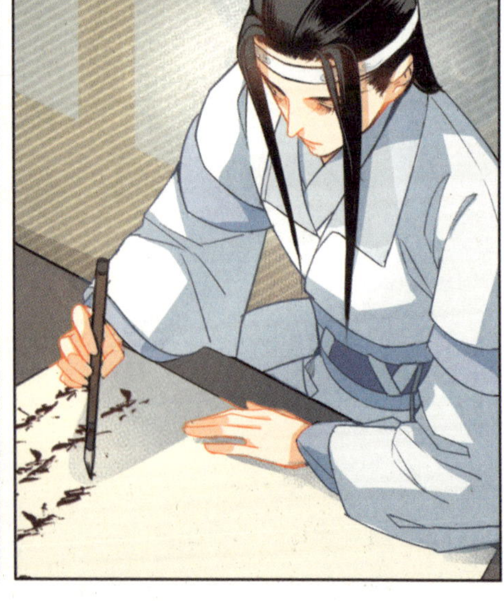

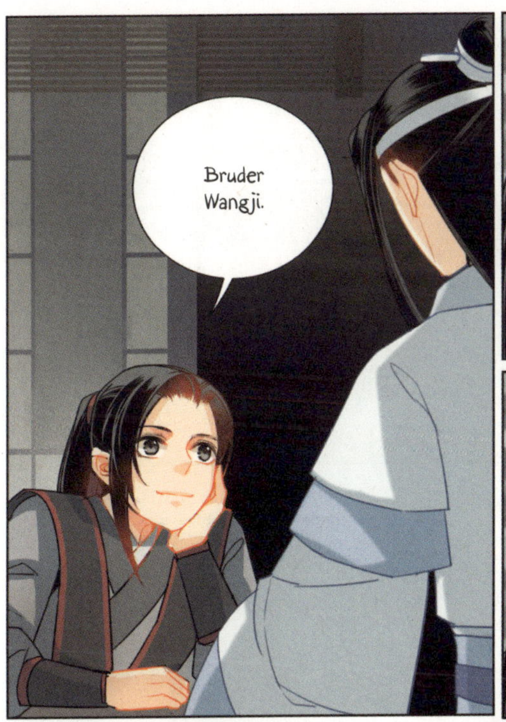
Bruder
Wangji.

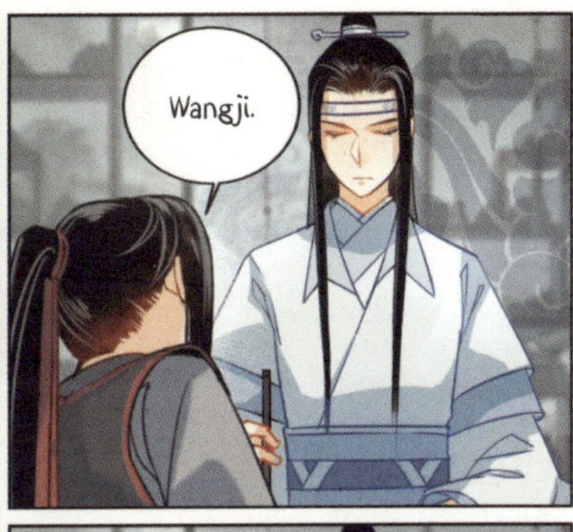
Wangji.

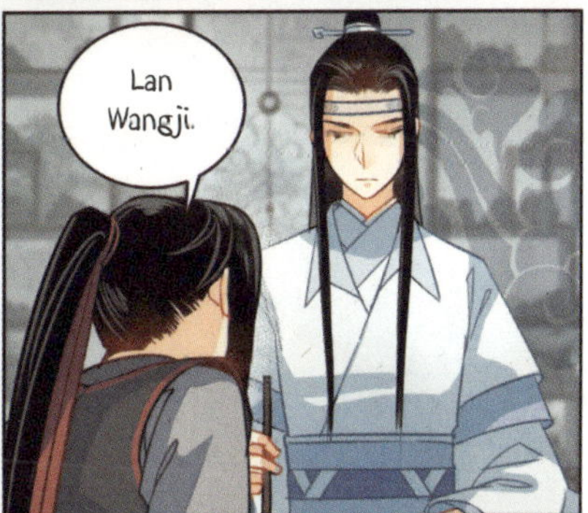
Lan
Wangji.

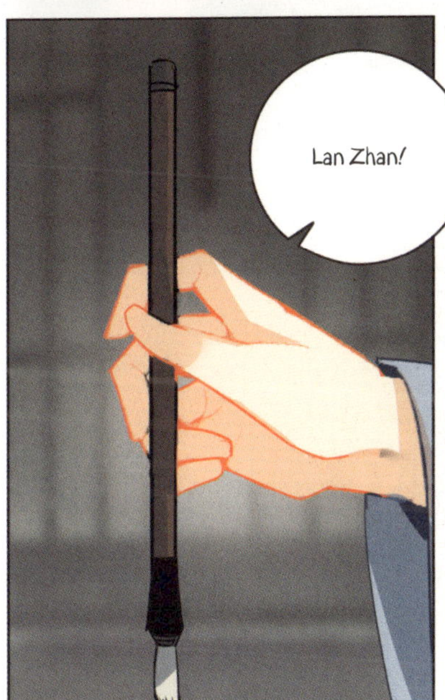
Lan Zhan!

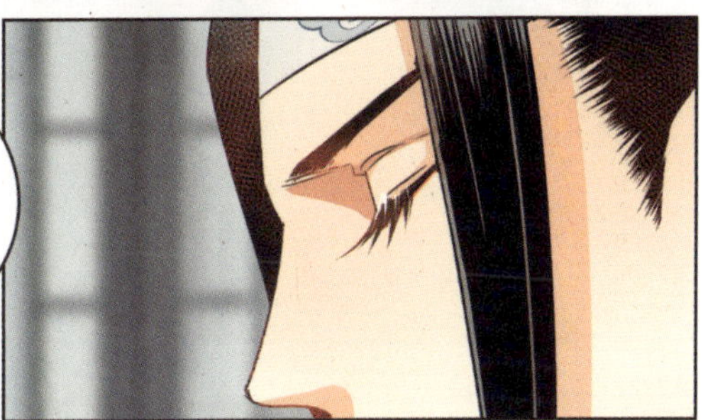

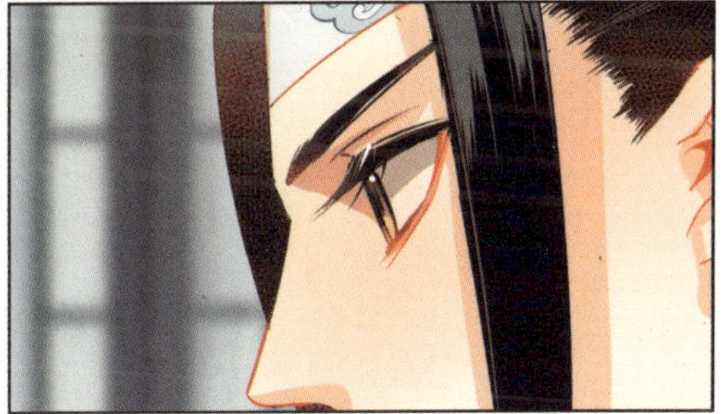

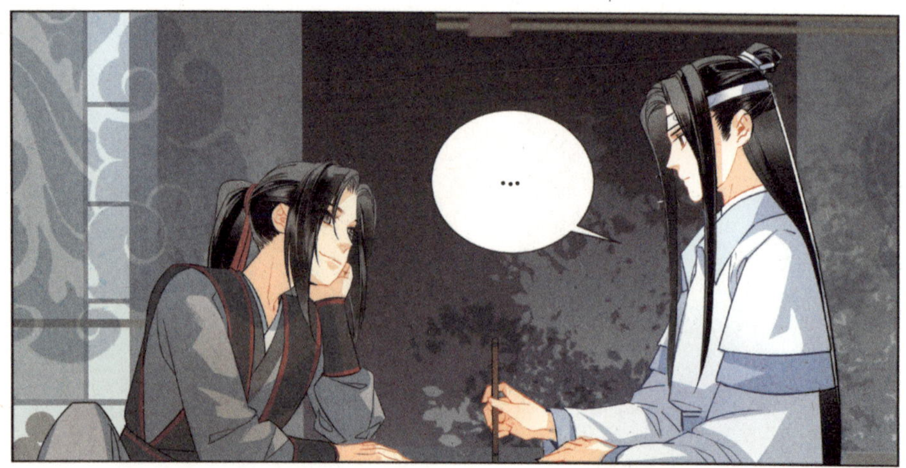

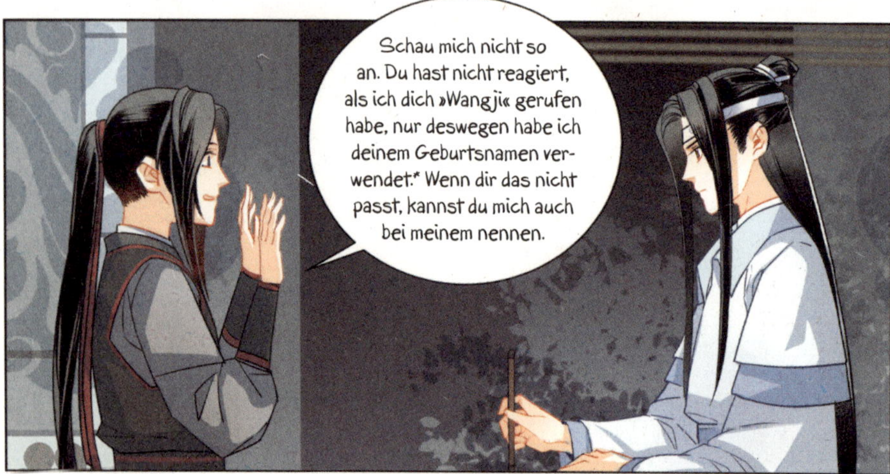

* Jemanden mit dem Geburtsnamen anzusprechen, ist regulär nur in der Familie üblich oder wenn man sich nahesteht.

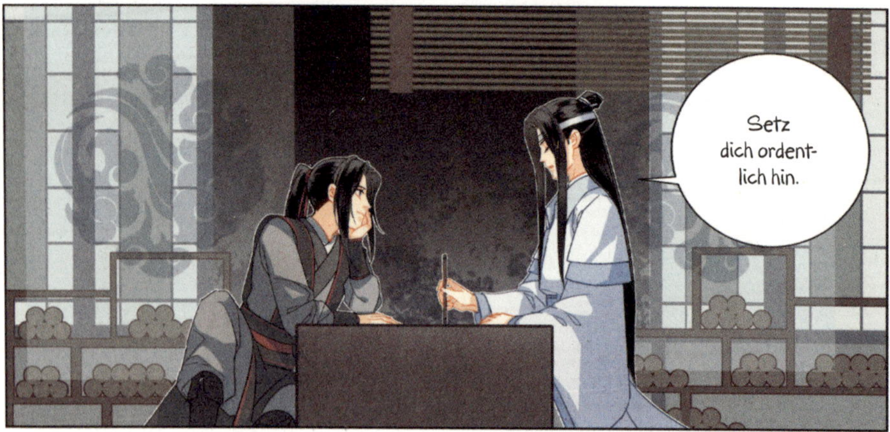

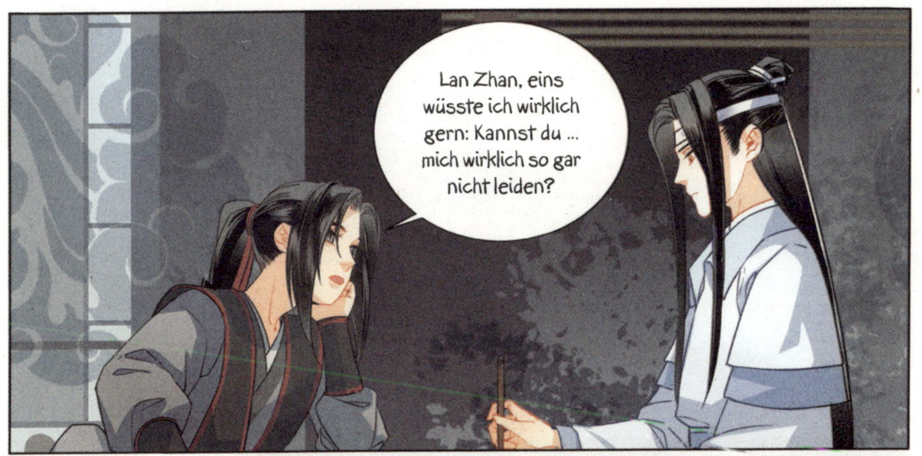
Lan Zhan, eins wüsste ich wirklich gern: Kannst du … mich wirklich so gar nicht leiden?
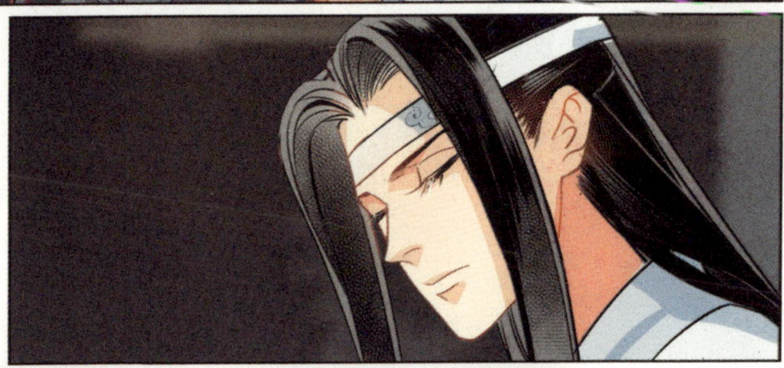
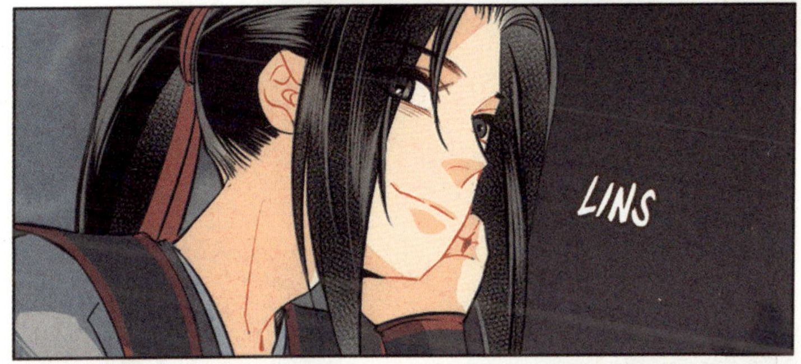
LINS
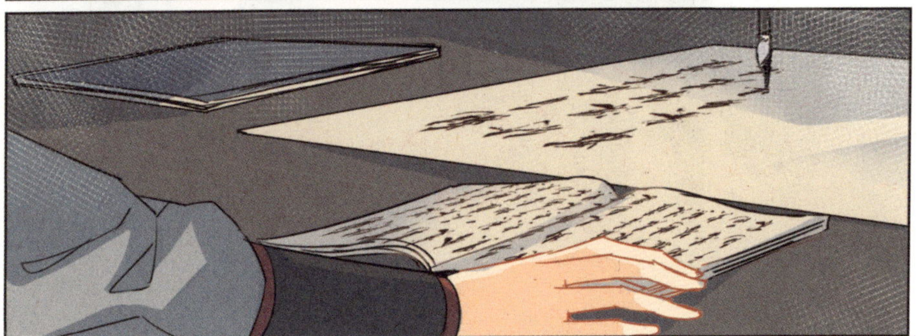

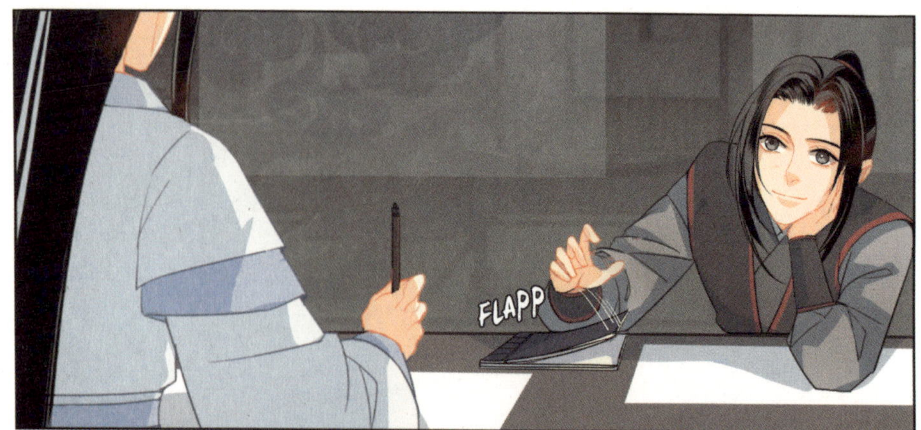
FLAPP

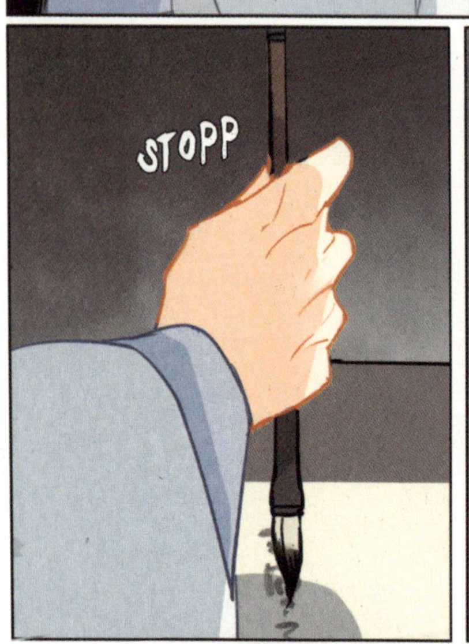
STOPP

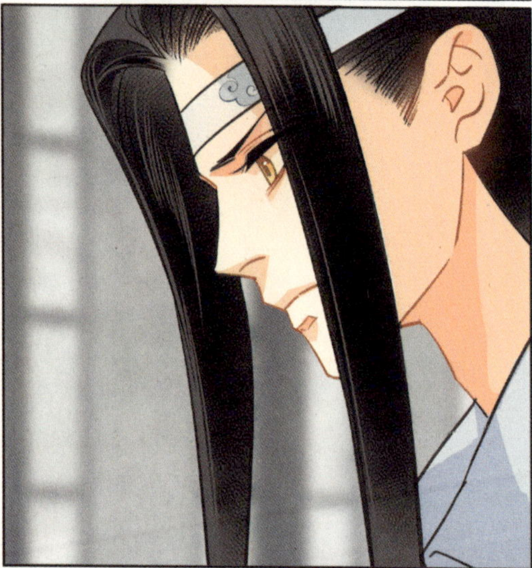

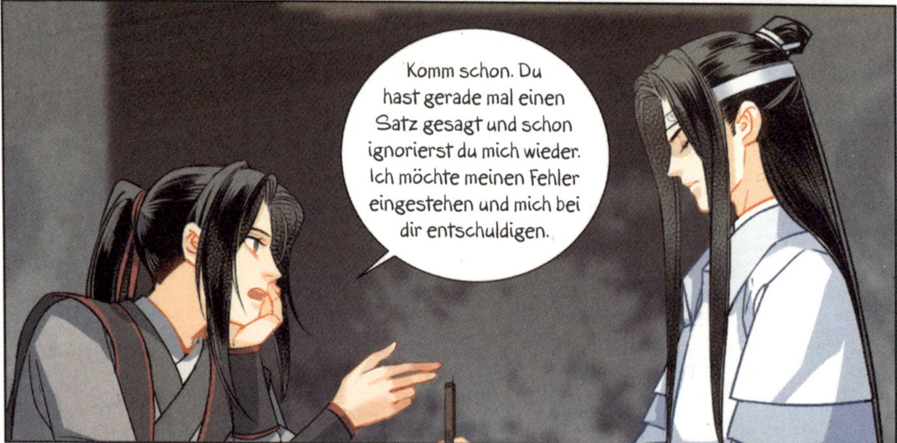
Komm schon. Du hast gerade mal einen Satz gesagt und schon ignorierst du mich wieder. Ich möchte meinen Fehler eingestehen und mich bei dir entschuldigen.

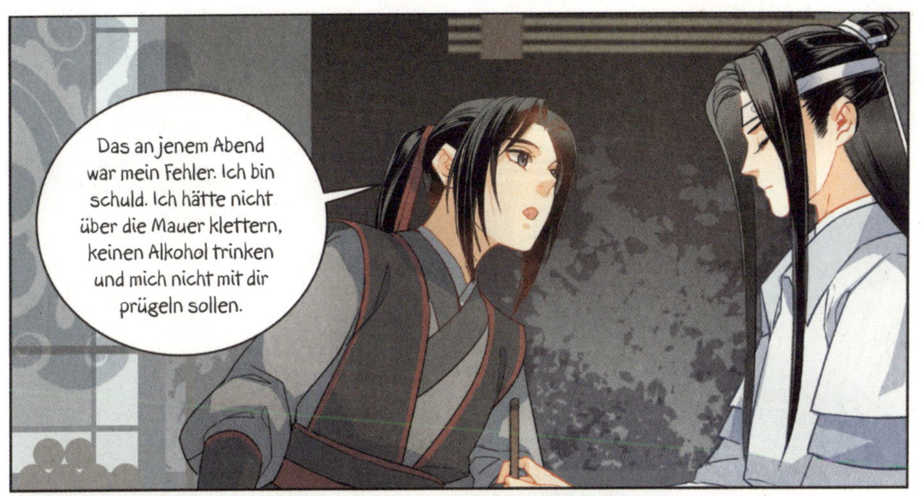
Das an jenem Abend war mein Fehler. Ich bin schuld. Ich hätte nicht über die Mauer klettern, keinen Alkohol trinken und mich nicht mit dir prügeln sollen.

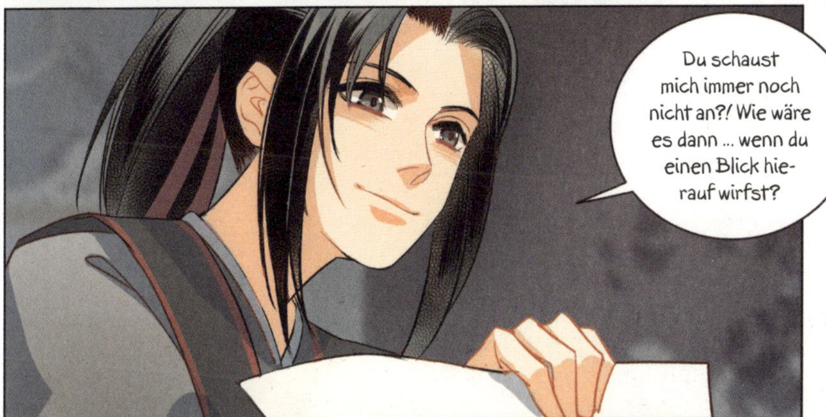
Du schaust mich immer noch nicht an?! Wie wäre es dann ... wenn du einen Blick hierauf wirfst?

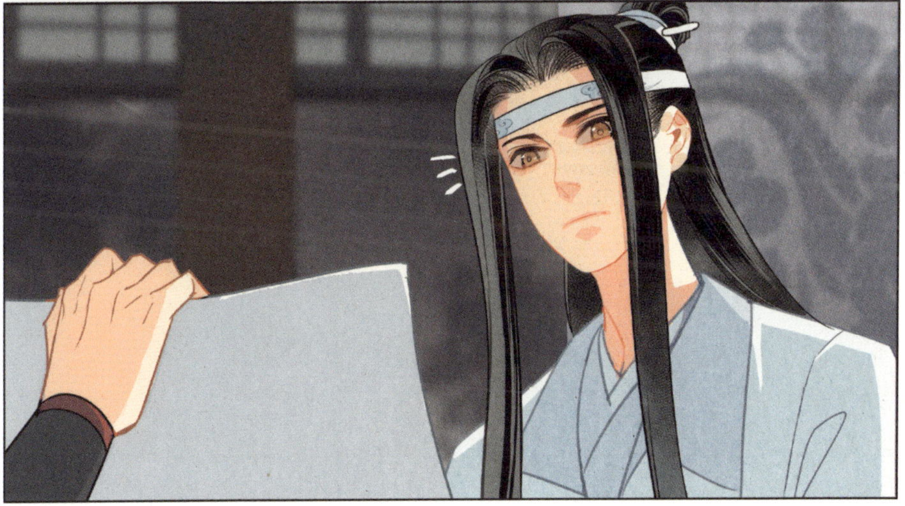

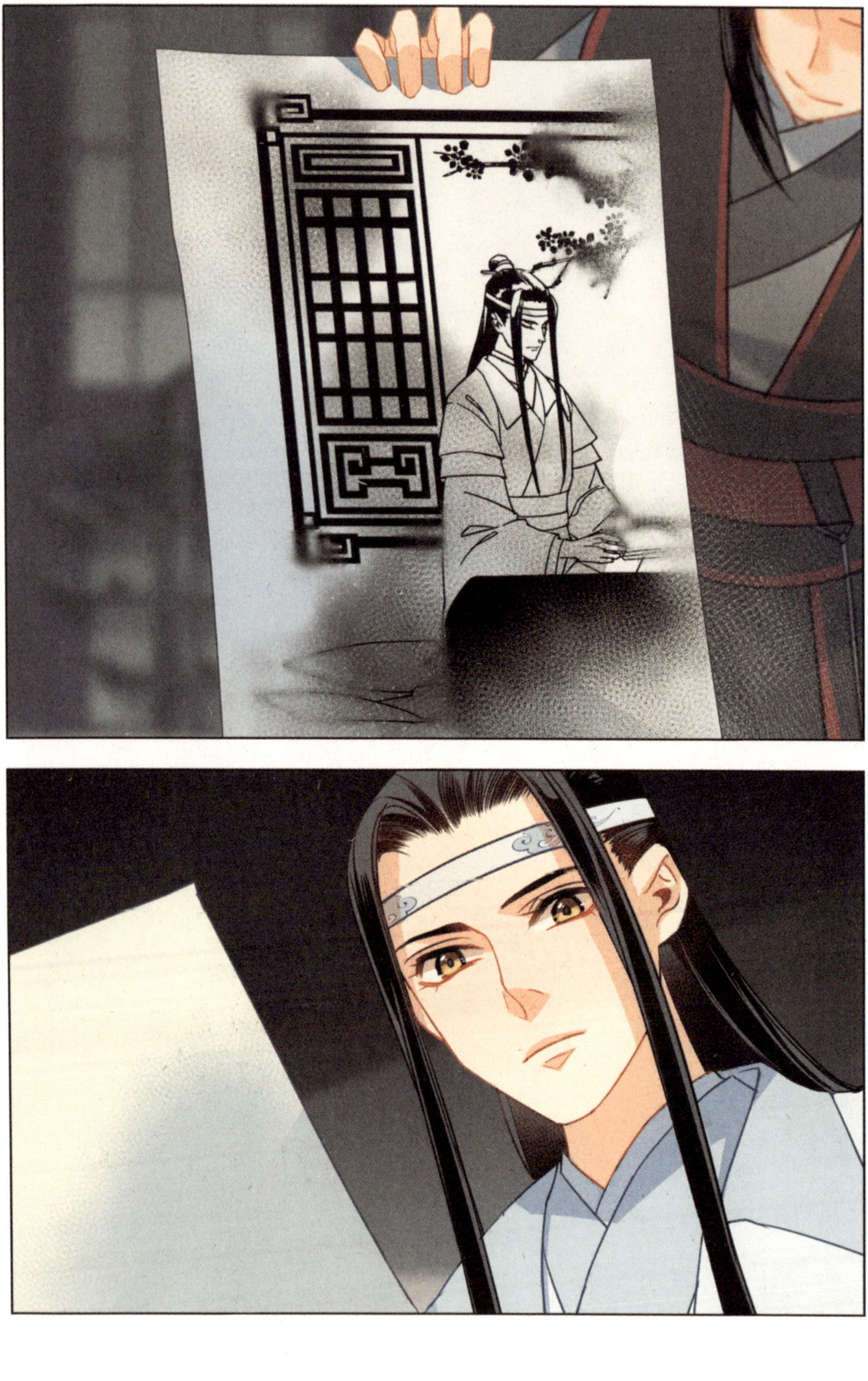

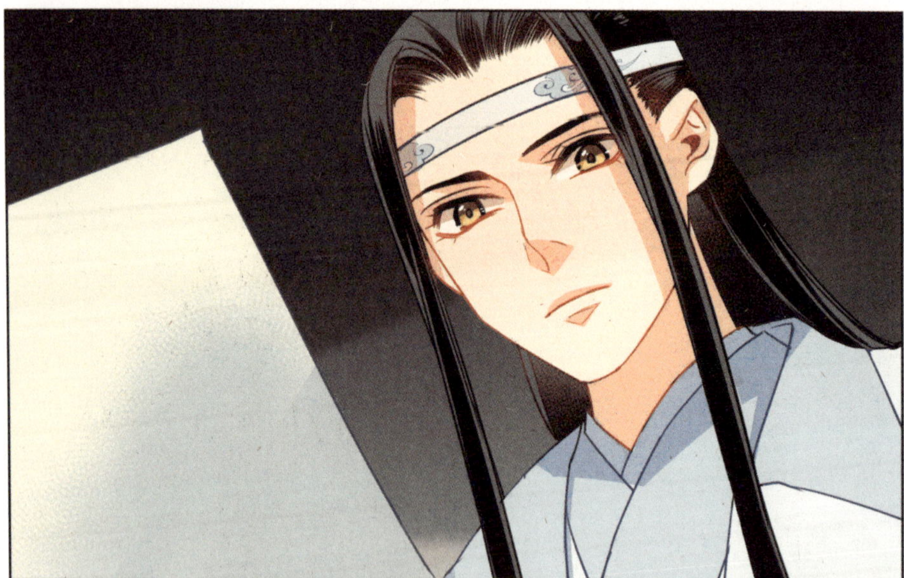

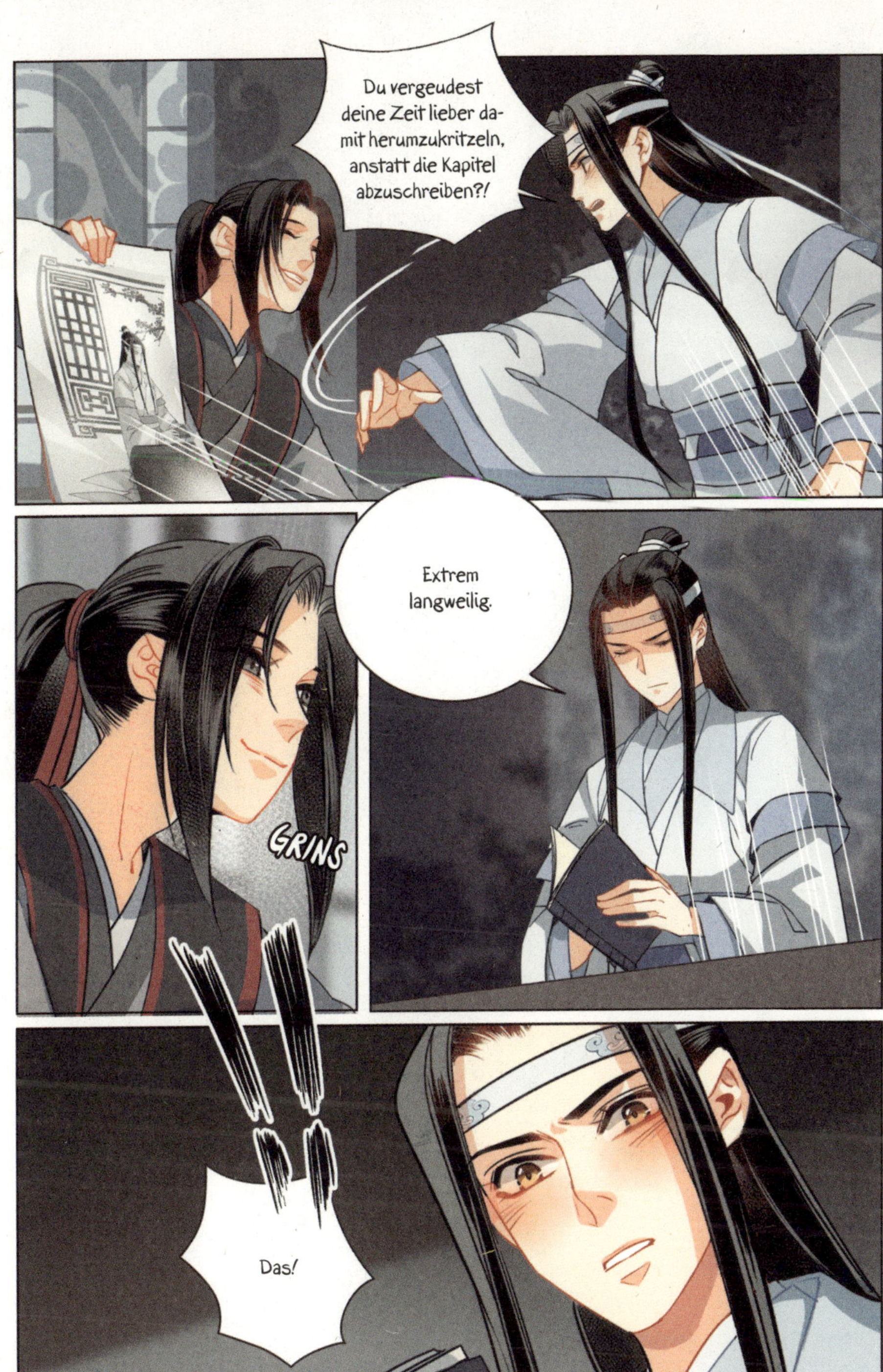
Du vergeudest deine Zeit lieber da-
mit herumzukritzeln, anstatt die Kapitel abzuschreiben?!
Extrem langweilig.
GRINS
Das!

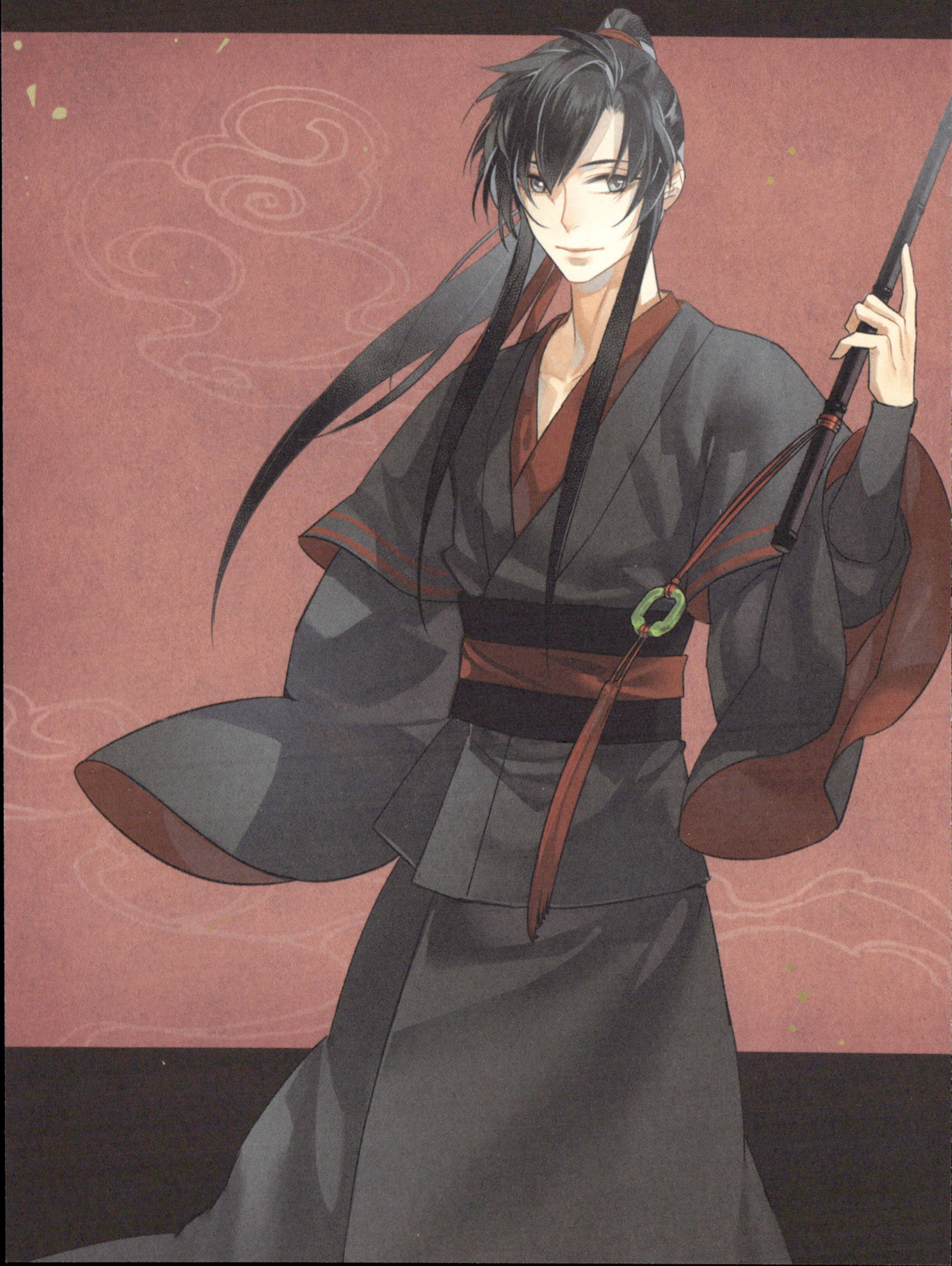

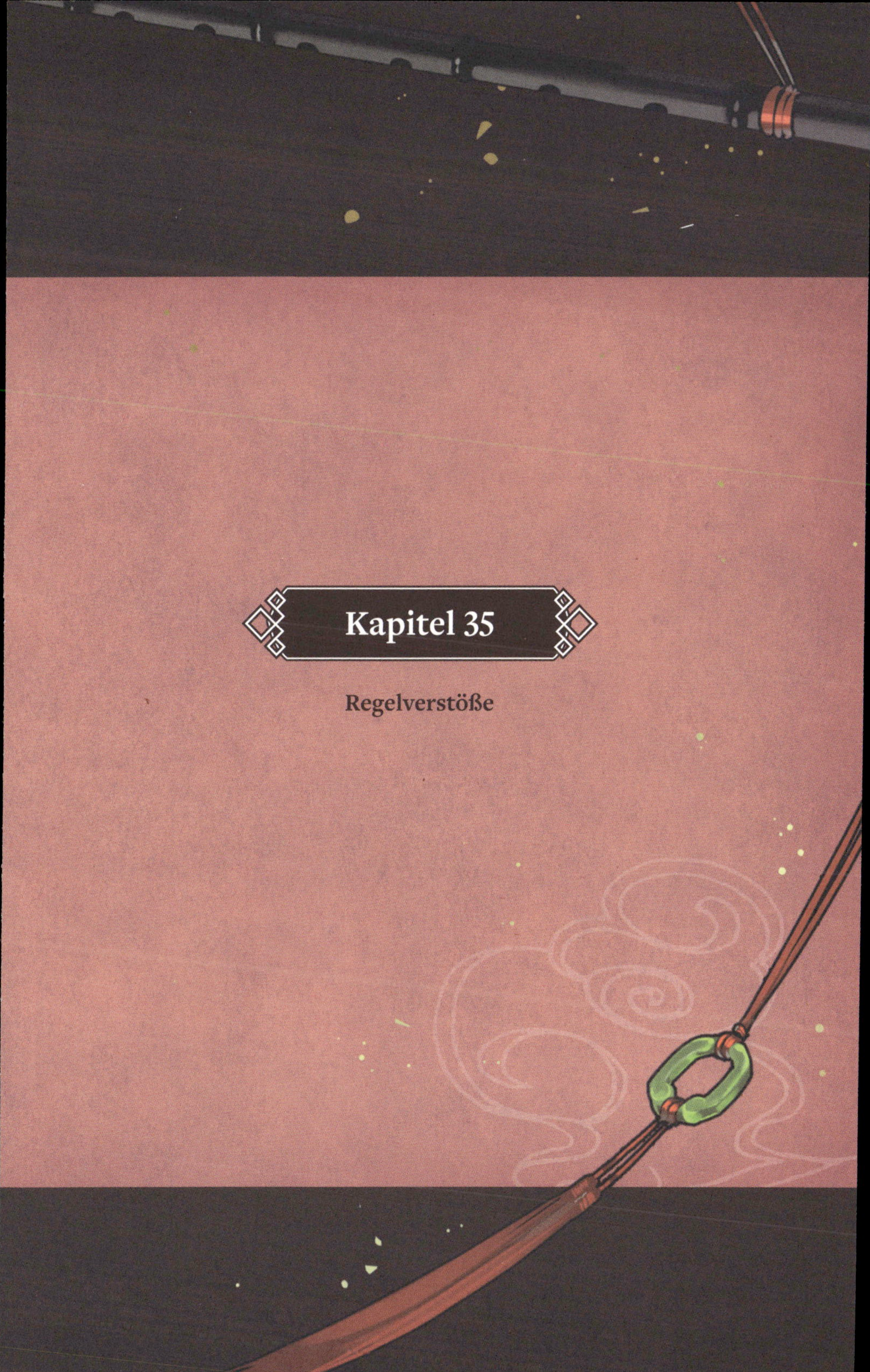

Kapitel 35

Regelverstöße

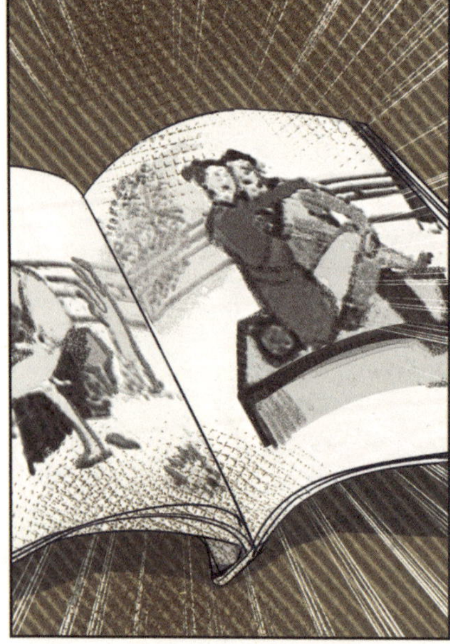

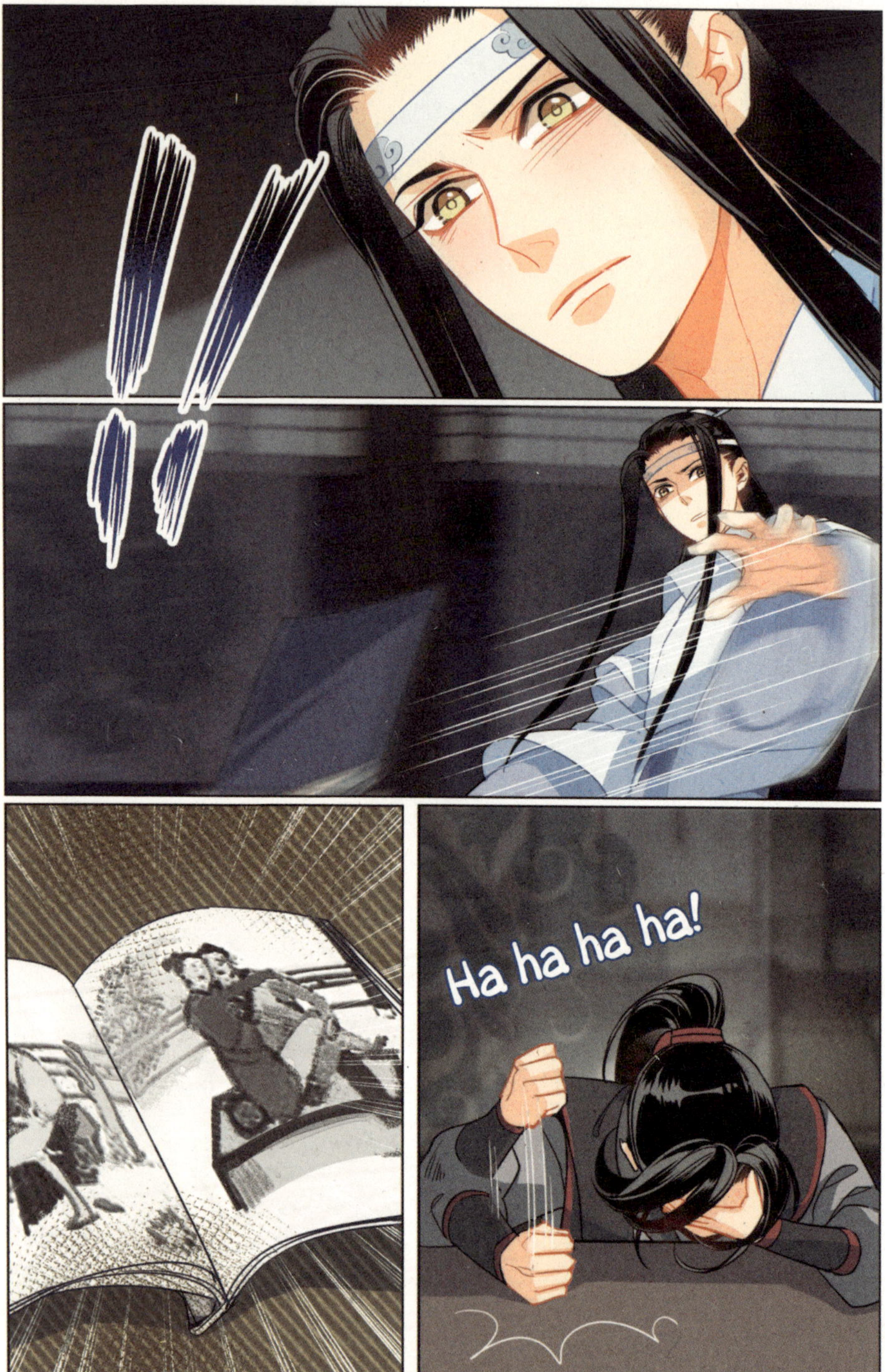

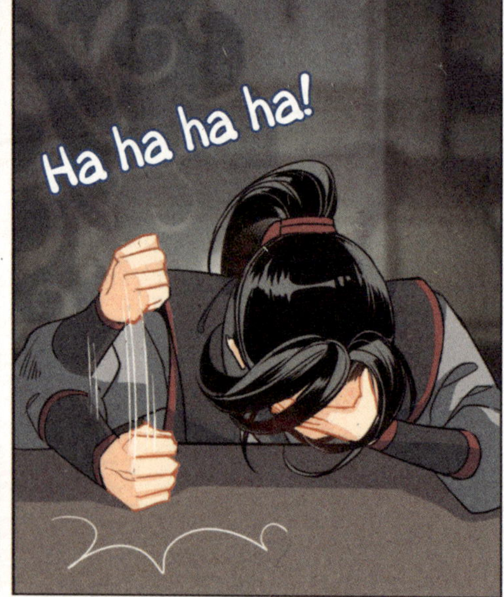
Ha ha ha ha!

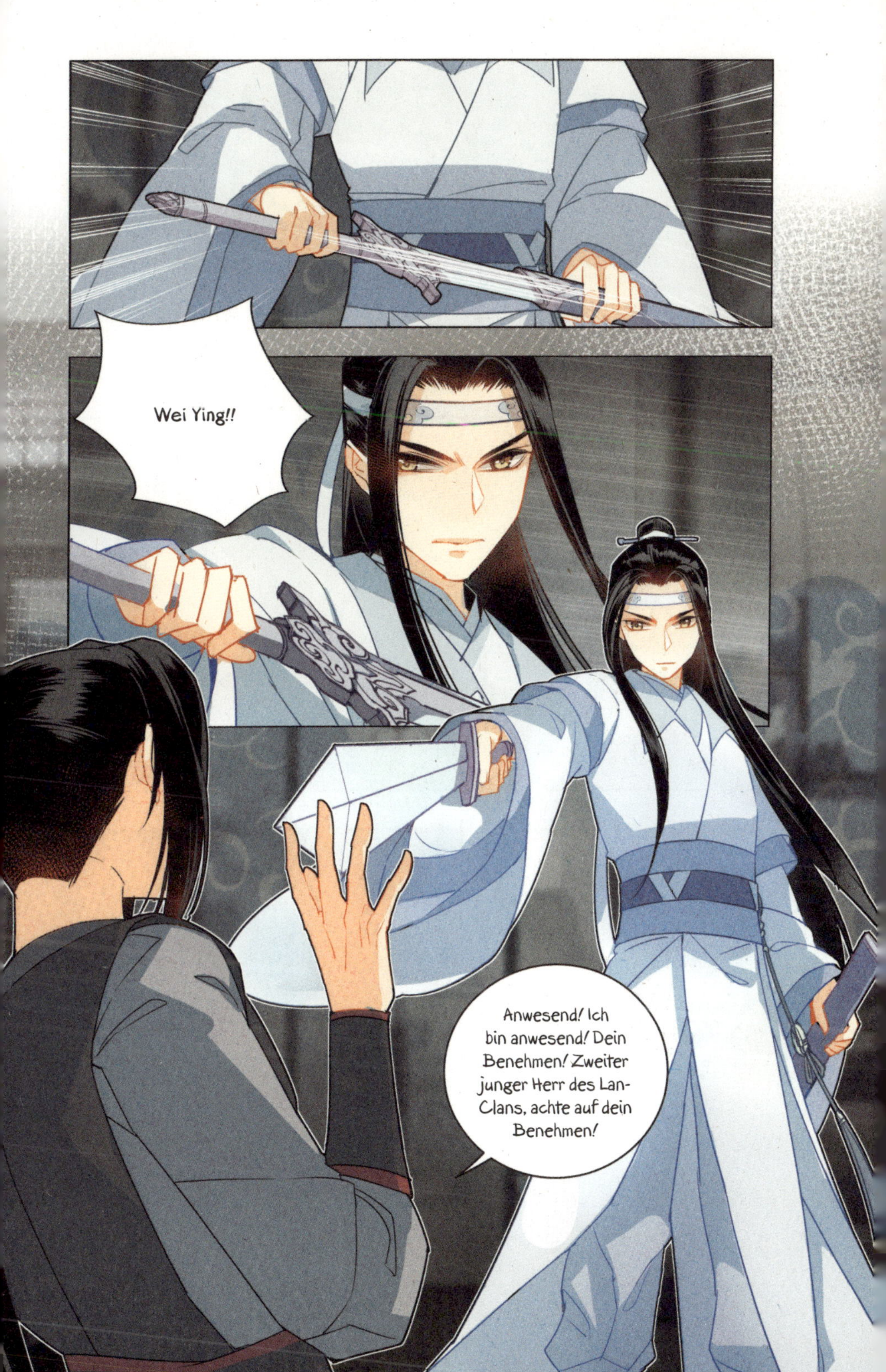
Wei Ying!!
Anwesend! Ich bin anwesend! Dein Benehmen! Zweiter junger Herr des Lan-Clans, achte auf dein Benehmen!

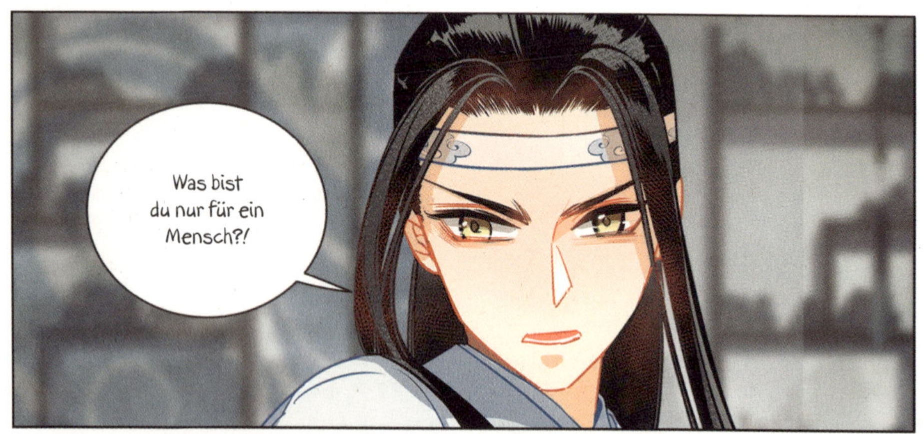
Was bist
du nur für ein
Mensch?!

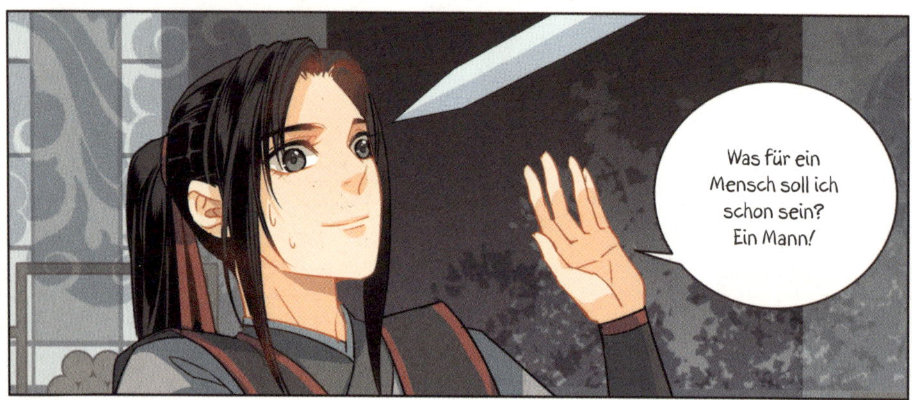
Was für ein
Mensch soll ich
schon sein?
Ein Mann!

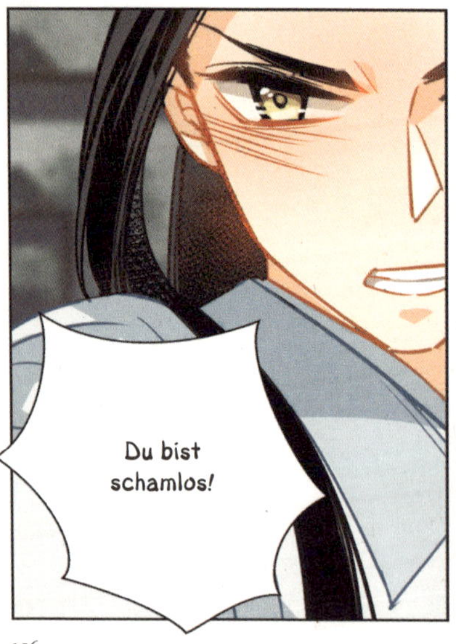
Du bist
schamlos!

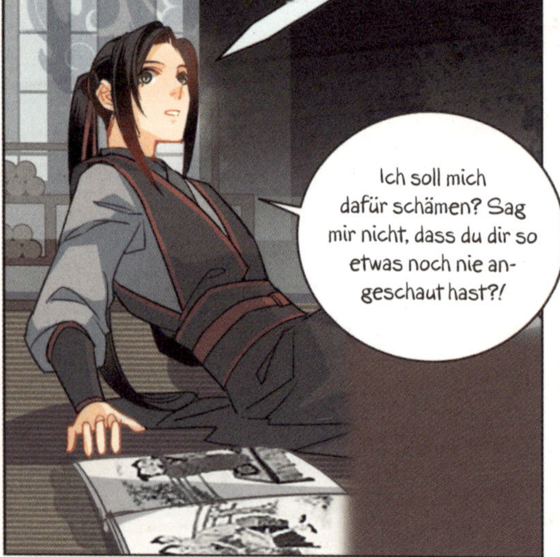
Ich soll mich
dafür schämen? Sag
mir nicht, dass du dir so
etwas noch nie an-
geschaut hast?!

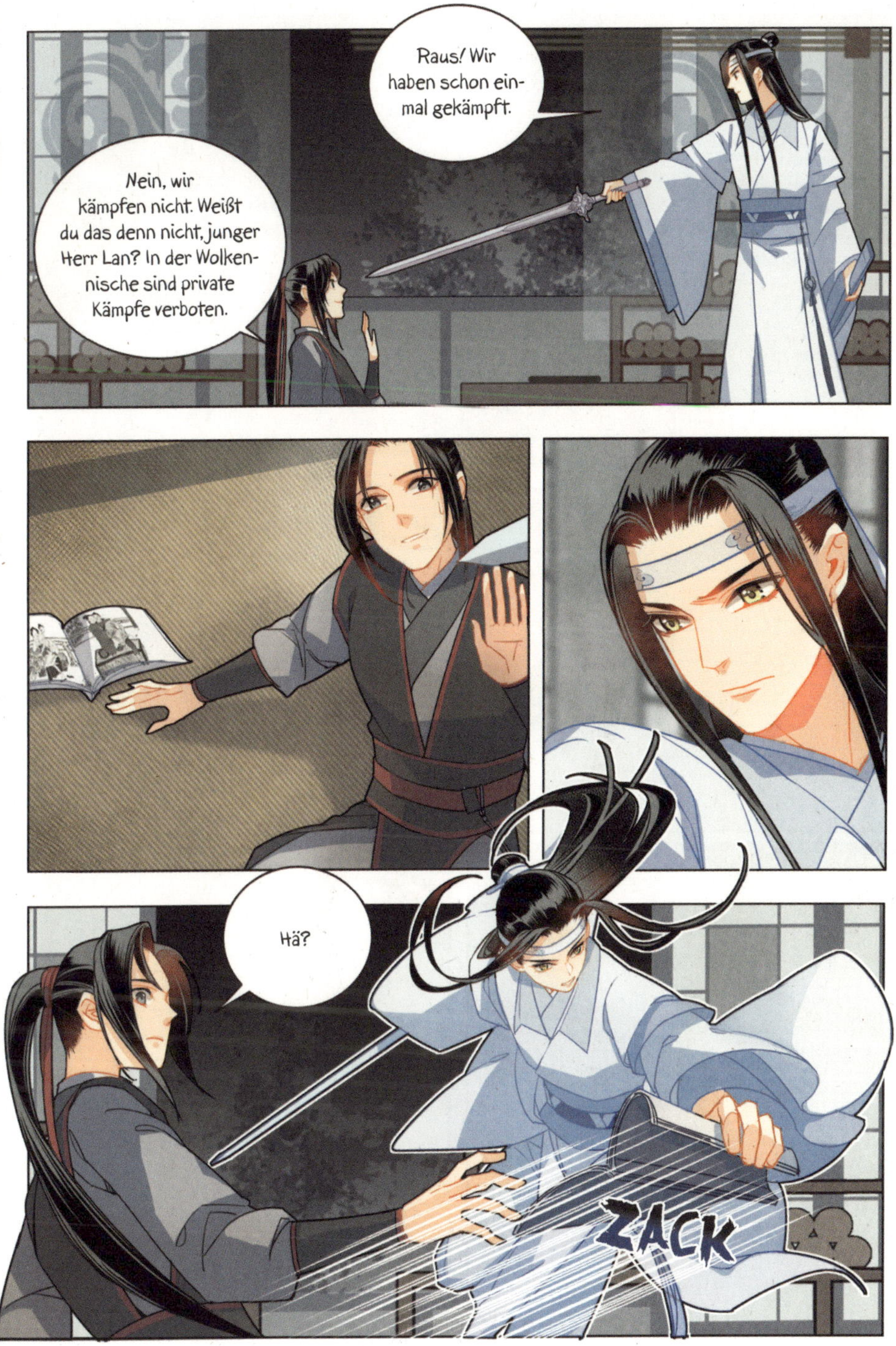

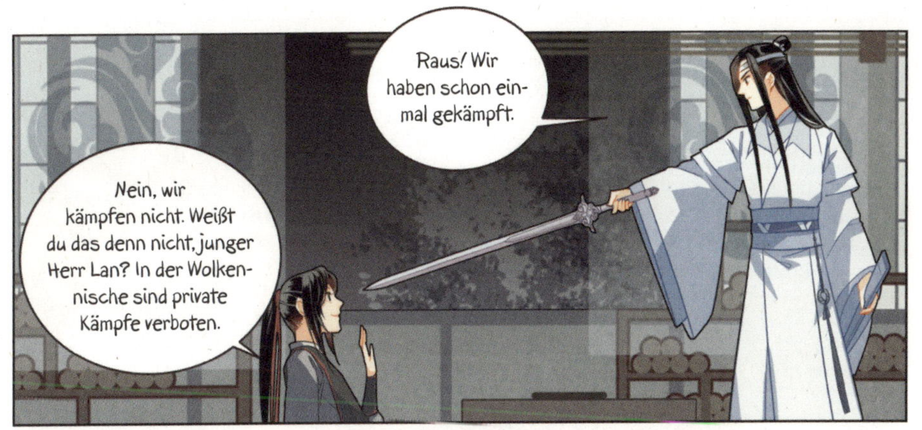
Raus! Wir haben schon einmal gekämpft.
Nein, wir kämpfen nicht. Weißt du das denn nicht, junger Herr Lan? In der Wolkennische sind private Kämpfe verboten.
Hä?
ZACK

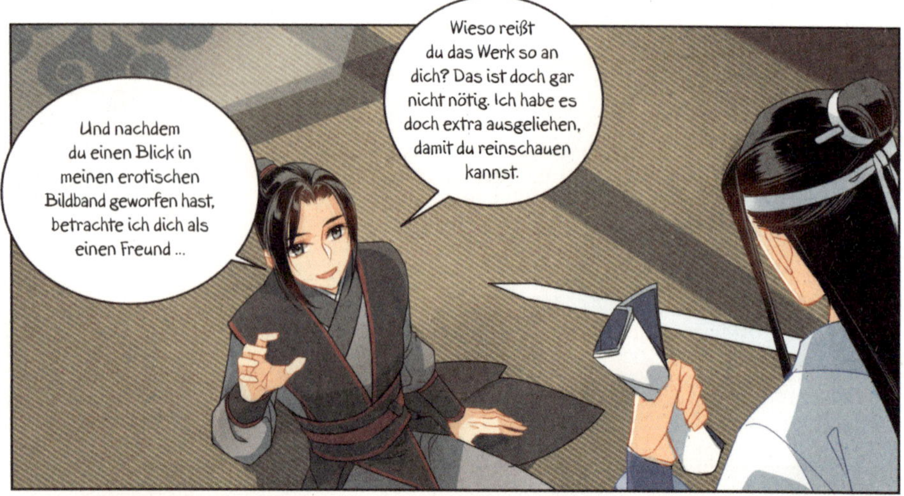
Und nachdem du einen Blick in meinen erotischen Bildband geworfen hast, betrachte ich dich als einen Freund ...
Wieso reißt du das Werk so an dich? Das ist doch gar nicht nötig. Ich habe es doch extra ausgeliehen, damit du reinschauen kannst.

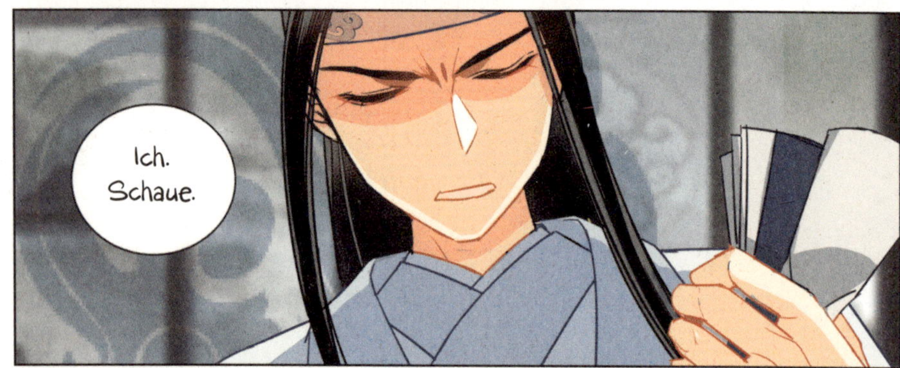
Ich. Schaue.

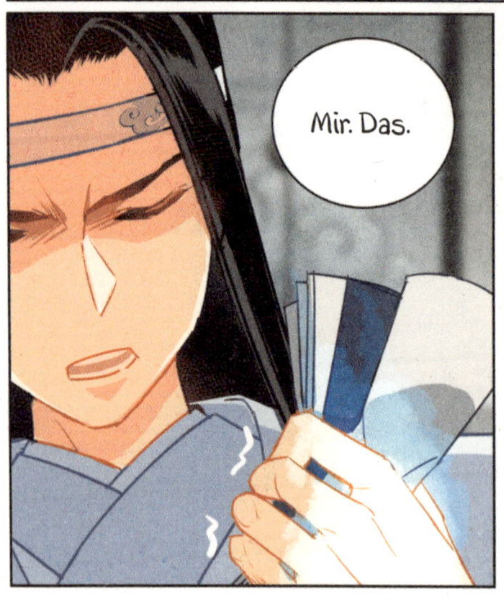
Mir. Das.

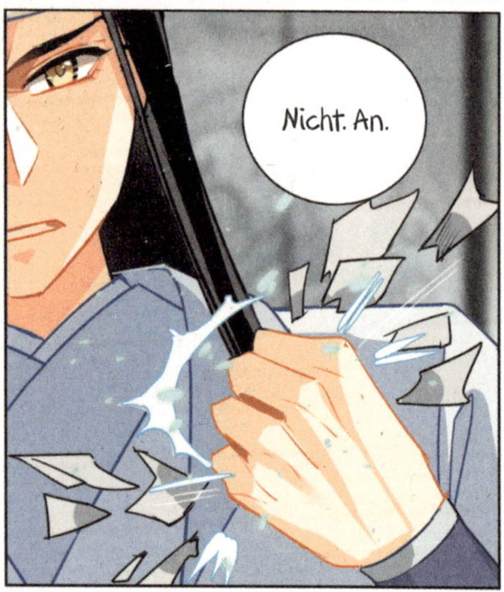
Nicht. An.

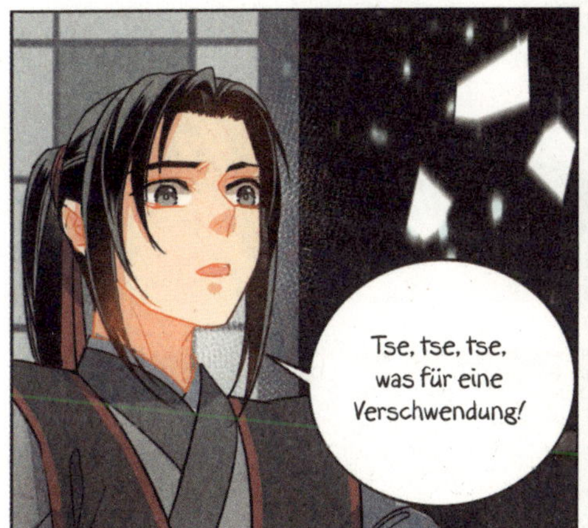
Tse, tse, tse,
was für eine
Verschwendung!

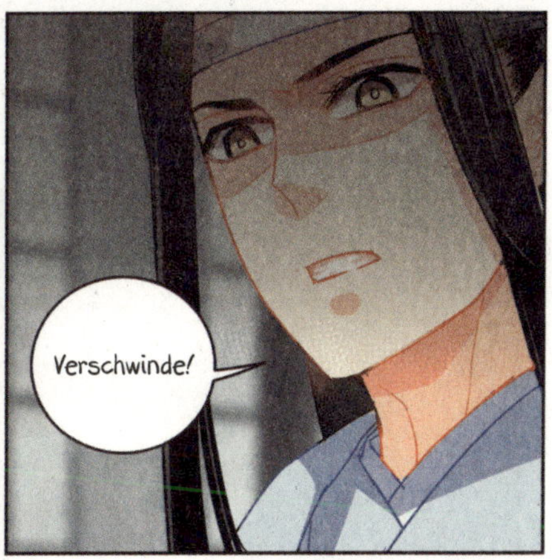
Verschwinde!

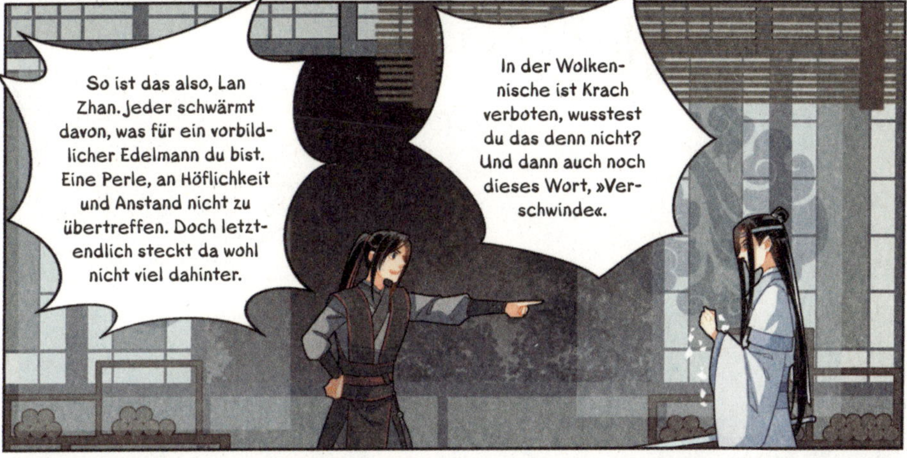
So ist das also, Lan Zhan. Jeder schwärmt davon, was für ein vorbildlicher Edelmann du bist. Eine Perle, an Höflichkeit und Anstand nicht zu übertreffen. Doch letztendlich steckt da wohl nicht viel dahinter.
In der Wolkennische ist Krach verboten, wusstest du das denn nicht? Und dann auch noch dieses Wort, »Verschwinde«.

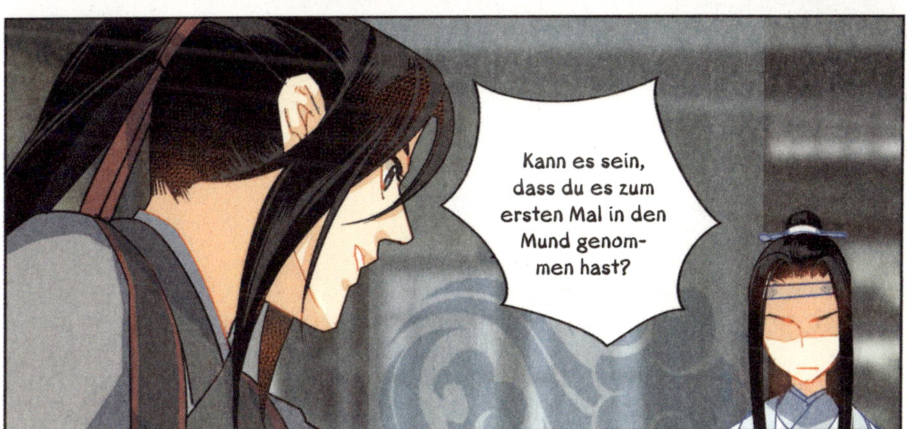
Kann es sein, dass du es zum ersten Mal in den Mund genommen hast?

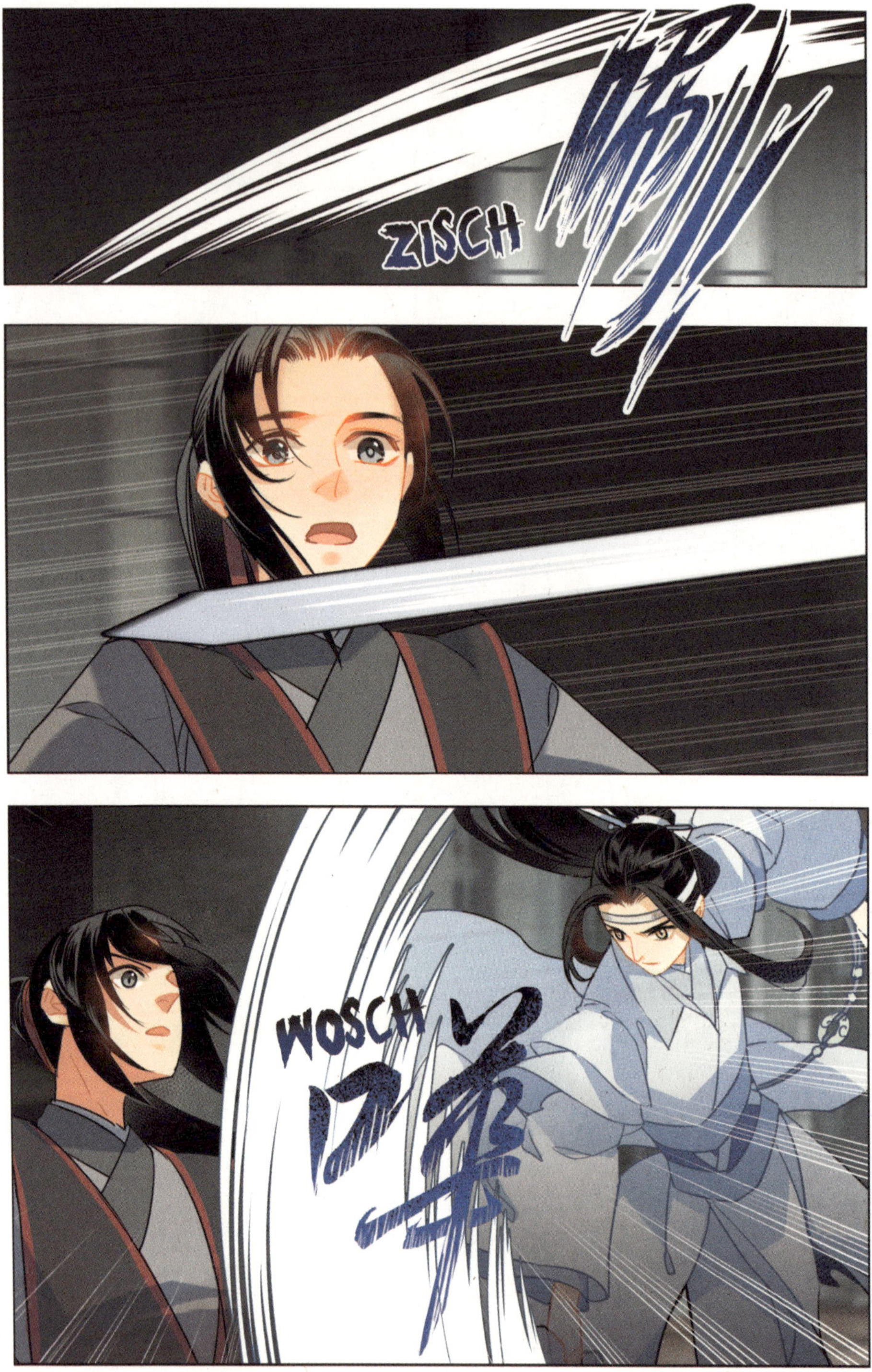

ZISCH

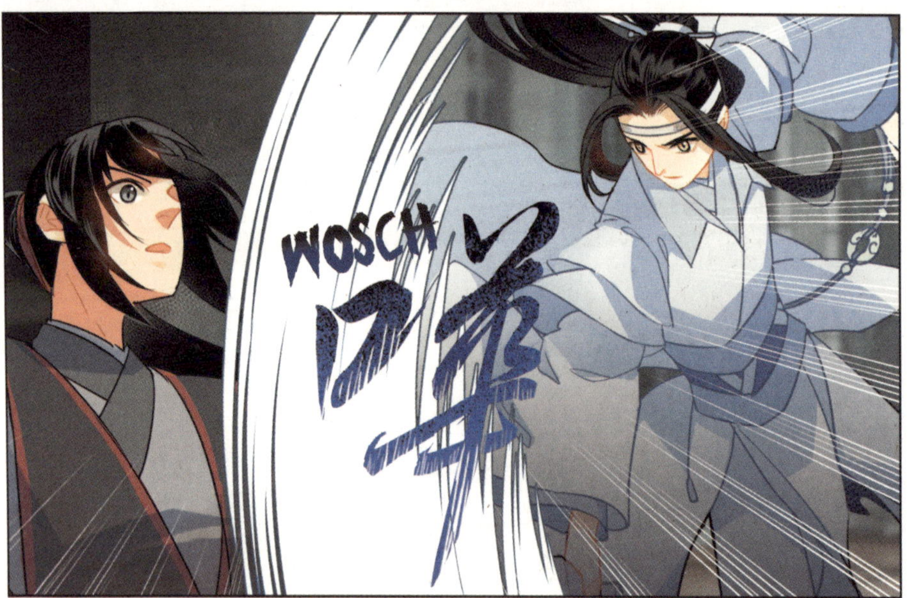
WOSCH

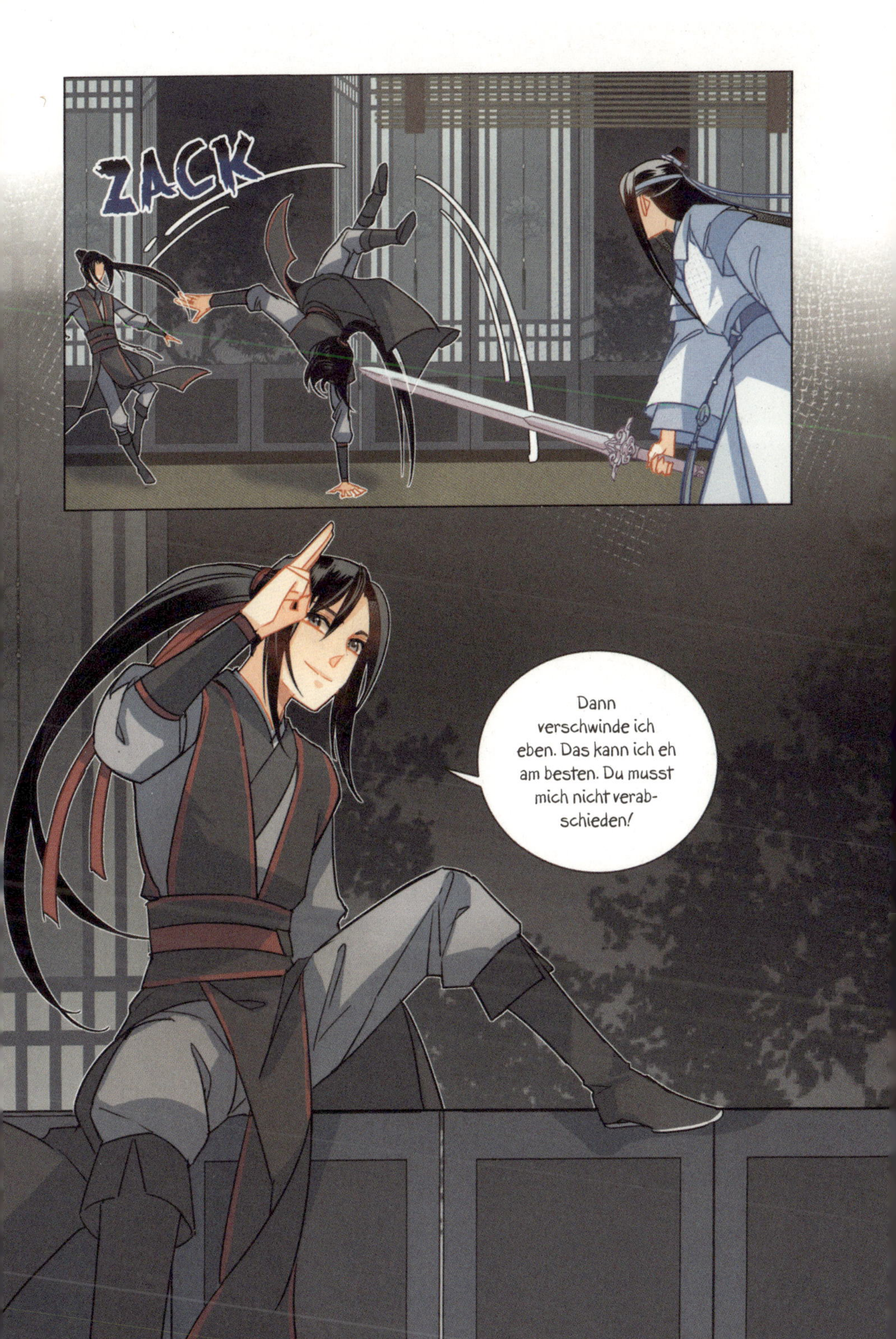
ZACK
Dann verschwinde ich eben. Das kann ich eh am besten. Du musst mich nicht verab-schieden!

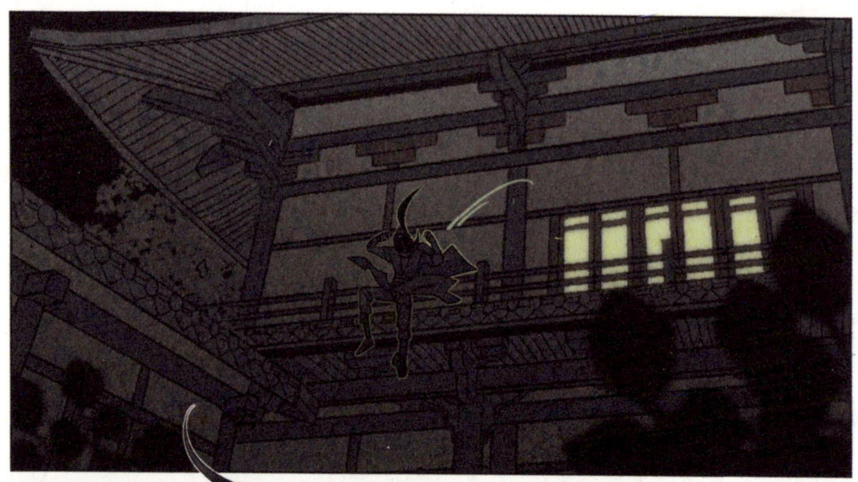

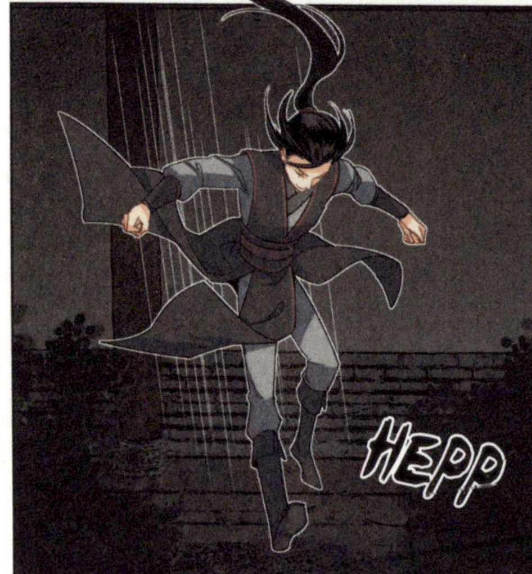
HEPP

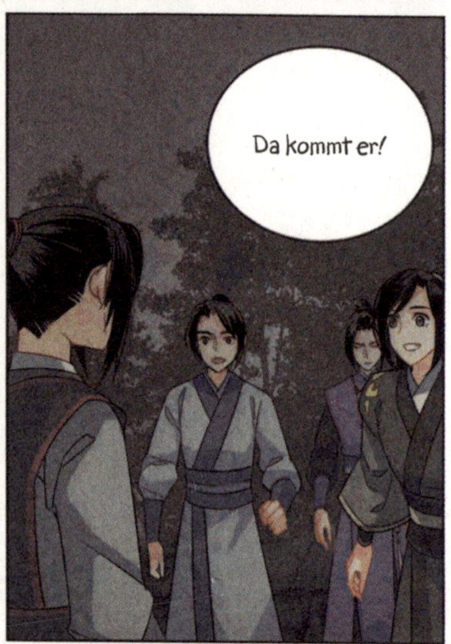
Da kommt er!

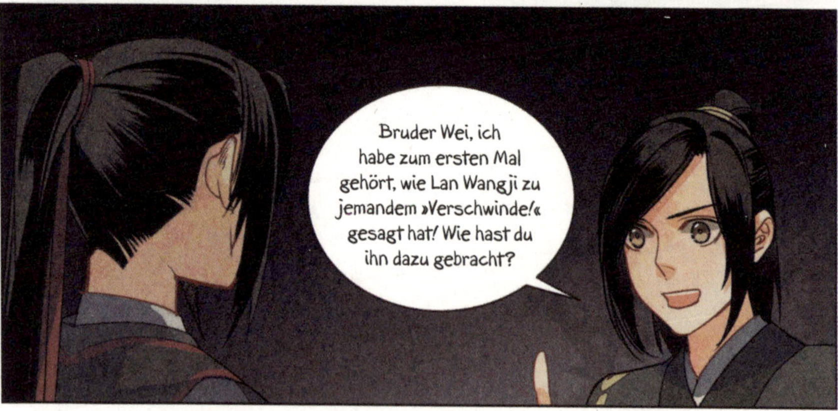
Bruder Wei, ich habe zum ersten Mal gehört, wie Lan Wangji zu jemandem »Verschwinde!« gesagt hat! Wie hast du ihn dazu gebracht?

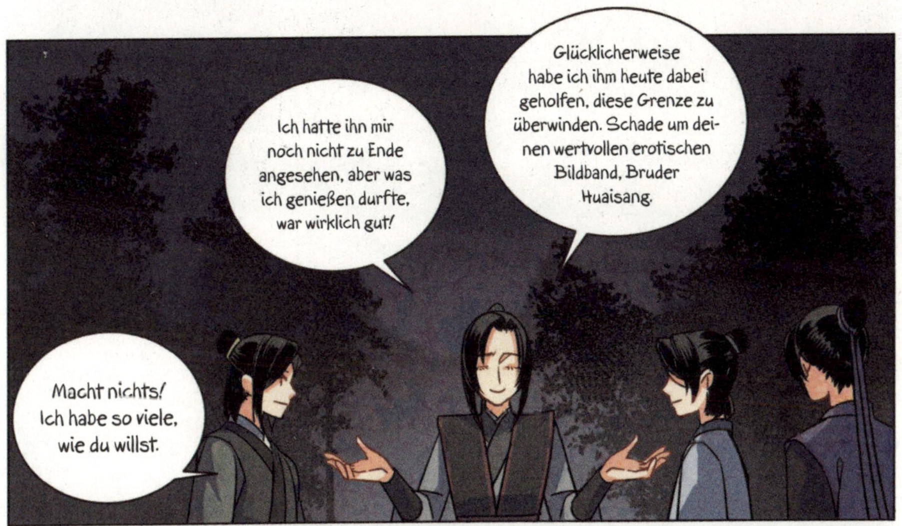
Ich hatte ihn mir noch nicht zu Ende angesehen, aber was ich genießen durfte, war wirklich gut!
Glücklicherweise habe ich ihm heute dabei geholfen, diese Grenze zu überwinden. Schade um deinen wertvollen erotischen Bildband, Bruder Huaisang.
Macht nichts! Ich habe so viele, wie du willst.

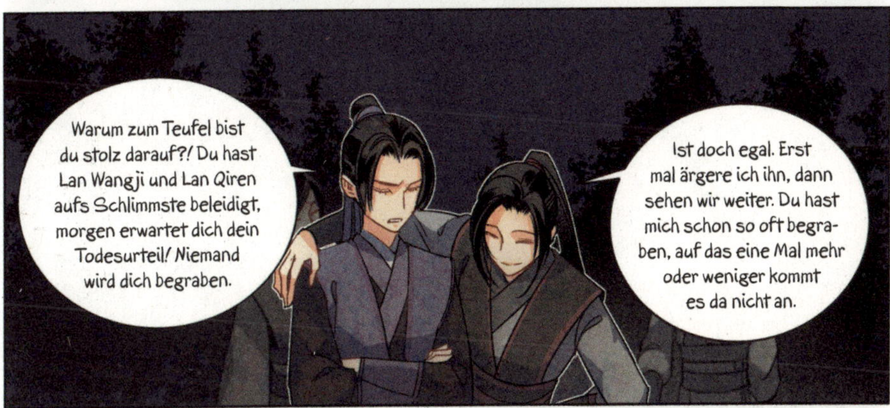
Warum zum Teufel bist du stolz darauf?! Du hast Lan Wangji und Lan Qiren aufs Schlimmste beleidigt, morgen erwartet dich dein Todesurteil! Niemand wird dich begraben.
Ist doch egal. Erst mal ärgere ich ihn, dann sehen wir weiter. Du hast mich schon so oft begraben, auf das eine Mal mehr oder weniger kommt es da nicht an.

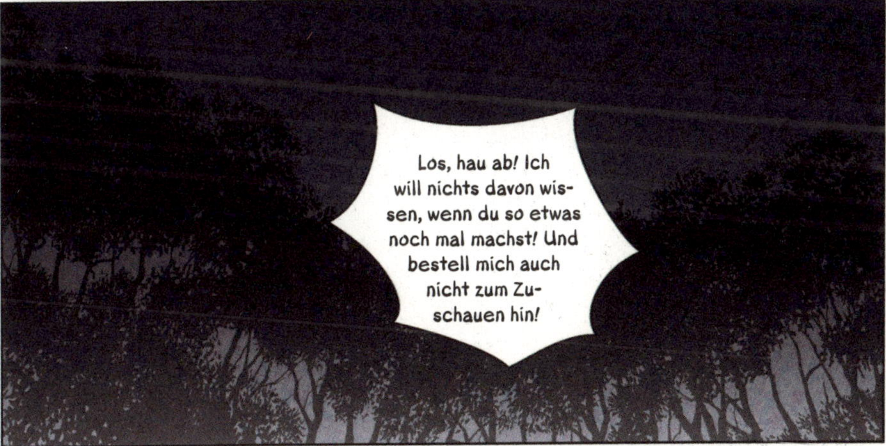
Los, hau ab! Ich will nichts davon wissen, wenn du so etwas noch mal machst! Und bestell mich auch nicht zum Zuschauen hin!

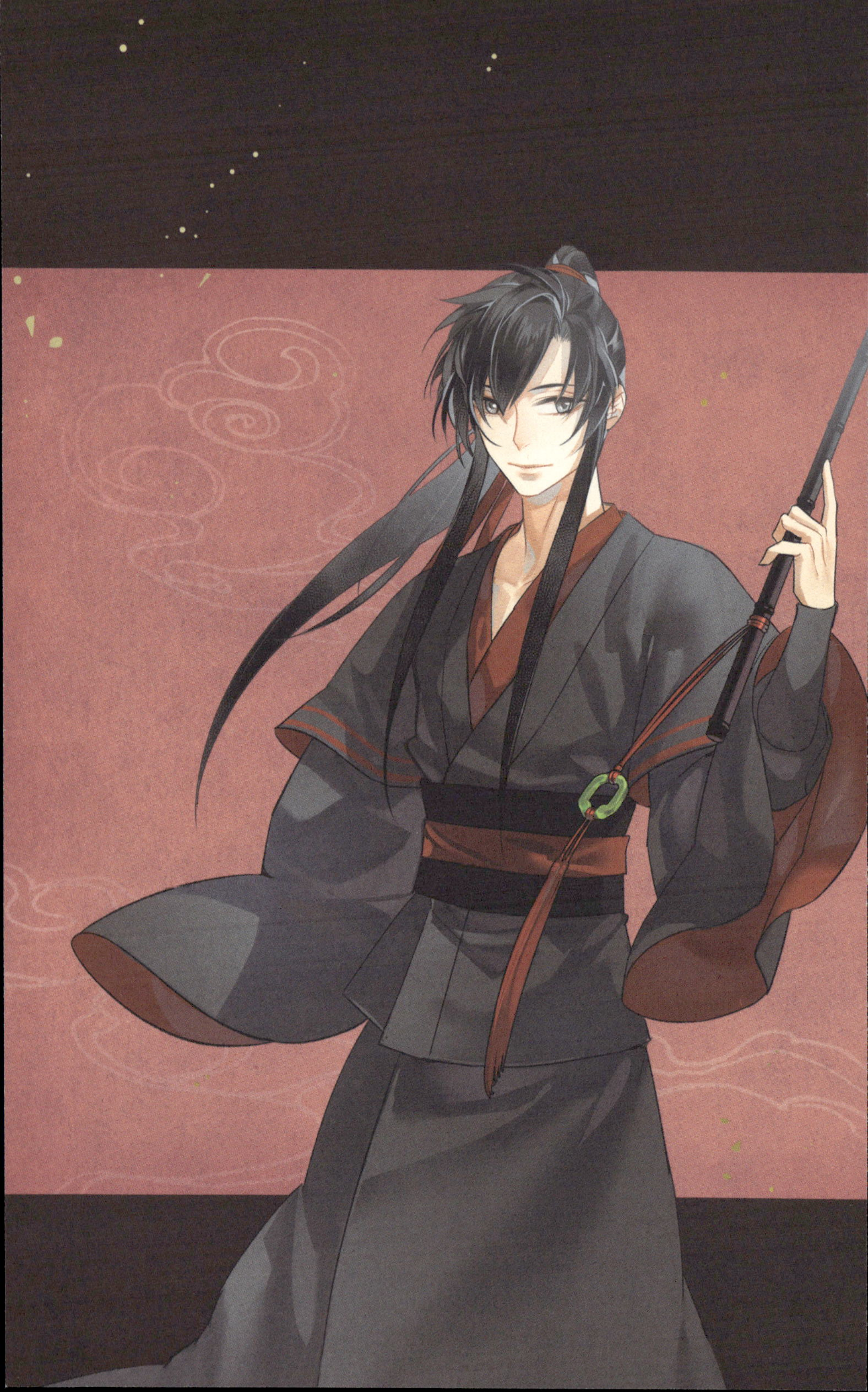

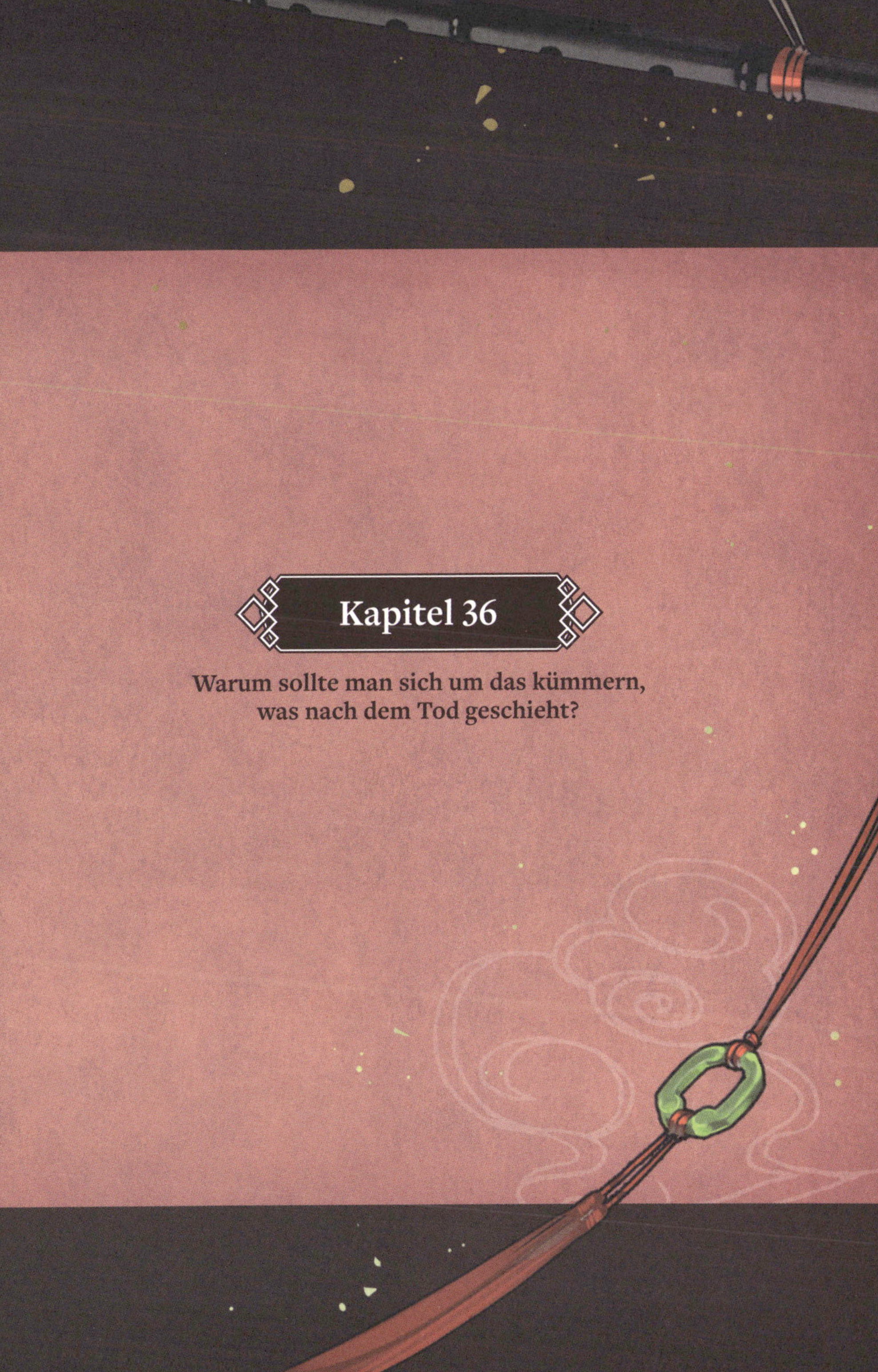

Kapitel 36

Warum sollte man sich um das kümmern,
was nach dem Tod geschieht?

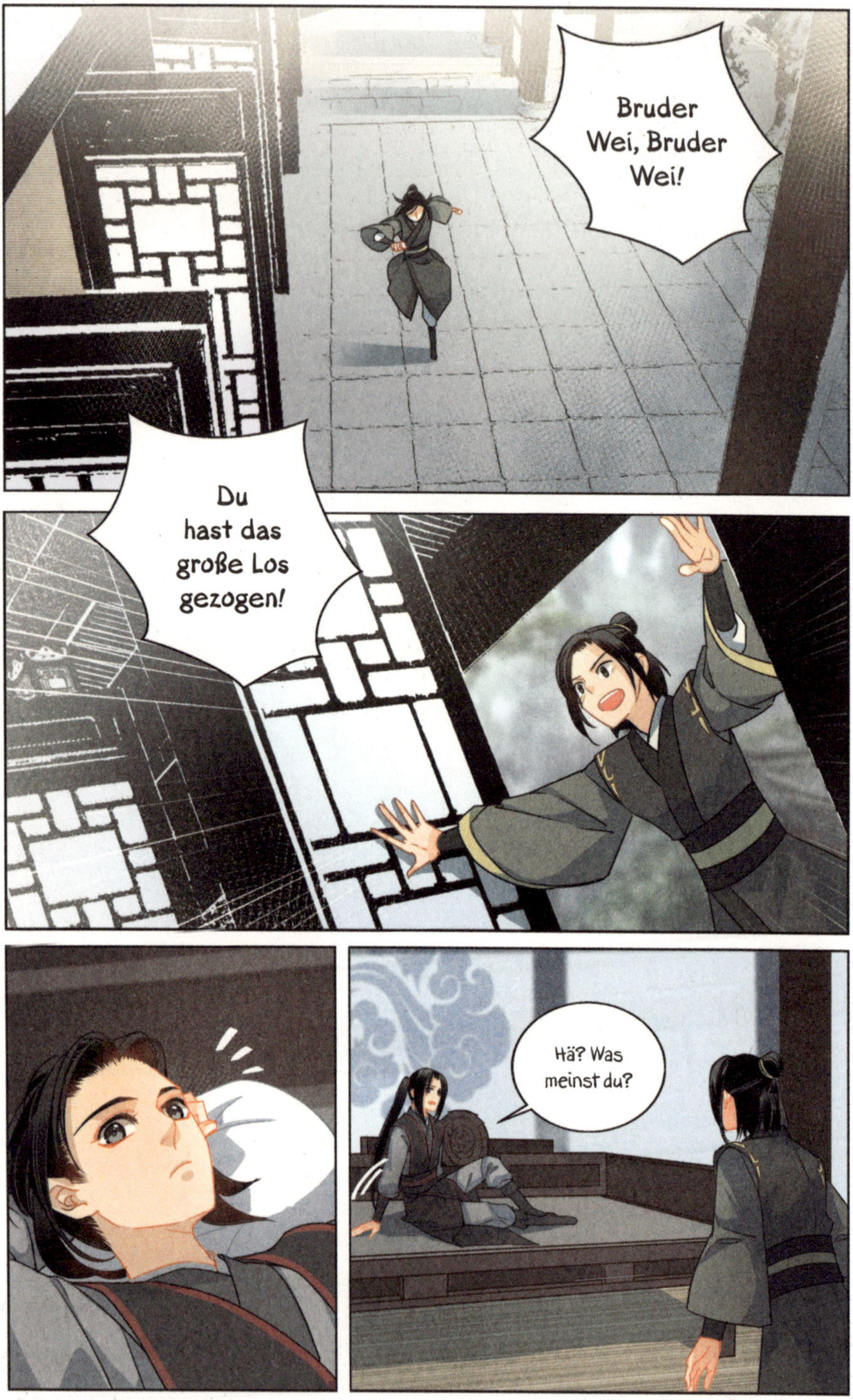

Bruder Wei, Bruder Wei!

Du hast das große Los gezogen!

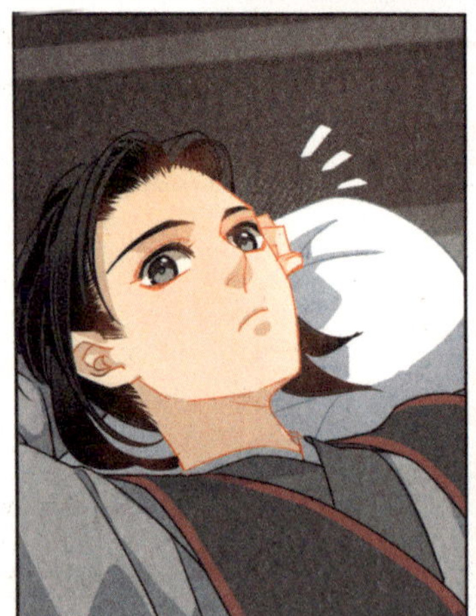

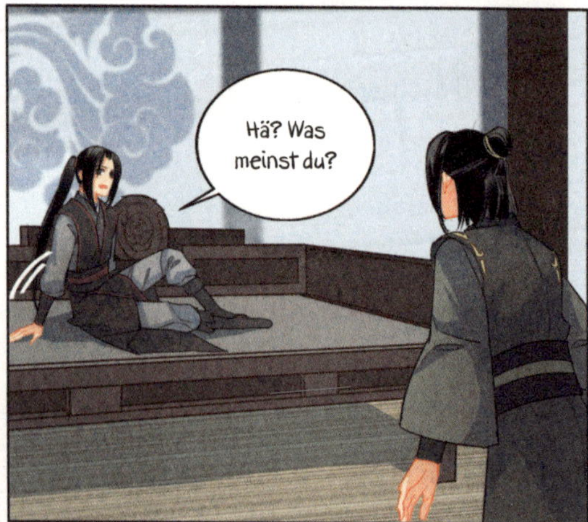

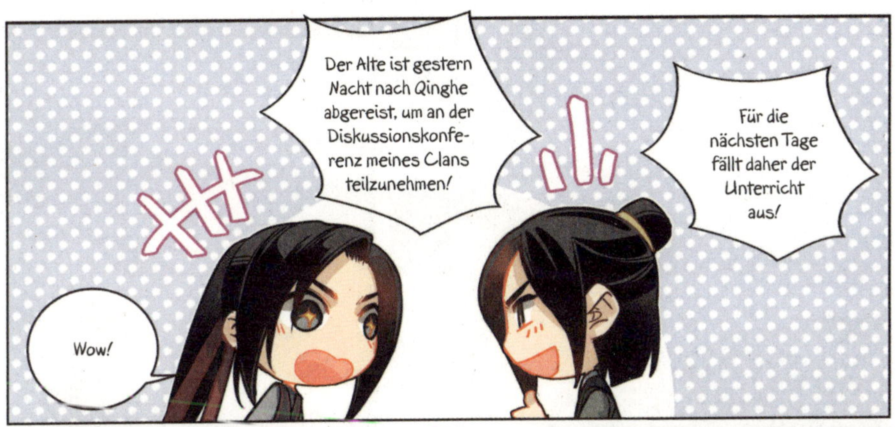
Der Alte ist gestern Nacht nach Qinghe abgereist, um an der Diskussionskonfe-renz meines Clans teilzunehmen!
Für die nächsten Tage fällt daher der Unterricht aus!
Wow!

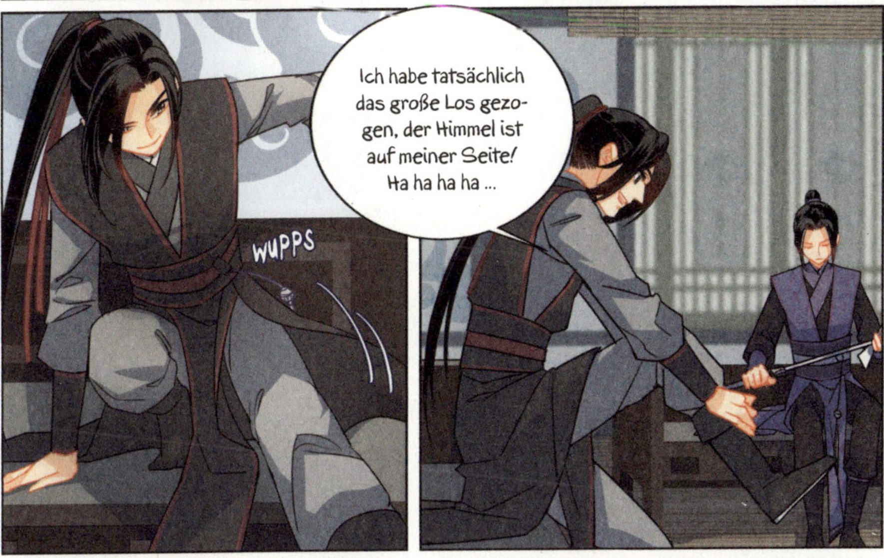
WUPPS
Ich habe tatsächlich das große Los gezo-gen, der Himmel ist auf meiner Seite! Ha ha ha ha ...

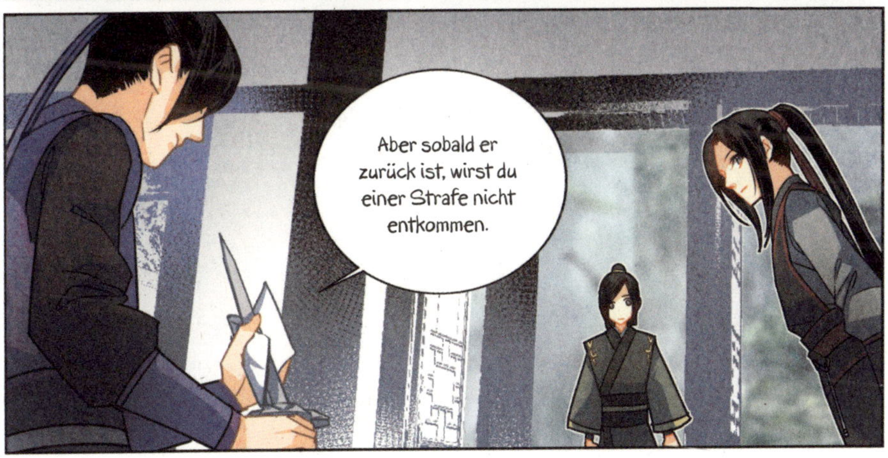
Aber sobald er zurück ist, wirst du einer Strafe nicht entkommen.

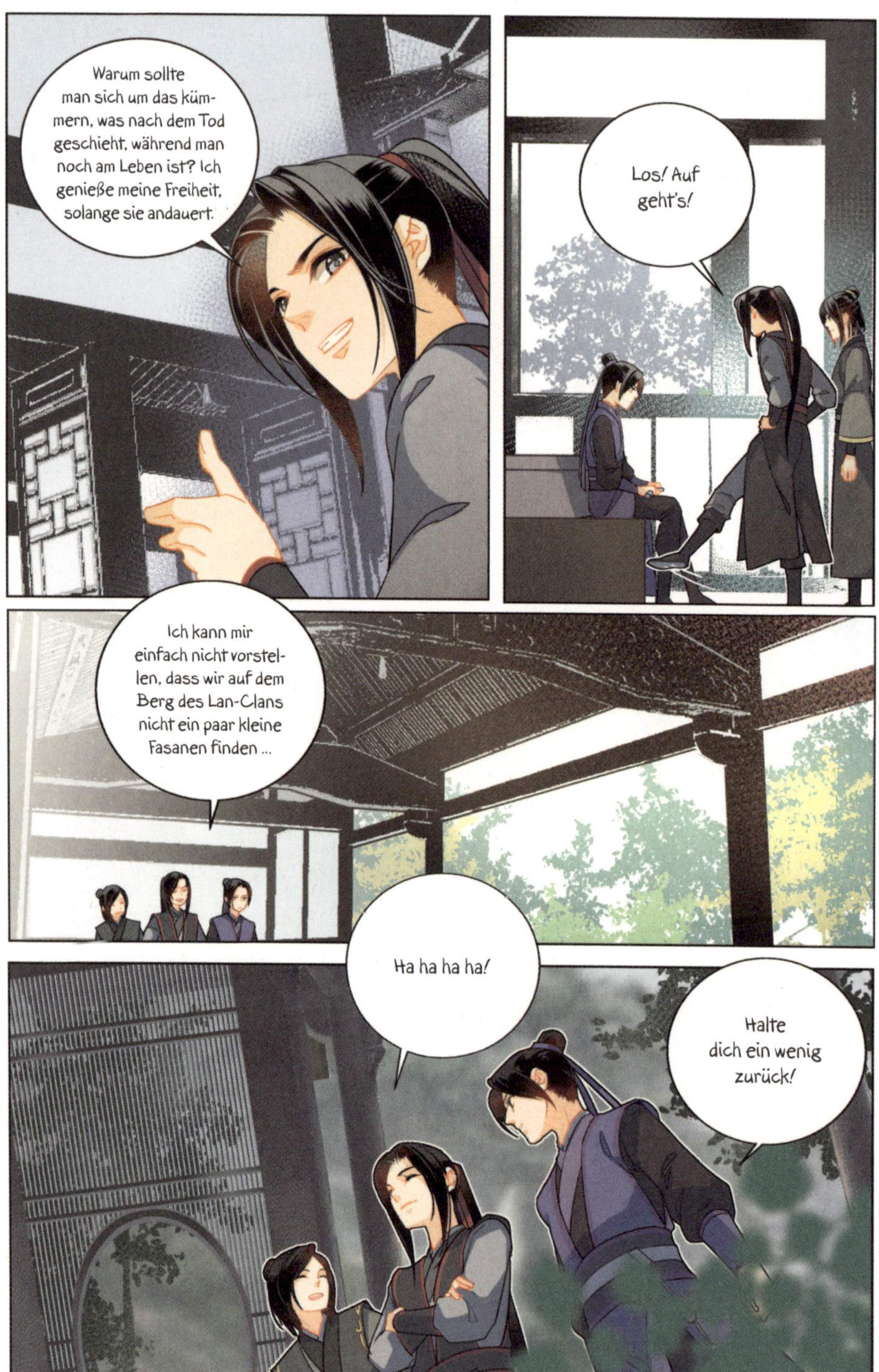
Warum sollte man sich um das kümmern, was nach dem Tod geschieht, während man noch am Leben ist? Ich genieße meine Freiheit, solange sie andauert.
Los! Auf geht's!
Ich kann mir einfach nicht vorstellen, dass wir auf dem Berg des Lan-Clans nicht ein paar kleine Fasanen finden ...
Ha ha ha ha!
Halte dich ein wenig zurück!

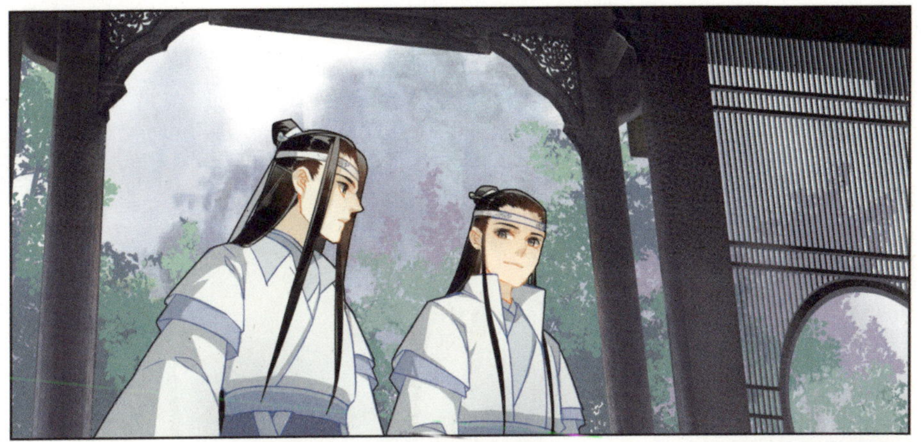

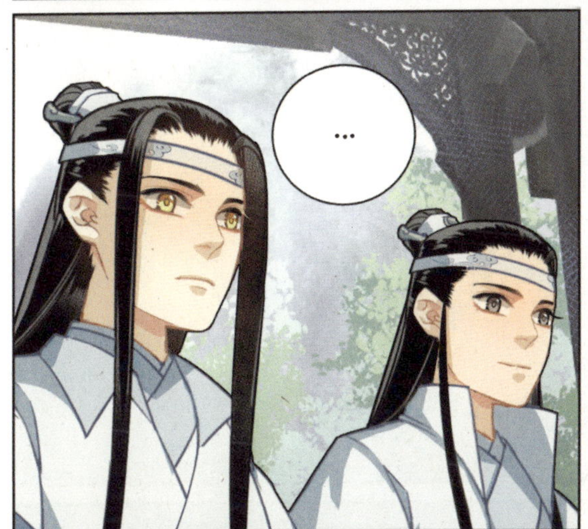
...

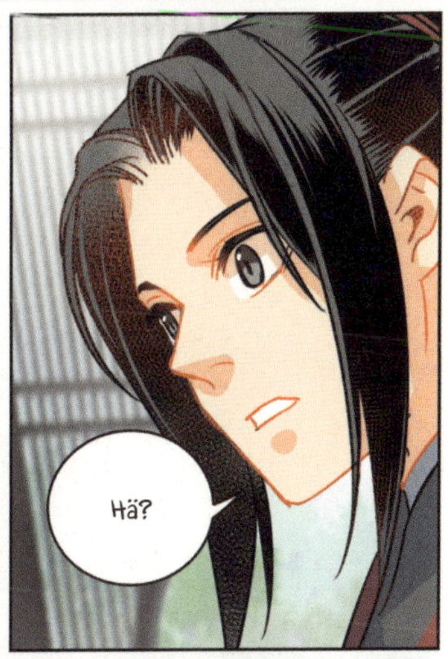
Hä?

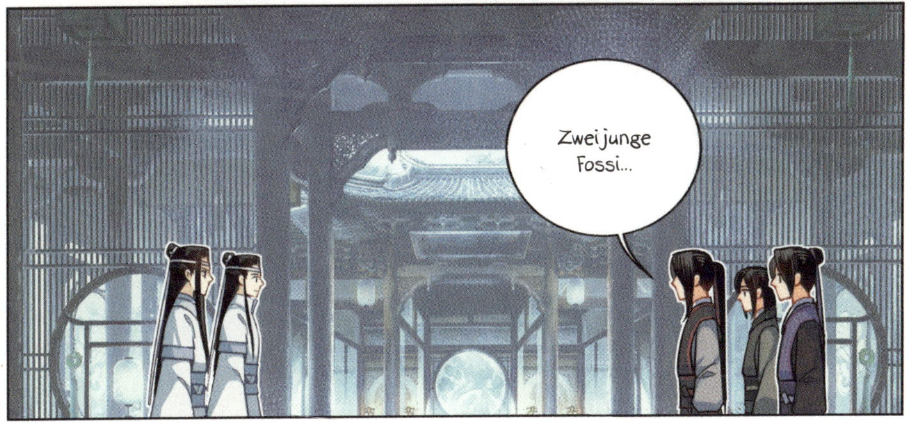
Zweijunge
Fossi...

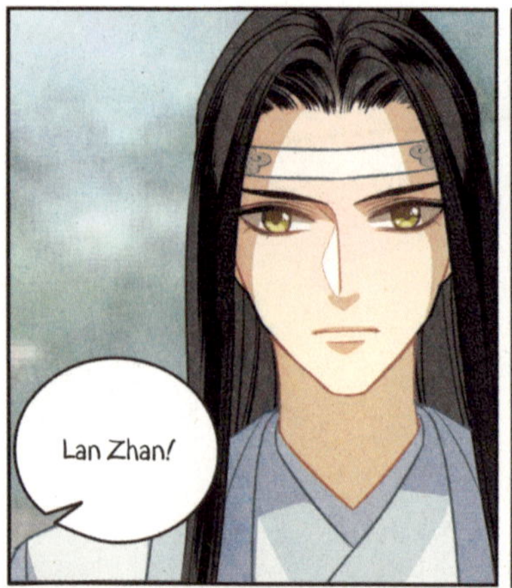

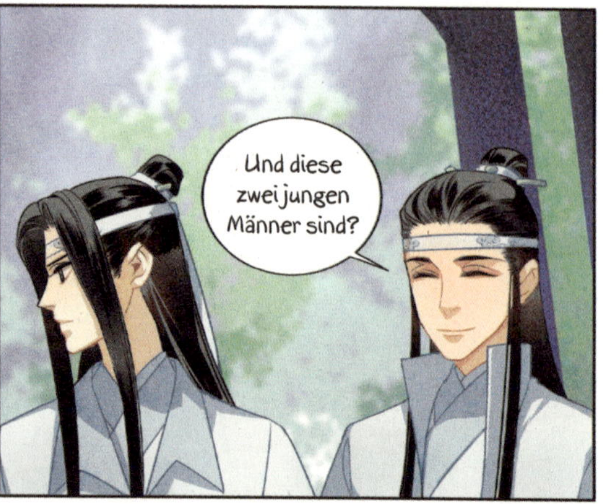

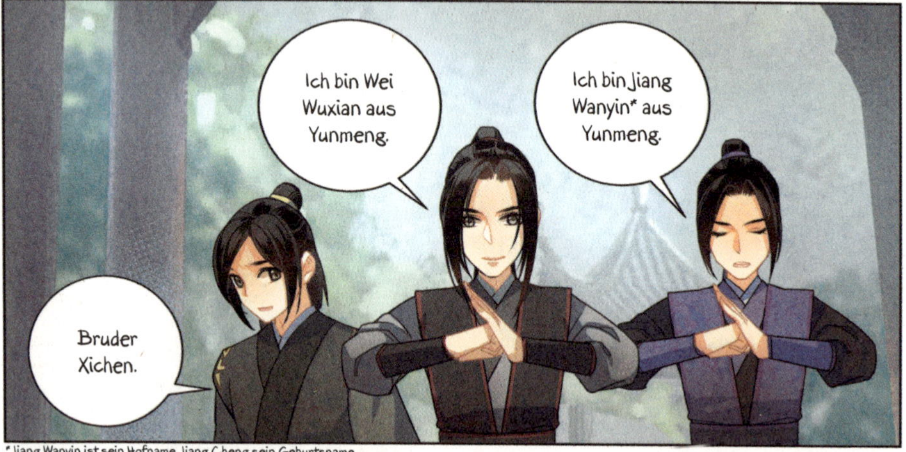

*Jiang Wanyin ist sein Hofname, Jiang Cheng sein Geburtsname.

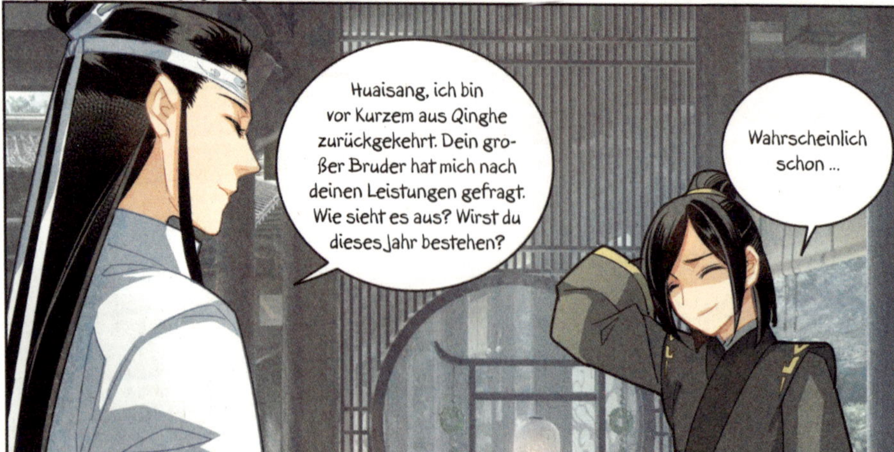

In den letzten zwei Jahren hatte Nie Huaisang während seiner Zeit in Gusu nie eine bessere Note als ein Yi**, sodass sein großer Bruder ihn gezwungen hat, den Unterricht zu wiederholen.

** Note 2 von 4 (bei 100 Punkten entspricht das einer Punktzahl zwischen 70 und 79).

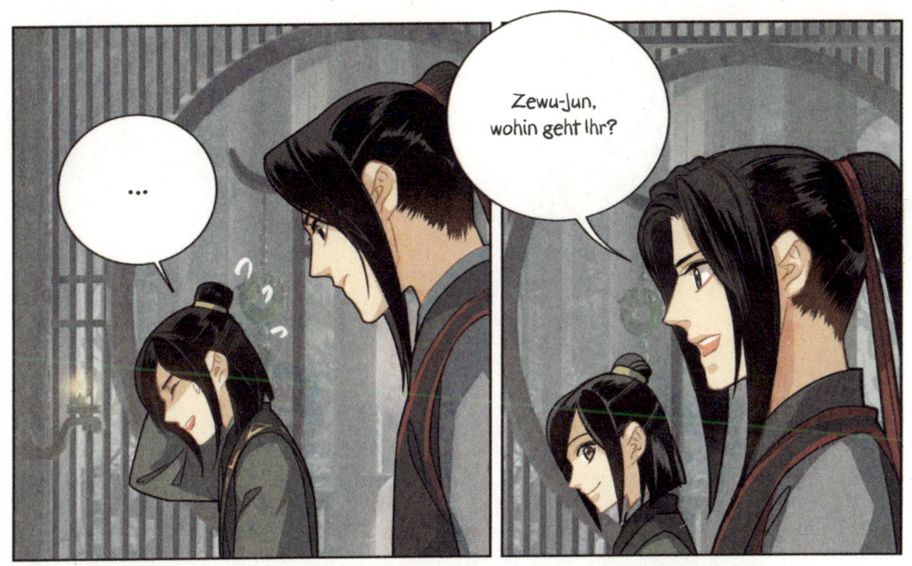
...
Zewu-Jun, wohin geht Ihr?
Wir treiben Wassergeister aus. Wir hatten nicht genügend Leute, daher bin ich zurückgekommen, um Wangji dazuzuholen.
Xiongzhang, es ist nicht nötig, so viel Konversation zu betreiben. Diese Angelegenheit erlaubt keine Verzögerung, lass uns sofort aufbrechen.
Halt, halt, halt! Ich weiß, wie man Wassergeister fängt!

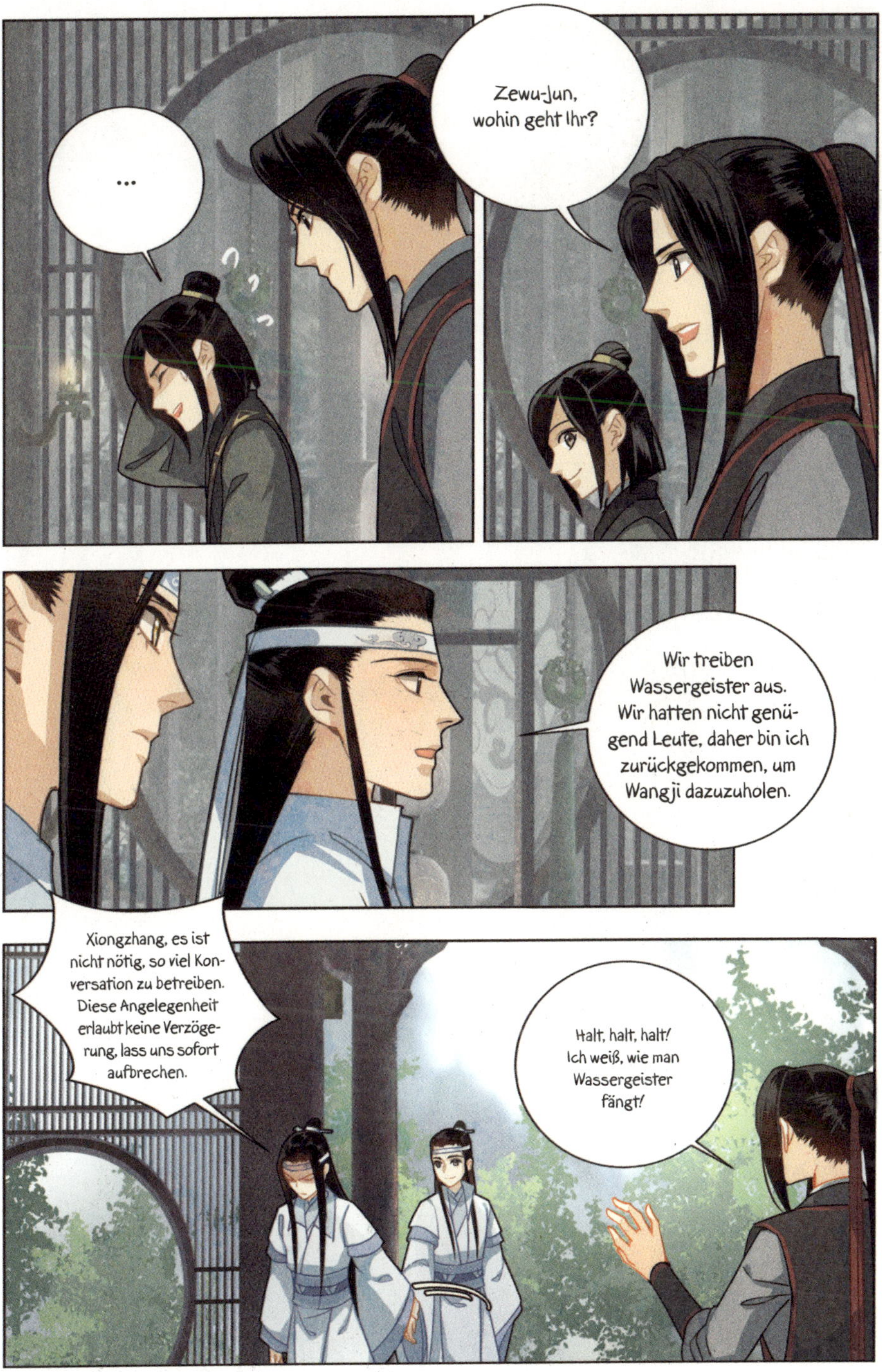

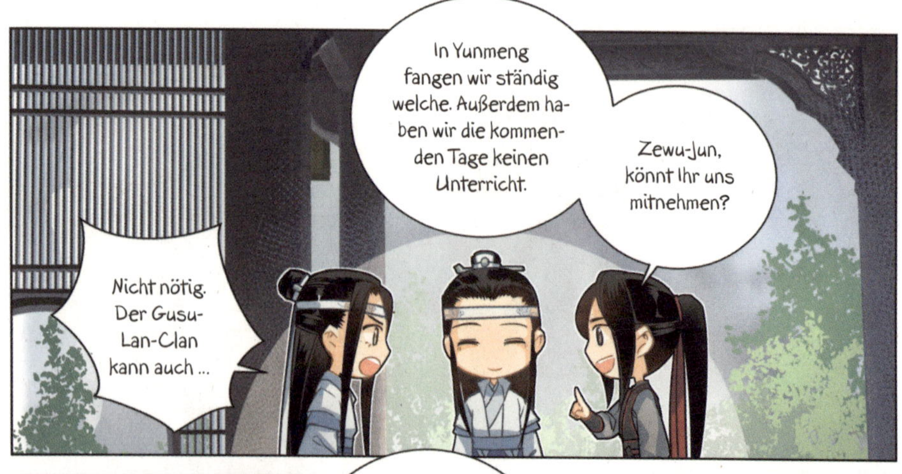
In Yunmeng fangen wir ständig welche. Außerdem haben wir die kommenden Tage keinen Unterricht.
Zewu-Jun, könnt Ihr uns mitnehmen?
Nicht nötig. Der Gusu-Lan-Clan kann auch …

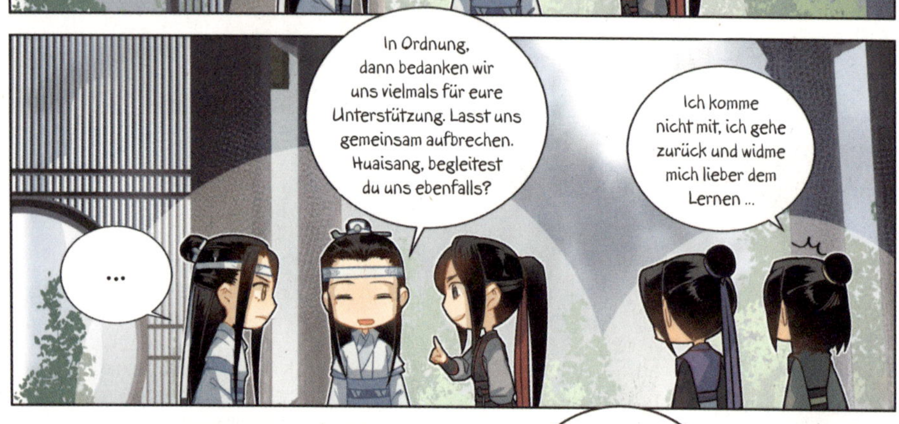
In Ordnung, dann bedanken wir uns vielmals für eure Unterstützung. Lasst uns gemeinsam aufbrechen. Huaisang, begleitest du uns ebenfalls?
Ich komme nicht mit, ich gehe zurück und widme mich lieber dem Lernen …
…

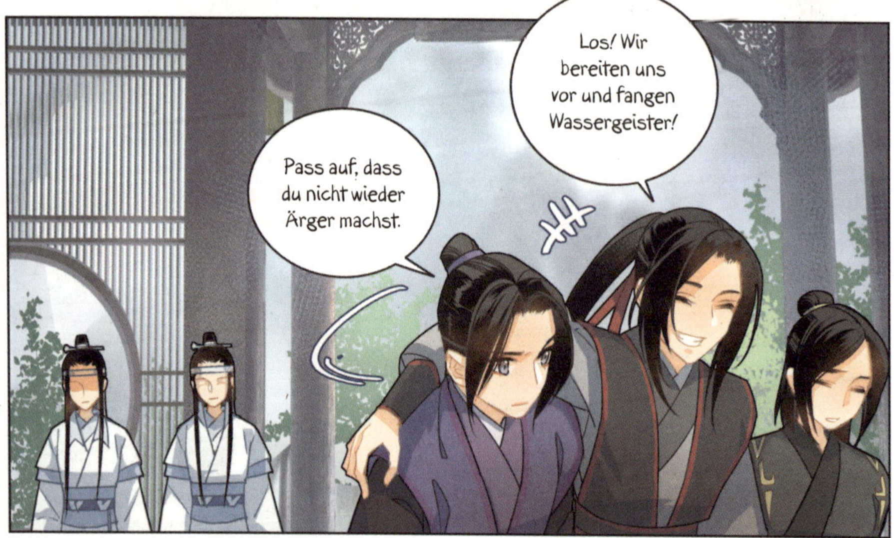
Los! Wir bereiten uns vor und fangen Wassergeister!
Pass auf, dass du nicht wieder Ärger machst.

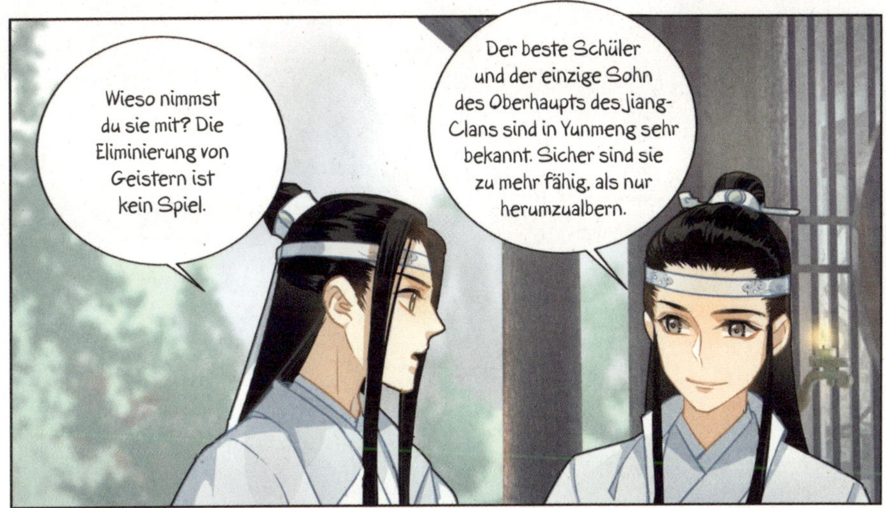
Wieso nimmst du sie mit? Die Eliminierung von Geistern ist kein Spiel.
Der beste Schüler und der einzige Sohn des Oberhaupts des Jiang-Clans sind in Yunmeng sehr bekannt. Sicher sind sie zu mehr fähig, als nur herumzualbern.

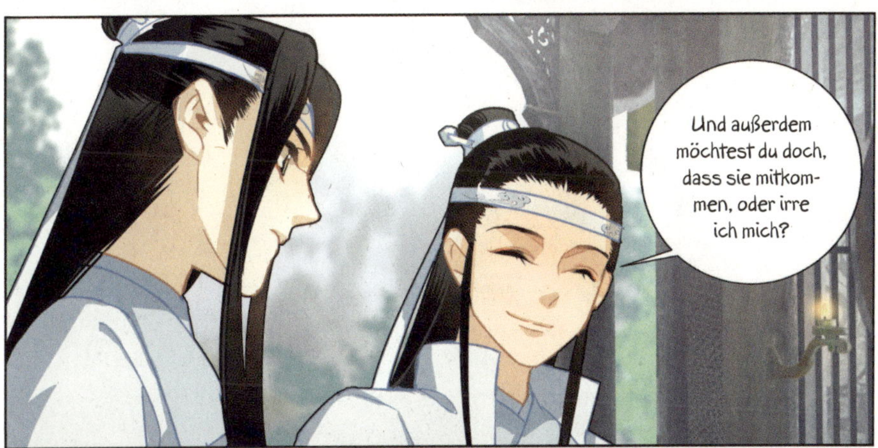
Und außerdem möchtest du doch, dass sie mitkommen, oder irre ich mich?

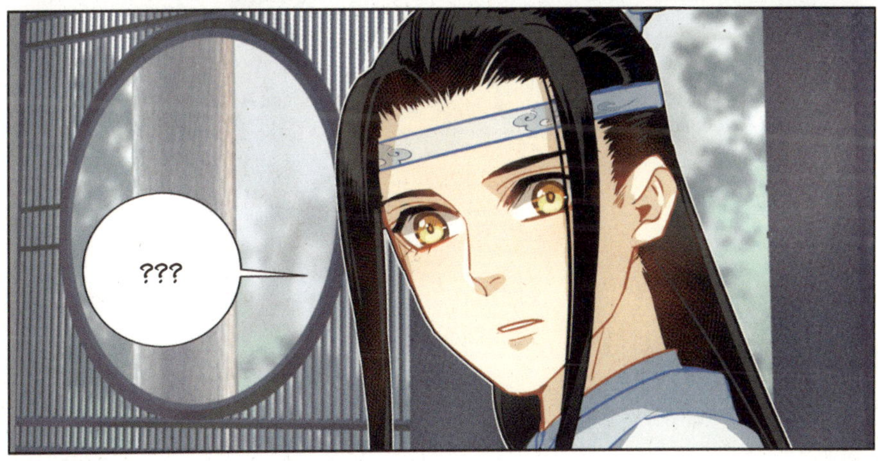
???

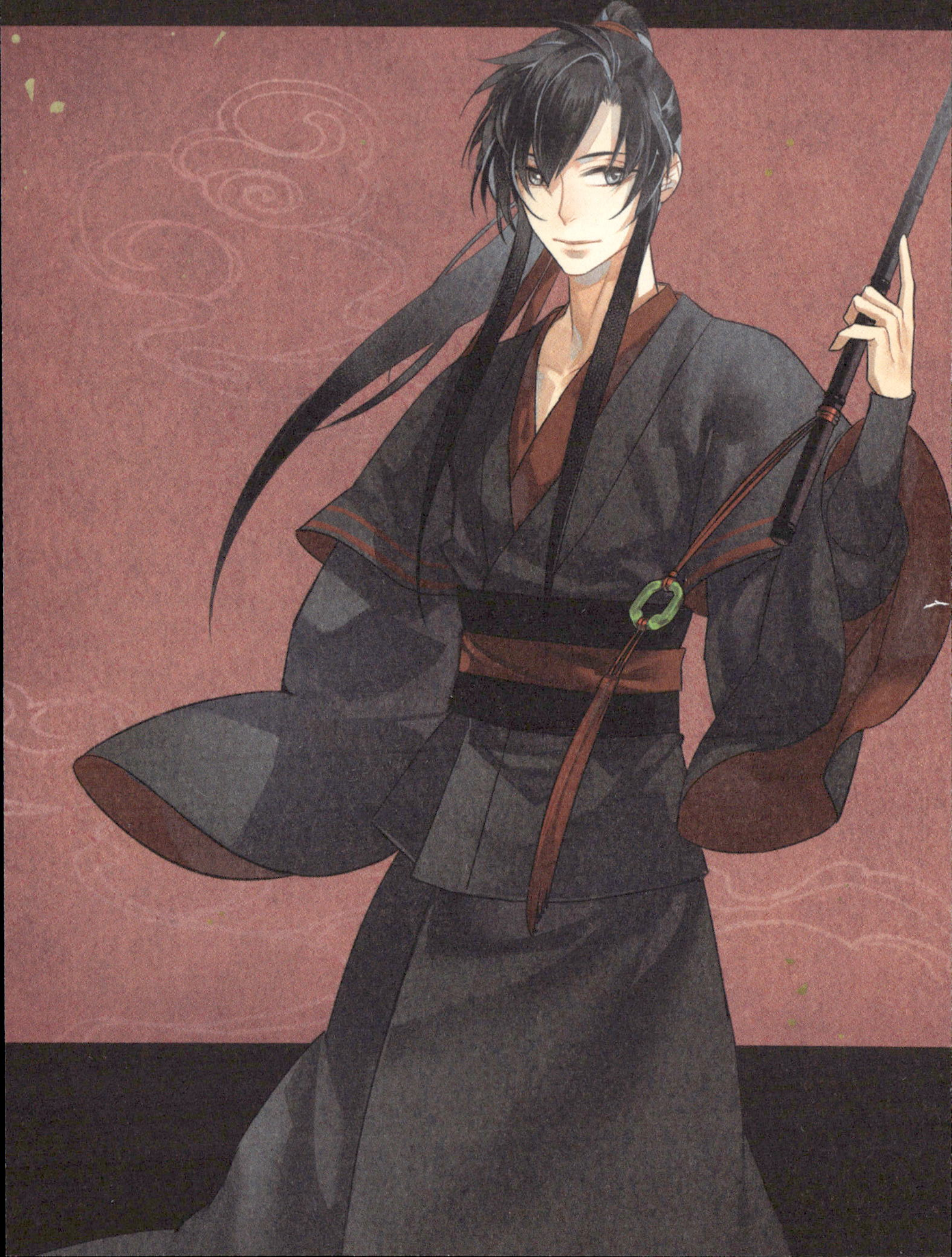

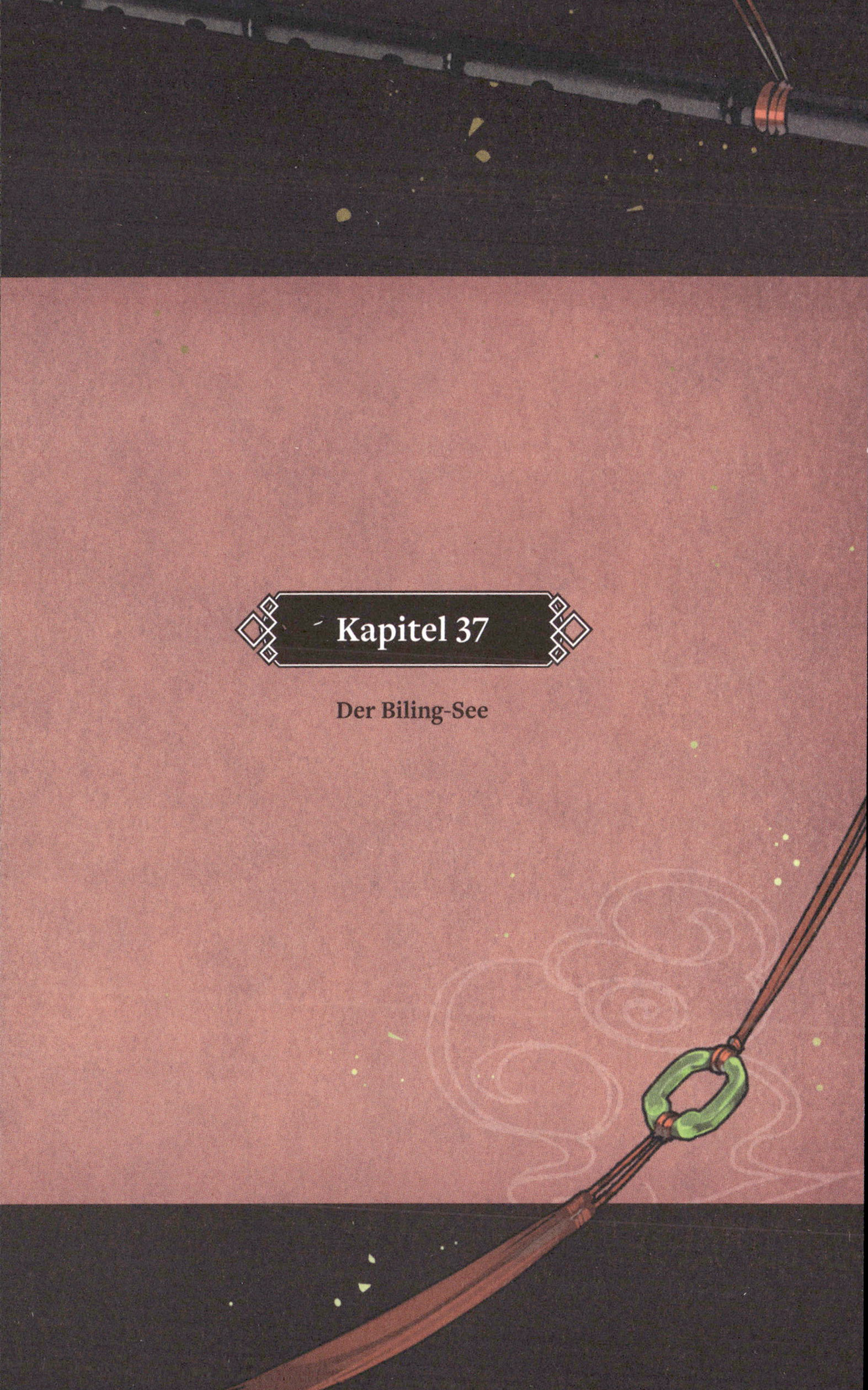

Kapitel 37

Der Biling-See

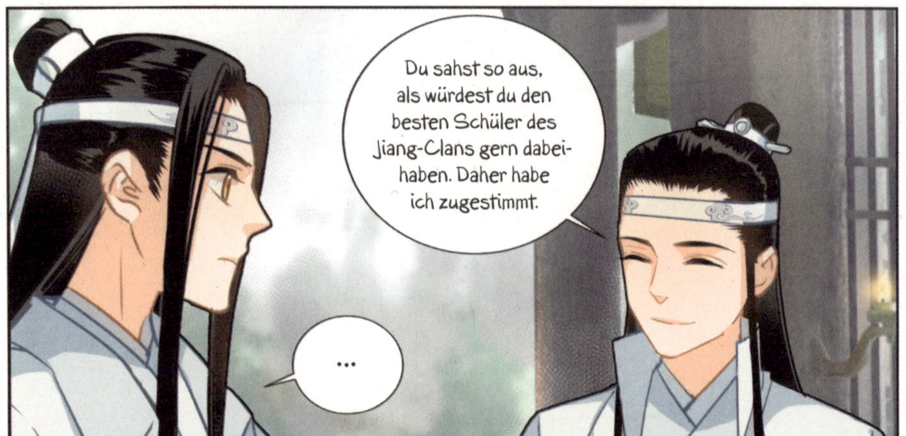
Du sahst so aus, als würdest du den besten Schüler des Jiang-Clans gern dabeihaben. Daher habe ich zugestimmt.
...

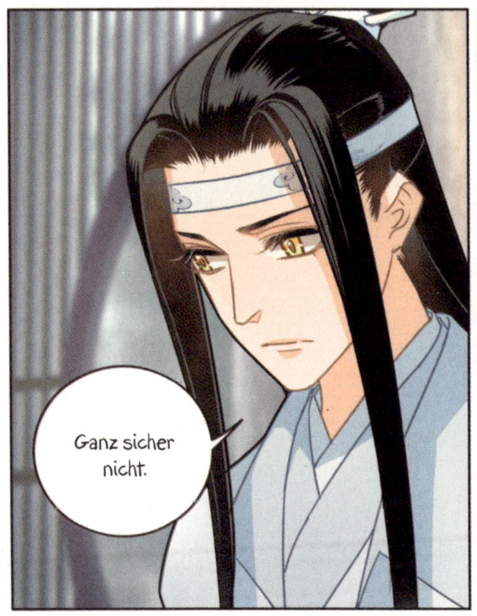
Ganz sicher nicht.

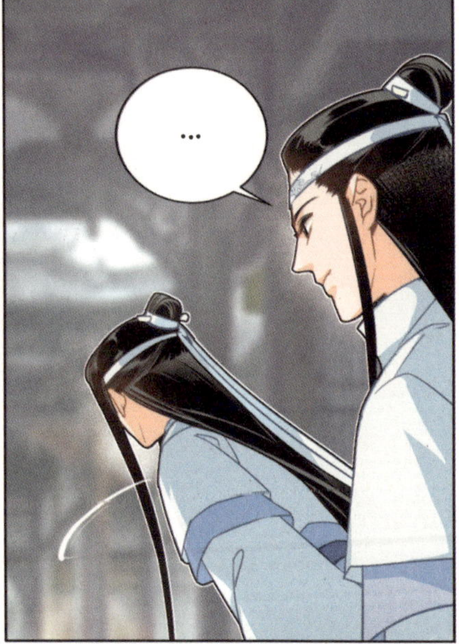
...

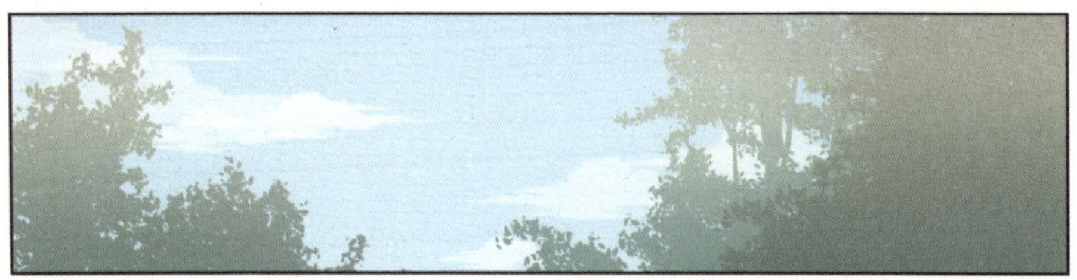

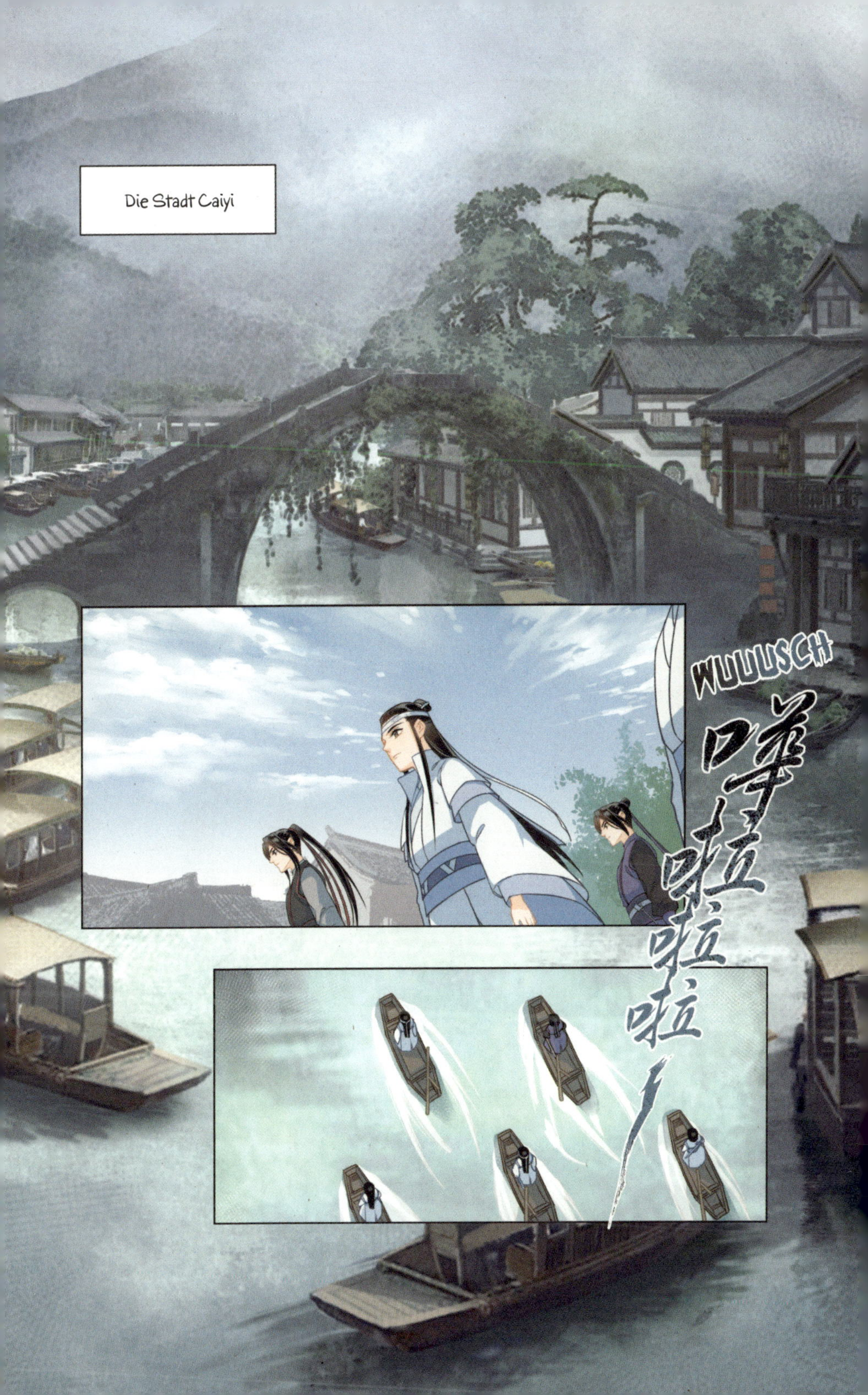
Die Stadt Caiyi
WUUUSCH
哗拉啦啦啦！

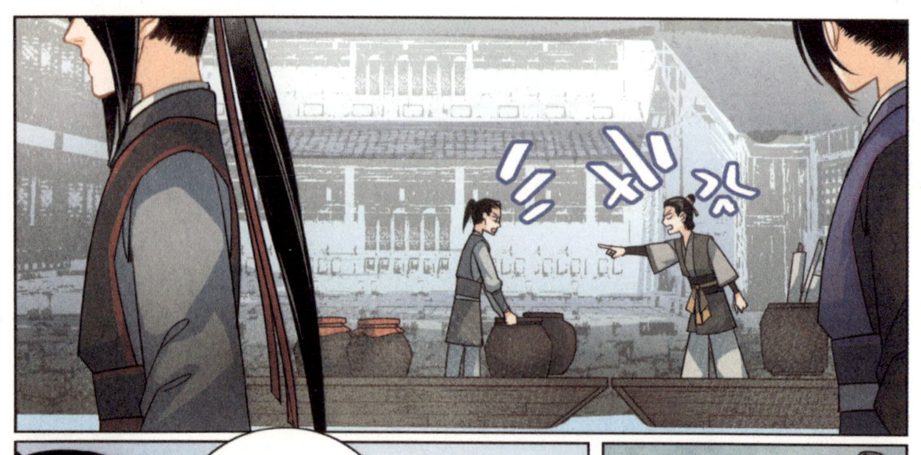

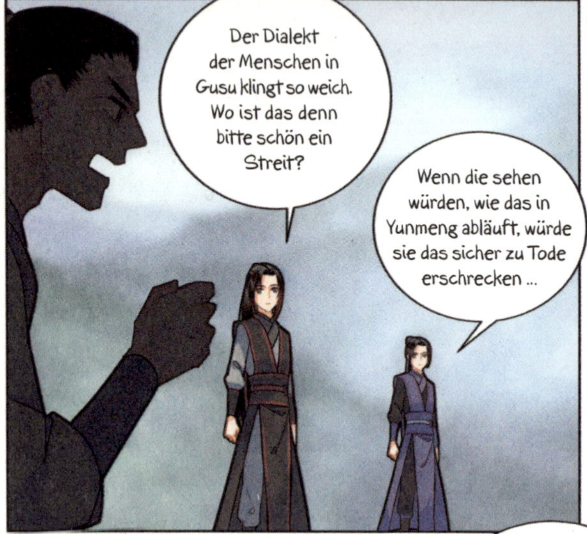
Der Dialekt der Menschen in Gusu klingt so weich. Wo ist das denn bitte schön ein Streit?
Wenn die sehen würden, wie das in Yunmeng abläuft, würde sie das sicher zu Tode erschrecken ...

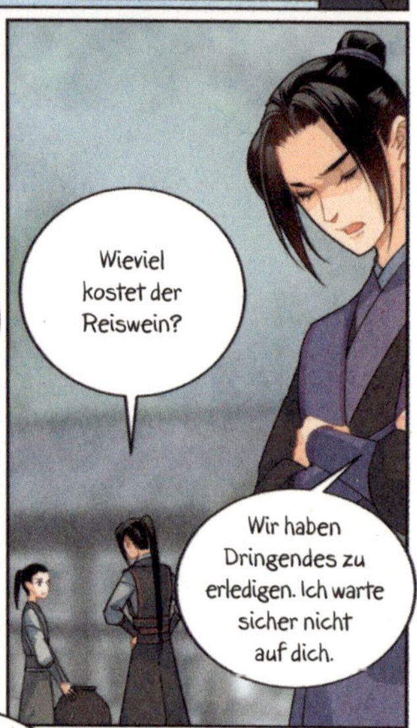
Wieviel kostet der Reiswein?
Wir haben Dringendes zu erledigen. Ich warte sicher nicht auf dich.

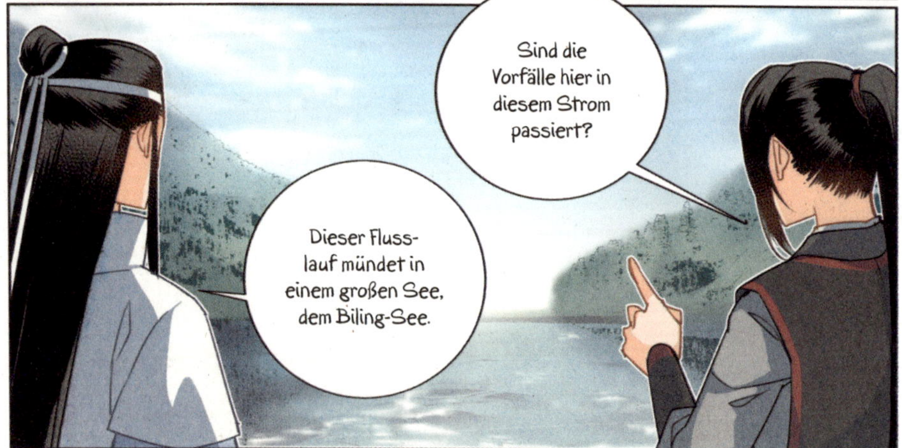
Sind die Vorfälle hier in diesem Strom passiert?
Dieser Flusslauf mündet in einem großen See, dem Biling-See.

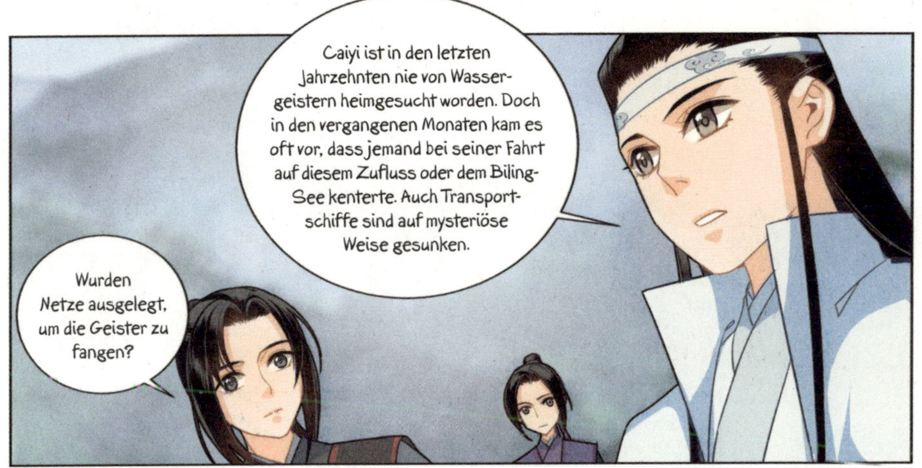
Caiyi ist in den letzten Jahrzehnten nie von Wassergeistern heimgesucht worden. Doch in den vergangenen Monaten kam es oft vor, dass jemand bei seiner Fahrt auf diesem Zufluss oder dem Biling-See kenterte. Auch Transportschiffe sind auf mysteriöse Weise gesunken.
Wurden Netze ausgelegt, um die Geister zu fangen?

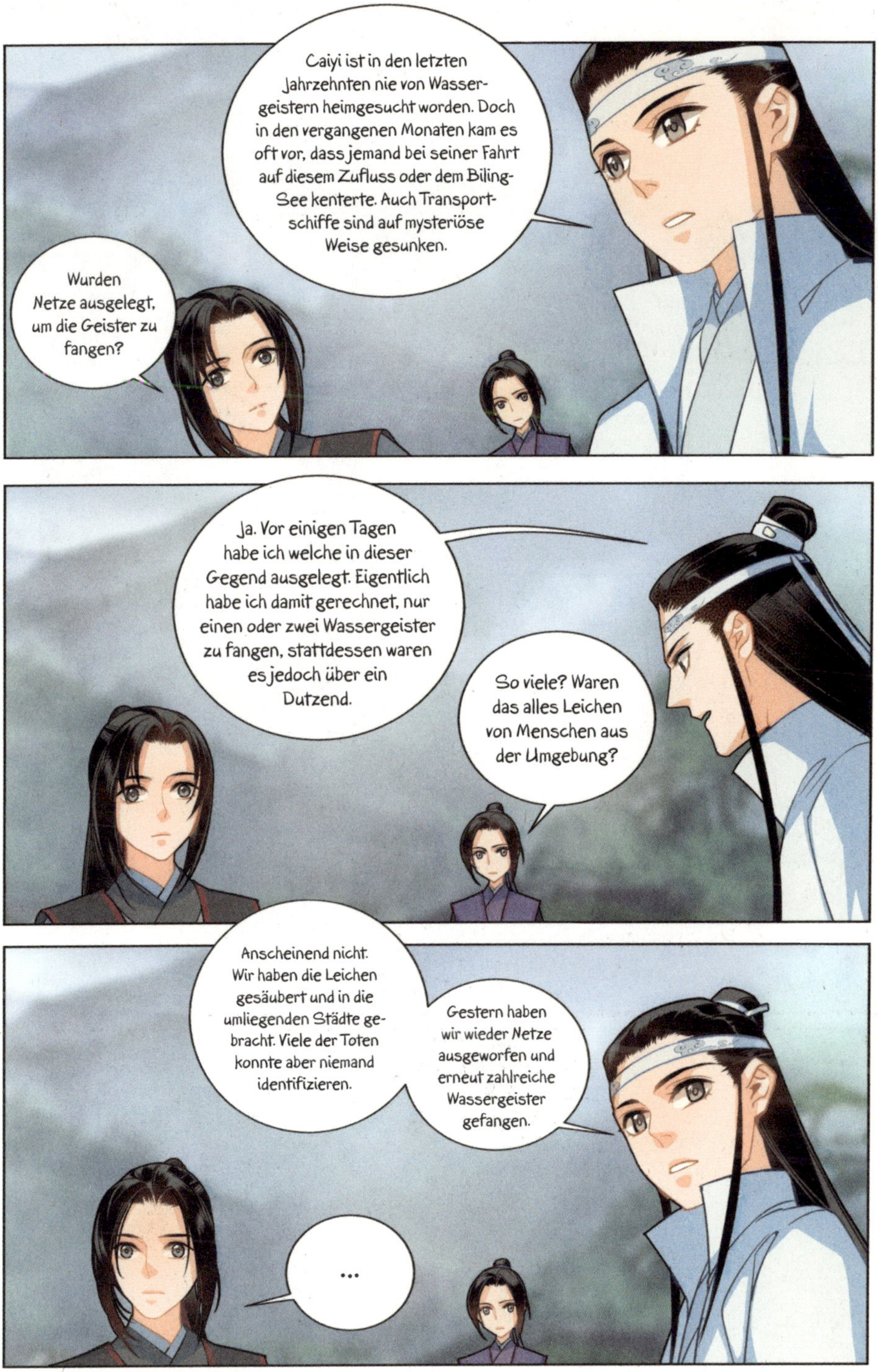

Ja. Vor einigen Tagen habe ich welche in dieser Gegend ausgelegt. Eigentlich habe ich damit gerechnet, nur einen oder zwei Wassergeister zu fangen, stattdessen waren es jedoch über ein Dutzend.
So viele? Waren das alles Leichen von Menschen aus der Umgebung?
Anscheinend nicht. Wir haben die Leichen gesäubert und in die umliegenden Städte gebracht. Viele der Toten konnte aber niemand identifizieren.
Gestern haben wir wieder Netze ausgeworfen und erneut zahlreiche Wassergeister gefangen.
...

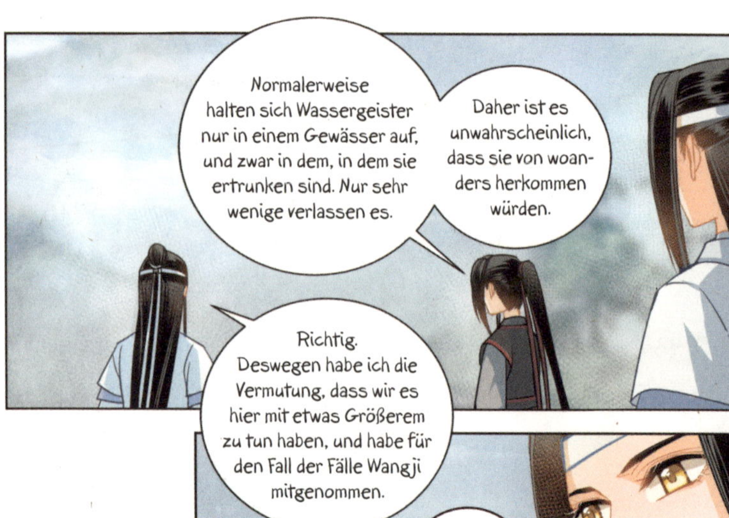
Normalerweise halten sich Wassergeister nur in einem Gewässer auf, und zwar in dem, in dem sie ertrunken sind. Nur sehr wenige verlassen es.
Daher ist es unwahrscheinlich, dass sie von woanders herkommen würden.
Richtig. Deswegen habe ich die Vermutung, dass wir es hier mit etwas Größerem zu tun haben, und habe für den Fall der Fälle Wangji mitgenommen.
...

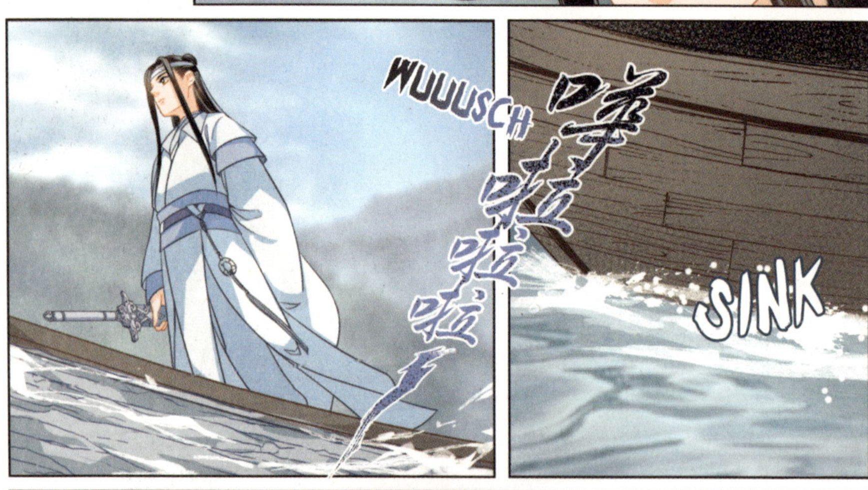
WUUUSCH
SINK

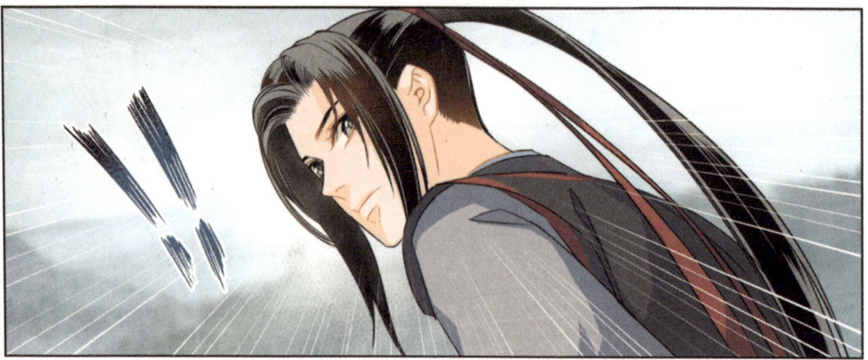

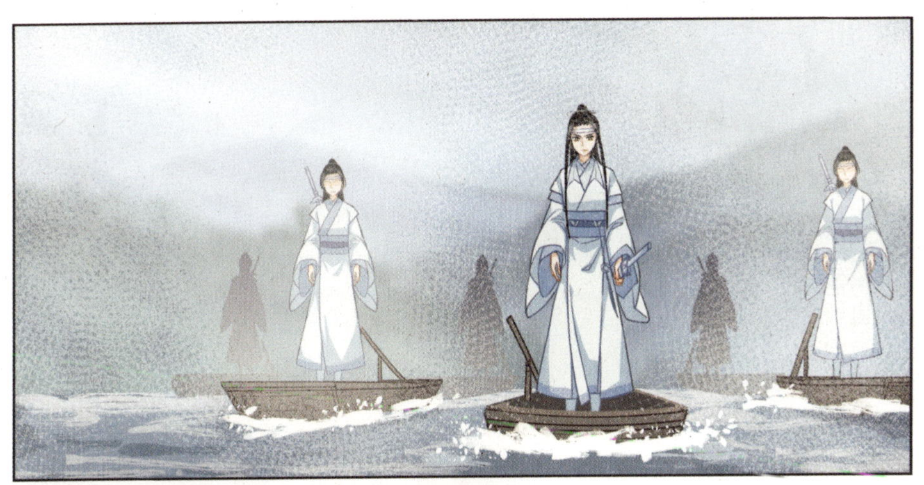

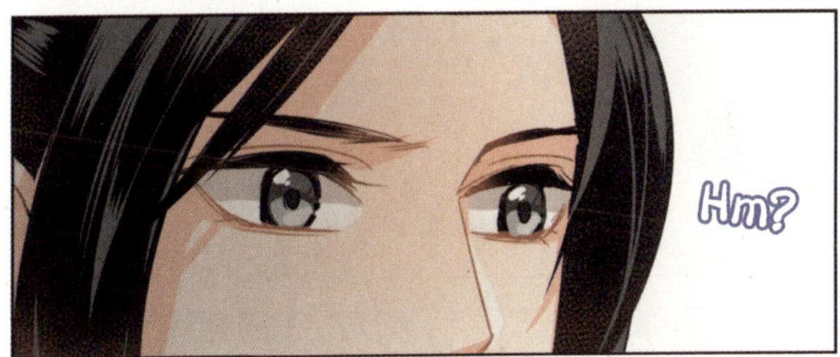
Hm?

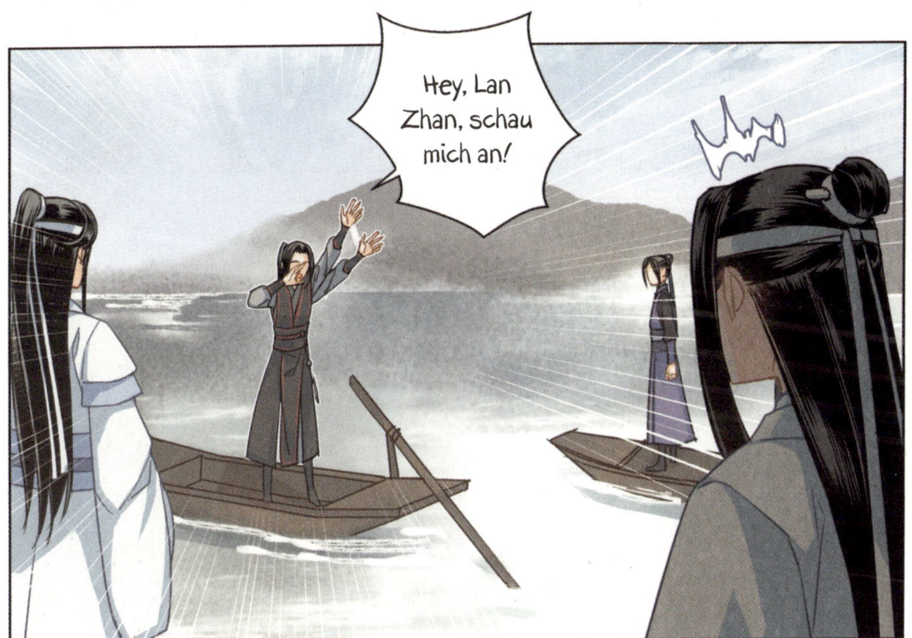
Hey, Lan Zhan, schau mich an!

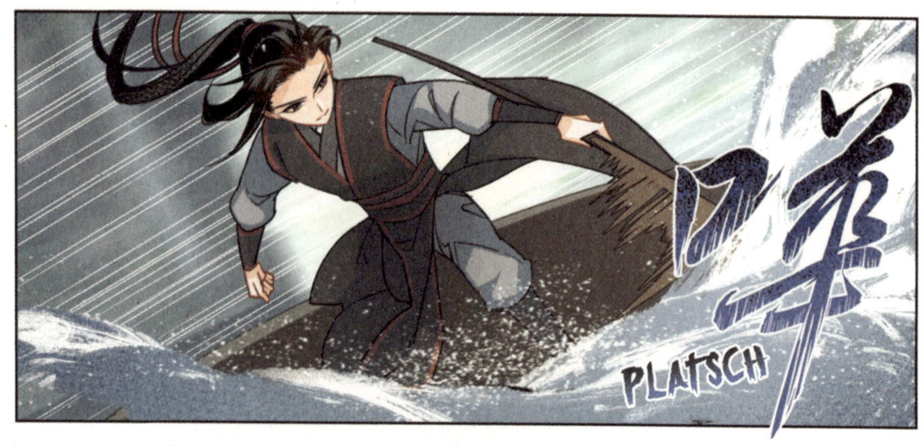
PLATSCH

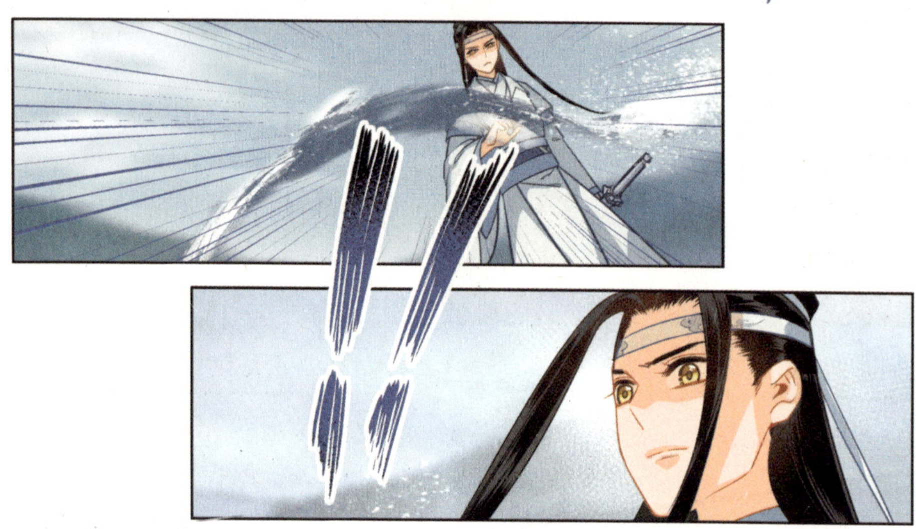

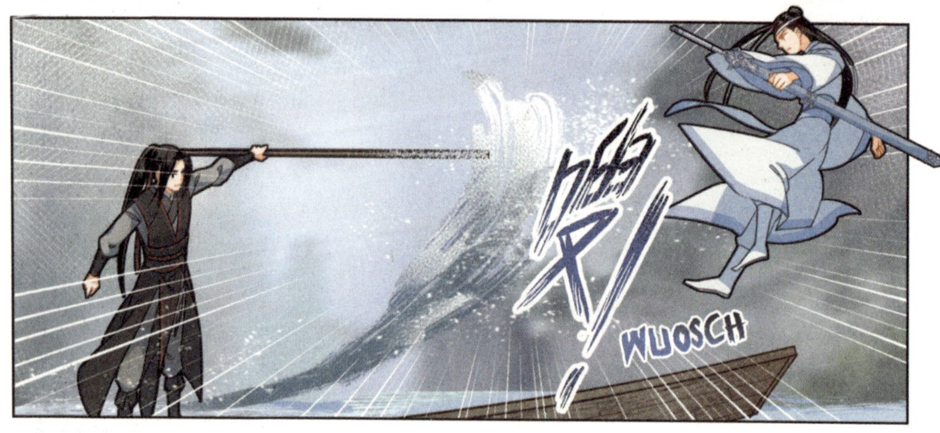
WUOSCH

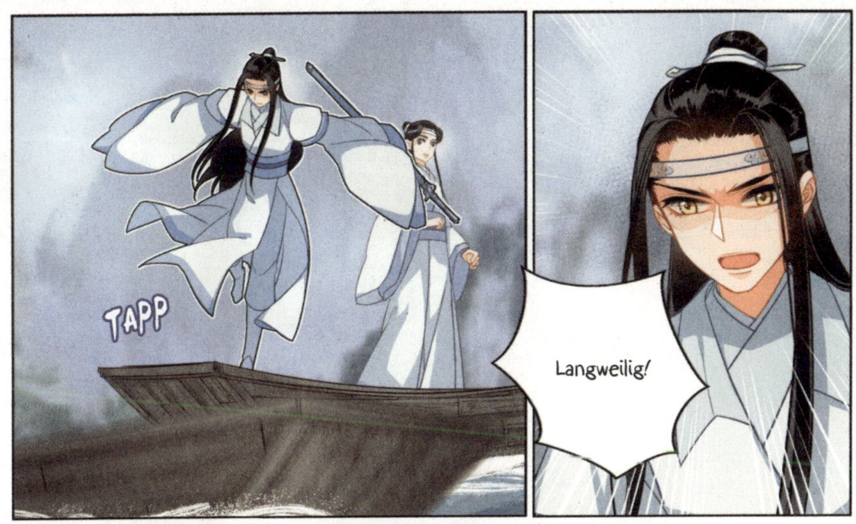
TAPP
Langweilig!
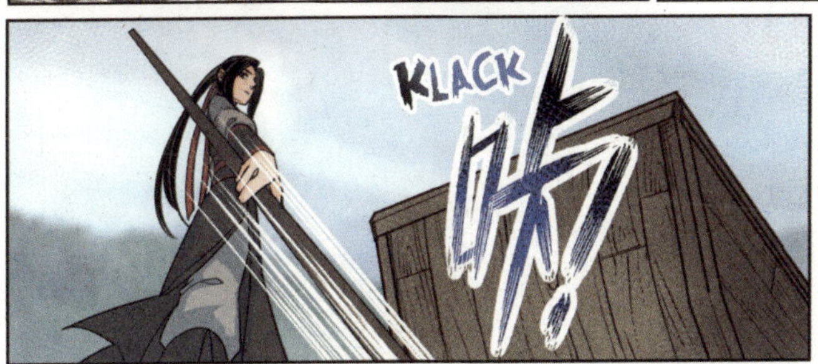
KLACK
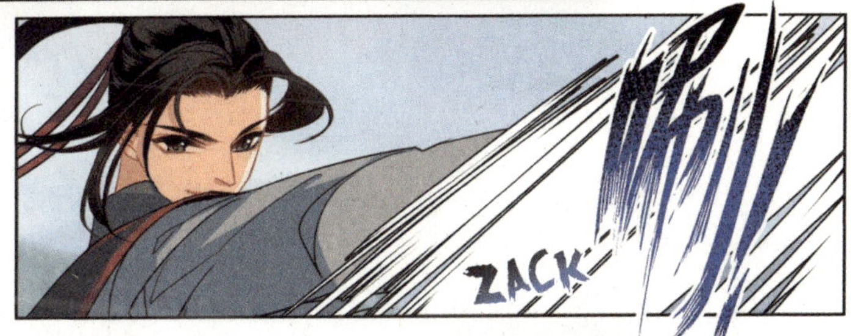
ZACK
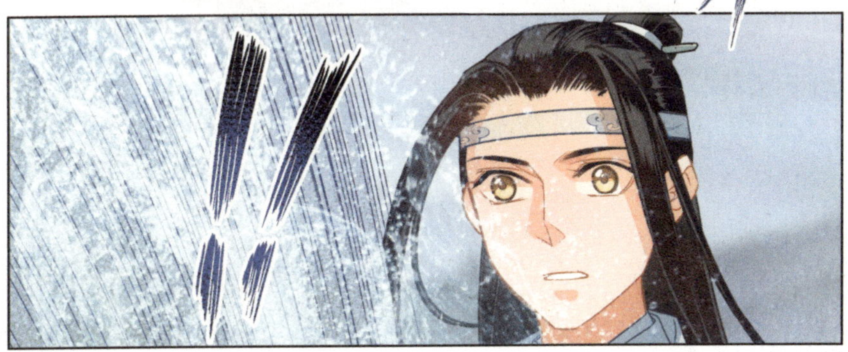

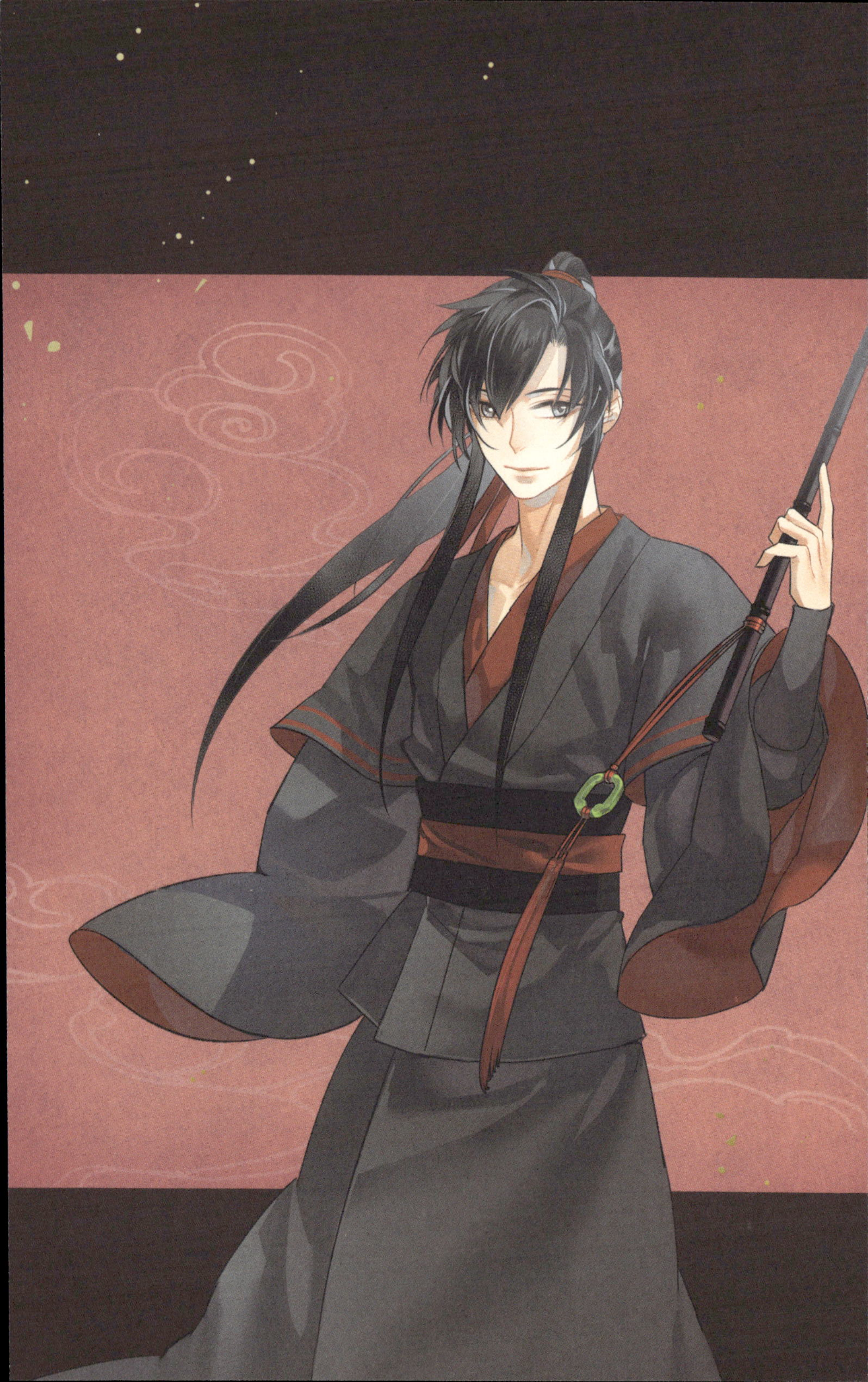

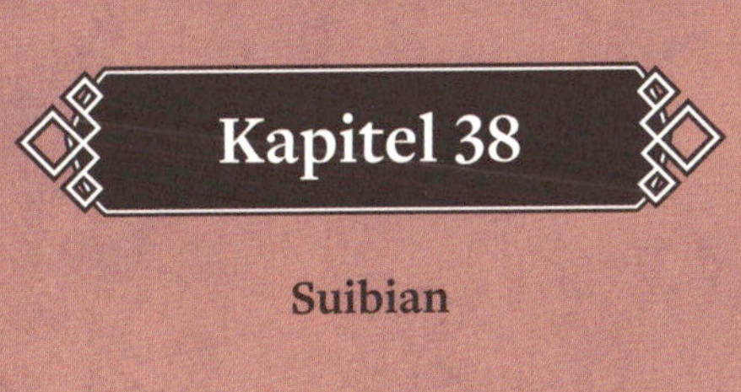

Kapitel 38

Suibian

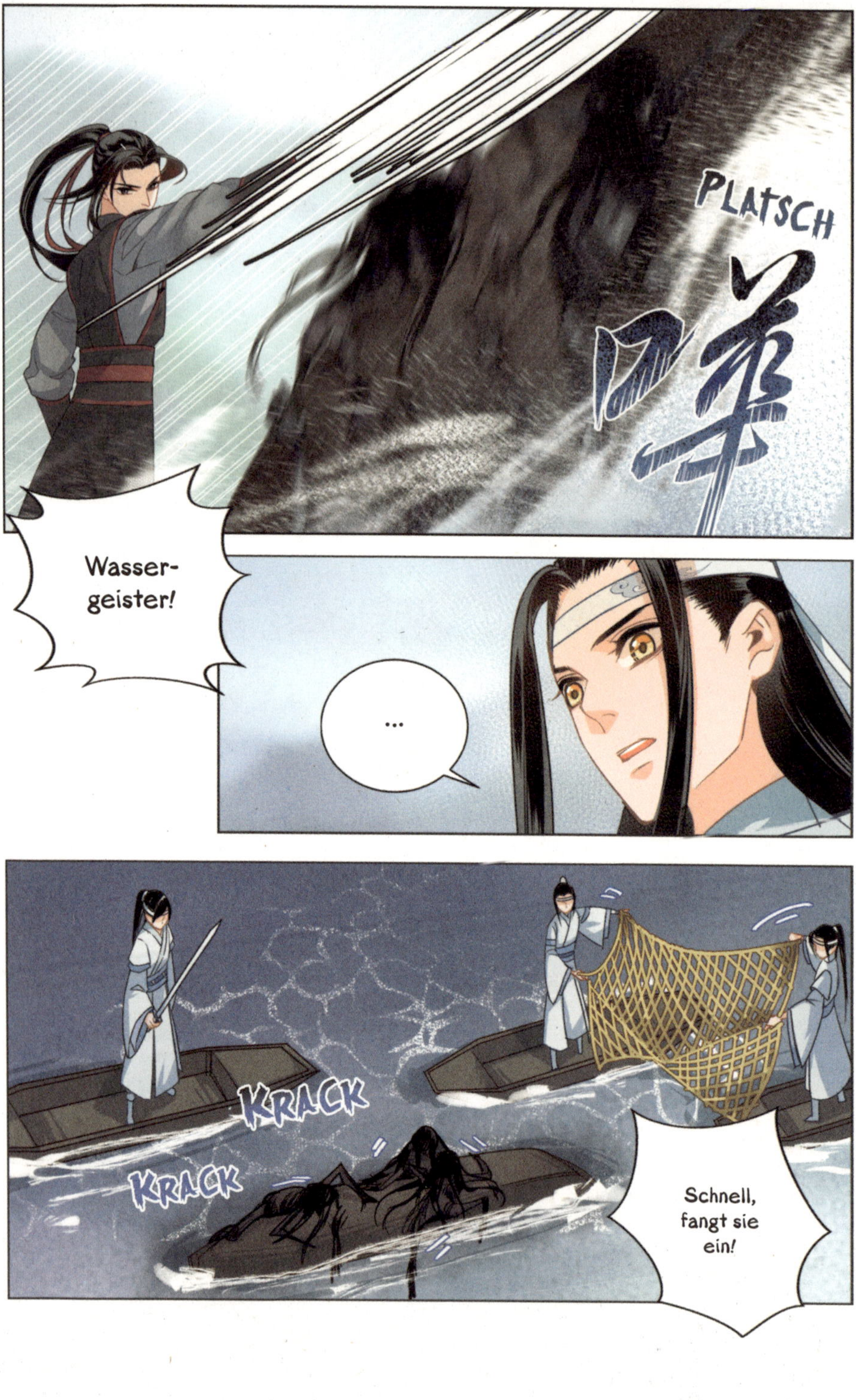

PLATSCH

哗

Wasser-
geister!

...

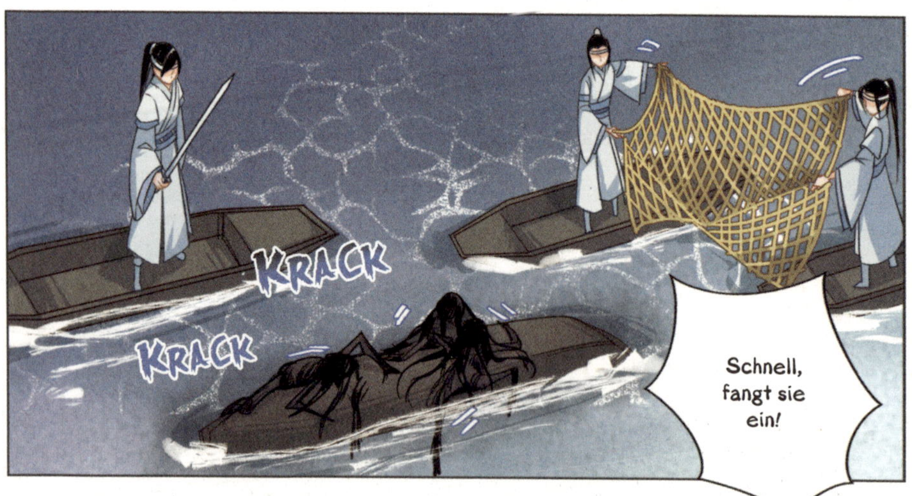

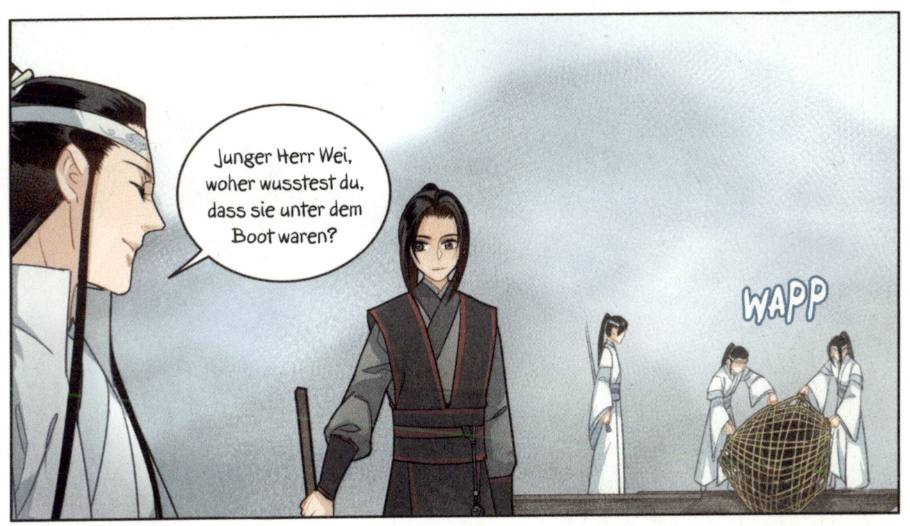
Junger Herr Wei, woher wusstest du, dass sie unter dem Boot waren?
WAPP

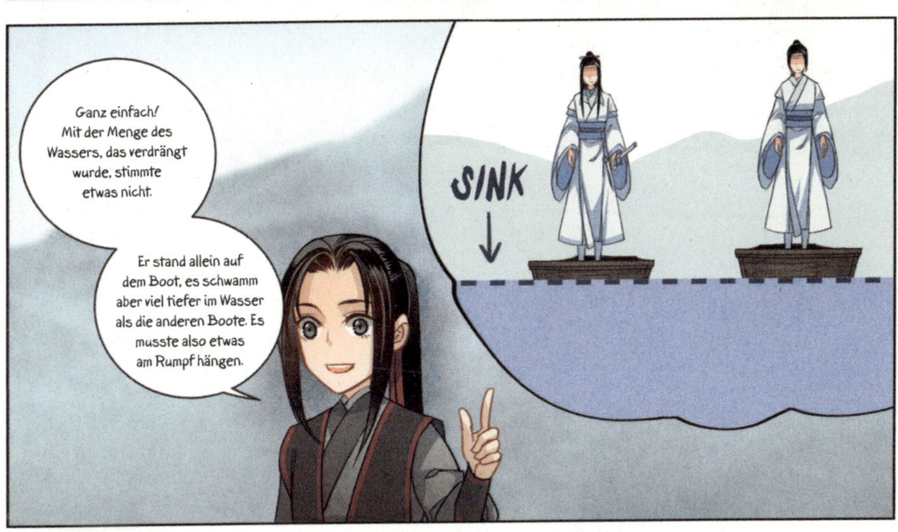
Ganz einfach! Mit der Menge des Wassers, das verdrängt wurde, stimmte etwas nicht.
Er stand allein auf dem Boot, es schwamm aber viel tiefer im Wasser als die anderen Boote. Es musste also etwas am Rumpf hängen.
SINK

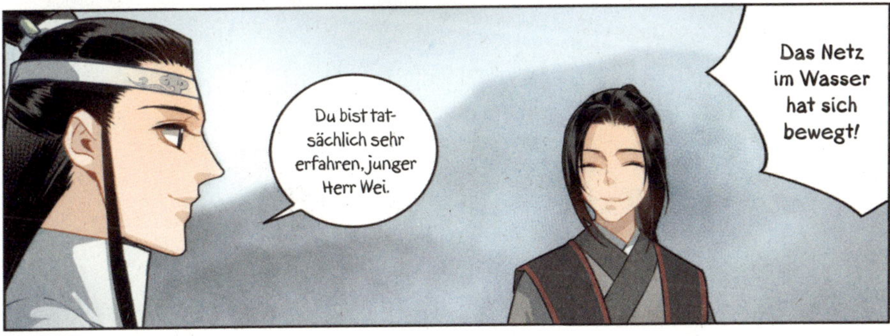
Das Netz im Wasser hat sich bewegt!
Du bist tatsächlich sehr erfahren, junger Herr Wei.

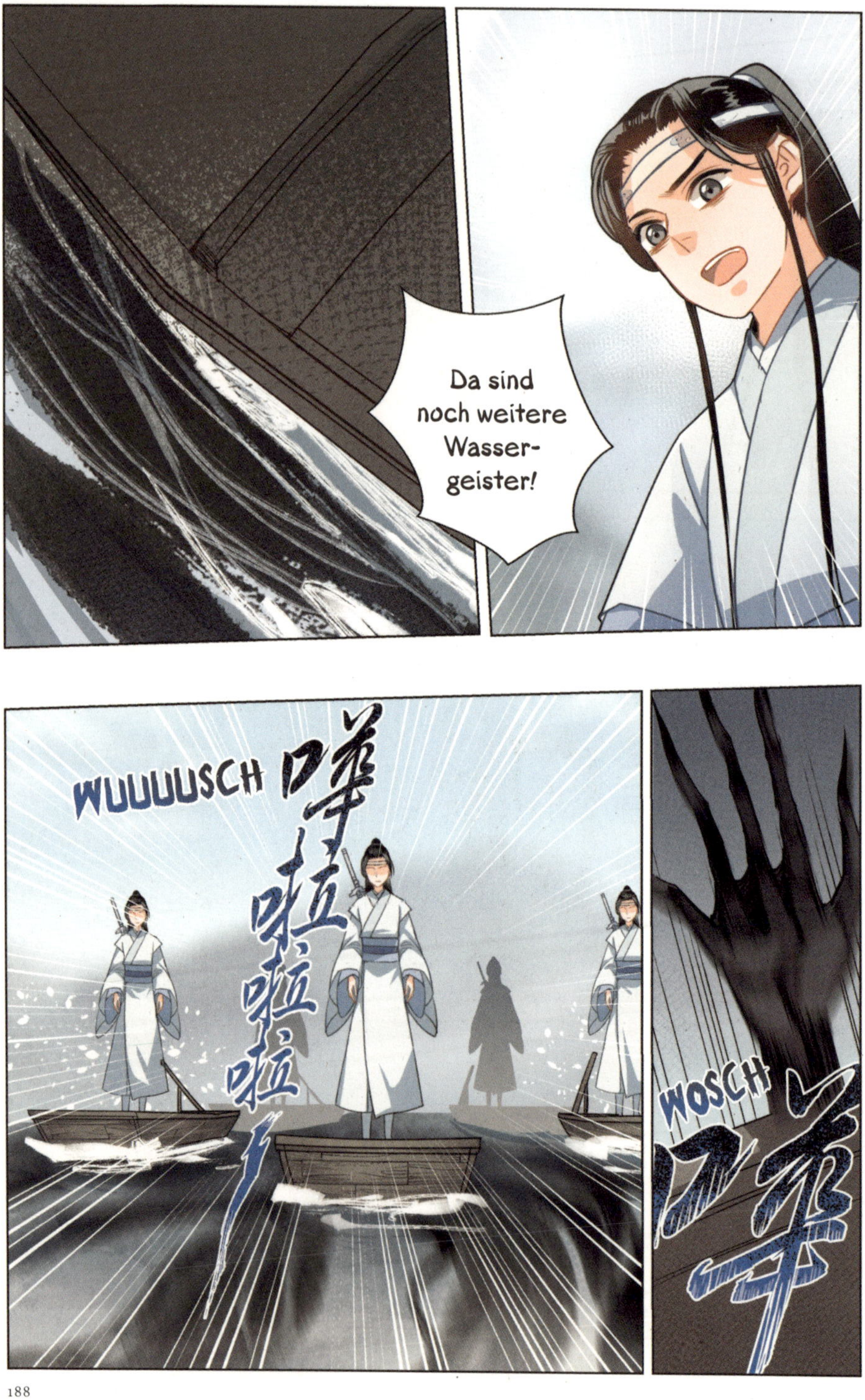

Da sind noch weitere Wasser-geister!

WUUUUSCH 嘩啦啦啦

WOSCH

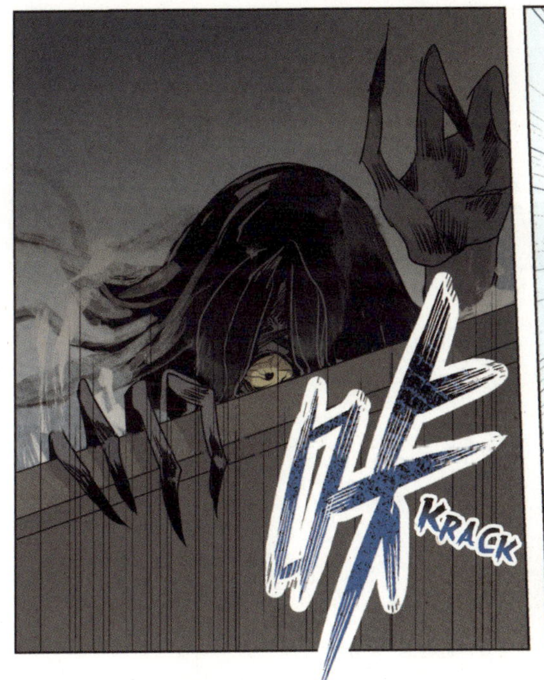

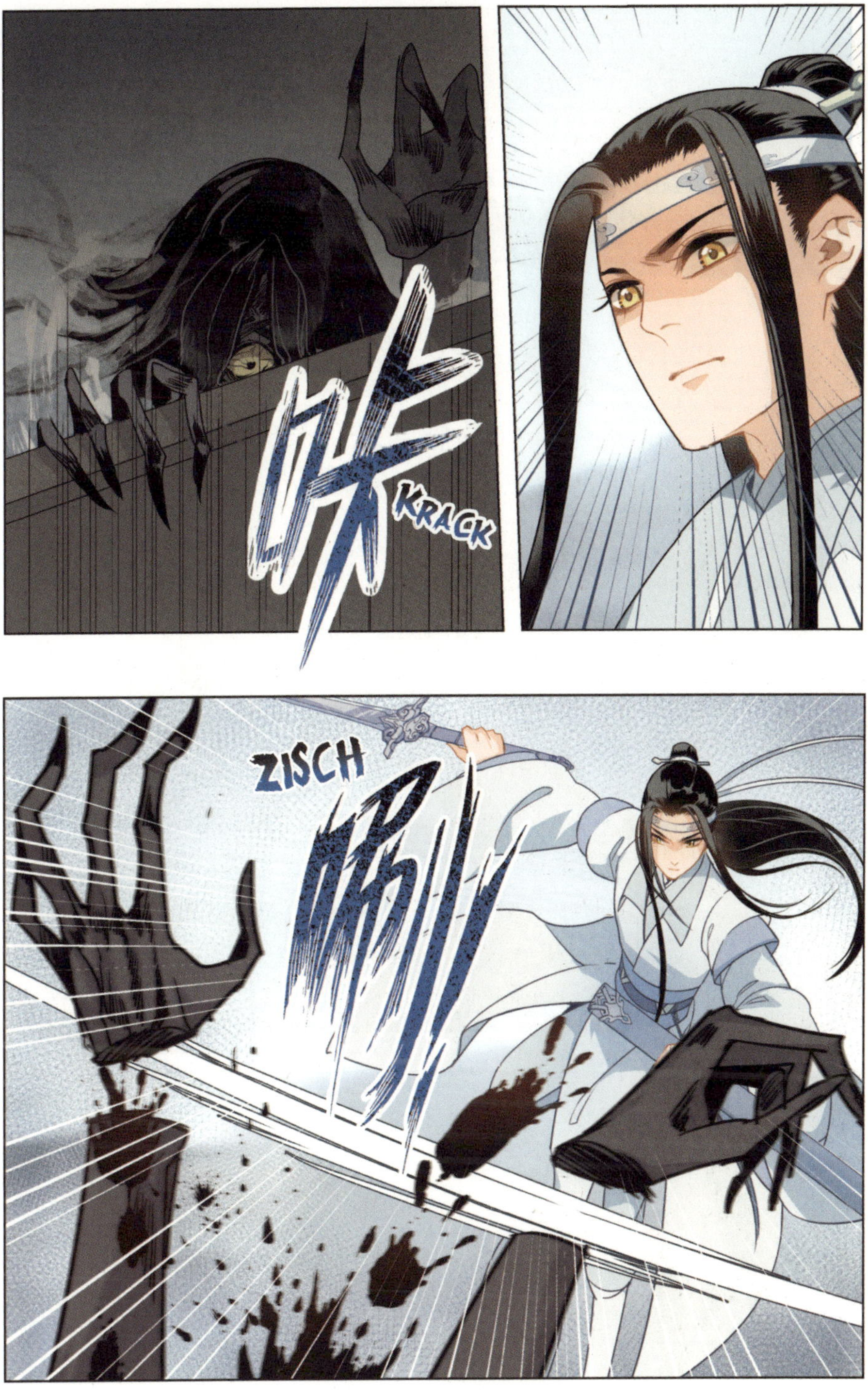

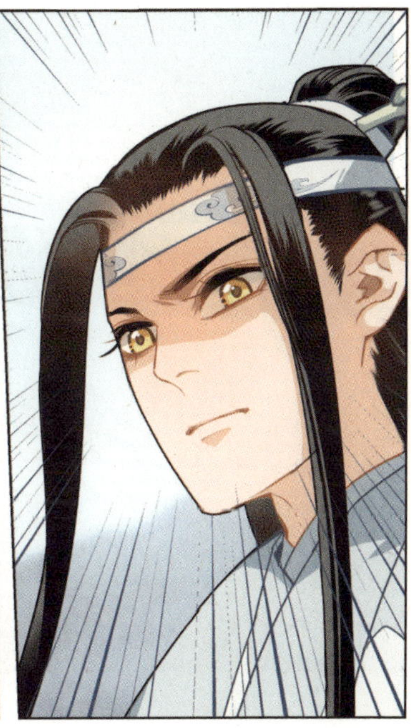

ZISCH

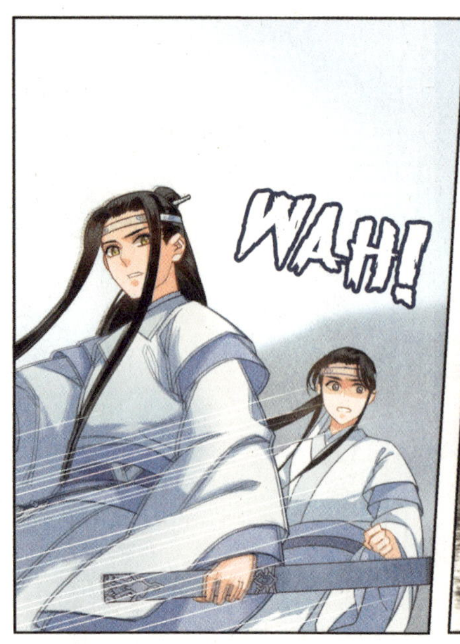
WAH!

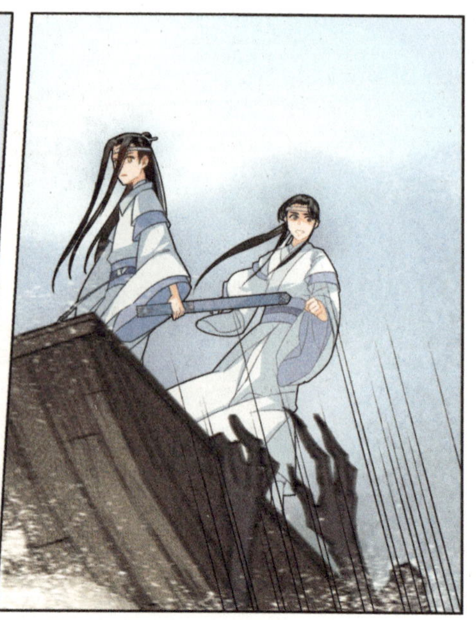

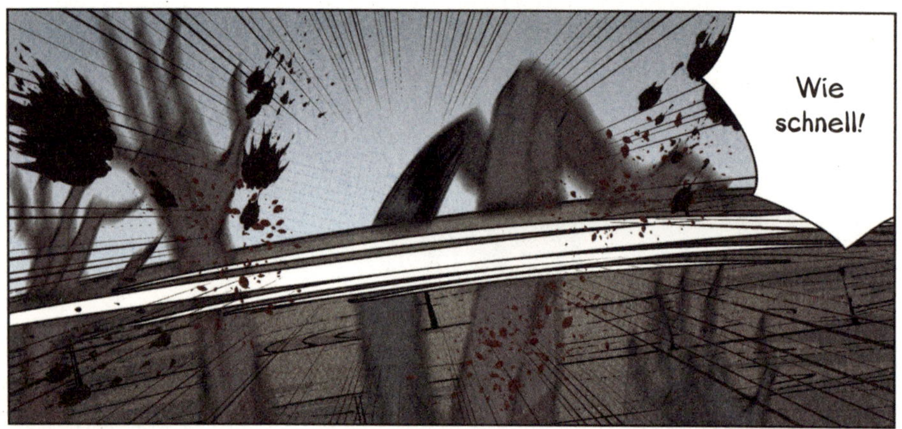
Wie schnell!

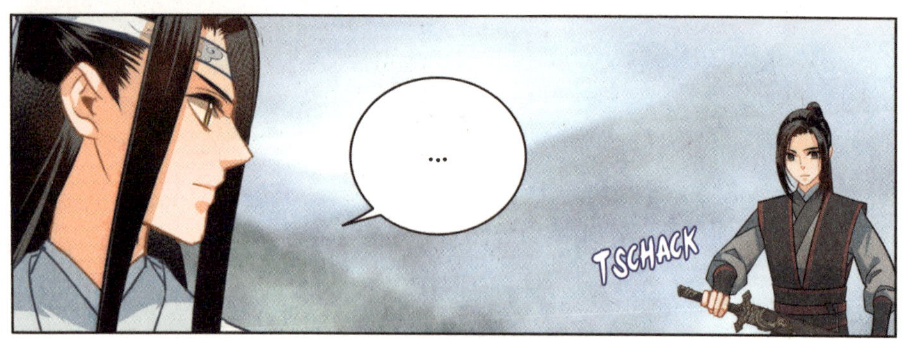
...
TSCHACK

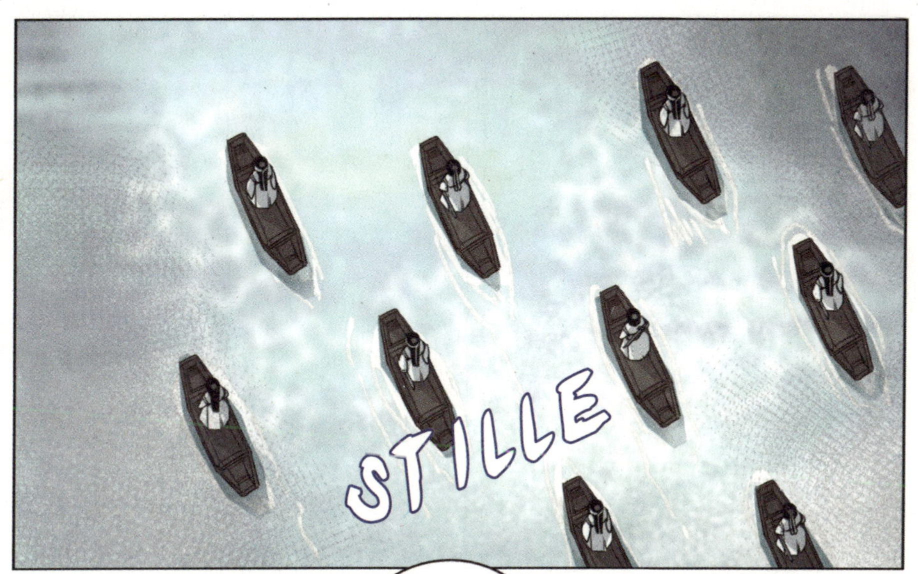
STILLE

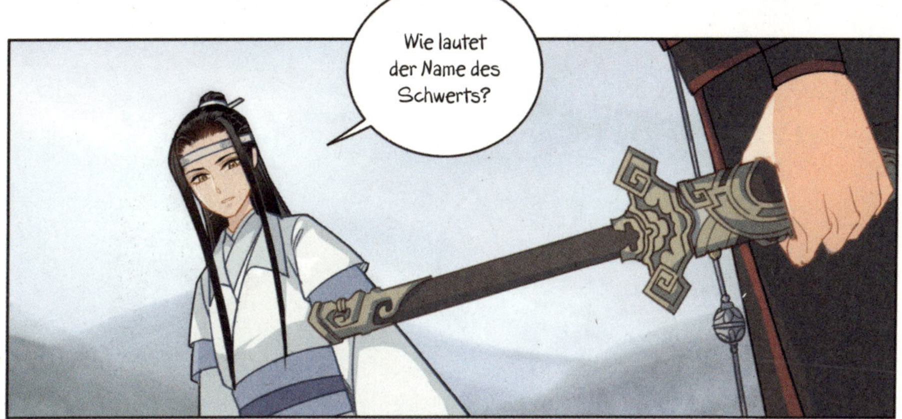
Wie lautet der Name des Schwerts?

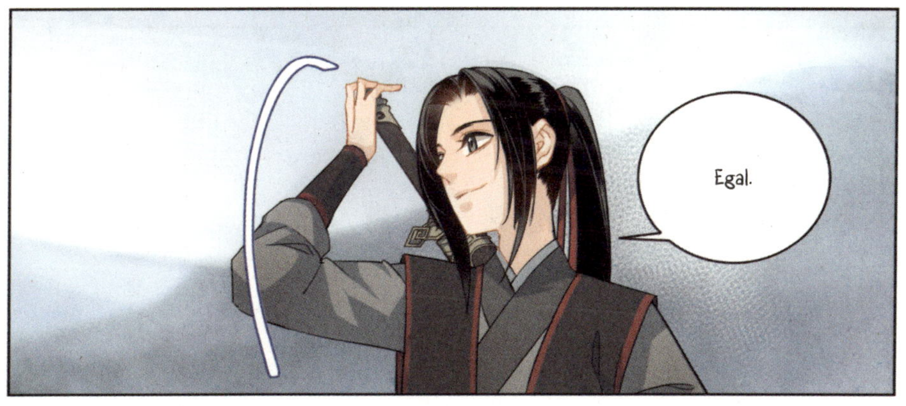
Egal.

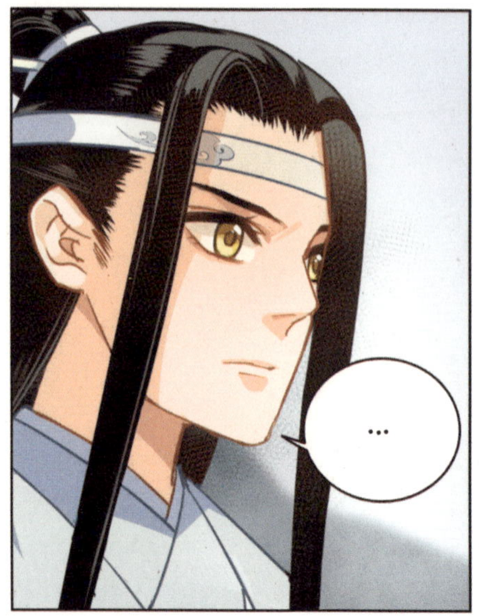

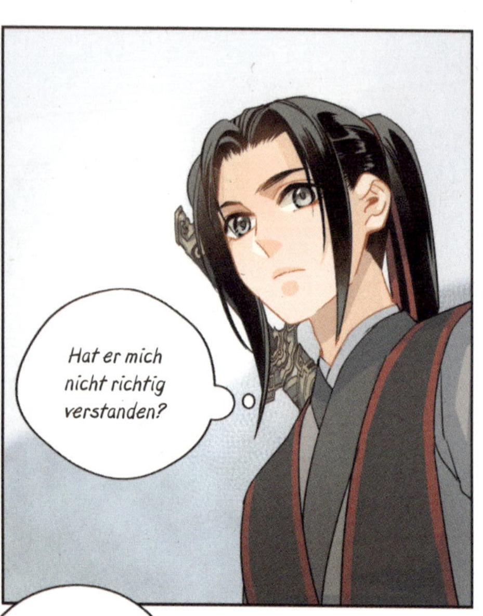

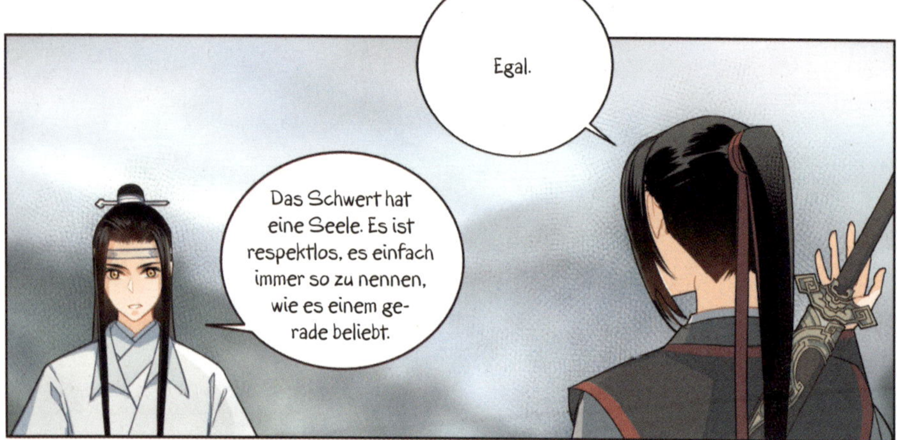

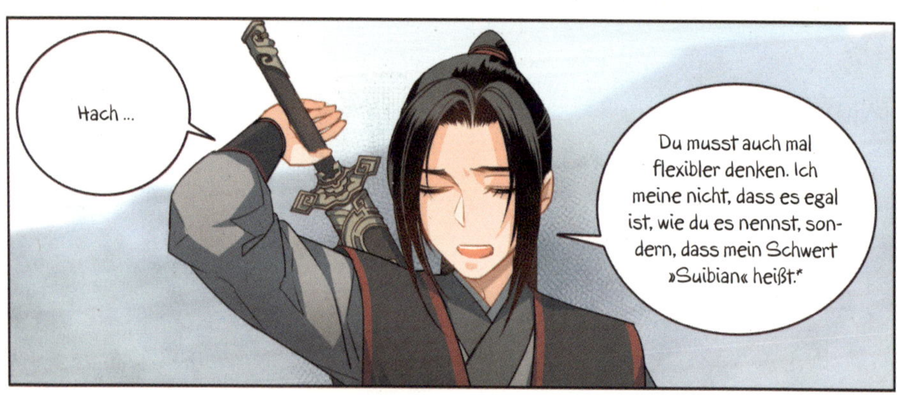

* »Suibian« bedeutet übersetzt »egal, gleichgültig«.

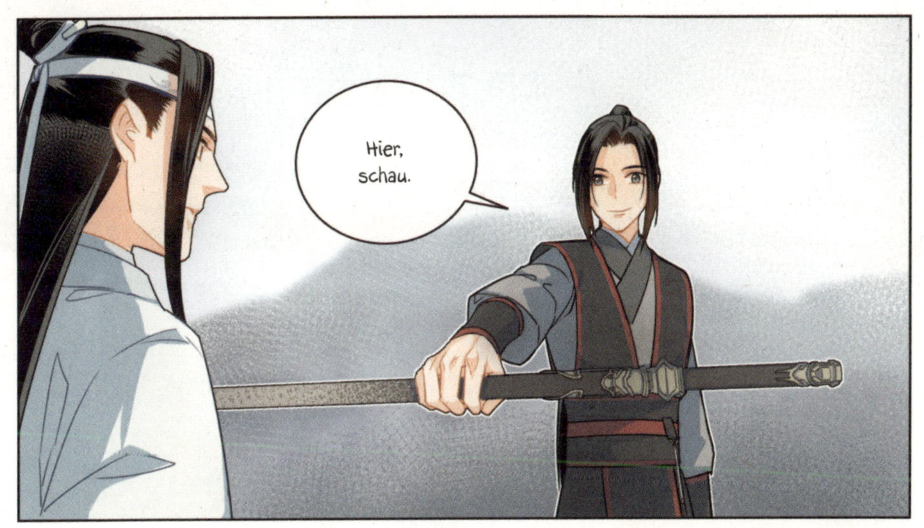

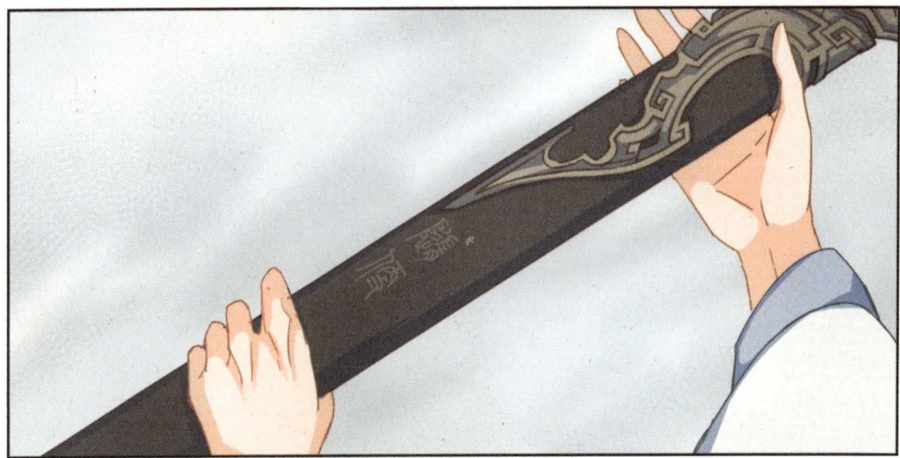

* Suibian

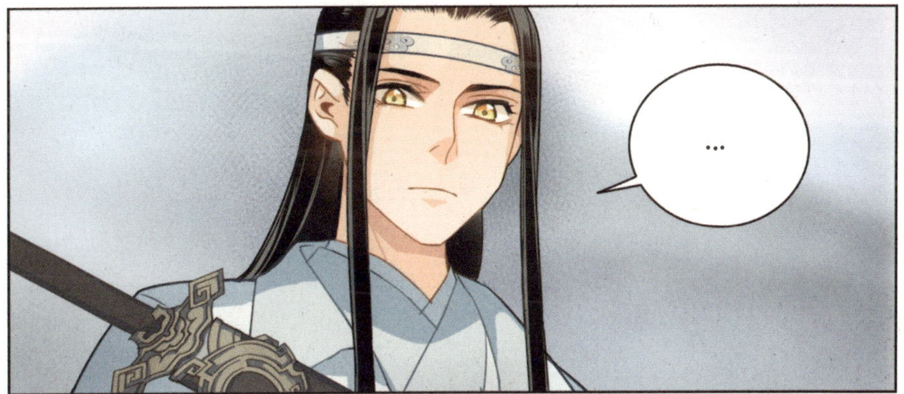

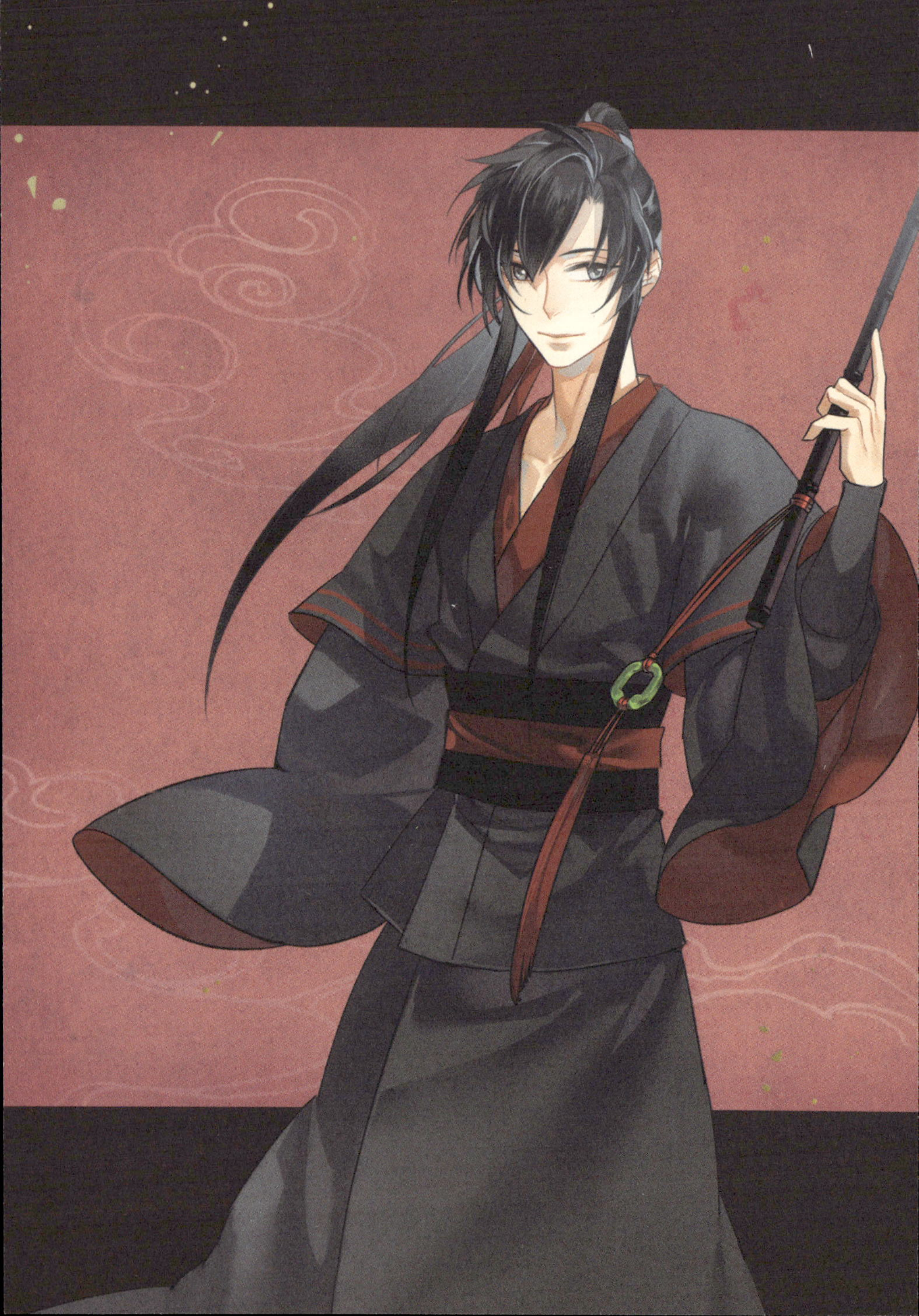

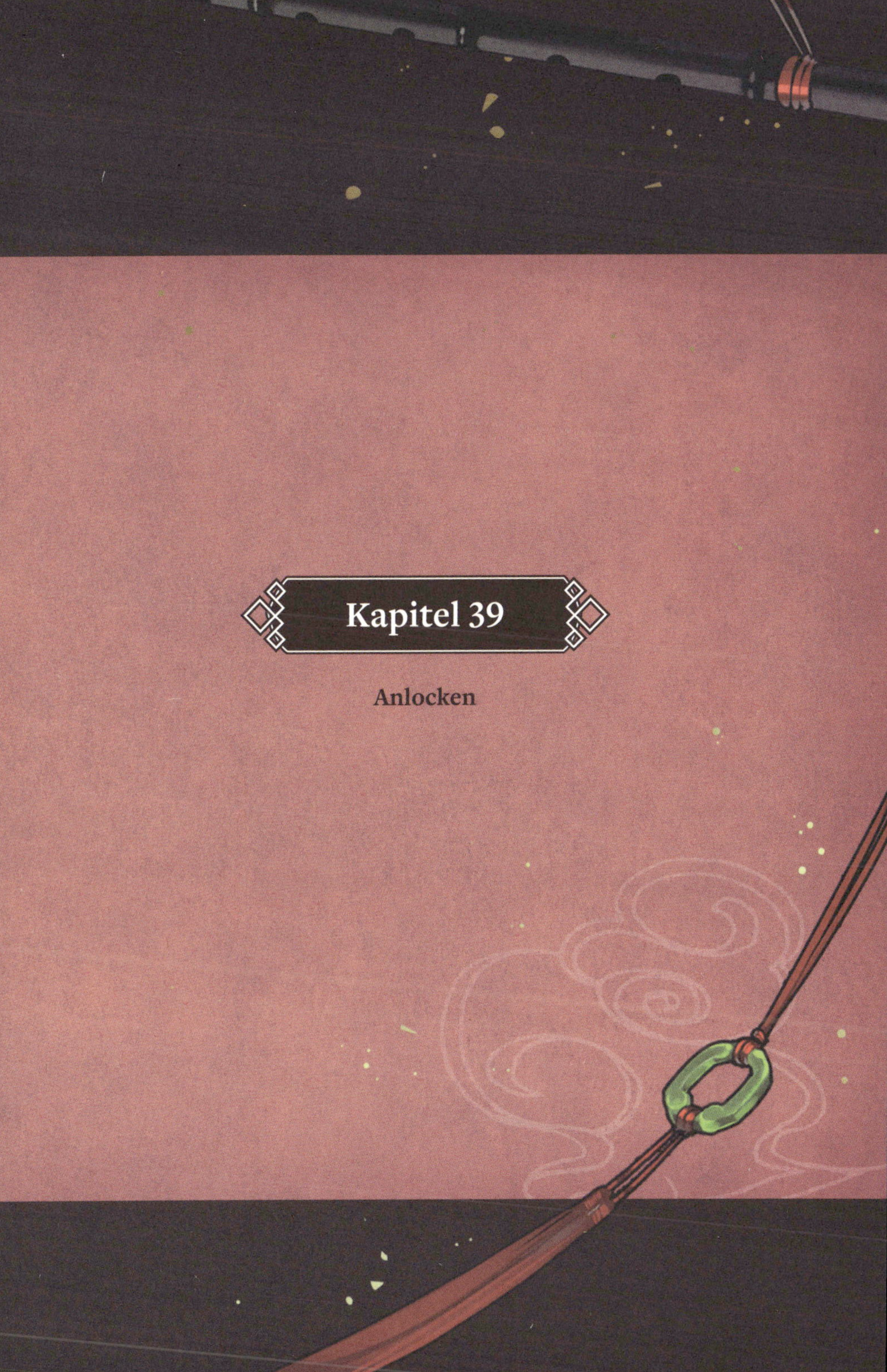

Kapitel 39

Anlocken

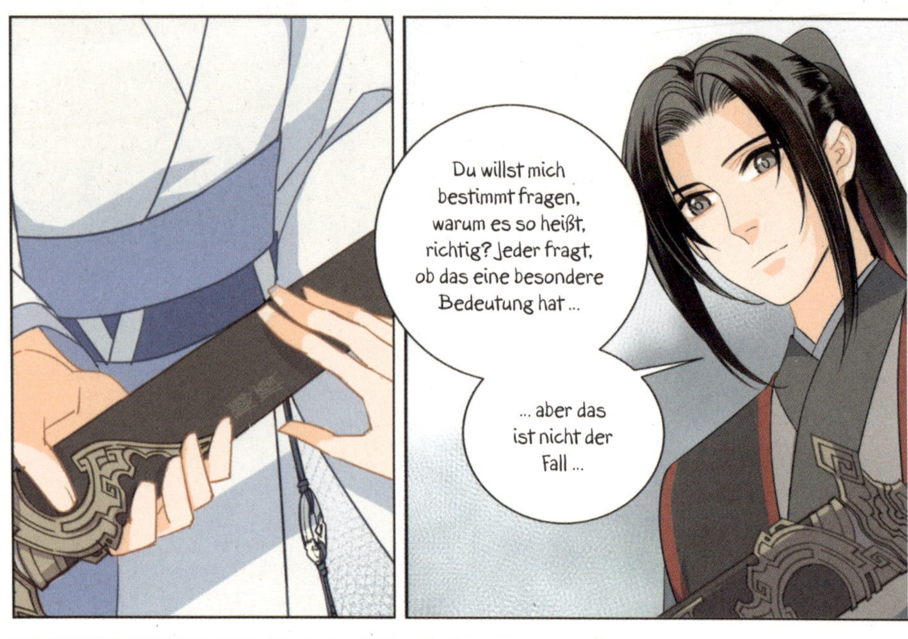
Du willst mich bestimmt fragen, warum es so heißt, richtig? Jeder fragt, ob das eine besondere Bedeutung hat ...
... aber das ist nicht der Fall ...

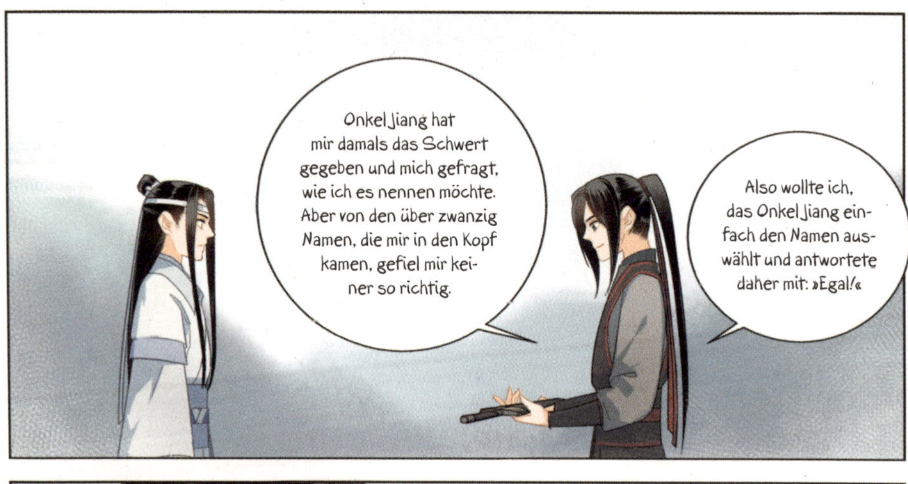
Onkel Jiang hat mir damals das Schwert gegeben und mich gefragt, wie ich es nennen möchte. Aber von den über zwanzig Namen, die mir in den Kopf kamen, gefiel mir keiner so richtig.
Also wollte ich, das Onkel Jiang einfach den Namen auswählt und antwortete daher mit: »Egal!«

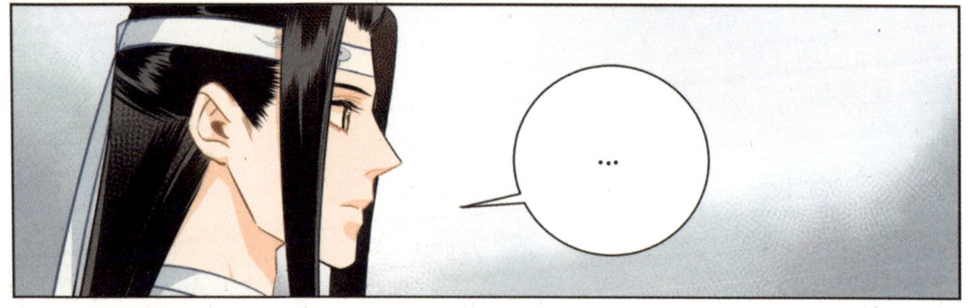
...

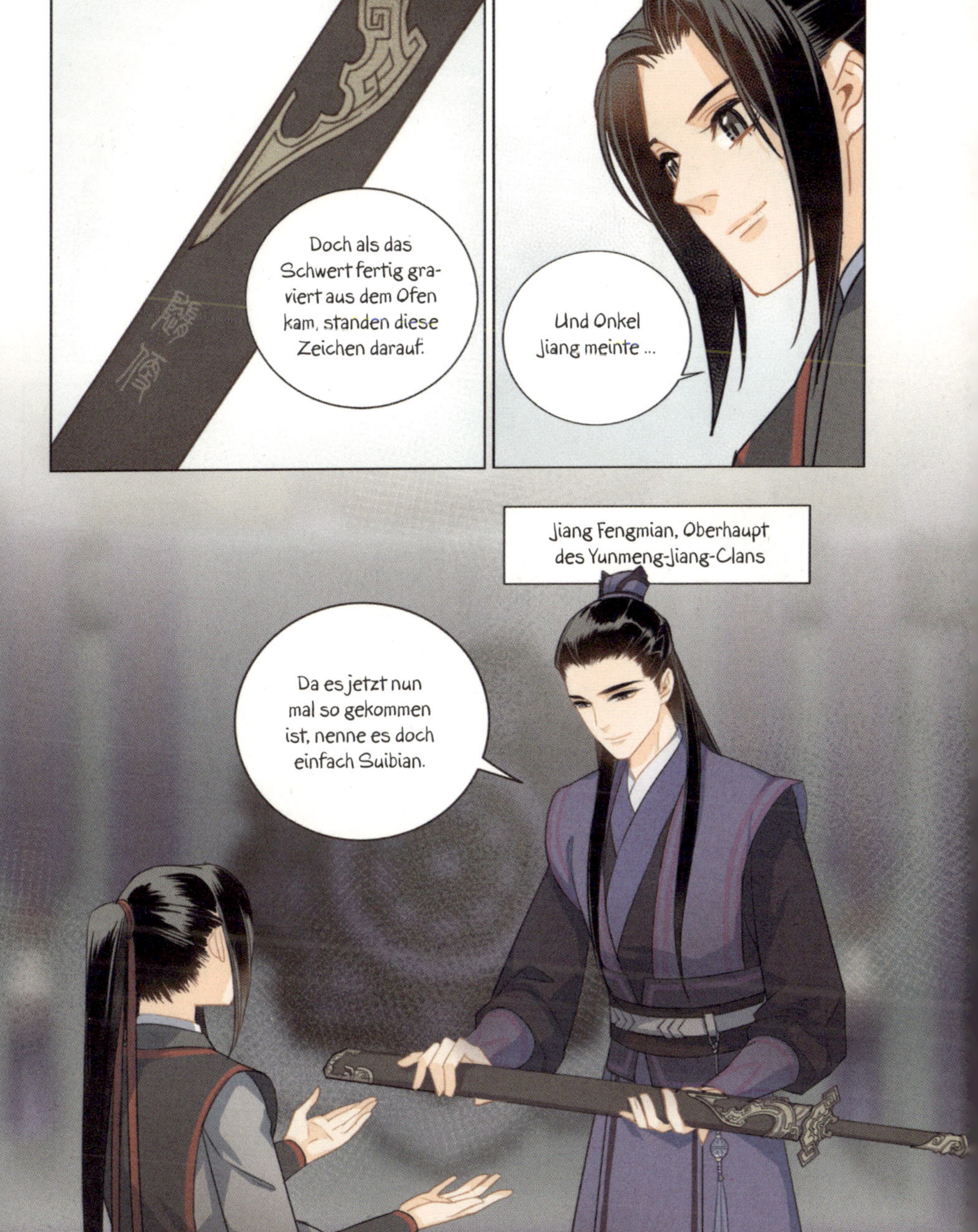
Doch als das Schwert fertig graviert aus dem Ofen kam, standen diese Zeichen darauf.
Und Onkel Jiang meinte ...
Jiang Fengmian, Oberhaupt des Yunmeng-Jiang-Clans
Da es jetzt nun mal so gekommen ist, nenne es doch einfach Suibian.

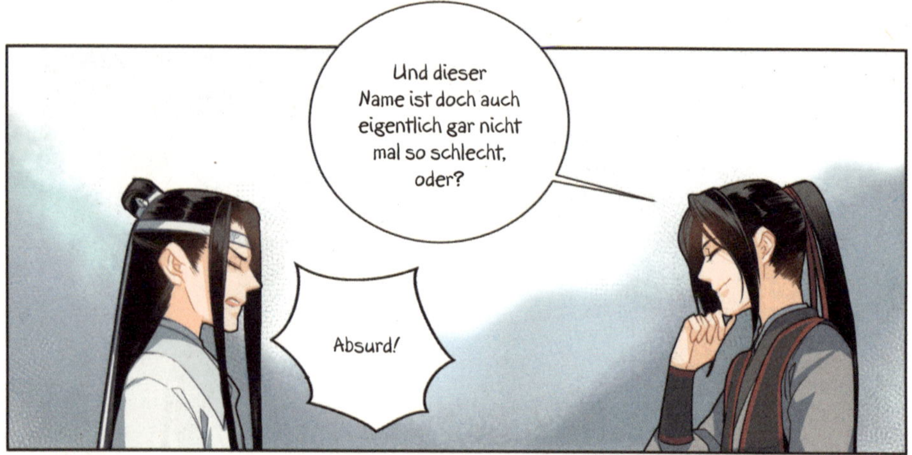
Und dieser Name ist doch auch eigentlich gar nicht mal so schlecht, oder?
Absurd!

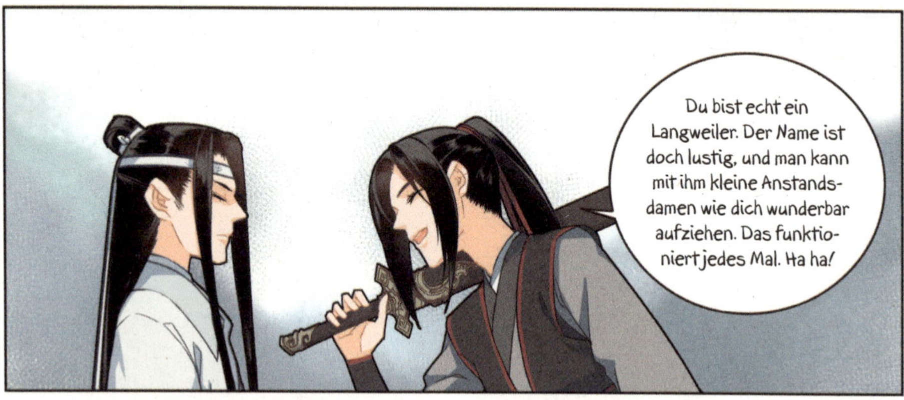
Du bist echt ein Langweiler. Der Name ist doch lustig, und man kann mit ihm kleine Anstands-damen wie dich wunderbar aufziehen. Das funktio-niert jedes Mal. Ha ha!

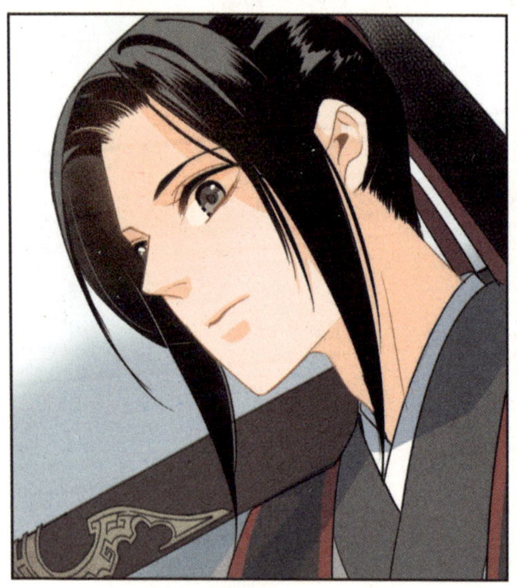

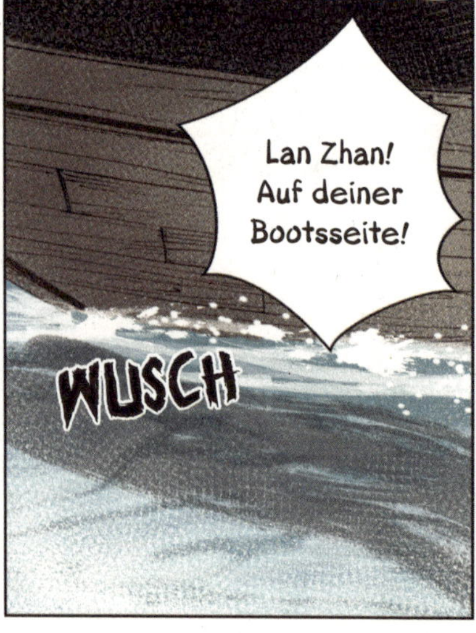
Lan Zhan! Auf deiner Bootsseite!
WUSCH

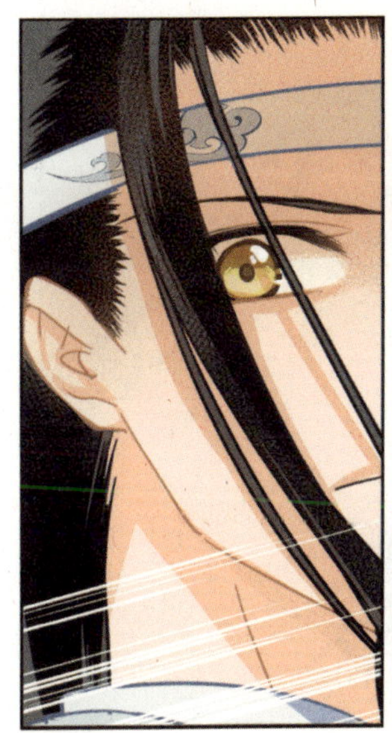

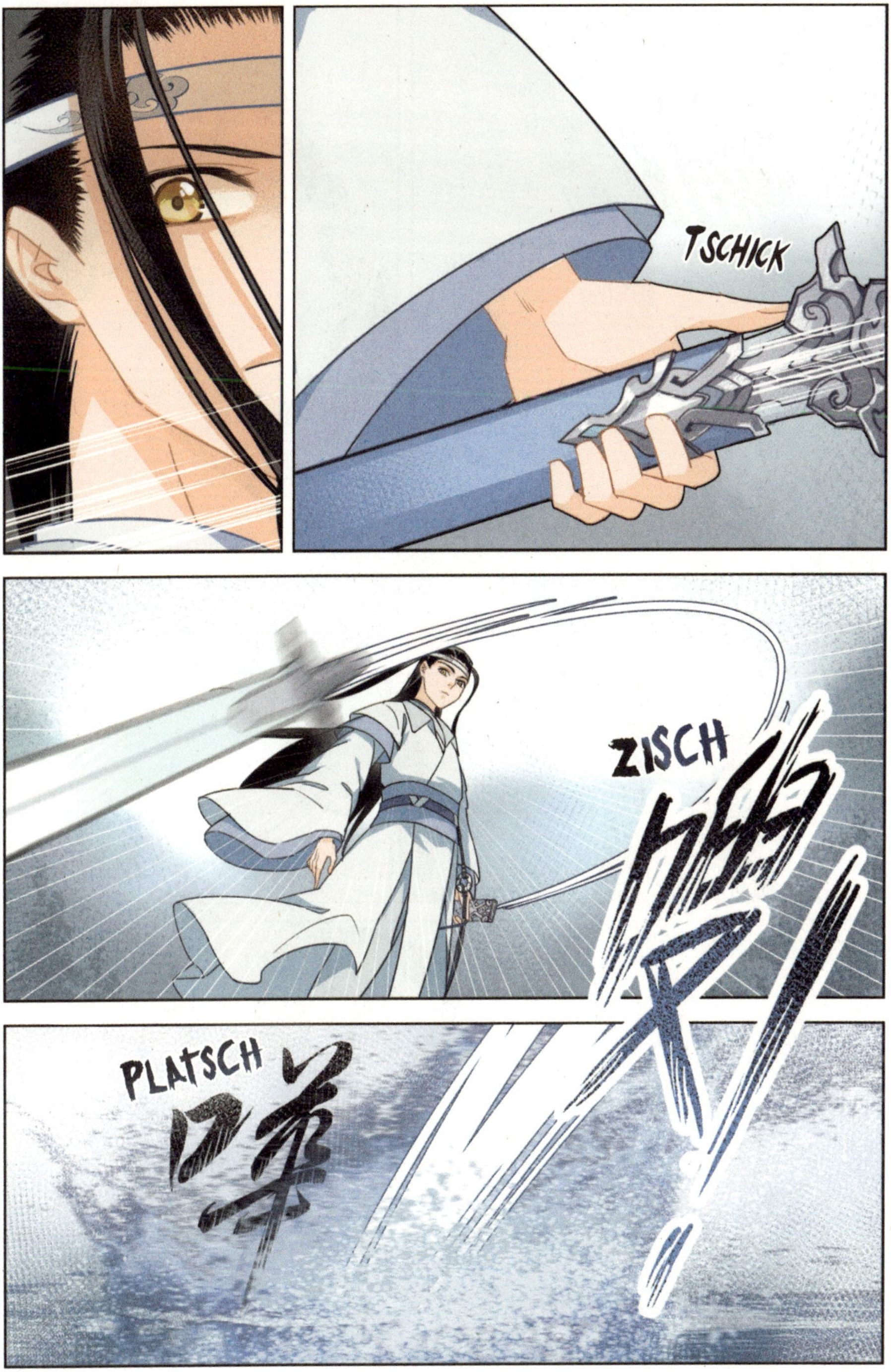

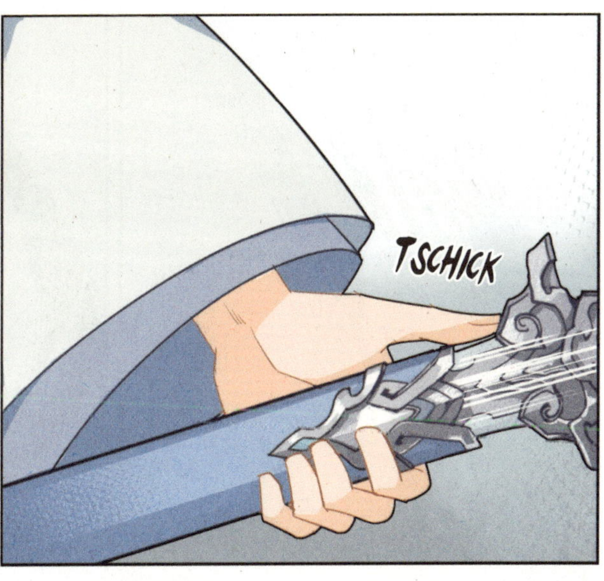
TSCHICK

ZISCH
PLATSCH

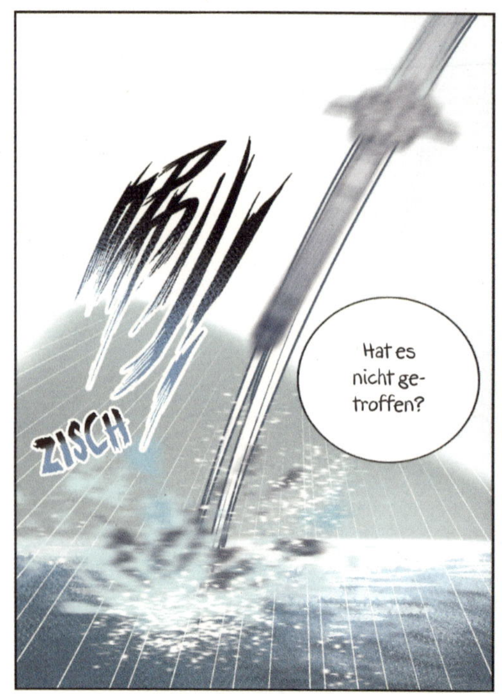
ZISCH
Hat es nicht getroffen?

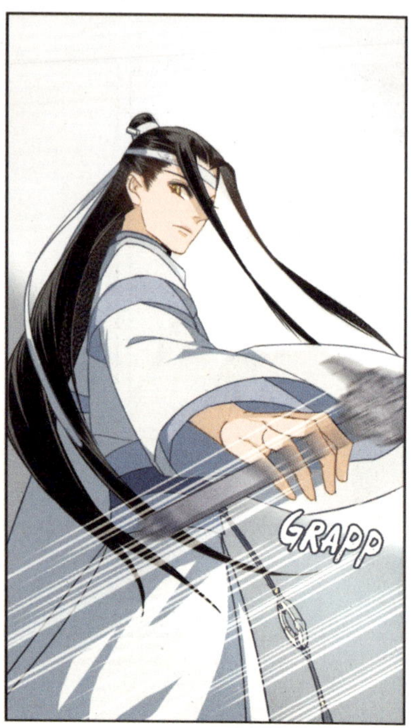
GRAPP

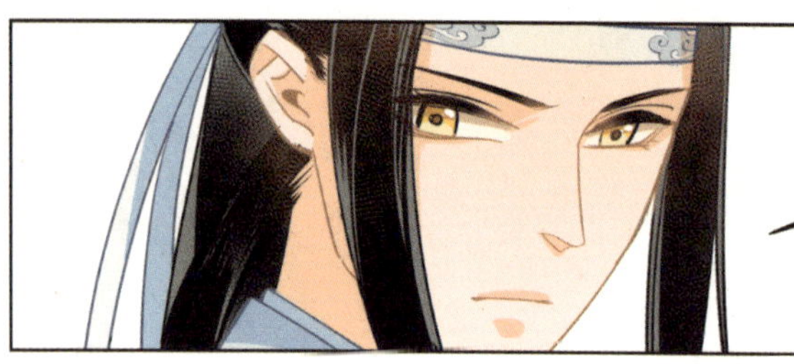

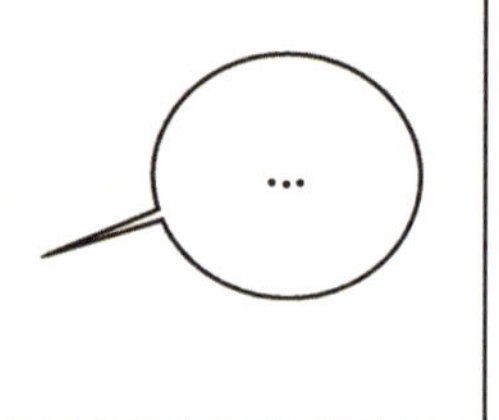
...

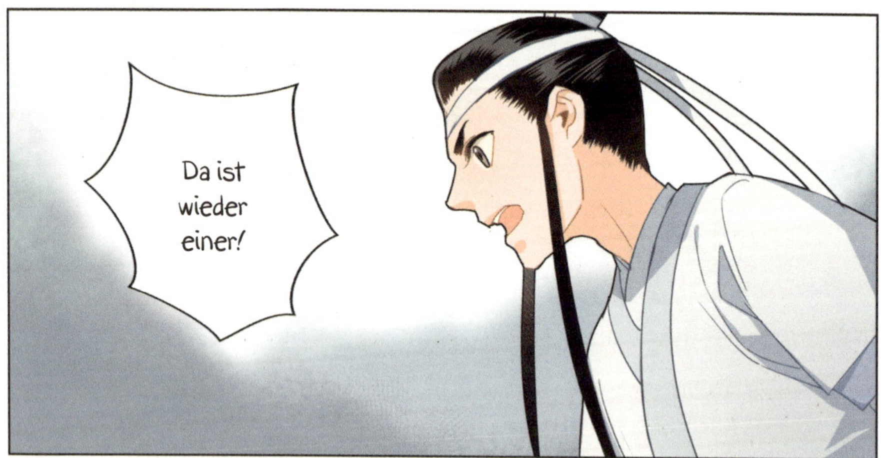
Da ist wieder einer!

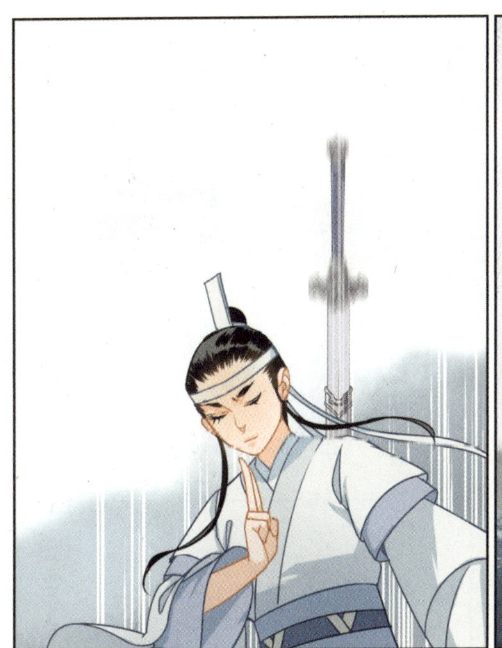

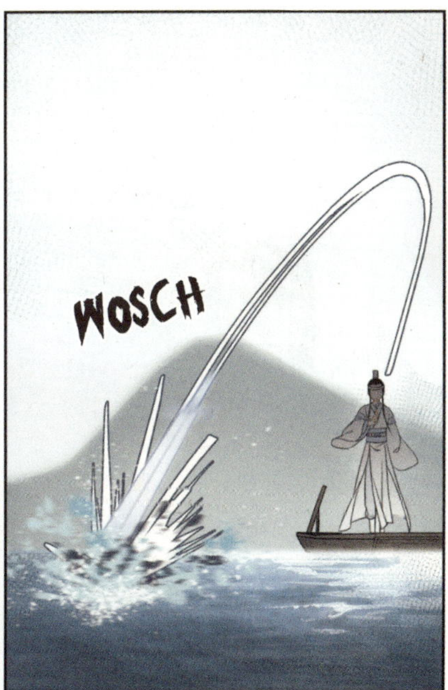
WOSCH

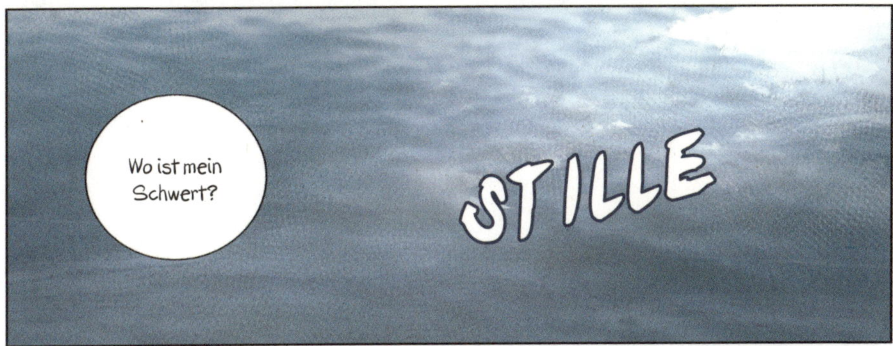
Wo ist mein Schwert?
STILLE

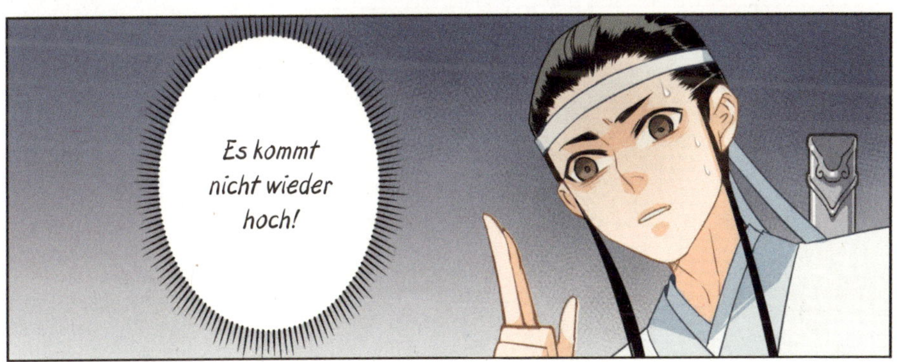
Es kommt nicht wieder hoch!

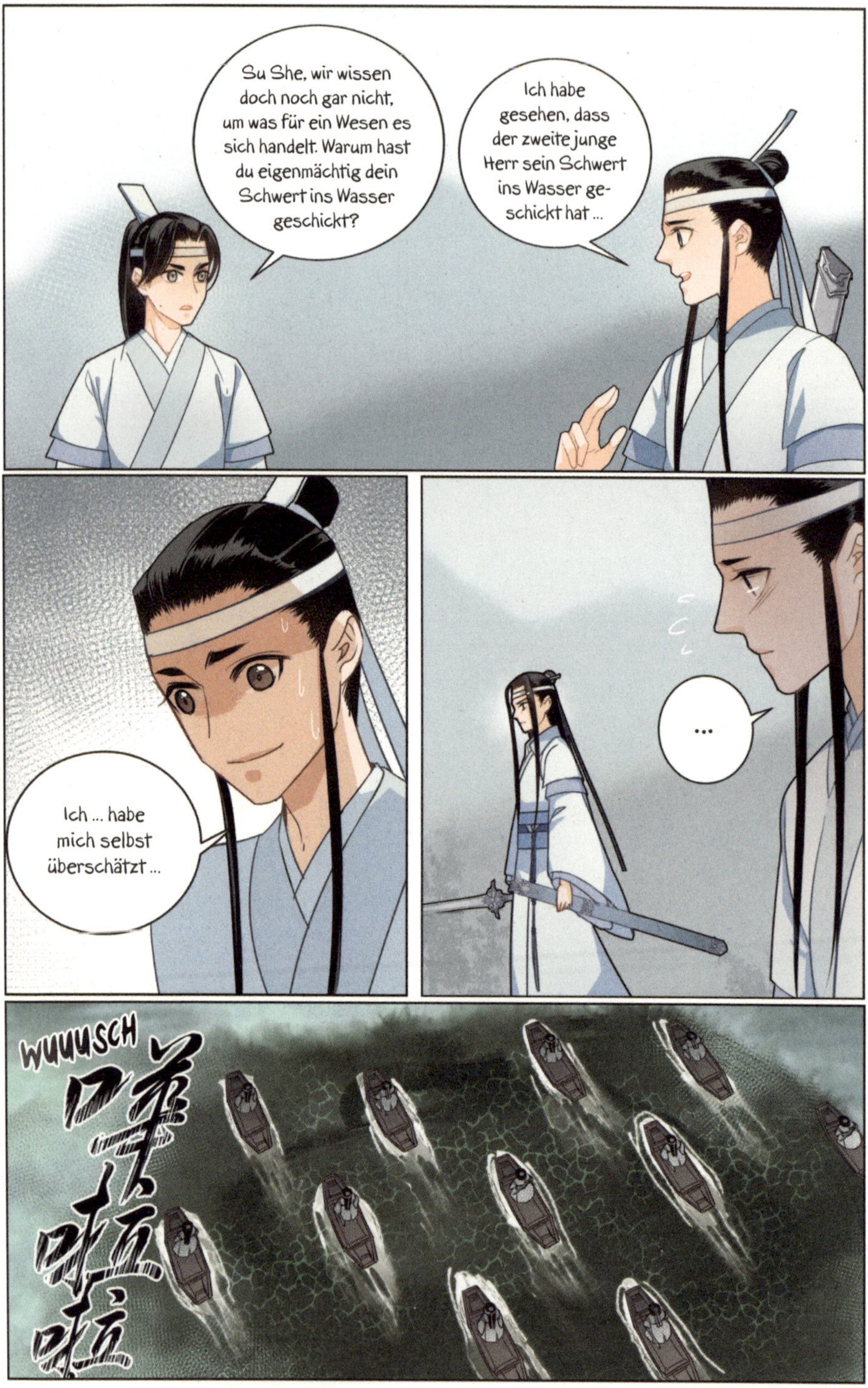

Su She, wir wissen doch noch gar nicht, um was für ein Wesen es sich handelt. Warum hast du eigenmächtig dein Schwert ins Wasser geschickt?

Ich habe gesehen, dass der zweite junge Herr sein Schwert ins Wasser geschickt hat ...

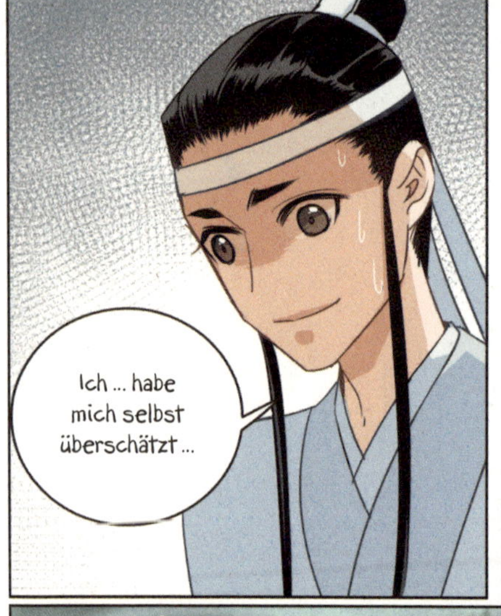

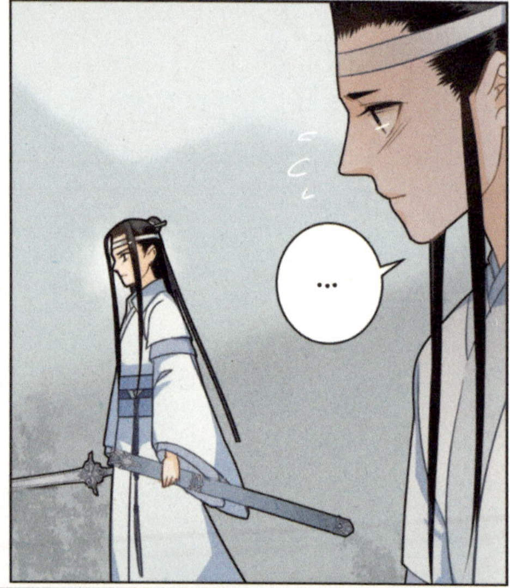

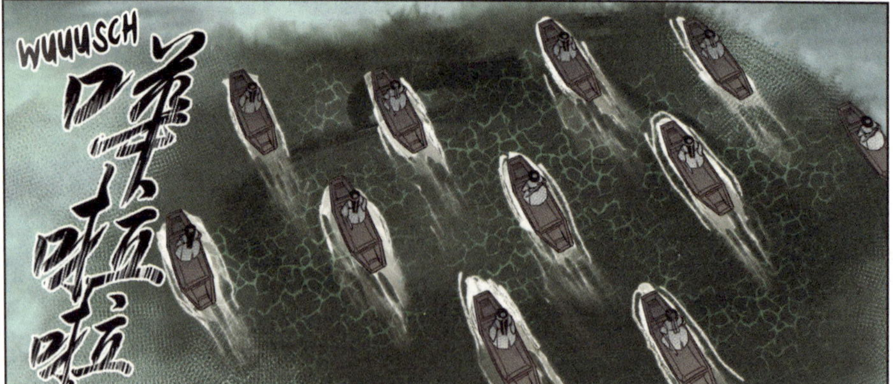

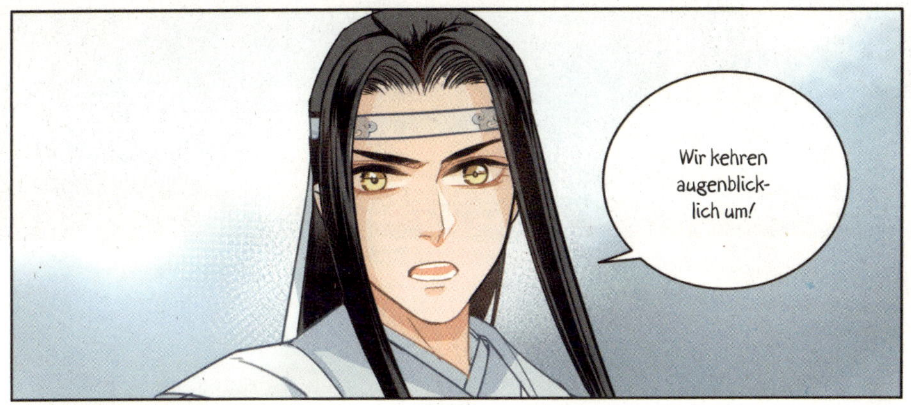
Wir kehren augenblick-lich um!

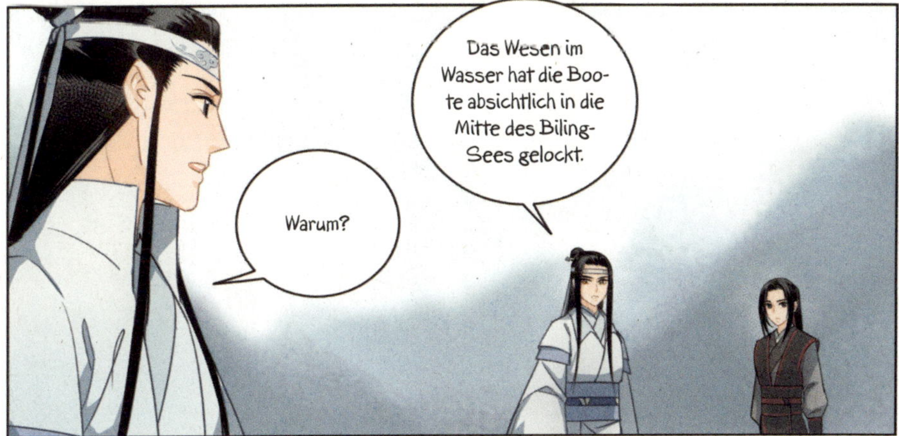
Das Wesen im Wasser hat die Boo-te absichtlich in die Mitte des Biling-Sees gelockt.
Warum?

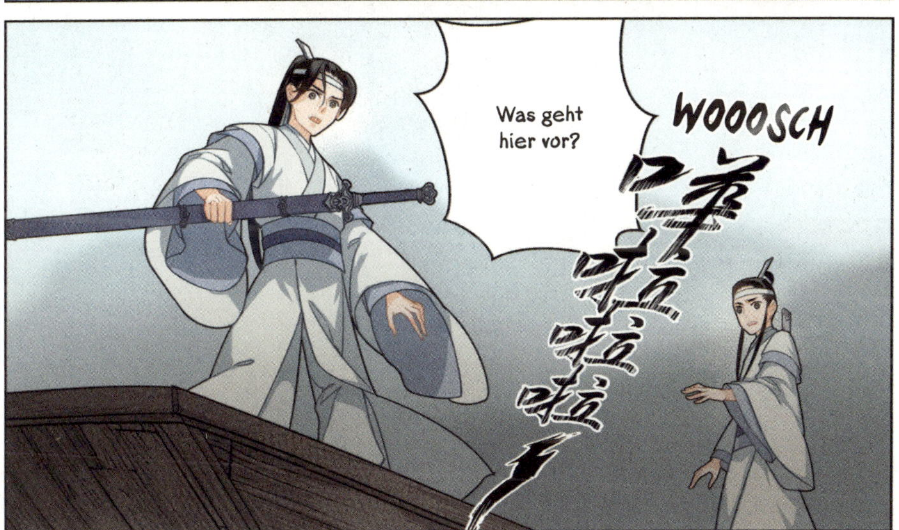
Was geht hier vor?
WOOOSCH

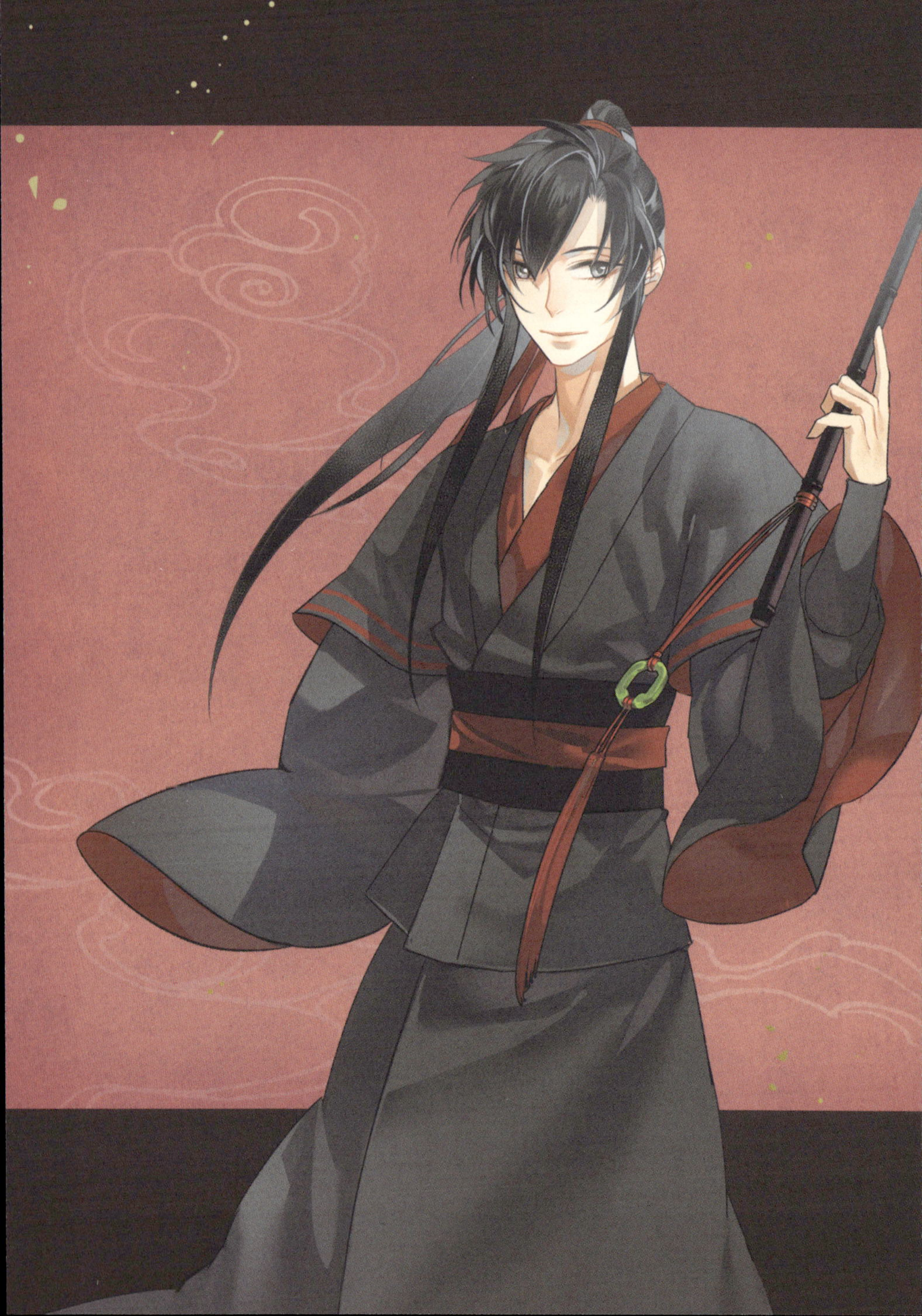

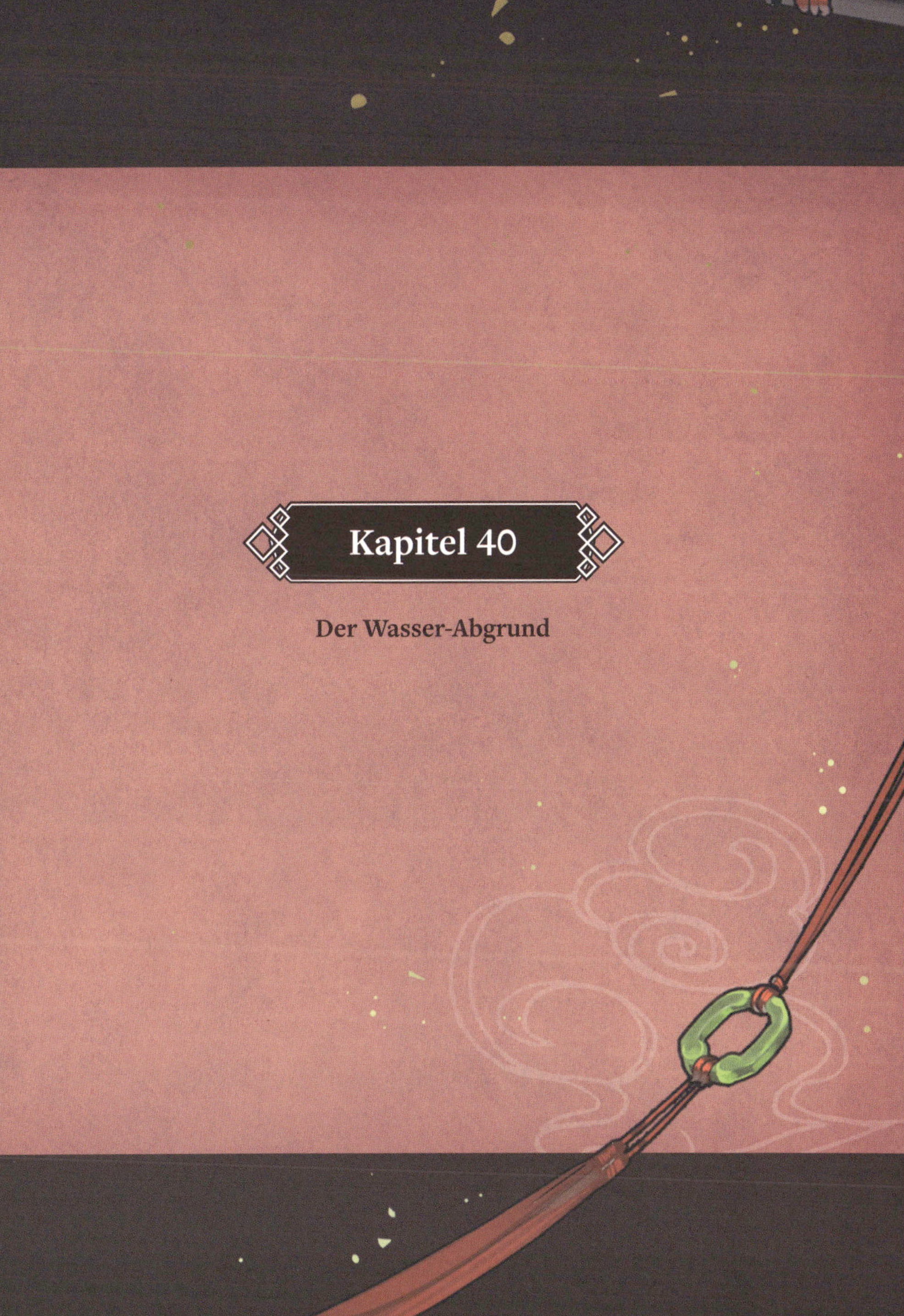

Kapitel 40

Der Wasser-Abgrund

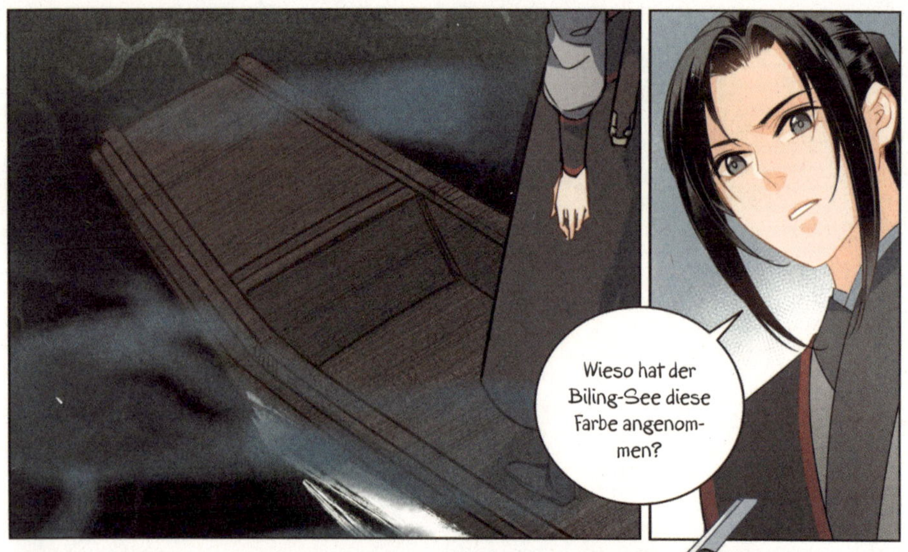
Wieso hat der Biling-See diese Farbe angenommen?

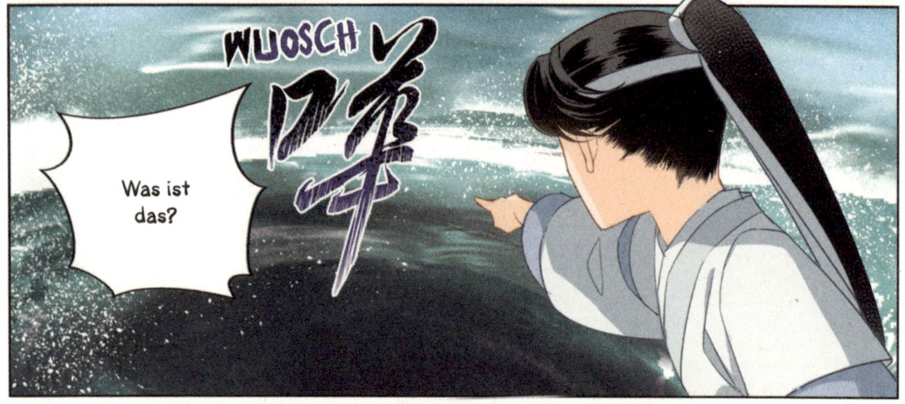
WUOSCH
Was ist das?

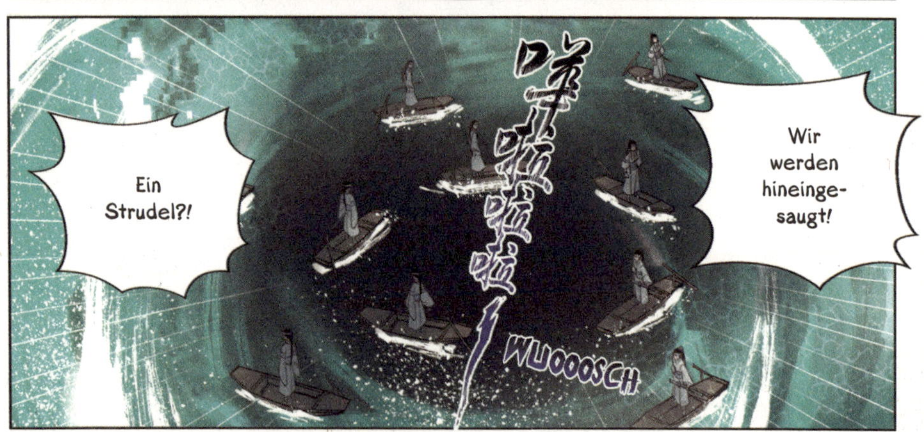
Wir werden hineingesaugt!
Ein Strudel?!
WUOOOSCH

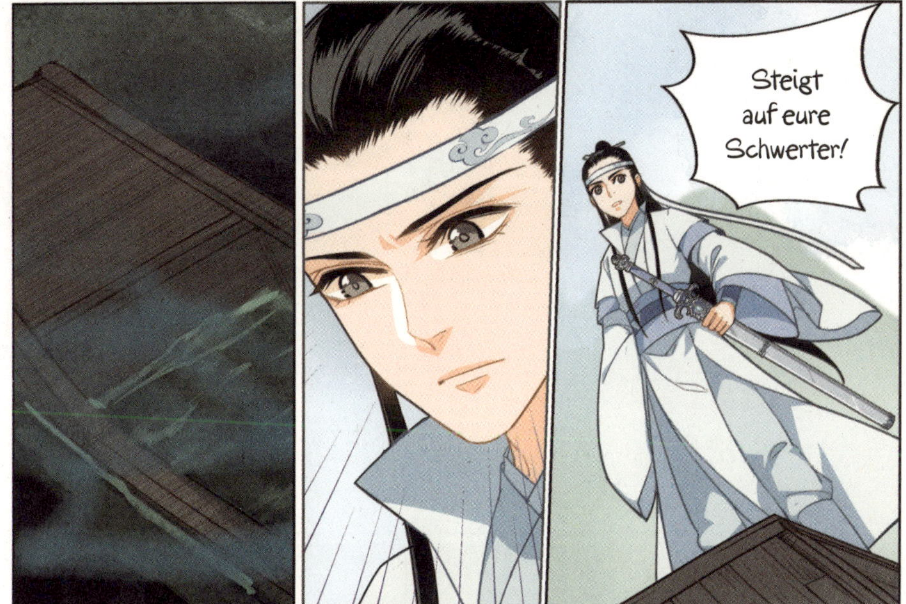
Steigt auf eure Schwerter!

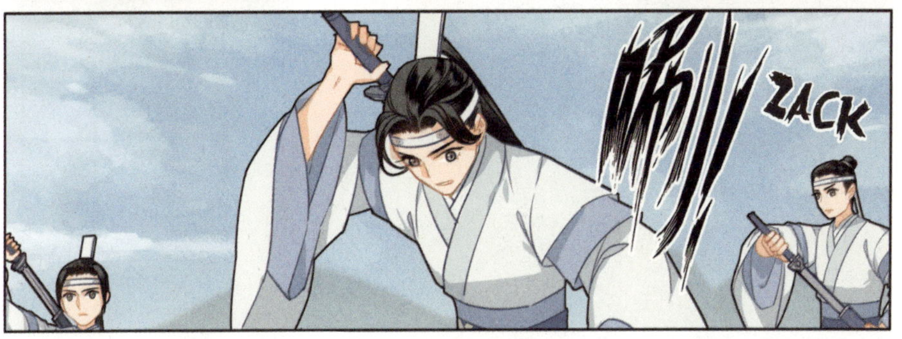
ZACK

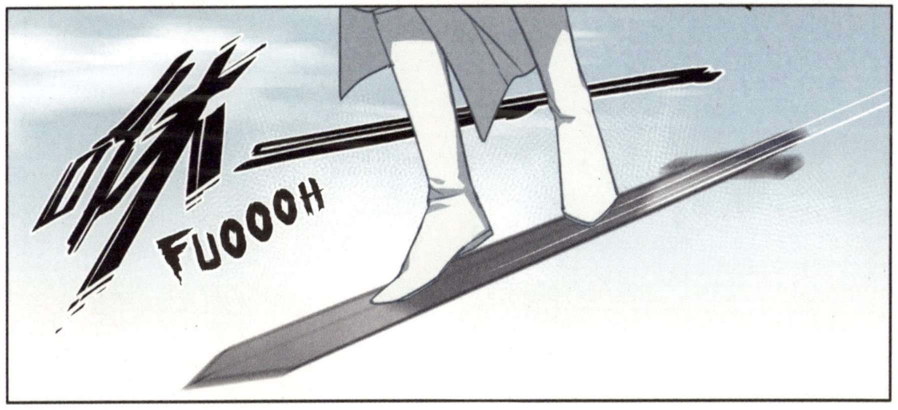
FUOOOH

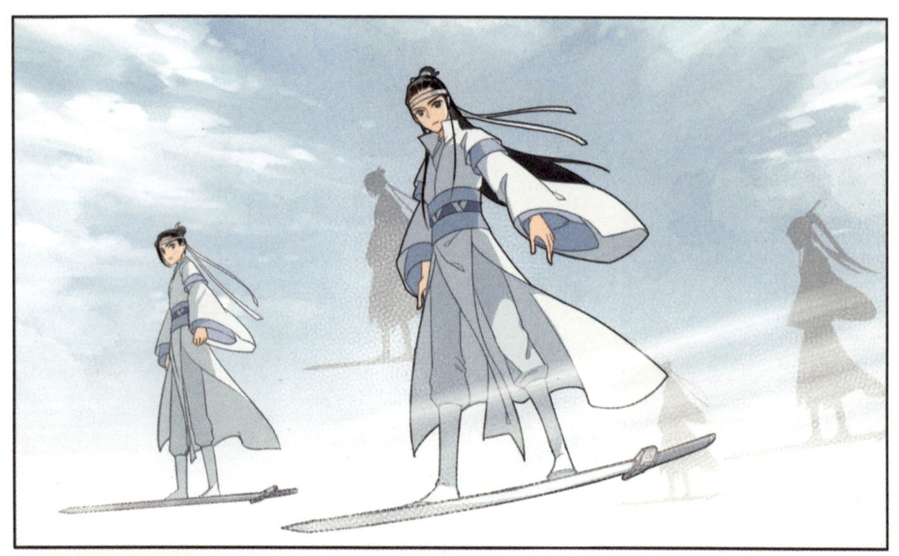

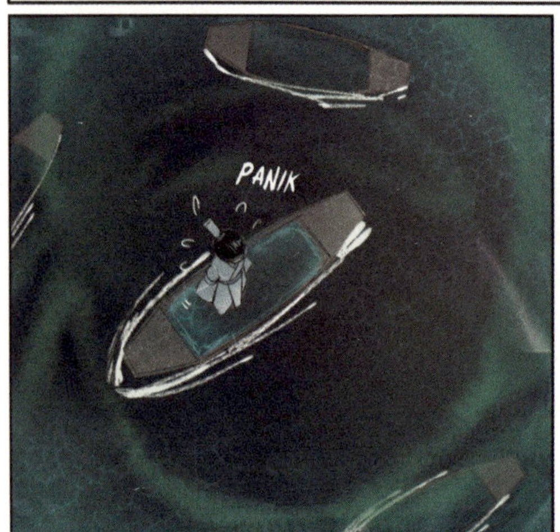
PANIK

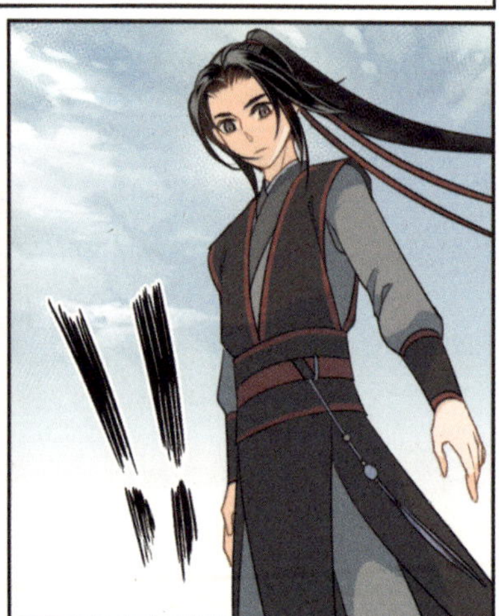

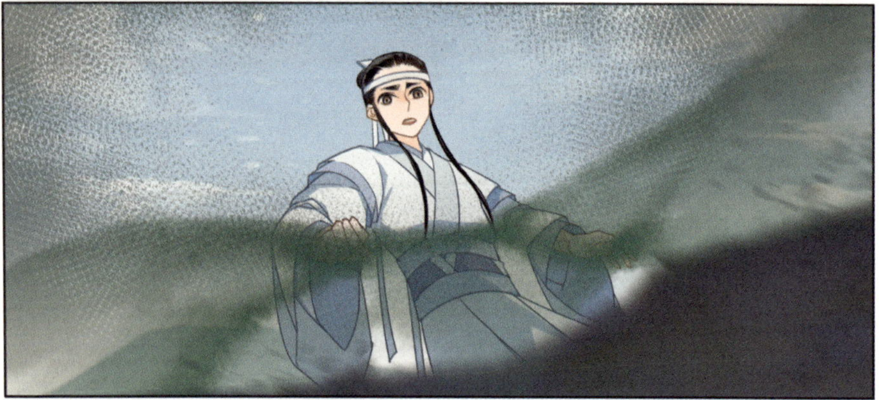

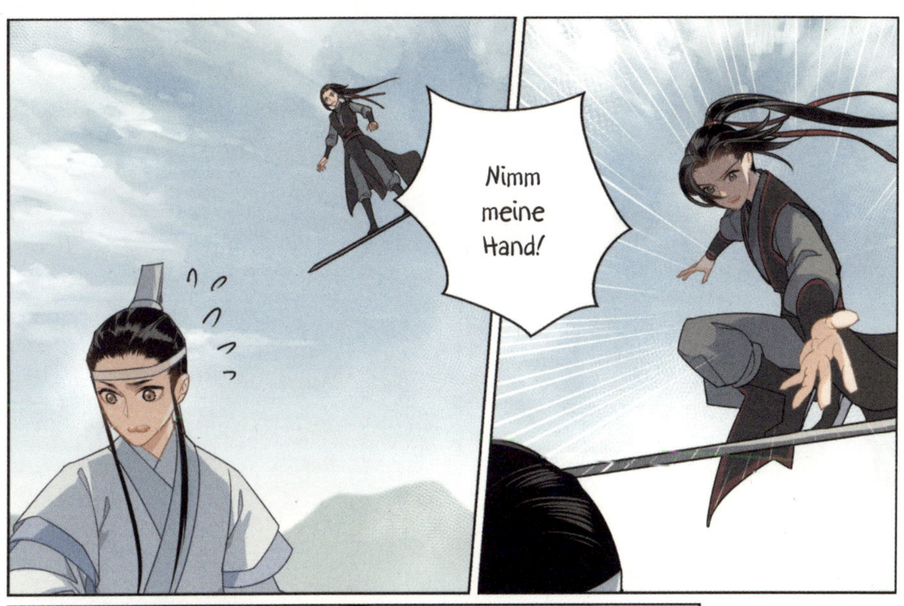
Nimm meine Hand!

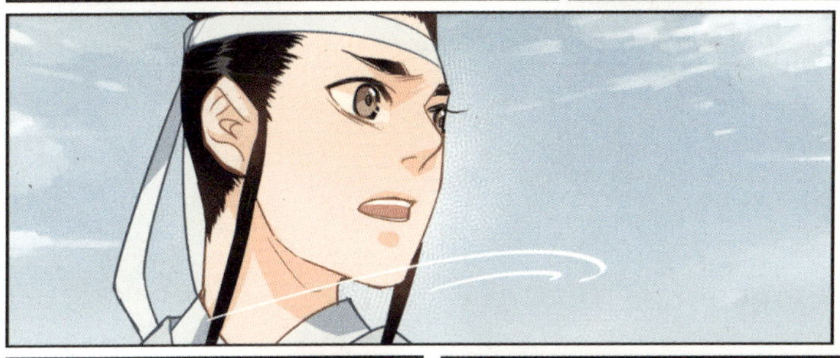

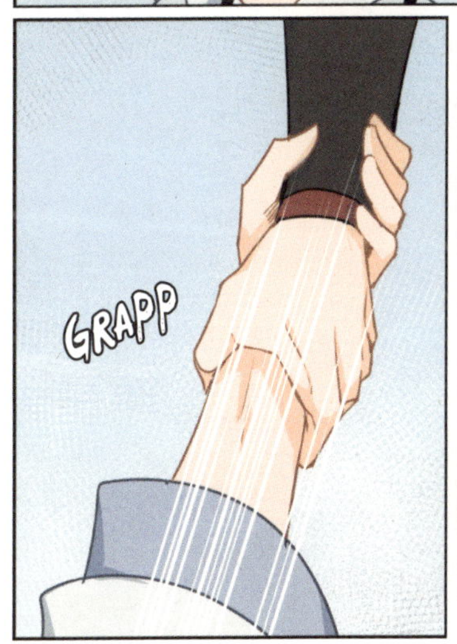
GRAPP

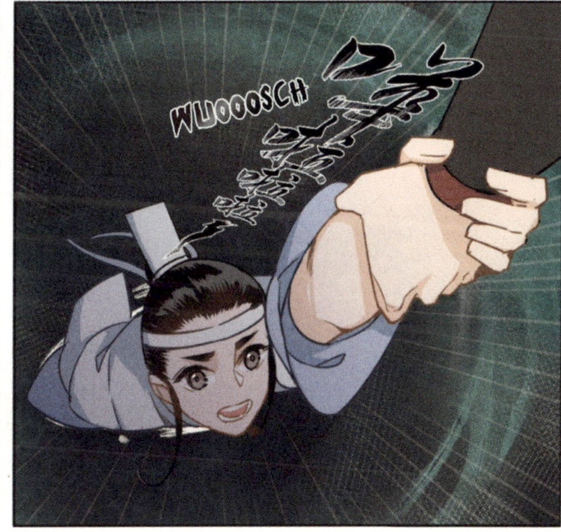
WUOOOSCH

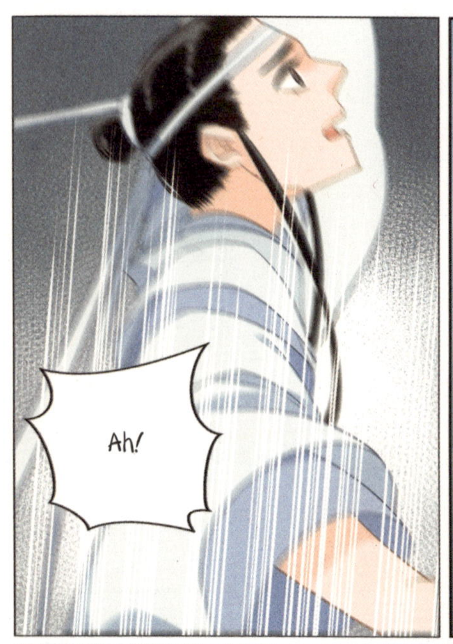

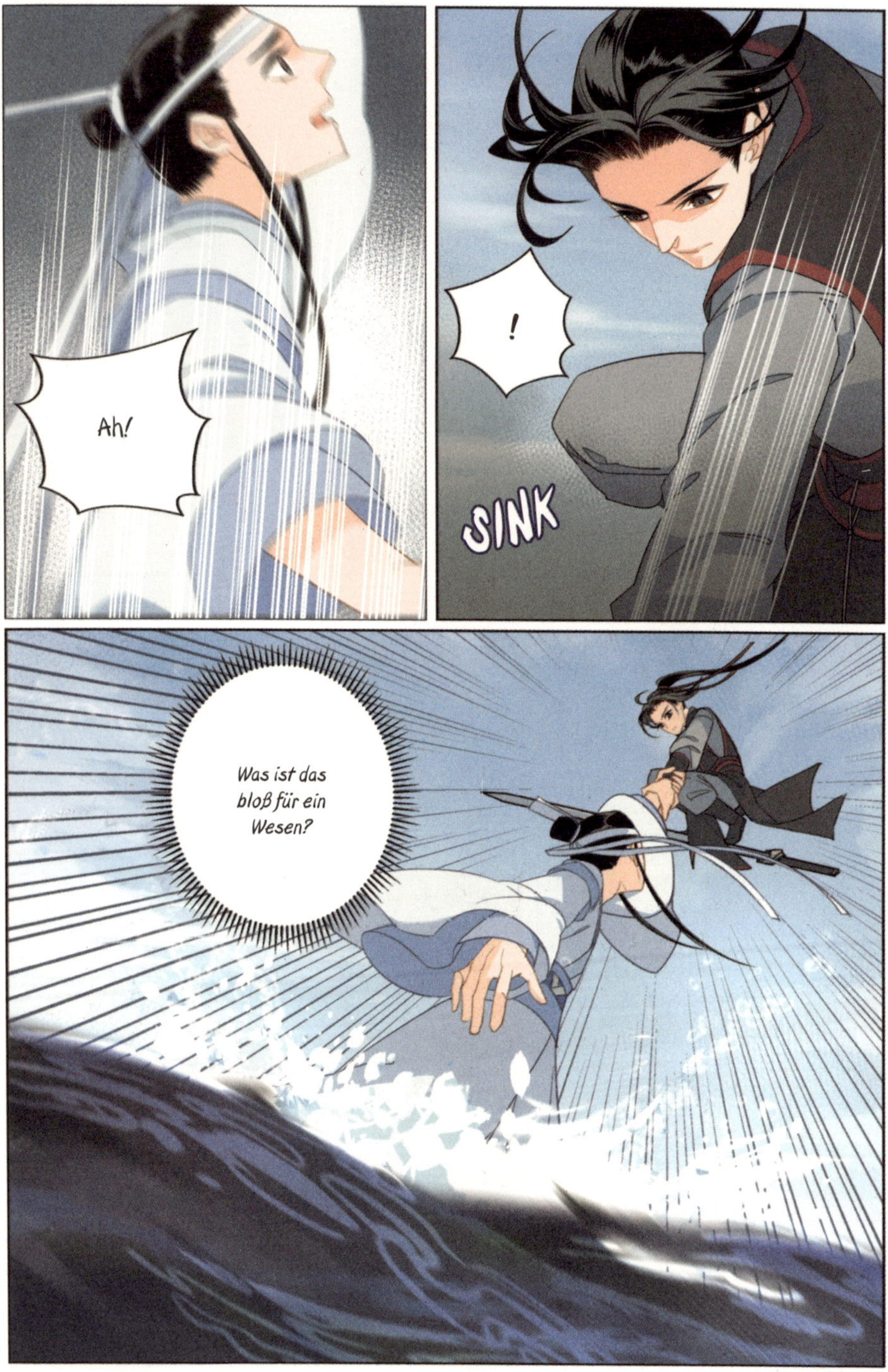

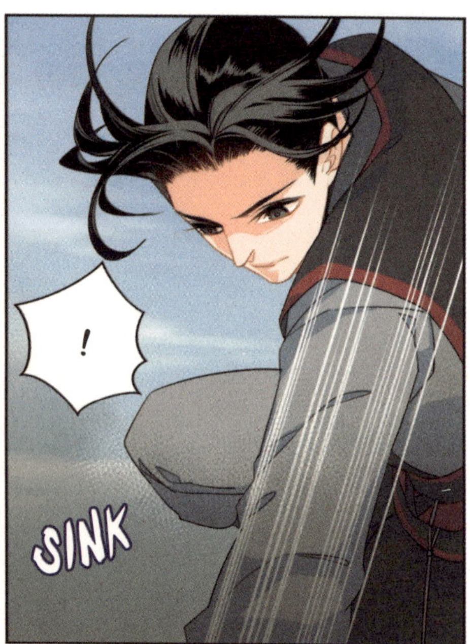

Was ist das bloß für ein Wesen?

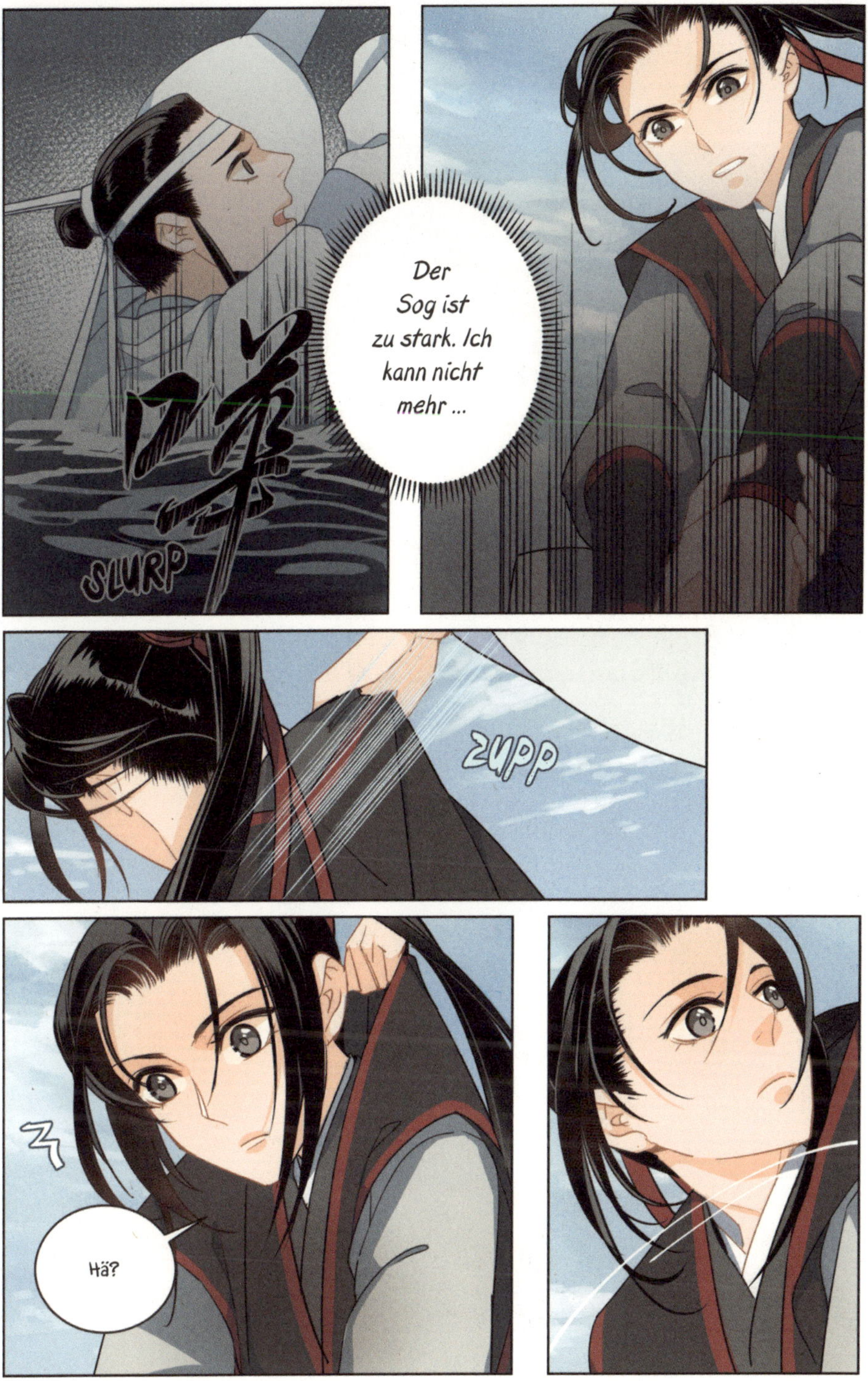

SLURP

Der Sog ist zu stark. Ich kann nicht mehr ...

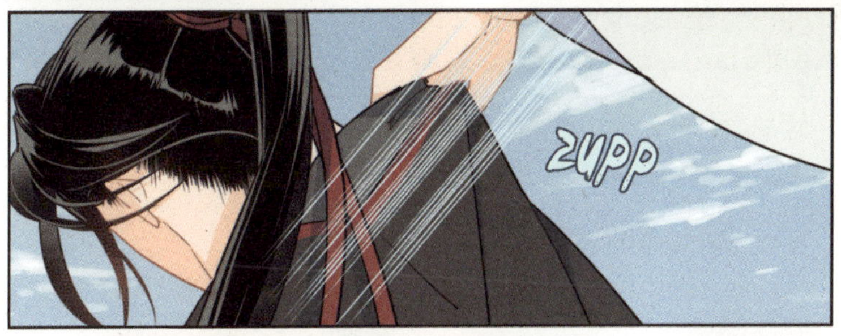

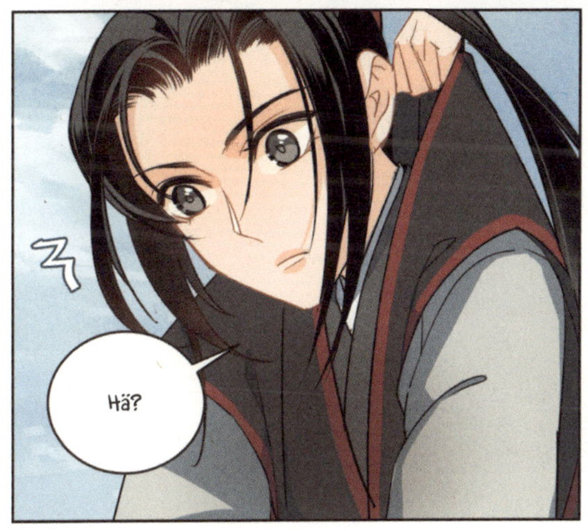

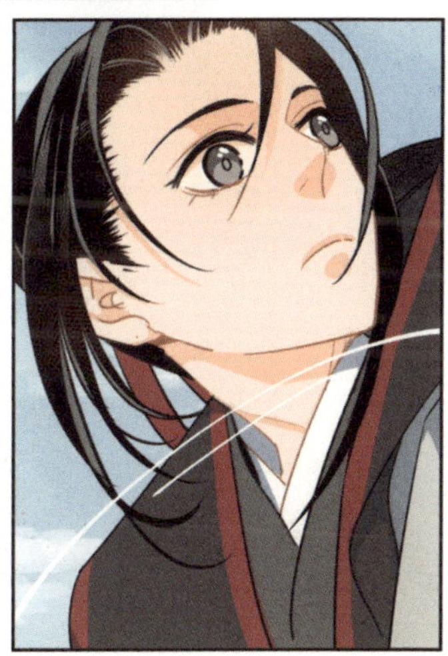

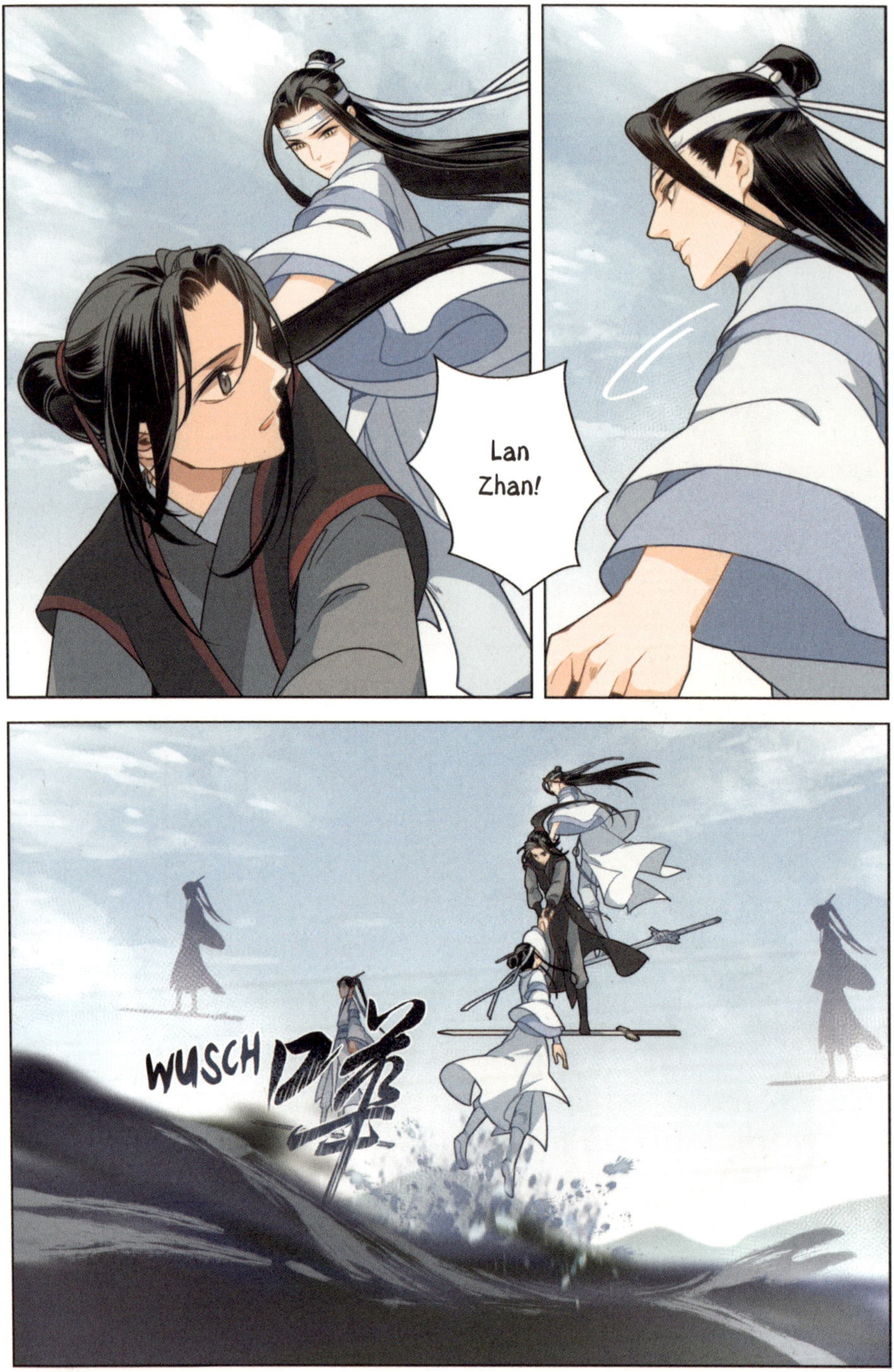

Lan Zhan!

WUSCH

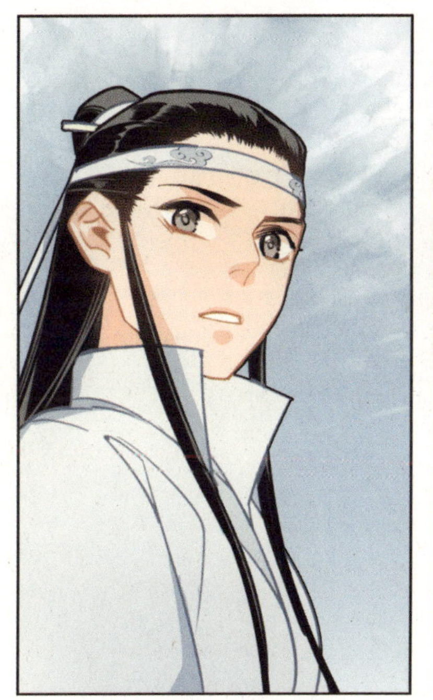

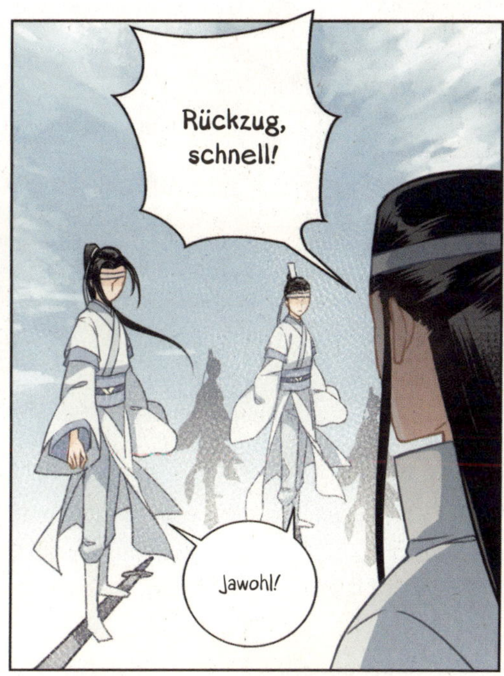

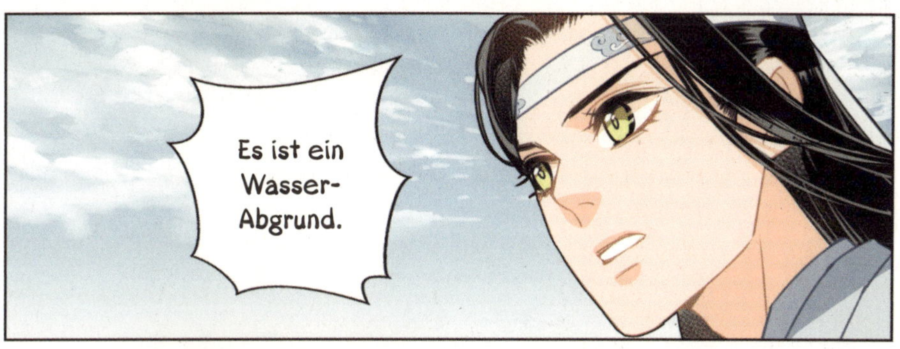

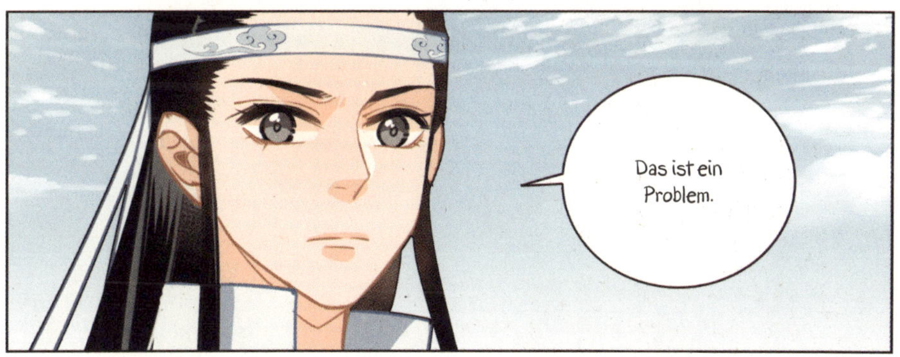

Fortsetzung folgt

Luo Di Cheng Qiu ——— **Künstler**

Illustratorengruppe der populären chinesischen Manhua-Plattform *Kuaikan Manhua*. Zeichnet hauptsächlich Werke mit historisch-chinesischem Setting. Stärke: die Umsetzung von Fantasy-Geschichten im Manhua-Stil, hohe Storytelling-Fertigkeiten, Anfertigung wunderschöner Kolorationen.

Mo Xiang Tong Xiu ——— **Autorin**

Ist bei der chinesischen Webnovel-Seite *Jinjiang Wenxuecheng* unter Vertrag und wurde 2017 zur beliebtesten Autorin der Webseite gewählt. Zu ihren weltweit berühmtesten Werken zählen *The Grandmaster of Demonic Cultivation, Heaven Official's Blessing* und *The Scum Villain's Self-Saving System*.

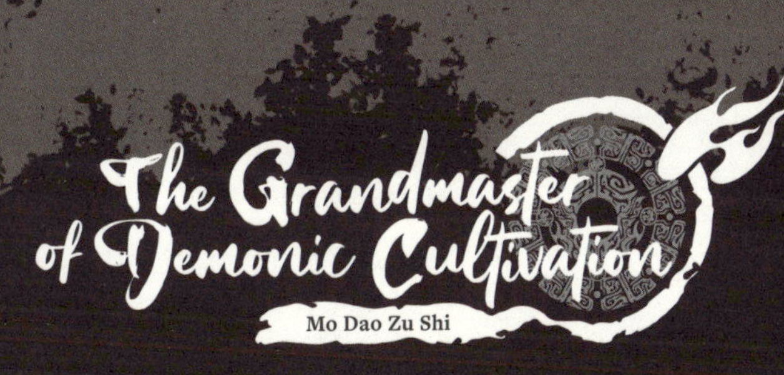

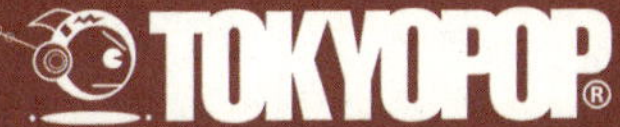

TOKYOPOP GmbH
Hamburg

TOKYOPOP
1. Auflage, 2023
Deutsche Ausgabe/German Edition

Aus dem Chinesischen von Nina Zhao

Published originally under the title of《魔道祖师》(Mo Dao Zu Shi)
Author ©墨香铜臭 (Mo Xiang Tong Xiu)

Redaktion: Simone Meinecke
Herstellung: Annika Meyer-Wülfing
Lettering: Vibrant Publishing Studio
Druck und buchbinderische Verarbeitung:
CPI – Clausen & Bosse GmbH, Leck
Printed in Germany

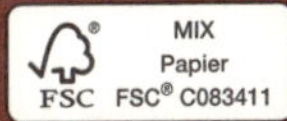

Wir achten auf die Umwelt.
Dieses Produkt besteht aus FSC®-zertifizierten und anderen kontrollierten Materialien.

ISBN 978-3-8420-8287-8

www.tokyopop.de

Du bekommst von uns nie genug?

Entdecke tokyopop.de und shoppe die neusten Manga-Hits direkt bei uns.

TOKYOPOP

Suchbegriff...

Bücher Merchandising Kalender Videos Blog Jetzt lesen

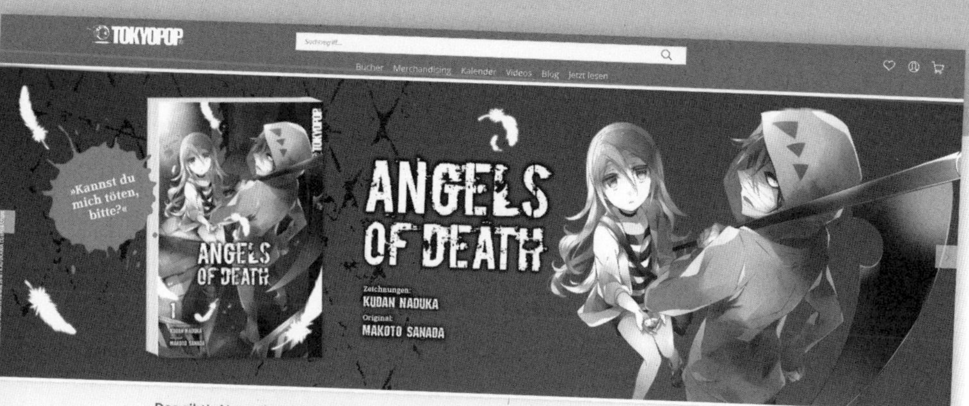

Das gibt's Neues bei TOKYOPOP

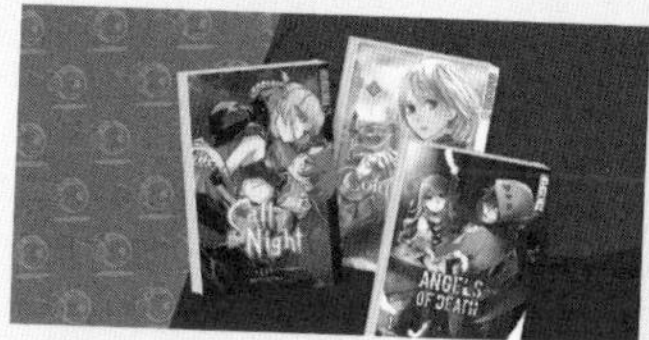

Lesetipps für den Herbst

Damit ihr in der dunklen Jahreszeit gut mit passendem Lesestoff versorgt seid, haben wir ein paar Tipps und Aktionen für euch!

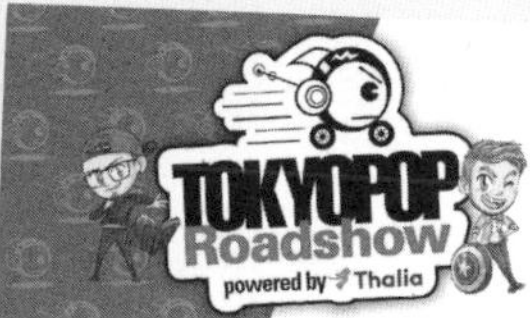

Die TOKYOPOP Roadshow

Wir freuen uns sehr, euch anzukündigen, dass Ende des Monats die »TOKYOPOP Roadshow« startet!

Neuerscheinungen

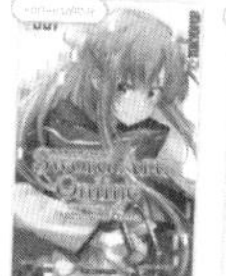

Sword Art Online Progressive - Barcarolle
7,99 € *

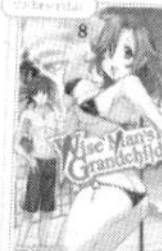

Wise Man's Grandchild, Band 08
7,50 € *

Alle Neuerscheinungen auf einen Blick

Regelmäßig neue Prämienartikel!

Abonniert jetzt unseren Newsletter und verpasst keinen Release mehr!

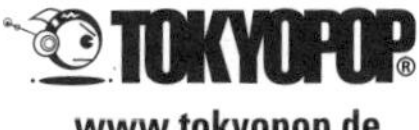

www.tokyopop.de

TOKYOPOP®

読み物 Yomimono

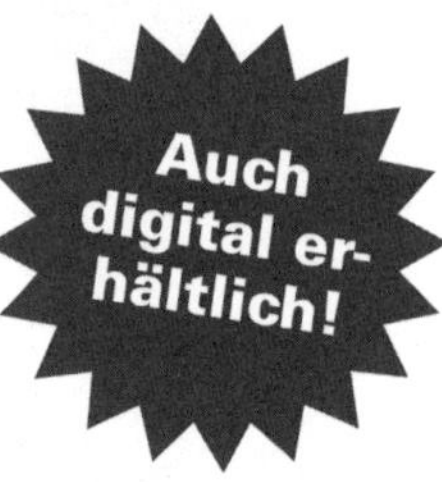

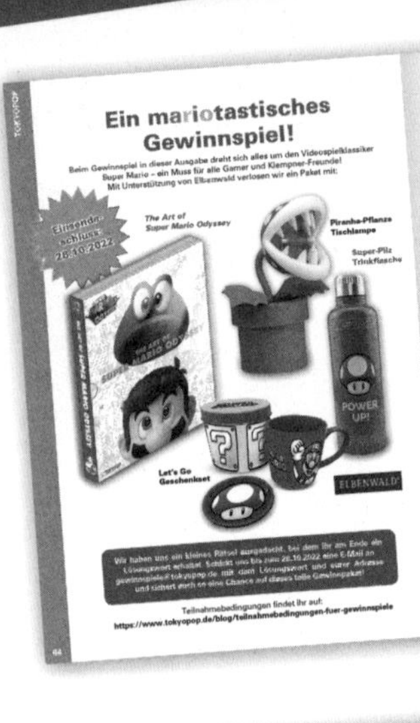

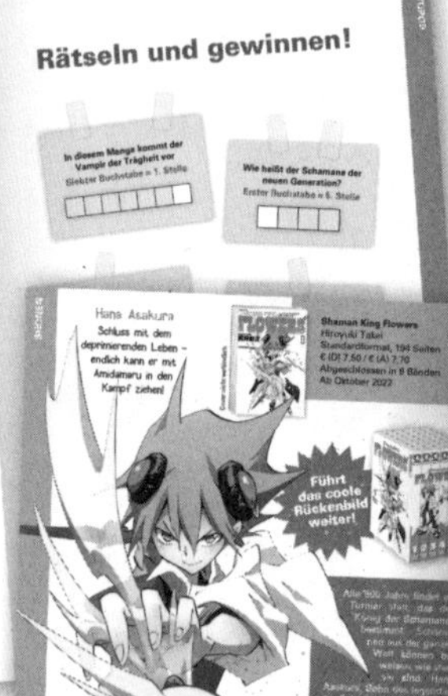

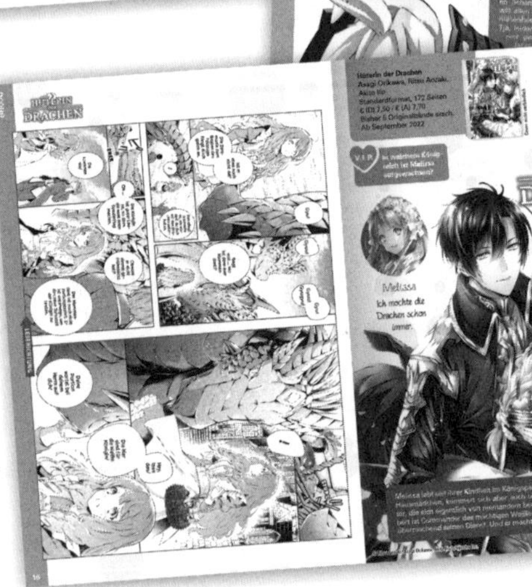

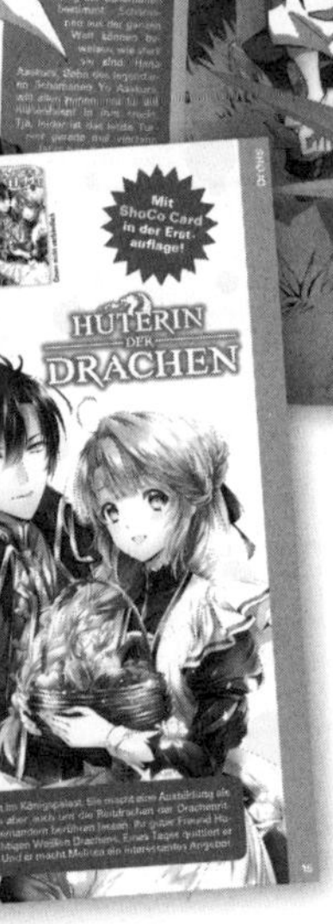

TOKYOPOP®

www.tokyopop.de

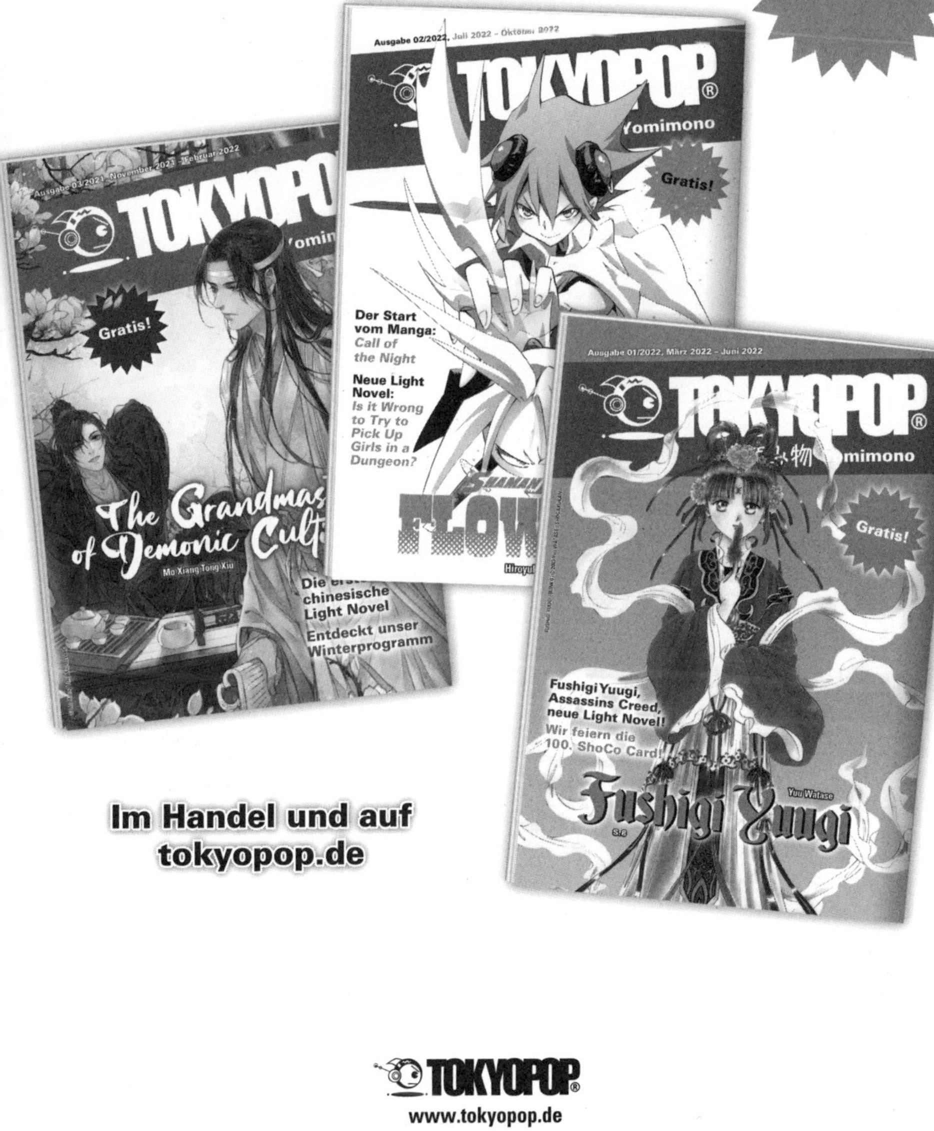